U0541601

国家社科基金重点项目资助（14AZD083）

我说故我在

青少年网络语言生活方式研究

郑 欣 等著

中国社会科学出版社

图书在版编目（CIP）数据

我说故我在：青少年网络语言生活方式研究／郑欣等著 .—北京：中国社会科学出版社，2021.12
ISBN 978 - 7 - 5203 - 8865 - 8

Ⅰ.①我… Ⅱ.①郑… Ⅲ.①网络用语—研究 ②青少年—生活方式—研究 Ⅳ.①H034 ②C913.5

中国版本图书馆 CIP 数据核字（2021）第 162810 号

出 版 人	赵剑英
责任编辑	王莎莎
责任校对	张爱华
责任印制	张雪娇

出　　版	中国社会科学出版社
社　　址	北京鼓楼西大街甲 158 号
邮　　编	100720
网　　址	http://www.csspw.cn
发 行 部	010 - 84083685
门 市 部	010 - 84029450
经　　销	新华书店及其他书店
印　　刷	北京君升印刷有限公司
装　　订	廊坊市广阳区广增装订厂
版　　次	2021 年 12 月第 1 版
印　　次	2021 年 12 月第 1 次印刷
开　　本	710×1000　1/16
印　　张	29
插　　页	2
字　　数	418 千字
定　　价	178.00 元

凡购买中国社会科学出版社图书，如有质量问题请与本社营销中心联系调换
电话：010 - 84083683
版权所有　侵权必究

目　录

第一章　导论 ………………………………………………… （1）
　第一节　研究背景："听不懂，你就out了"的网络语言 ……… （2）
　第二节　文献综述：源于语言学的多学科探索 ………………… （11）
　第三节　研究思路：基于生活方式的传播社会学分析 ………… （18）
　第四节　研究方法：走进青少年的语言生活世界 ……………… （27）

第二章　日常化：网络语言在青少年日常生活中的嵌入 …… （36）
　第一节　从陌生到日常：变迁中的网络语言传播与运用 ……… （37）
　第二节　从自我走向社会：网络语言日常化的常见类型 ……… （54）
　第三节　或然更是必然：网络语言日常化的逻辑及其效应 …… （71）
　第四节　嵌入式传播：网络语言与日常生活的互构 …………… （85）

第三章　扁平化：情感表征与青少年网络语言传播 ………… （88）
　第一节　精简与弹性：青少年网络语言的扁平化表达 ………… （90）
　第二节　主动与被动：青少年网络语言的体验和感知 ………… （103）
　第三节　结构与内涵：青少年网络语言的逆向扁平化 ………… （117）
　第四节　"放飞自我"：全新的书写空间与情感体验 …………… （126）

第四章　圈层化：互动聚合与青少年网络语言传播 ………… （130）
　第一节　线上抑或线下：网络语言的圈层传播形态
　　　　　及其路径 ………………………………………………… （132）

第二节　互动聚合：网络语言"圈层化"的传播机制 ……… (142)
　　第三节　文化认同：网络语言"圈层化"传播的表征
　　　　　　及意义 …………………………………………………… (155)
　　第四节　圈层化交往：网络语言对青少年生活方式的
　　　　　　影响 ………………………………………………… (167)

第五章　关系泛化：新差序格局与青少年网络语言传播 ……… (178)
　　第一节　可见的"不可见"：网络语言的筛选与泛化 ……… (179)
　　第二节　关系泛化：网络语言影响下的关系变化 ………… (190)
　　第三节　关系逃避抑或对传统差序格局的冲击 …………… (203)
　　第四节　新差序格局：公共交流空间中的关系再造 ……… (211)

第六章　拟剧化：集体表象与青少年丧网络语言传播 ………… (223)
　　第一节　文化脚本："丧"网络语言构成类型及其特点 …… (224)
　　第二节　共享情境："丧"互动实践的偶然触发及前期
　　　　　　建构 ………………………………………………… (229)
　　第三节　意义传授："丧"情感的优先识别及选择性回应 …… (237)
　　第四节　拟剧化的集体表象："丧"网络话语实践的自我
　　　　　　克制 ………………………………………………… (243)

第七章　身体祛魅：污化处理与青少年网络污语言传播 ……… (256)
　　第一节　从污语言到污文化：污名化的网络"脏话" ……… (257)
　　第二节　浸习、内化与生产：污化处理机制与类型 ……… (263)
　　第三节　污语言传播：情境化人设及其关系区隔 ………… (273)
　　第四节　消解权威：污语言的文化展演与意义延伸 ……… (284)

第八章　无性有别：性别操演与青少年网络语言传播 ………… (293)
　　第一节　性别化网络语言与去自然的性别叙事 …………… (294)

第二节　网络语言中性别身份的流动与建构 …………（306）
　　第三节　角色表演：性别阐发的个性化与社会化 …………（317）
　　第四节　性别操演：身份重构下的性别文化再探讨 …………（330）

第九章　软性话语抗争：公共参与与青少年网络语言传播 ………（336）
　　第一节　青少年公共参与中的抗争性网络语言类型 …………（337）
　　第二节　"话语包装，也是自我包装"：表演中的话语抗争 …………（342）
　　第三节　"催化剂，也是冷却剂"：围观中的话语抗争 …………（352）
　　第四节　"脱口而出，但有迹可循"：惯性中的话语抗争 …………（360）
　　第五节　公共参与中的网络语言：一种软性抗争话语 …………（368）

第十章　结语：生活方式视角下网络语言传播再解读 …………（375）
　　第一节　关注青少年：语言背后的互联网思维与技术化生存 …………（376）
　　第二节　超越语言：从作为交流方式到作为生活方式的网络语言 …………（380）
　　第三节　回到网络文化：从文化圈层到景观社会的网络语言传播 …………（384）
　　第四节　理解网络语言：不容忽视的时代标签与集体叙事 …………（386）

参考文献 …………（392）

访谈对象一览表 …………（422）

后记 …………（454）

第一章 导论

21世纪初，中国全面进入互联网时代。互联网的普及催生了丰富多元的网络文化，网络语言也是一道亮丽的风景线。规模庞大的网民特别是青少年群体或多或少浸入在网络语言的生产、使用与传播中。从聊天室到BBS、贴吧，再到社交媒体时代，综合古今中外语言符号，采用谐音、拼贴等处理手法，经过病毒式传播风靡于网络的"网络语言"体现出具有时代特色的网络社交模式、技术烙印、网民旨趣及群体心态等。

富有创造性的网络语言，一旦受到网民关注，就能很快传播开来。比如，曾经在网络上流行的"给力"，如今已经成为人们习以为常的语言，人们也逐渐忘记了它曾经是一个网络流行语。比如"青蛙""恐龙"最早被用于形容相貌丑陋的男女，当年红火一时，而现在几乎销声匿迹。再如"土豪"一词被我们所熟知，因为它与革命时期的"打土豪，分田地"有关。但作为一个网络流行语，又用于指代"没有什么品位的有钱人"。随着其含义的不断延伸，现在又常指"比自己肯花钱的人"。

2004年，继猫扑网和天涯网联合举办"十大网络流行语"评选活动之后，很多门户网站和论坛都开始举行年度网络流行语的评选活动。同样，"人民网""咬文嚼字""中国语言生活状况报告""新周刊"等也相继对网络流行语进行过梳理和分析。纵观历年来的网络流行语可以发现，虽然每一年的网络流行语都会花样翻新、层出不穷，大多却只能各领风骚一两年。比如2004年的"沙发""潜水""顶"等网络用语尽管一度十分流行，但是一段时间后就会被新的流行语所刷新和替代。到了2006年随着《武林外传》这一国产剧的流行，不少新的网络语言也应运而生，如"额滴神啊""葵花点穴手""子曾经曰过"等。自此，常说常新的网络语言开始变得复杂化。伴随着互联网移动终端的发展，自媒体越来越普遍，每年都会从网络游戏、社会时事中延伸出一系列流行语，如"偷菜""躲猫猫"等。

每一年的网络流行语都会有新的变化，来源也会变得五花八门：一些从动漫和游戏中产生，一些从社会时事中而来，一些来源于微博网红等。网络语言的复杂化除了其来源以外，含义也开始变得多样化，甚至同一个流行语在不同网民的思维中也不尽相同。同时，现实生活与网络空间的语言生产也互相借鉴，形成"对流场"——网络语言的丰富与发展离不开现实话语与热点事件，网络语言在虚拟空间中的风行也进一步渗入现实生活。一时间，会说某类网络语言成为一群人的时髦与标签。而"这个新词是什么意思""怎么听不懂他们在说啥"则造就了另一群人的模仿和焦虑。

第一节 研究背景："不知道，你就out了"的网络语言

网络语言的出现与兴起离不开互联网的发展。21世纪以来，中国互联网发生了巨变，可以说几乎呈现出加速度发展的态势。网络语言也在这一过程中经历了创新阶段、推广阶段以及普及阶段的变迁。

1. 网络语言的涌现及其年度榜单

网络语言的生产与传播可谓日新月异，有时甚至昙花一现。"人民网""咬文嚼字""新周刊"等媒体或机构曾对网络语言进行年度总结。经过再次综合与筛选，我们汇总出如下横跨二十年且在当年流行的网络语言。

表1-1　　　　近二十年年度网络语言汇总（1989—2019）

年	常用的网络语言
1999—2003	BBS、QQ、斑竹、潜水、路过、踩一脚、沉下去、顶、沙发、楼上、菜鸟、粉丝、汗、倒、晕、弓虽、…ing、88、555、520、GG、MM、BF、GF、MD、BTW、CU、PF
2004—2005	做人要厚道、出来混迟早要还的、百度一下、海选、pk、ps、超女、××很生气后果很严重、禽流感
2006	额滴神啊、农妇山泉有点田、你不是一个人、求鉴定、恶搞、顶你个肺、来自火星、网络暴民、人不能无耻到这个地步、相当的
2007	早起的鸟儿有虫吃 早起的虫儿被鸟吃、钱不是问题 问题是没钱、水能载舟亦能煮粥
2008	很傻很天真、打酱油、山寨、雷人、囧、宅男、非诚勿扰、俯卧撑、范跑跑
2009	躲猫猫、贾君鹏 你妈妈喊你回家吃饭、不要迷恋哥 哥只是个传说、不差钱、裸婚、蜗居、蚁族、纠结、钓鱼、秒杀
2010	给力、神马都是浮云、围脖、我爸是李刚、表情帝、萝莉控、官二代、我勒个去、羡慕嫉妒恨、一个非常艰难的决定、闹太套
2011	亲、么么哒、伤不起、有木有、hold住、我反正信了、坑爹、卖萌、吐槽、悲催、普通青年 文艺青年
2012	正能量、元芳 你怎么看、××style、绳命是入刺的井猜、高富帅、白富美、甄嬛体、躺着也中枪、亚历山大、再也不相信爱情了、累了 感觉不会再爱了
2013	光盘、逆袭、女汉子、土豪、点赞、奇葩、大V、小伙伴、喜大普奔、人艰不拆
2014	且行且珍惜、你家里人知道吗、画面太美我不敢看、整个人都不好了、也是醉了、萌萌哒、我只想安静地做个美男子、买买买、现在问题来了、有钱任性
2015	内心几乎是崩溃的、duang、世界那么大 我想去看看、你们城里人真会玩、狗带、吓死宝宝了、重要的事情说三遍、怪我咯、叶良辰、吃土、主要看气质
2016	污、友谊的小船说翻就翻、蓝瘦 香菇、洪荒之力、宝宝、撩妹、一言不合就、小目标、老司机
2017	扎心了老铁、贫穷限制了我的想象、freestyle、打call、油腻、尬聊、怼、可能拿到了假试卷、流量、共享、不忘初心
2018	锦鲤、确认过眼神、佛系、巨婴、杠精、skr、C位、皮一下、官宣、命运共同体、教科书式
2019	盘他、魔鬼、秀儿、硬核、我信你个鬼、你个糟老头子坏得很、你自闭了吗、"道路千万条，安全第一条"、OMG、我酸了、脱粉、好嗨哦

通过以上年度网络语言的汇总，我们可以发现：在创新阶段，即2004年之前，网络语言表现出明显的技术化趋向。在这一时期，网络语言伴随着互联网技术的发展而兴起。具体来看，网络语言具有键盘化输入特征以及互联网技术特征，如首字母简写、表情符号、技术名词等。从1999年左右流行的ICQ到后来的"Q我"，都与即时通信软件的日常话语相关。随后网络论坛开始成为人们交流信息的重要平台，如"BBS"是当年网民口中常出现的语言，除了技术词汇以外内行人还有更多的交流"密语"，如论坛的"版主"被称为"斑竹"，论坛的"小号"被称为"马甲"，"资深网虫"被称为"大虾"，即"大侠"的意思，只看内容不发表意见的行为被称为"潜水"。除此之外，被称为"网虫"的网民们在用QQ聊天的时候，会用键盘打出"886""88""555"，用"GG"代替哥哥，用"MM"代替"妹妹"，用"BF"代替"男朋友"等。另外谐音语汇也开始常见，如"我喜欢"用"偶稀饭"来代替，用"百度一下"等同于"查字典"等。

此后，互联网技术进一步发展，网络语言表现出丰富性及多样化的特征，网络语言进入推广阶段。在这一阶段，技术化的网络语言没有消逝，反而随着技术的发展而不断充实，如智能手机之后表情符号由标点符号的简单组合衍生为更具画面感的表情包。与此同时，网络语言的表现形式已经不再局限于技术化上，也越来越大众化和生活化。从语体上来看，"凡客体""甄嬛体"等都成为网民模仿和复制的对象，并由此产生各种各样的"段子"，具有幽默和讽刺的特性。另外，隐喻和讽刺型的网络语言也层出不穷，即其实际内涵是从字面上无法获知的，需要追溯到事件的源头才能理解，如"躲猫猫"在其事件发生后被赋予了新的含义，"香菇"也因某网络视频中的方言发音而成为"想哭"的意思。网络语言在被技术化的同时，其表现形式也日益丰富。

如今，网络语言已经到达普及阶段，它也越来越成为网民尤其是青少年网民的日常话语。例如，起初"萌"是一种ACGN的用语，随后成为网络流行语，而如今人们已经意识不到其网络语言这一属性，这表现在：当需要形容一个女生可爱时，青少年想到的第一形容词是"萌"而非"可爱"。例如，当人们形容无奈的事情时，人们会优先使用"无语"或者"真是醉了"来表达。当人们讨论双十一购物的时候，选择用"剁手党"一词来进行自嘲，从而将"购物"与"剁手"画上了等号，而"光棍"或"单身人士"则变成了"单身狗"。这一系列代名词几乎成了人们话语体系中的日常用语，人们也会条件反射式地联想到其网络流行语的含义。

纵观从1999年到2019年网络语言的变化，可以发现无论在表现形式还是生产来源层面，网络语言逐年丰富，也逐渐普及。随着互联网的日益普及和技术水平的进一步发展，起始于网络环境中的流行语言对人们日常生活的影响日益增强。网络语言技术化、大众化和日常化的发展趋势告诉我们，网络语言是新兴的、时尚的、充满活力的，它是时代的产物，以多样性的形态持续、动态地发展，以表明其语言生命的存续意义，从而维护整个语言生态的动态平衡。

2. 网络语言的传播与嬗变

在互联网刚刚起步的阶段，网络语言主要是一些专业技术用语，而现在网络语言多来源于人们的生活，其源头变得更为多样和复杂。网络语言大多都经历从小众到大众的过程，因此在互联网生活中，网民能够通过网络展开评论、交流观点，并快速形成广泛而强大的信息传播力量。在这一传播过程中，网络的草根民众和精英群体会推动网络语言的流行。传播学研究特别关注网络语言的生产来源、传播机制及其收编行为。

针对流行语言的含义，已有学者对其做出相关研究，从上述分析可知，以往人们创造出网络语言，是为了提高网络聊天的效率，而现在基于社会热点事件、基于网络社区论坛的流行语言数不胜数。从网络语言的生产机制来看，刘国强、袁光锋从"躲猫猫"这一个事件出发研究了网络流行语的生产机制，提出网民赋予了"躲猫猫"一词新的所指，是通过话语对权力进行抵抗的典型代表①。朱晓彧、冯美针对"××体"的网络语言生成传播机制进行了讨论。这一语体之所以能够迅速扩散,是因为网民对网络公告信息的"戏仿",这种模仿能够释放被压抑的内在能量②。白解红、王莎莎对"萌"进行了探析,提出其生产过程就是一个概念整合的过程,网民推动汉字的意义不断演变,赋予其含义,这也是外来文化与本土文化整合的过程③。肖伟胜提出网络语言的拼贴与同构是网络语言创新的两种主要策略,大量的网络语汇就是通过对既有语言的挪用和对意义的篡改、转译和改变而来④。另外,从符号的角度来看,网络语言的生产方式还包括为一个所指提供多个能指,一般在起初是一种小众文化⑤。

网络语言的传播似乎一定程度上遵循着网络传播的规律,并经历着不同程度的复制和模仿。从网络语言的传播过程来看,曹进提出网络语言的模仿与复制机制,这一规律与塔尔德的模仿率不谋而合,与生物的遗传和进化也有很多相似之处,因此这一传播机制也契合了模因论的观点⑥。隋岩以"APEC 蓝"为例,研究其产生、发展直至被政治收编的来龙去脉⑦。严励、邱理提出早期的网络流行语仅仅依靠论坛、贴吧、qq 群等网络社交平台传播,其传播内容、传播范围、传播群体都受到平台的限制。传播初期在群体内津津乐道,群体外嗤之以鼻。但随着网

---

① 刘国强、袁光锋:《论网络流行语的生产机制——以"躲猫猫"事件为例》,《现代传播》2009 年第 5 期。
② 朱晓彧、冯美:《网络流行语生成传播机制——以"××体"为例》,《河南大学学报》(社会科学版)2014 年第 4 期。
③ 白解红、王莎莎:《汉语网络流行语"萌"语义演变及认知机制探析》,《湖北大学学报》(哲学社会科学版)2014 年第 2 期。
④ 肖伟胜:《作为青年亚文化现象的网络语言》,《社会科学研究》2008 年第 6 期。
⑤ 严励、邱理:《网络流行语传播机制的逻辑分析及话语转向》,《当代传播》2015 年第 1 期。
⑥ 曹进:《网络语言的"模仿"与"复制"》,中国传媒大学第二届全国新闻学与传播学博士生学术研讨会论文,2008 年 4 月,第 341—348 页。
⑦ 隋岩:《从网络语言透视两种传播形态的互动》,《北京大学学报》(哲学社会科学版)2015 年第 3 期。

络平台的不断发展,网络流行语的传播方式从相对封闭的网络平台转向了更为开阔的自媒体平台,同时传统媒体也逐渐参与到网络流行语的传播中[1]。

网络语言从创造、使用到传播往往会产生一个结果,或被政治收编,或被文化收编,或被商业收编。收编只是一个动态的结果,可能也是网络语言异化的开始。因此从网络语言传播的动态结果来看,隋岩提出,"APEC 蓝"一词本身存在戏谑的成分。但并没有只停留在网民的言语戏谑中,大众媒介很快对此作出意义重构,迅速扭转了其传播效果[2]。肖伟胜、王书林从亚文化的角度对网络语言进行了研究,提出一部分网络语言最终还是被支配性语言系统所整合、收编,因为青年亚文化与主流文化在象征性对峙冲突中又有着潜在的一致性和连续性。它不像丧失了价值后的负文化表现出颓废的反常行为和价值虚无,而是在与主导性语言文化的结构性关联中,寻找着自身的价值判断和意义建构[3]。王璐分析了双十一光棍节和网购狂欢节,认为这是一种文化建构和商业收编,但光棍节作为一种社会文化,其与商业消费也不是简单的收编与被收编的关系,而是一种相互依存的关系[4]。尽管作者只是针对网络节日进行了分析,但这一商业节日的互动中必然伴随着语言的交流,比如"买买买""剁手党"等值得进一步探讨。

网络语言的收编不是必然,也不是线性的过程。传播学领域的网络流行语研究多从网络语言产生的社会背景、网络语言的模仿复制、收编这一过程出发进行分析。而语言的价值更多体现在其交际过程中,因此在传播学视角下,我们不仅仅要关照网络语言本身的传播路径,还要关照网络语言在人们日常交际中的应用。网络语言的传播研究多局限于网络传播,当网络生活也成为人们的日常生活时,线上和线下其实已经无

---

[1] 严励、邱理:《网络流行语传播机制的逻辑分析及话语转向》,《当代传播》2015 年第 1 期。
[2] 隋岩:《从网络语言透视两种传播形态的互动》,《北京大学学报》(哲学社会科学版) 2015 年第 3 期。
[3] 肖伟胜、王书林:《论网络语言的青年亚文化特性》,《青年研究》2008 年第 6 期。
[4] 王璐:《从文化建构到商业收编》,《青年研究》2014 年第 3 期。

法简单地一分为二。因此，我们不能简单地将网络语言传播定义为在网络上的语言传播，而应当将其放置到人们日常生活的整体图景中。

网络语言都有其来源，如影视剧、广告、社会事件、游戏等日常生活的各个方面。网络语言能够诞生并实现流动，离不开人们的日常生活及生活需求，因此网络语言流动的过程必然与生活有一定关联。

3. 网络语言的社会影响

语言是人们在社会生活中的交流工具，网络语言是伴随着互联网发展而来的现象，随着上网行为的普遍化，网络生活已经成为日常生活的一部分。

有学者探讨了网络语言对语言环境的影响。例如，陈春雷关注到网络语言的失范现象，提出网络语言是一种颇具争议的语言现象，它对全民的语言冲击较大，网语不断推陈出新，网民在其中迷失精神，并肆意谩骂发泄，引发语言暴力等问题[1]。从宏观上来看，这是一种语言污染，对于语言污染这一话题，也有学者进行了讨论，杨勇、张泉从生态语言学的视角探讨了网络流行语的语言污染，尽管网络语言使网络生活更为活跃，但是存在严重的网络语言暴力现象，这会造成严重的身心侵犯和损害[2]。这种网络语言暴力是一种"大规模网络集体侵权行为，可造成当事人隐私权、名誉权的严重损害甚至会导致当事人死亡"[3]。

也有学者探讨了网络语言对人们生活要素的影响。例如，黄汀提出网络语言是一种典型的青年亚文化现象，有助于青年个性的解放和民主化倾向的加强[4]。此外，网络语言还是一种公共话语权的体现。周丽颖提出网络语对公众话语权的意义，即网络流行语彰显了民众的个性和自

---

[1] 陈春雷：《从失范走向规范：关于网络语言影响及规范策略的思考》，《学术界》2011年第4期。

[2] 杨勇、张泉：《生态语言学视野下网络流行语的语言污染及治理探究》，《湖北社会科学》2015年第3期。

[3] 邱业伟、纪丽娟：《网络语言暴力概念人质及其侵权责任构成要件》，《西南大学学报》（社会科学版）2013年第1期。

[4] 黄汀：《青年亚文化视域下的校园网络语言和流行语研究》，《湖南科技大学学报》（社会科学版）2012年第6期。

由意识,传达了网民对社会公共事件的判断和评价①。高辉提出网络语言在广告传播中的应用,得出调查者都承认用该事件做广告会引起他们对广告的注意,因此利用网络流行语做广告语有一定的优势②。尽管作者是出于广告营销的角度考虑网络语言,但这说明网络语言对人们商业生活的影响不容小觑。

此外,学术界还对其背后的社会生活与社会文化进行了思考,亦即网络语言的符号意义。例如,肖伟胜提出网络语言是青年亚文化的一种表现,网络语言的创造和使用体现了青少年网民的心理特征③。也有研究者提出"高富帅"这类话语是青年用全新的"理性情感"与"狂欢式话语"告别"现实悲剧"与"行为规范"的过程④。"土豪"一词也深刻反映社会层级分化的观念,并以调侃的态度解构了传统的"仇富心理"⑤。孙艳艳认为"女汉子"是社会结构发展与转型的缩影,折射出女性独立、自主的时代价值⑥。邹军提出网络语言不仅仅是网络象征符号,而且也是社会象征系统。这些符号多源自于社会热点事件和网民的心声⑦。王斌认为身体化的网络流行语是青年亚文化的另类呈现,也是一种"符号暴力",值得深思⑧。

不可否认,如今网络语言打破了日常生活中常用的语言规则,一些网络语言几乎成为日常用语。通过观察,我们可以发现这种日常化体现

---

① 周丽颖:《网络流行语背后的公众话语权探析》,《广西社会科学》2012年第12期。
② 高辉:《基于简单暴露效应的网络流行语广告效果分析》,《北京理工大学学报》(社会科学版)2011年第6期。
③ 肖伟胜:《作为青年亚文化现象的网络语言》,《社会科学研究》2008年第6期。
④ 胡溢轩:《从"高富帅""白富美"到"土豪":风格化的"集体诉求"》,《中国青年研究》2014年第8期。
⑤ 程和祥、韩玉胜:《"土豪"一词的文化逻辑审视》,《中国青年研究》2014年第7期。
⑥ 孙艳艳:《"女汉子"的符号意义解析——当代青年女性的角色认同与社会基础》,《中国青年研究》2014年第7期。
⑦ 邹军:《从网络象征符到社会象征系统——解析网络语言的社会影响》,《当代传播》2013年第9期。
⑧ 王斌:《身体化的网络流行语:何为与为何——一个青年亚文化的社会学解读》,《中国青年研究》2014年第3期。

在网络语言的去标准化、去平台化、去集权化等方面。

首先，去标准化是网络语言成熟的第一大特征，但标准是由人们人为划定的，或者说有一部分文化领导者是这一领域的"标准化者"。但教育者成为标准的传达人往往对个体的意识形成具有决定性影响，如20世纪60年代的网民与90年代的网民在网络语言应用上截然不同。在这种矛盾下，语言的浪潮掀起，后来者掌握更多的网络技术，逐渐打破前者的规则而重塑新的规则，建立了其在当地社会中的地位。

其次，去平台化也是网络语言嵌入人们日常生活的重要特征。从早期网络语言的表现形式来看，网络语言因技术而产生同时又应用于网络平台。例如，网民在论坛中才会用到"楼上""沙发""楼主"这些词，涉及键盘输入才会使用"GG""MM""BTW"等缩略词。如今，网络语言的使用平台已经不再机械地分为线上和线下，网络也不单纯是一个聊天的工具，而开始成为一种日常生活方式。一些网络语言来源于生活事件，一些网络语言来源于网络表达，它们经过网络传播，进入日常话语体系。

此外，网络语言还表现出去集权化的特征。不难发现，早期的网络语言是青少年或者是qq、msn等软件使用者的专利，这一现象使网络语言出现集权化倾向。网络语言的集权并非传统意义上的权力，而是将网络语言视为一种被特定人群掌握的文化资本。如今我们认为，网络语言已经去集权化，或者分权化了。这一观点包含了两个层面：首先，网络语言不再是青少年或少数技术持有者的专利，例如，不同年龄阶段、圈子中都有其特色的网络语言；其次，网络语言也因网民之间的代际互动、圈层互动等而实现共享。

总体来看，从"语言""技术""人"这三个维度，可以分别发现网络语言的去规则化、去平台化、去集权化特征，这些特征表明网络语言在日常生活中的地位。可以说，网络语言流动是网络语言进入日常生活的过程，也是网络语言再生产的方式。基于此，我们需思考网络语言是如何在这二十年间成功地嵌入不同人的生活方式中的。

第二节 文献综述：源于语言学的多学科探索

国内外学界对于网络流行语的研究，从最初的语言学视角，开始延伸至社会学、社会心理学视角，开始关注网络流行语产生及变迁过程的时代背景、传播语境以及群体心理等因素。另外，随着网络文化特性的凸显，后现代文化与亚文化为分析网络流行语提供了全新的视角，学者们开始关注网络流行语背后的文化动因。由于网络流行语的使用的普及，网络低俗语言带来的负面影响也越来越大，研究网络流行语生产与传播的社会心理机制及其影响、其存续的语言生态环境成了学术关注网络流行语的最新趋势。

1. 语言学视角的网络语言研究

语言学者较早地关注到网络语言这一研究领域。不过他们更倾向于透彻地研究语言本身，即网络语言的语义及语用分析、模因分析、生态分析。

网络语言的语义及语用分析注重网络语言所代表的演绎以及使用方式。王宜广研究了"范跑跑"一词，认为这一新式称呼语既是社会现象的反映，也是社会情感的载体。这类新称呼语在构成上有其独特性，以传统命名方式为认知背景，以凸显主体焦点特征为手段，通过叠音韵律的形式来表现社会批判性情感[①]。汪奎对"呵呵"做了详细的语用研究。作为一篇语言学的论文，文章对"呵呵"在网络会话中出现的情境、功能进行了专业分析。考察了从现实中"呵呵"的使用，如"乐呵呵"，到网络上"呵呵"的使用的语义变化。最后还从礼貌原则的角度分析了"呵呵"兼具正面面子礼貌策略和负面面子礼貌策略，也就是"呵呵"一方面能够缓和氛围，有微笑的含义；另一方面又有闪烁

[①] 王宜广：《"范跑跑"式新称呼语构成的认知机制》，《语言与翻译（汉文）》2010年第4期。

其词的嫌疑，隐含会话含义，有回避的感觉①。语义及语用分析是语言学视域下的微观研究，但网络语言的使用方式是不断变化发展的，因此不同的群体可能会产生不同的解读和不同的用法。

模因论视角的网络语言研究十分关注网络语言进化的过程，并通过探讨其修辞手法的变异总结网络语言的规律。模因论是解释文化进化规律的新理论，它指一些思想或观念通过人类文化加以散播，并一代一代地相传下来，模因其实指文化基因②。宏观上的模因研究偏向于总结网络语言的创新类型，微观上的模因研究则细致入微地对网络语言的修辞形式进一步划分。曹进、刘芳基于达尔文进化规律来解释网络语言这一文化现象。即从模因论的角度出发，总结出相同信息异形传播、同构异义传播两种模因表现形式③。任凤梅提出网络语言模因的两种，即基因型和表现型④。傅福英、卢松琳也从模因论的角度出发研究了其进化和特色，并对其模因理据进行了探讨，认为网络环境对语言模因具有选择性，语言变异的模因理据主要是跨文化交流的需要、社会生活的创新及网络媒体的作用⑤。赵华伦⑥、左海霞、姚喜明⑦从修辞的视角对大量的网络语言实例进行了分析。从网络语言构造机理的层面提出网络语言通过谐音、隐喻、缩略、反语、叠加、借代等方式进行构词。作为语言学研究的一个重要视角，模因论从全新的视角解释了文化的进化规律，为研究网络语言引入了信息复制的分析方法，从纯粹的语言研究中延展开来，关注到了网络语言的变迁这一过程视角。

语言学家往往对语言生态十分关注，网络语言对语言生态是一种有

---

① 汪奎：《网络会话中"呵呵"的功能研究》，硕士学位论文，华东师范大学，2012年。
② 何自然：《语言中的模因》，《语言科学》2005年第6期。
③ 曹进、刘芳：《从模因论看网络语言词汇特点》，《南京邮电大学学报》（社会科学版）2008年第1期。
④ 任凤梅：《网络语言传播的模因论解读》，《河南社会科学》2010年第5期。
⑤ 傅福英、卢松琳：《论网络语言的进化及特色——以模因论为视角》，《南昌大学学报》（人文社会科学版）2010年第4期。
⑥ 赵华伦：《论网络语言的修辞现象》，《语言文字应用》2005年第s1期。
⑦ 左海霞、姚喜明：《修辞视角下的网络语言》，《外语电化教学》2006年第1期。

机的创新，同时也可能是一种语言污染。王炎龙用辩证的眼光探讨网络语言的意义与问题，认为网络语言在使用与传播的同时不得不注意到规制的重要性①。邓文彬提出要对各种类型的网络语言进行分析鉴别，肯定并提倡既有利于交际又符合全民语言发展规律的网络语言，否定并淘汰那些不利于交际也不符合全民语言发展规律的网络语言②。周慧霞提出网络语言的发展有其自然规律，即"优胜劣汰、适者生存"，不过网民随心所欲、胡编乱造则会污染语言环境并且对其他语言的发展造成极大的消极影响③。张青荣认为网络语言是一种新的特定的社会方言，同时网络语言的快速传播与发展为语言生态系统注入了新的生机和活力，在语言生态系统中形成了一种新的语言态势，后现代的思潮加速了新型语言生态系统的动态平衡④。

可以发现语言学研究主要关注语言本身，而在一定程度上隐去了语言背后的人。从微观角度的语言意义解读到中观层面的语言模因发展直至宏观视野的语言生态，不难发现语言学家对传统语言生态的欣喜与担忧。模因论的视角引起了传播学者的关注，模因是一个研究的视角，也是一个理论，至于如何模因，其内核机理如何，传播学家正试图对这一问题进行解答。

2. 社会学视角的网络语言研究

语言是社会生活中交流的工具，网络语言是随着互联网发展而来的，随着上网行为的普遍化，网络生活已经成为日常生活的一部分。语言社会学研究更倾向于将语言置入宏观的社会背景以及微观的社会生活中。

---

① 王炎龙：《网络语言的传播与控制研究：兼论未成年人网络素养教育》，四川大学出版社2009年版。
② 邓文彬：《网络语言的定位与规范问题》，《西南民族大学学报》（人文社科版）2009年第1期。
③ 周慧霞：《生态语言学视域下的网络语言研究》，《江西社会科学》2013年第12期。
④ 张青荣：《网络语言的生态语言学审视》，《河南师范大学学报》（哲学社会科学版）2012年第4期。

人们的社会生活应该包括商业生活、政治生活、文化娱乐生活等各个方面。网络语言对社会生活的影响更多地体现在对人们价值观、社会资本以及语言生活的影响方面。相比而言，社会影响视角下的网络语言研究较为悲观。陈春雷关注到网络语言的失范现象，提出网络语言是一种颇具争议的语言现象，它对全民的语言冲击较大，网语不断推陈出新，网民在其中迷失精神，并肆意谩骂发泄，引发语言暴力等问题[1]。从宏观上来看，这是一种语言污染，对于语言污染这一话题，也有学者进行了讨论，杨勇、张泉从生态语言学的视角探讨了网络流行语的语言污染，尽管网络语言使网络生活更为活跃，但是存在严重的网络语言暴力现象，这会造成严重的身心侵犯和损害[2]。这种网络语言暴力是一种"大规模网络集体侵权行为，可造成当事人隐私权、名誉权的严重损害甚至会导致当事人死亡"[3]。

从对日常生活的影响进行总结，黄汀提出网络语言是一种典型的青年亚文化现象，有助于青年个性的解放和民主化倾向的加强[4]。此外，网络语言还是一种公共话语权的体现。周丽颖提出网络语对公众话语权的意义，即网络流行语彰显了民众的个性和自由意识，传达了网民对社会公共事件的判断和评价[5]。高辉提出网络语言在广告传播中的应用，得出调查者都承认用该事件做广告会引起他们对广告的注意，因此利用网络流行语做广告语有一定的优势[6]。尽管作者是出于广告营销的角度考虑网络语言，但这说明网络语言对人们商业生活的影响不容小觑。

---

[1] 陈春雷：《从失范走向规范：关于网络语言影响及规范策略的思考》，《学术界》2011年第4期。

[2] 杨勇、张泉：《生态语言学视野下网络流行语的语言污染及治理探究》，《湖北社会科学》2015年第3期。

[3] 邱业伟、纪丽娟：《网络语言暴力概念人质及其侵权责任构成要件》，《西南大学学报》（社会科学版）2013年第1期。

[4] 黄汀：《青年亚文化视域下的校园网络语言和流行语研究》，《湖南科技大学学报》（社会科学版）2012年第6期。

[5] 周丽颖：《网络流行语背后的公众话语权探析》，《广西社会科学》2012年第12期。

[6] 高辉：《基于简单暴露效应的网络流行语广告效果分析》，《北京理工大学学报》（社会科学版）2011年第6期。

透析网络语言，我们能够看到其背后的社会问题，这也是网络语言的符号意义。肖伟胜提出网络语言是青年亚文化的一种表现，它的创制和使用体现了青少年网民的心理特征①。也有研究者提出"高富帅"这类话语是青年用全新的"理性情感"与"狂欢式话语"告别"现实悲剧"与"行为规范"的过程②。"土豪"一词也深刻反映社会层级分化的观念，并以调侃的态度解构了传统的"仇富心理"③。孙艳艳认为"女汉子"是社会结构发展与转型的缩影，折射出女性独立、自主的时代价值④。邹军提出网络语言不仅仅是网络象征符，而且也是社会象征系统。这些符号多源自于社会热点事件和网民的心声⑤。

网络语言的消极影响方面受到学者更多的关注，他们尤其担忧网络语言对人们价值观的影响。此外，也有学者关注到其积极影响，如提高人们的创新精神、赋予网民一种话语权等。总体而言，有关网络语言的研究有以下三个面向：即语言学视野的研究、传播学视野的研究以及社会学视野的研究。网络语言的研究没有超出对语言本身的探讨，如语言学者对语言内涵及语法的分析，传播学者对网络语言传播和变迁的研究。但研究者同时也注意到了网络语言与社会生活的勾连，如社会学者对网络语言影响及背后的社会问题进行的探讨。

3. 文化研究视角的网络语言研究

当然，网络语言与青少年文化生活关系的相关研究也受到了文化研究学者的足够重视，他们从网络语言对青少年的影响、网络语言反映的青少年价值观等方面切入，以功能主义、文化生态以及冲突论的视角理解青少年的特殊文化。

---

① 肖伟胜：《作为青年亚文化现象的网络语言》，《社会科学研究》2008 年第 6 期。
② 胡溢轩：《从"高富帅""白富美"到"土豪"：风格化的"集体诉求"》，《中国青年研究》2014 年第 8 期。
③ 程和祥、韩玉胜：《"土豪"一词的文化逻辑审视》，《中国青年研究》2014 年第 7 期。
④ 孙艳艳：《"女汉子"的符号意义解析——当代青年女性的角色认同与社会基础》，《中国青年研究》2014 年第 7 期。
⑤ 邹军：《从网络象征符到社会象征系统——解析网络语言的社会影响》，《当代传播》2013 年第 9 期。

首先是青少年网络语言使用、创造及影响的研究。

王炎龙在基于中学生使用网络语言的调查报告中研究了未成年人网络媒介的接触行为、未成年人认知和使用网络语言情况、对未成年人使用网络语言的态度以及通过网络语言使用行为对未成年人网络素养进行了透视[1]。靳琰、曹进也是立足问卷调查和访谈的研究，探讨青年网民对网络语言的熟悉度、喜欢度、流行原因、认知及态度，并在此基础上探究网络语言对青少年生活的影响，进而对青少年网络素养教育进行了思考[2]。

此外，青少年对网络语言的使用与创造行为的心理分析也受到了关注。徐峻蔚研究了青少年使用与创造网络语言的现象，认为网络语言渗透在青少年的行为之中[3]。刘郁基于青少年心理诉求的视角，认为青少年创造使用网络语言，与其追求个性、挑战传统、娱乐减压、自我认同、交际需求有着密切关系，并最终提出青少年使用网络语言的几点建议[4]。

其次是网络语言与青少年文化意义的建构的研究。

肖伟胜认为网络语言是一种典型的青年亚文化现象，它的创制和使用既体现了青少年网民的生理—心理特征，同时更为重要地反映出亚文化与主流文化之间复杂的结构性关联，认为青少年利用"拼贴"与"同构"创造着网络语言，而网络语言则成为青少年亚文化的新"风格"，表现出较为明显的抵抗性、边缘性和批判性[5]。刘怀光、乔丽华从亚文化理论切入，强调青少年网络语言使用的亚文化特性，认为青年亚文化通过一系列符号系统表达自身独特的风格化追求，在文化意义上，由网络语言带来的新风格化的精神追求与主流文化存在着矛盾与抵

---

[1] 王炎龙：《网络语言的传播范式》，《新闻界》2008年第5期。
[2] 靳琰、曹进：《网络语言使用与传播人群实证调查》，《现代传播》（《中国传媒大学学报》）2010年第11期。
[3] 徐峻蔚：《青少年创造和使用网络语言现象》，《当代青年研究》2005年第9期。
[4] 刘郁：《青少年网络语言使用的社会心理学探析》。《贵州社会科学》2009年第6期。
[5] 肖伟胜：《作为青年亚文化现象的网络语言》，《社会科学研究》2008年第6期。

抗。与此同时，作为青年亚文化一部分的网络语言也在不断影响着主流文化，不过即便如此，具有青年亚文化风格的网络语言，在未来仍然难以逃脱被主流文化收编的命运①。王斌就身体化的网络流行语这一现象进行了青少年的亚文化解读，认为网络流行语不单是一种语言现象，更反映了社会事实和个体情感的深层结构。另一方面，从学理层面，也开启了网络空间的境况中对"弱者的武器"和"符号暴力"这些概念的新一轮对话②。

王炎龙不再仅仅局限在对网络语言简单的语义分析上面，而是上升到了跨学科的层次。他从传播学、社会学、文化学、生态学以及系统论的角度，对网络语言传播进行了多维度的审视，主要从网络语言的传播与规制上出发，归纳了网络语言传播的特征及其规律，探讨了其语言与文化的关联，尤其是对于网络语言使用主体之一未成年人的网络素养的培育进行了讨论。

不难发现，上述研究对于网络语言背后的青少年的文化研究体系的建构做出了贡献，然而在网络语言与青少年文化生活互动方面的研究中，学者多是从网络语言反映出青少年特定的价值观这一研究路径出发，却往往忽视青少年自身视角下的网络语言生产及文化认同，具有一定的"文化霸权"意味。而关于网络语言生活方式尤其是青少年网络语言生活方式方面的研究更是出现一定的空白，整体表现为现象描述多、理论归纳少，对策分析多、实证研究少。

在研究视角方面，少有从青少年自身视角切入的，多数则是学者从网络语言的具体表现特征对青少年的文化特征进行概括，通过网络语言的意义去透析青少年的文化形态与特征，从网络语言的意义去揣测青少年的内心以及青少年亚文化的形成。而另一方面，网络语言对于青少年

---

① 刘怀光、乔丽华：《论新媒体环境下青少年亚文化的"新风格化"》，《青年探索》2009年第6期。
② 王斌：《身体化的网络流行语：何为与为何——一个青年亚文化的社会学解读》，《中国青年研究》2014年第3期。

生活方式影响方面的研究也有所缺乏。本书将考虑从青少年自身的视角出发，研究青少年的网络语言使用动机、使用行为以及使用感受，从而客观地看待青少年视角下的网络语言及其生活方式。

在研究对象的选择方面，青少年作为一个整体被定义了。心理学界普遍认为青少年即青春期，一般指十二三岁到十七八岁这段时期。在实际的青少年工作中，以青少年为主要工作对象的群众团体和民间组织，也没有协调统一的对青少年的界定。共青团目前规定团员的年龄为14—28岁，这一规定也可视作青少年的年龄限定。由此看来，从性别、年龄层次、学历层次、趣缘部落等方面对于青少年内部的分层研究也十分必要，这对本书具有重要的启发意义。

在方法论层面上，目前较多的是探讨网络语言与青少年之间的表层关系，即网络语言代表了青少年的特殊文化，点到为止，却缺少深入分析。这些研究忽视了网络语言与青少年文化生活的相互作用以及网络语言与现实语言生活之间的关系，即网络是否对青少年的语言生活方式有着重要的影响，网络语言是否对青少年生活方式有特殊的意义。除此之外，网络语言作为一种虚拟社会的存在与青少年的现实生活是否有着特别的互动机制，网络语言作为生活方式的一种形式与整体图景中的其他因素是否也有这特殊而紧密的联系，对于这些疑问，都是在往年研究中相对缺乏的，需要我们进一步探索。

第三节　研究思路：基于生活方式的传播社会学分析

网络语言是由网民创造并用于网络交流中始终的一种媒体语言，它一般会广泛地出现在各种互联网场合，代表了一定的互联网文化并渗透到现实生活中，对人们的生活方式具有一定的影响。网络语言的来源十分广泛，多取材于方言俗语、各门外语、缩略语、谐音、误植，甚至还包括具有象形效果的符号组合。网络语言的发展之初只是网友为了提高网上的聊天效率或是网络使用的特定方式，不过久而久之，这也成了一种特定的语言。网络语言正在改变着当今人们的社会生活，甚至对整个语言生态环境产生着重要的影响。

网络语言作为网络交流活动的基础，直接反映并建构着青少年的网络语言生活。在网络这个陌生人世界中，规模庞大的青少年群体如何借由网络语言从松散走向团结、从无序走向有序、从平等走向分级，网络语言又如何在青少年生活中，从语言工具变为情感向导、从传播信息变成共享仪式、从虚拟世界走向现实生活，青少年网络语言生活又有着怎样的失范现状与规范需求，这些都值得我们深入探索。

因此，本书将以青少年群体为主要研究对象，主要采用质的研究方法，运用传播社会学的分析视角来探究青少年作为主体与网络语言的生产和传播之间复杂的互动关系，进而探讨青少年生活方式与网络语言之间的相互建构的动态关系。具体的研究思路和研究内容主要包括以下几个方面：

其一，网络语言如何嵌入青少年的日常生活。

结合网络语言的发展现状以及相关文献综述，本书试图探讨这样一些问题，即：网络语言如何通过在日常生活中的实践而嵌入其中？在这一实践过程中，网络语言如何融入日常生活、为何会融入日常生活？网络语言日常化的过程具有何种传播逻辑，具有何种意义？

具体而言：首先，本书要探讨网络语言经历何种变迁过程以及其大众化的过程。从语言本身来看，我们需对网络语言的扩散途径、形式、内涵的变化进行深入思考，同时结合互联网技术这一重要因素进行考量。从青少年这一主体视角来看，我们需了解青少年日常生活中对网络语言的认知、使用等行为及其变化。其次，基于对网络语言自身发展现状的了解，进一步探索网络语言在青少年日常生活中的实践状况，即网络语言在日常网络生活中的呈现方式，网络语言在不同圈子、不同代际、不同阶层、不同关系之中的呈现方式，以及青少年个体之间的交互状况，并回答网络语言如何在这种实践之中融入日常生活这一问题。最后，我们还需进一步深入讨论网络语言融入青少年日常生活这一过程是一种什么样的过程,以及网络语言为何会融入日常生活。更进一步思考,即我们要如何看待并解释融入过程中所发生的事物及其背后的行动逻辑。

其二,网络语言如何表征青少年的情感体验。

网络语言已经日益成为当代青少年情感传达和表征的重要文化符号。本书旨在探讨当网络语言经由数字化传媒的高强辐射性嵌入青少年的日常生活后,青少年自身的情感机制乃至思维机制发生了哪些潜移默化的迁移与改变。研究发现,网络语言使情感的表达方式呈现出"横宽纵短"的扁平化特征。而透过扁平的结构性视角,当代青少年在日常生活中使用网络语言进行情感表达时,呈现出一系列矛盾的特质:他们可以依据全新的情感逻辑丈量和权衡情感的分寸;发掘影视作品、日常生活中情感的谐趣和夸张并作为情感表达的元素;调度丰富的表情储备,默契地进行情感的交互和延续;而与情感识别与表达的敏锐和灵活并存的是,青少年对情感深层意蕴感知和洞悉的陌生和弱化。互联网的情感互动在网络语言的推动下持久地沉浸在众声喧哗的热闹之中,不自觉地对情感的细腻和厚重产生了"脱敏",对情感的想象空间产生了局限。

网络语言中一系列具有全新表达特征的情感传播,正自然且深刻地嵌入当代青少年的日常生活中,由此生发出的"丰富"和"反差"令人遐想:网络语言使情感表达呈现出怎样全新的表达方式;这些情感表达在被青少年习得、调用继而进行情感的书写和表达后,对青少年自身的情感体验产生了怎样的影响;如果说网络语言延展了青少年的情感表达,为什么同时会出现情感表达形式的单调和一成不变。简言之,网络语言的出现给当代青少年的情感体验带来了怎样的变化。

其三,网络语言如何区隔青少年的文化圈层。

首先,网络传播是一个由传播者与受众共同实现的信息传播过程,它是一个受众主动选择媒体、使用媒体的过程。互联网的技术特性决定了圈层受众们在使用媒体的过程中,会呈现出"分众传播"这一现象。

因此，青少年在对网络语言进行选择与使用时，往往会出现"受众区隔""分众"的趋向，网络语言在传播过程中的"圈层化"已然成为一种现象。

因此，本书所提出的基础性问题即网络语言在传播过程中由于"受众区隔"而形成的"圈层受众"是怎样的？他们在圈层中使用网络语言的"圈层化"传播是怎样形成的？这种"圈层化"传播主要表现在哪些方面？具体有怎样的特性？

其次，在亚文化体系下，网络语言作为重要的文化载体基于个体差异，如兴趣爱好、社会关系、价值观念、话语模式等，在寻求文化认同、语言认同、身份认同过程中所构建的圈层结构是怎样的？具有怎样的特征？在此圈层结构中，网络语言在传播过程中的情感共建、身份构建以及所表现动圈层间的对抗联盟、话语权力是怎样的？网络语言在扩散过程中对时空的重构体现在哪些方面？所表现出的形式上的延伸传播、多点传播和内容上的小众、分众传播又是怎样的？

最后，从文化研究的视角出发，本书提出的拓展性问题即网络语言的"圈层化"传播过程中所表征出的仪式化象征性的文化符号实践与具有凝聚力自由度的关系建构是怎样的？它们所产生的一种互动聚合的新型交往模式又是怎样的？这对实现文化意义下的文化共存、文化延续和社会聚合产生了怎样的影响？在社会聚合下所表征出的一种"新兴文化杂态共生状态"的"新兴亲密共同体"具有怎样的社会意义？特别是随着互联网从虚拟空间向现实社会渗透，网络语言的"圈层化"传播对现实生活中青少年的社会交往、表达方式与生活方式的建构具有怎样的改变与影响？青少年又是如何借助网络语言的"圈层化"传播完成文化意义下的社会聚合？

其四，网络语言如何重构青少年的人际交往。

网络语言伴随互联网而产生、发展、普及，现已嵌入日常生活中的多个领域。青少年是互联网时代的"原住民"，也是网络语言主要的接触者、使用者、传播者与创作者。在青少年的日常交际中，"亲亲"

"抱抱"随手发送,"女神""老公"到处可见,与传统的交际用语大不相同。青少年的关系是否真如网络语言这般亲密,还是语言与关系之间存在着错位?事实上,"膜拜""大神"等夸张的语言可能只表示"厉害"的意思。

网络语言与网络人际传播是相伴而生、紧密联系的。网络语言在兴起之初替代了很多规范语言,而进入人际交往时会再次让位给规范语言,两者在人际交往的不同阶段进行着博弈;网络语言在一定程度上改变了人的交往模式,突破了面对面现实交往的直接性与时空条件的限制,形成了一个庞大的、平等的人际交往的循环场域;网络交际仍遵循合作和礼貌的基本的交际原则,提升人际沟通的效率、增进人际关系的亲密度,人际沟通推动网络语言的产生、更新、传播、发展。

随着互联网的普及与网络语言的流行,青少年群体的网络语言使用渐趋泛化,人际关系也呈现出泛化趋势。泛化的青少年人际关系具有多、短、浅、厌四个特征,覆盖了同伴关系、亲密关系与权威关系三大类别,可以从主体性的关系需求和社会性的关系疏离两个方面进行解释。关系泛化并非平均分布,青少年的网络语言传播与人际交往仍有区隔与圈层,从而形成内化的新差序格局。

通过对网络语言与网络交往相关研究的梳理,发现存在着重行为规范轻主体理解、重单一媒介轻立体网络环境、重主流群体轻少数类型、重理论推演轻实证研究、重关系静态轻关系动态等特点,针对青少年的网络语言与网络交往的交叉研究也不多。本书从青少年群体出发,强调人际关系中语言的行动取向,以网络语言和人际关系的相关性为核心,探究青少年的网络语言实践与人际交往的作用机制,最终关注网络语言所建构的人际关系、关系结构与关系格局,并总结这种格局的特点及其对原有人际关系的制约与嵌入。

其五,网络语言如何集体表象青少年的丧文化。

以丧语言为文本符号的"丧"网络话语实践,是一种共同参与的日常文化现象,具有鲜明的时代特色。2016年7月以来,以"葛优躺"

为代表的图像式丧语言的广泛兴起,开始引起人们尤其是社会科学领域学者们的关注。以"丧语言"为核心对现有文献进行梳理,相关学者对青少年"丧"网络话语实践的产生、传播和扩散机制进行了语言学、社会学、传播学等多学科视角的讨论。

现有研究在丧语言表征描写和青少年群体心理画像方面做了有益的尝试,并大都将丧语言作为丧文化的风格,对其进行抵抗或收编的解读。① 更有学者以近似结构模式的文化分析路径②,进一步阐释影响丧文化形成与发展的社会矛盾等结构性因素。这些亚文化视角下的研究,为我们研究丧文化现象及尝试客观理解青年文化提供了重要的学术参考。

也有研究者认为丧文化的青少年主体"丧失批判力与行动力、在消费主义中寻找意义满足",具有"无力将个人与历史联结""陷入自恋主义"的退缩型主体特征。③ 正是在这点上,我们的看法与已有研究不同,我们强调在经验研究的基础上从日常生活的自相矛盾中寻找主体状态的真实。在日常生活的社会学研究中,欧文·戈夫曼(Erving Goffman,1956)戏剧理论视角下对微观层面的洞察,给予我们极大的启示,主体状态的外在呈现可能并不是主体特征的延伸。故而,我们认为,对于丧语言的青少年文本和丧文化的日常生活实践,可能存在一种广泛误读——它的抵抗意图以及表达模式中的消极色彩被夸大。

因此本书试图还原丧文化景观的真实面貌,探究它的本质特征究竟是什么,它是怎么样的传播互动模式,以及它究竟呈现出青少年怎样的主体特征,厘清这些前人的研究中不曾注意到或未曾进行过深入研究的问题,为研究"丧"网络话语实践的文化景观全貌提供一定的借鉴价

---

① 卢鹏、韩昀:《伯明翰学派青年亚文化研究范式转换及权力的运作方式》,《青年探索》2015 年第 2 期。
② 胡疆锋:《从"世代模式"到"结构模式"——论伯明翰学派青年亚文化研究》,《中国青年研究》2008 年第 2 期。
③ 刘雅静:《"葛优躺"背后的退缩型主体——"丧文化"解读及其对策》,《中国青年研究》2018 年第 4 期。

值和新的分析视角，从而尽可能消解符号误读的发生。

其六，网络语言如何污化处理青少年的污文化。

网络"脏话"、污文化的流行，及青少年群体在污文化风潮中扮演着生产者与传播者的现象引人深思。现有关于"污语言""污文化"的研究往往立论于主流文化与精英立场，在定义上众说纷纭、研究语料掺杂失真，将污语言、污文化划分到"脏话""秽语""网络低俗语言"等相关网络语言研究的"大箩筐"中进行一边倒式的批判，总体上既缺少对污语言产生的现实背景及其生产机制的追溯与探求，也未曾深入青少年群体、在网络语言具体使用情境中观察、分析这一网络语言。由于代际差异、圈层差异及观念差异等，现有研究往往将不属于"污语言"范畴的材料误处理为污语言进行批判，建立在"混杂语料库"上的污语言研究容易流向对"网络低俗语言"的笼统批判。

语言无法脱离其使用情境进行阐释，忽视语言背后的社会心理动态会造成语义及语用层面的误解。现有研究中，有研究直接从网络污文化风行、污语言遍布的现象入手，认为污是"用细节性含蓄隐晦的语言、文字、图像等符号达到一种污秽妄想的暗示"[1]，进而分析其特征与传播现状、提出应对策略，以"成见"障目，忽略了污语言生产机制、社会心理脉络及其在传播情境中实际的语用功能。

从亚文化与主文化的角度来看，污文化所体现的价值观念、污语言的生产机制、传播情境及其衍生出的话语风格与生活方式等"风格"是如何在青少年日常话语实践、生活体验及其群体互动中生成的？污语言传播过程中，青少年群体又是如何以语言作为工具挑战传统观念与主流文化的？这种挑战折射出青少年怎样的价值取向与观念变迁？研究青少年生产、传播污语言是认识当下青少年价值观念、风格标识、群体心态变化的支点，更是一窥青少年、亚文化群体与主流文化之间对抗、妥协，对传统性别观念及性观念解构重构及身体祛魅的镜子。

---

[1] 谭璐、何晓燕：《自媒体时代网络"污"文化传播中的青年受众需要分析》，《新闻研究导刊》2017年第6期。

第一章
导论

基于此，本书尝试从"生产—传播"视角切入，从生命史角度出发，深入观察青少年群体生长脉络与日常生活中的互联网使用史，网络语言使用史及污语言使用史，通过深度访谈、参与式观察等方法，深描青少年群体接触、内化、生产污语言的过程及其传播情境，进而探究污语言与污文化对青少年话语风格、价值观念、风格标识、文化脉络及其身体展演等的影响。

其七，网络语言如何操演青少年的性别身份与文化。

随着网络文化的多元发展，与性别相关的网络流行词汇也越来越多，其中包括描述男性/女性生理特征的词语、适用于男生/女生的词语、带有中性化表达色彩的词语，即所谓的"男词""女词""中性词"，对应本书提出的"性别化网络语言"概念。

青少年在虚拟空间中使用的性别化网络语言重构了新时代下的性别秩序，对于网络使用者来说，网络语言不再有明显的性别偏向。"萌萌哒""大佬""小姐姐"等词汇本身性别色彩较为淡化，视青少年使用者的性别特征而定，不同的人伪装在各个性别化网络语言的背后，实行各自的操演活动。要研究青少年性别化的趋势，可以借助性别操演这一理论框架。性别化的网络语言如何作为一个表征在青少年的日常交流实践中进行建构和重构，这些能为我们探索性别化网络语言的操演逻辑提供解决思路。因此，本书将突破社会性别观念的固有范式，在性别操演的理论框架下探究性别化网络语言对"社会性别"的解构与建构这一动态互动关系。

首先是对性别化网络语言使用范畴的研究。其中包括对网络语言中的称谓语、表情包、语气词、颜文字、脏话进行梳理，并对这些词汇再次分类，筛选出中性词，形容男生、女生的词，通过深入访谈和观察研究对象，探究这些词在日常生活实践中是如何被使用的？使用的情境是什么？使用的对象是谁？在什么情况下会停止使用？在什么情况下会多次使用等一系列细节问题。

其次是对青少年依据性别气质消费语言的行为研究。其中包括对性别化网络语言的引用、语言规则的内涵、探究个人认同与群体认同的关系，通过对青少年使用性别化网络语言的行为进行分析，才能进一步挖掘性别身份产生变化的原因，探析性别身份是如何在使用过程中被解构的？

最后是对被改写的性别文化研究。性别身份的操演背后蕴含的必然是对性别文化的全新诠释，其中包括性别角色的多重特性、固有社会角色的影响、性别身份的生产和再生产、性别范畴的消解和开放。青少年通过使用性别化网络语言这一表征，经过"去性别"——"戏仿"——"反性别"到最终建立起一套属于他们的性别表达体系。以此探究青少年日常生活中的性别亚文化实践，诠释青少年亚文化发展的多样性和时代特色，书写新型性别文化的内涵。

其八，网络语言如何软性表达青少年的话语抗争。

根据对各年青少年网络语言的总结盘点，它们往往有很大比例诞生于新闻事件之中，与当时的社会热点密不可分。从2008年的"俯卧撑"到2016年的"这届××不行"，以及表达立场的"吃瓜群众路过"等，无论是因公共事件直接产生的网络语言，还是在相关的讨论中常用的其他网络语言，甚至只是输入法中一个偶然刚好符合语境的谐音，都是在热点事件的转发与评论中成为经常出现的表达方式。在每年的网络热词统计、微博热搜榜上，它们总是占有一席之地。在中国互联网的舆论环境中，已经很少看到意识形态色彩很重、政治口号式的抗争话语，取而代之的，是不断更新换代、看似价值无涉的网络语言。尤其是对新鲜事物接受能力最强的青少年，在公共参与过程中经常使用流行的网络语言，而不是传统的意识形态话语，来表达自己的态度和立场。

青少年对网络语言的使用传播已经不是新的话题，但在青少年进行公共参与的场景下，将网络语言作为一种抗争话语，并主要研究其"软性"的一面，即强调抗争中无论抗争者还是对象都不感到强烈的刺激，避免直接对抗，还缺少较为令人信服的框架。我们需要深入每一个鲜活的网络语言背后，挖掘使用它的青少年所具有的共同点，细致描绘网络语言中的抗争因素和青少年使用中的细微动机，而不是大而化之地统一将其装进"抵抗官方"的筐子。只有这样，我们才能更深刻地理解青少年在互联网上嬉笑怒骂的背后，是怎样的"软性"和"抗争"在支配着他们，体现出一种怎样的网络行动主义，以及这最终会形塑出怎样的互联网公共参与生态。

本书不再单纯研究网络语言的某一抗争性质，或是较为"硬性"的网络语言话语，而是着眼于这些待为补充的方面，希望勾勒出青少年在公共参与中通过网络语言进行软性话语抗争的深入全面图景，旨在了解青少年在看似平常的、价值无涉的网络语言使用中，进行了怎样的话语抗争，接收和生产了怎样的公共参与意识，从语言角度投射了青少年在特殊政治语境中的复杂处境。而关注网络语言的公共性和社会性，厘清其传播特性如何与民主效能相结合，有助于理解新一代青少年对于公共参与的方式和逻辑、探索其遵循的网络行动主义类型，对建构、完善新型公共参与方式和互联网舆论环境，具有重要意义。

总的来说，围绕上述八个维度或领域，本书基于互联网社会中的网络语言文本及其背后的网络语言使用动机与传播现状的调查与分析，旨在探索出网络对青少年语言生活方式的重要影响，以及网络语言对青少年生活方式的建构意义，并在此基础上探讨如何在充分了解青少年亚文化的前提下，对青少年的网络语言使用与传播进行正确的引导和规范。

第四节　研究方法：走进青少年的语言生活世界

本书主要以青少年群体为研究对象。但有关青少年的界定，不同机构、不同研究常采用不同的年龄划分标准，并随着政治经济、社会文化与人口整体年龄趋势而发生变化。如世界卫生组织（WHO）、联合国儿童基金会（UNICEF）与联合国人口活动基金会将青年（Youth）定义在15—24岁，将青少年（Young People）定义在10—24岁。再如第42次《中国互联网络发展状况统计报告》中指出，我国网民群体以青少年（10—19岁）、青年（20—29岁）与中年群体（30—39岁）为主，共约占总体的70.8%。

考虑到多种年龄划分标准与实际的网络参与、网络语言使用情况，我国教育阶段与年龄分布（12—13岁进入中学，17—19岁进入大学，21—23岁参加工作或读书深造）及网民群体中20—29岁网民群体占比最高、职业结构中学生群体所占比例最高等现实因素，本书以12—29岁这一年龄段为研究对象的目标年龄范围。但无意将此年龄段作为青少年的界定标准，只是为了方便选择本书的研究对象。之所以将20—29岁的青年群体也作为此项研究的对象，一方面是因为青少年网络语言的使用习惯与互联网生活方式具有一定的惯性；另一方面是很多主题或具体内容的访谈是建立在研究对象对青少年时期回忆与口述的基础之上的。

实际上这一年龄跨度包含了中学、大学与初就业阶段，是对新鲜事物较为敏感、积极建构人际关系的时期，也是网络语言使用的密集期和活跃期。同时，这一年龄区间内部对网络语言的使用也呈现出以大学时期为峰值的抛物线轨迹，显示出区间内的复杂性。同时，选取研究对象时我们还注重性别比例、教育水平、家庭背景及职业分布等情况，尽可能兼顾"样本"的代表性与特殊性。

根据研究主题与研究目的的需要，本书主要使用了质化研究方法。陈向明定义，"质的研究是以研究者本人作为研究工具，在自然情境下采用多种资料收集方法对社会现象进行整体性探究，使用归纳法分析资料和形成理论，通过与研究对象的互动，对其行为和意义进行建构，并获得解释性理解的一种活动"[①]。质化研究方法之所以适合本书的研究问题，是因为研究问题体现的是一个"为什么"的问题，而不是"是什么"的问题，即本书意在通过与被研究者交流对这一问题进行解释性理解，作为研究者需抛弃前设和偏见，才能客观地进行研究。此外本

[①] 陈向明：《质的研究方法与社会科学研究》，教育科学出版社2000年版，第12页。

书也是一种情境中的研究,也就是作为研究者需与被研究者长期保持联系与交流才能达到最佳的研究效果。

具体来说,本书采用深度访谈的方法,即质化研究中的无结构式访谈。无结构式访谈是一种半控制或无控制的访问,其基础是一组深度访谈的主题,而不是标准化的问题。当受访者的回答能够拓展研究思路时,会对受访者的回答进行追问,以了解更多详细的信息。因此,本书参照这一实操方法进行执行,通过无结构式访谈,事先确定一个访谈框架,基于这一框架与受访者进行自由交谈,具体的问题根据访谈而形成。由于无结构式访谈具有较大的弹性空间,所以能够较好地发挥双方的自主性。通过多次反复的无结构式访谈获得相关个案的丰富材料,从而进行个案研究。另外,特别值得提出的是,本书通过无结构式访谈所获得的个案并非一蹴而就,而是在多次的访谈、追问、检验中获得一个完整的个案。无结构式访谈的主题包括:网民的生命历程;青少年的网络使用历程;他们的网络语言接触史;他们对网络语言的理解和态度、认知和使用、创造和传播;网络语言与青少年日常生活的相互作用等多个方面。

本书的资料收集工作主要于 2015 年 5 月—2019 年 12 月展开,依年龄、学历、家庭、工作、兴趣圈等指标对研究对象进行差异化取样,最终从几百个预访谈对象中选取了 300 个左右的重点样本进行了深度访谈(实际使用了 272 个样本的一手资料,详细访谈对象名单见附录)。在寻找和确定访谈者的过程中,不同类型的访谈对象则采用了不同的资料收集方法和途径。

由于在校时间长和相对封闭的管理,所以中学生样本较难找到大量的访谈样本。课题组经由本校毕业进入各城市初中和高中工作的年轻教师的引荐与帮助,研究者才因此有机会进入初中和高中校园进行调研。在学生午餐结束后的休息时间,对多个班级同学分别进行了两次 30 分钟左右的焦点小组访谈,聆听学生讲述当前在学生群体中流行的网络语言文化,了解他们关注和感兴趣的语言信息来源。并在每个焦点小组中选择一两位在小组讨论中思维活跃并起主要引导作用的同学作为进一步深度访谈的对象。后期他们也为研究者分别推荐了身边同样熟知网络语言流行趋势的同学参与深度访谈。同时研究者也对多位中学老师进行了访谈，希望通过教师的视角更好地理解当代青少年的日常生活。

大学生访谈对象的选取相对容易，主要采用了线上和线下相结合的"滚雪球"方式找到了符合要求的大学生进行深度访谈。研究初期，课题组成员均联系和选择了社交圈（新浪微博和微信朋友圈）中关注的若干位大学生朋友，他们和课题组成员在平日的交流过程以及网上的内容发布中都展现出显著的表达特征：语言风格活泼风趣，文字中会夹杂各种时下流行网络语言。他们在参与研究者深度访谈的同时，每位也向研究者推荐了身边五六位网络语言的"时尚达人"，研究者在对他们进行初步交流后，选择其中部分进行了深度访谈。如此在线上、线下开展的滚雪球的访谈方式，最终使得参与深度访谈的大学生规模达到一百多人，且具备一定的差异化特征。

在实际资料收集过程中，中学生和大学生也存在明显的差异。其中初中和高中生因学习任务较为繁重，因此除了参与学校开展的焦点小组访谈外，平时研究者主要通过网络即时聊天工具（如 QQ、微信视频）对其在线访谈。而为了保证访谈质量，针对大学生的访谈大多采用线下一对一交流的方式。每次访谈时间为一个半小时到 2 个小时。其中绝大部分受访者又通过在线交流形式进行了 2 至 3 次的补充访谈。

除了在校学生，部分未接受高等教育的社会青年和刚刚走上工作岗位的大学毕业生也是本书选择的研究对象。对于他们的寻找则主要依赖熟人关系网络的推荐以及滚雪球的方式，寻找难度相对较大，因此这一部分访谈对象规模相对较少，只占总体的五分之一左右。对于这类研究对象的资料收集，更多的是通过在线参与式观察获得他们在互联网平台上网络语言的使用文本与使用情境，相对缺少有关他们个人背景、互联网接触与使用习惯、网络语言使用动机及其日常生活方式的整体了解与系统考察。

当然，无论是在校学生还是社会青年，访谈过程中研究者都力图考察受访者的个人生活、网络使用史和网络语言使用史，并重点关注访谈者如何使用网络语言展开情感表达和情感解读。在交流过程中，受访者会不时拿出手机，打开新浪微博、微信朋友圈或是 QQ 空间等"到网上看看找点灵感"，并将看到的或是联想到的信息即时反馈给研究者。与此同时，在阐述自身网络语言使用的同时，研究者也鼓励受访者尽可能多地阐述身边同学网络语言的使用现象。在征求对方的同意下，受访对象会将所在 QQ、微信群中部分和研究相关的内容与研究者分享。这也使每一次深度访谈的过程同时也是了解并收获网络空间情感符号、信息文本和对话文本的过程。令研究者感到意外和感动的是，在非正式访谈阶段，不少受访者会不间断地将自己在网络浏览过程中看到的与网络语言相关的内容、身边近期流行的网络语言、最近新保存的表情包等通过简单文字表达、语音描述、内容转发、信息截图等形式与研究者分享。这些信息虽然相对碎片化，但在点滴之间串联起了个体网络语言习得和使用的习惯、历程及发展脉络。

除了对符合年龄划分标准的一般研究对象进行深度访谈，根据不同主题的研究需要与资料收集的难度或特殊性，我们还在研究过程中因调查主题和研究对象的差异，重点对以下几个主题或研究对象有针对性地采用了不同策略且可操作的调查方式。

1. 关于青少年圈层受众的调查

本书所使用的有关圈层受众的资料主要来源于对来自不同年龄段、不同小众文化圈层的青少年进行线上与线下的深度访谈，以及通过与他们在不同社交软件与网络平台进行的参与式观察所得。

我们将本书中的研究对象称为圈层受众，并将其界定为社会学意义上的一类社会群体，即通过一定的社会关系结合起来进行共同活动的集体。他们在共同兴趣爱好、价值观念、话语模式和社会关系的基础上建立关系，例如亚文化体系下网络虚拟社会中的粉丝圈、二次元圈、cosplay 圈等。

此外，本书所采取的参与式观察地点主要围绕 B 站、百度贴吧、粉丝论坛和 QQ 群。而参与式观察的方法主要以研究者在 B 站以发弹幕形式、贴吧以发帖子形式，并以二次元、粉丝圈的"圈内人"方式进行参与式观察。锁定几个贴吧或几个人群，长期关注，观察他们的语言与行为，记录他们的使用情况与表现状况，以及他们的圈层交流状况、媒体接触行为等，探析他们在圈层中对网络语言的使用与传播、与他人之间的互动内容传播情况和心理感受。

2. 关于青少年网络污语言的调查

考虑网络污语言调查话题的敏感，在收集资料阶段，本书采用质性研究方法中的线上和线下相结合的田野调查，即回归到青少年日常话语实践的具体使用情境中寻找研究问题的答案，探求观察法所接触不到的细节，例如参加青少年群体线下聚会、"潜入"线上青少年群体的微信群等。

在参与式观察的基础上，本书采取逐步暴露式策略，使用多阶段访谈法作为获取研究资料的主要途径。在参与式观察过程中进入研究群体、结识目标研究对象，继而在非正式、放松的状态下进行半结构化访谈收集初始研究资料。随着研究进程的逐步深入，再选择合适访谈对象进行深度访谈，系统地收集研究资料进行后续的分析研究。

此外，在线上微信群的参与式观察过程中，本书收集了青少年群体在日常社会交往中使用、创造、改造污语言的案例与群体互动的过程与内容，例如文字、表情包、聊天截图、互动案例等，以丰富青少年污语言生产机制与传播情境的细节，更加真实地呈现污语言在青少年日常社会互动过程中的嵌入。

3. 关于青少年网络丧文化的调查

该主题选择的研究对象需要具备以下两个基本特征：一是隶属于青少年群体；二是接触或使用过丧语言（不限制使用频率及黏度）。此外，研究者设置了性别、年龄/受教育阶段、地域、互联网行业相关、情感规则认知水平、MBTI 测试性格类型、"丧语言"使用已满心潮澎湃黏度7个背景维度，实证研究样本构成多样，具有多维度的样本特征。通过这7个相关因子的设置，研究者尝试探寻青少年群体的"丧"网络话语实证研究的所有潜在的、有价值的影响因子，最大限度地还原这一网络亚文化景观的样貌及其主体状态的真实。

由于情感表达的敏感性，以及研究主体的日趋个性化和差异化，对青少年群体作公开的、统一的调查研究可能会增加研究结论有失偏颇的概率。另外，情感议题与日常生活的界限很难把握，研究者要进入青少年日常生活的语境，进入群体参与观察互动环节的发生是至关重要的第一步。由于青少年大多不愿意把个人情感方面的事情公开，这就使得调查者不可能直接以研究者的身份进入现场，而是以友人的身份中度卷入群体、进入"现场"、参与活动、感受氛围，与组织者和参与者建立起良好的个人关系。同时保证理智上以"局外人"（outsider）的角度研究这一群体。进入现场的初期，通过参与式观察与青少年个人建立信任关系，在日常情境下采用非结构式访谈获取资料，随着卷入程度的进展，研究者将把握机会与部分青少年进行深入访谈。选取个性化特征更为明显的对象进行访谈，并适当通过滚雪球的方式联络下一位访谈对象，以此形成本次研究访谈对象库。

在社会学日常生活转向的启示下，研究者试图在经验研究的基础上从日常生活的自相矛盾中寻找主体状态的真实。因而，基于"丧"网络话语实践现有研究存在的问题，结合相关文献，研究者收集了42份以青少年为访谈对象的一手材料，结合运用数据挖掘方法爬取的万余份"丧"网络话语文本筛选而来的402份典型"丧"文本，发现已有研究对于丧语言的青少年文本和丧文化的日常生活实践，可能存在一种广泛误读——它的抵抗意图以及表达模式中的消极色彩被夸大。因而，研究者尝试提供一种崭新的分析视角，以"情感"为切口，将传播学与社会学相链接，再次考量"丧"网络话语实践的文化现象及其主体状态。

4. 关于青少年网络公共参与的调查

由于网络公共参与的突发性、敏感性，再加上涉及不同公共议题的网络语言生产与传播的周期性与特殊性，本书既需要对青少年视角下的网络语言传播进行研究，又需要考虑公共参与的特殊情境。因此，本书的研究对象主要着眼于不同性别、不同职业、不同学历的青少年网民，其中以对网络语言较为熟悉、经常在网上针对公共事件发表评论的青少年网民为主，即使用网络语言进行话语抗争实践的当事人，针对性地了解他们的生命历程、网络语言接触历史以及在公共参与中对网络语言的了解、使用和传播情况。

  基于以上考虑，本书的资料收集方法主要采用个案研究与跟踪式访谈相结合的方式。对于一部分比较容易接触到的对象，研究者采用日常生活接触了解，再逐步引入话题的方式；对于距离较远的对象，通常进行两次以上的约访：首次访谈完成了解基本情况、建立信任的任务，尽可能建立与受访者之间的关系；二次访谈在此基础上深入挖掘，以对象生活经历与研究主题的契合点切入，进行有重点的半结构式访谈。此外还采用滚雪球的方式，以受访者A朋友的身份对受访者A所处阶层的B进行访谈，逐渐扩大自己的访谈范围。在访谈内容上尽可能对受访者的人生经历、网络使用史、网络语言的接触历程、社会关系等进行深度挖掘，同时厘清他们对于自身经历的看法和态度，并将其与研究主题结合起来。深入访谈对研究者个人有较高的要求，访谈建立在受访者"无话不谈、敞开心扉"的基础上，研究者时刻把握与受访者的关系，通过"询问""倾听""闲聊"等方式建立联系，并尽可能地长期建立起联系。

  同时，研究者在新闻客户端、微博、微信朋友圈关注青少年对公共事件的评论和转发，并挑选典型对象与之进行讨论、互动，长期观察其在评论转发中使用网络语言的语境、习惯、使用特点、与他人互动情况等，以深度挖掘其使用网络语言进行公共参与的心理机制和社会环境。

  最后，研究者收集和分析研究各种现存的有关新闻资料和网络评论资料，从各门户网站年度流行语总结、舆情研究总结、前人研究、参与观察中选取信息，关注某些典型网络语言个案，根据时间线索和传播路径线索，追溯其产生、传播、流变，并从中发现规律。

总之，不管使用哪种方法或手段收集青少年群体网络语言使用及其生活方式的资料，目的都是使研究者力争以"局内人"至少是明白人的身份走进青少年真实的语言生活世界。尽管研究者的"局内人"身份在一定程度上会影响对网络话语实践群体及其情感表达活动的价值判断，对青少年群体线上线下活动的参与和认同的卷入程度会影响研究本身的中立客观性，但质的研究效度不在于价值的绝对中立，而在于研究者能否平衡好现场进出的角色转换，尽量对结论获得的情境作详细的交代，以便读者做出自己的判断。另外，研究者在实地访谈中尽量发挥同龄人、"局内人"的优势，使聊天氛围更接近于自然情境，以减少不在同一平台、同一语境的错位和误读。此时的研究者不应该只是置身事外的旁观者、审视者，而应该是对当下的时代、面前的年轻人有心理准备、有耐心倾听、有兴趣了解、有机会对话的学习者、观察者和探索者。

第二章　日常化：网络语言在青少年日常生活中的嵌入

语言是日常生活的重要组成部分，它是人们用于交际的工具，是人们思想碰撞的媒介，是一种文化的载体。在互联网时代，有一种语言叫作网络语言，它从问世以来就充满了争议，却又在发展中融入了日常生活，成为一种文化现象，这不禁让人思考其背后的逻辑。

目前网络交流用语备受语言学者、社会学者、传播学者关注。网络语言无疑是一种创新的产物，罗杰斯（E. M. Rogers）在其《创新的扩散》一书中提出这一论断，即：创新不一定是全新的事物，它仅仅针对个体而言是否新奇。"新"是一种感知，即一种主观感受，也就是是不是第一次出现并不重要，关键是所考察社会系统中的人们的主观感受。[①] 在多数情境下，网络语言是一种创新。网络语言从产生到传播也可能是一种创新扩散的过程，不同于罗杰斯在书中提及的创新科技和产品，网络语言作为一种语言时刻活跃在人们的周围，因此人们也就不会刻意去关注，也不会刻意对其进行创新扩散的策划。但值得借鉴的是，其从产生到大众传播的过程必定也经历着类创新扩散的决策、认同、接受过程。

日常生活与我们所处的社会背景有很大关联。1994 年我国刚刚接入互联网，当时互联网使用行为也许是精英群体的特权，与我们的日常生活几乎没有什么关联。当互联网成为我们生活中的日常，网络语言也

---

① ［美］埃弗雷特·M. 罗杰斯：《创新的扩散》，辛欣译、郑颖译校，中央编译出版社 2002 年版，第 11—15 页。

随之根植于其中。尽管正如一些研究者所提出的那样，网络语言可能造成了一定的语言生态污染，但我们不应通过好或不好来简单衡量，作为一种伴随网络发展以及日常生活作用而产生的文化现象，我们需要客观地去看待网络语言的生产与传播行为。日常生活中的网络语言无处不在，那么我们不免会思考这一问题，即网络语言是如何日常化的？

当我们置身于网络语言的世界，不断接受新的网络流行语时，总是希望知道它的来龙去脉，因为在这背后蕴含了丰富的背景故事和社会问题。首先促进我们思考的就是网络语言是什么，其次网络语言从何而来，最后网络语言为什么会受到关注，另外网络语言存在于日常生活中的哪些方面，以及为什么无处不在。

从网络语言传播的角度来看，网络语言并非从一出现就广为流传，它常常会经历一段时间的小群体传播过程，即小范围的使用与传播。那么网络语言从小范围走向大众化的过程如何，人们通过什么途径获悉、关注到网络语言，以及如何评价和理解这样的语言都值得深思。

第一节　从陌生到日常：变迁中的网络语言传播与运用

当下，当我们已经习惯于网络语言的世界时，免不了还会疑惑：为何在日常生活中网络语言无处不在。以往我们只有在QQ上聊天、在论坛里发帖的时候才会使用网络语言，现在不仅在日常交流中频频使用，生活中的商业广告、新闻报道里也常常看到网络语言。我们期待着对发生这一变化的历程、原因以及人们习惯于网络语言的行动逻辑进行探究。

一　萌芽时期：互联网普及初期的网络语言传播

在20世纪末和21世纪初期，互联网刚刚开始走进普通家庭，网络尚处于普及时期，因此还属于一种奢侈品。在当时的情境下，网络语言就像一种时尚和潮流文化，能够理解并且会使用网络语言的群体被认为是时尚的先锋或社会的精英。调查发现，网络聊天是网络普及初期最常见的上网行为，在此期间，网络语言在网络聊天中得以产生及传播，网络语言的流动范围也难以突破。

1. 使用聊天软件：网络昵称作为个人的身份符号

国内最早的聊天工具是OICQ，其后QQ出现。当时，网民上网常做的事情就是进聊天室聊天，由于网民总数有限，聊天室环境也相对纯净，上网聊天成为一种时尚。

"50后"的李先生就是首批过上网络生活的早期网民，在二十年的网络生活史中，他亲眼见证了互联网和网络语言的发展。李先生是同龄人当中较早接触互联网的，他对自己的评价是："当时的'潮人''前卫'的人。"

在1990年代，上网机会比较多、上网频次比较高的当数网络技术从业人员。相比之下，普通人只能将上网安排在某一个特定的时间范围内。李先生表示当时的生活习惯与现在稍有不同："上网就好像是一日三餐，如果要上网，每天就要特地腾出时间来。"

上网被视为一种时髦的行为，因此时髦之人也有其时髦用语，网络聊天的昵称就是一种。QQ这一社交软件刚上线时，李先生就在第一时间成了QQ用户，他认为："QQ号的数字就能暴露年龄，像我就有一个五位数的QQ号。"李先生记得，当时自己的网络昵称叫作"随风"，他说："这样的昵称也表明了我当时的心境，希望自己的一切烦恼都能随风而去。"

在李先生看来，当时最为有趣的事情就是跟陌生人交朋友，他常根据昵称和聊天的习惯猜测对方的个人信息："当年每天都在固定时间跟一个初中小孩聊，他网名叫作'冬日暖阳'。这种名字在当时特别常见，另外还有'过眼云烟''漫步云端''轻舞飞扬'这些四字词语的QQ好友。上网的时候，这种昵称就成了我们网上聊天的代号。"

由此可见，那时上网并不像现在一样随时随地发生。对于一些网络前卫者而言，上网已经是生活中的日常行为，他们会在日常计划中安排上网的时间，并且在网络上互相称呼彼此的昵称，成了网民的网络身份符号，这与互联网普及之前人们的别名、笔名意味相似。

在互联网发展早期，提到上网，大多数人会将其与"聊QQ"画上等号，可见，"聊天"是互联网发展早期人们对上网功能的认知。"90后"女生菲菲，也是在互联网发展初期就加入聊天室大军。自从接触QQ以后，她从中发现了网络昵称的乐趣。"90后"的QQ世界跟与他们父辈年龄相仿的李先生则有些不同，她们在网络上更加调皮，昵称的表现形式也更为丰富。"因为我们可能会对自己的名字不满意，就会利用网上的机会，给自己取代号"，菲菲还特别提起当时起"第二称号"的经历："QQ应该是我第一个用的社交软件，我清楚地记得周围同学的昵称都有着明显的特征，简单说就是'装'。一些有武侠情结的同学会用'欧阳''慕容''若烟'这些名字。"

随后，火星文和键盘符号开始盛行，深得菲菲这代人的心："我记得有一个朋友就用过一个非常矫情的昵称。"菲菲试图打出这个字体给我看："埋葬de嗳情"。访谈发现，不少90后都经历过这一时期，他们或者他们的朋友中都有使用过火星文的记录，如他们提出："嗳祢"是"爱你"，"葬ぃ爱"是"葬爱"。此外类似于"↑""↓""★ゞδひ"的符号也极为常见。

从互联网普及初期的网民日常生活经历来看，本书认为这一时期属于"聊天时代"，而网络聊天的昵称是时代的产物。网民通过这一方式创造、借用语言形成具有个性特征的网络昵称，这些昵称成为当时所风靡的网络语言。尽管不同年龄网友的网名有一定差异性，但在网络聊天时代，个性时尚的网名是一种流行文化，它使网络语言在社交平台上蔓延开来。就像受访者提到的那样，"可能每个人都曾经有一个叫作痞子蔡或者轻舞飞扬的网友"。

2. 行走于论坛中：特定用语作为江湖的规则

网络论坛几乎与腾讯 QQ 同步发展起来，它们包括天涯、西祠胡同、百度贴吧。随后在互联网的进一步发展下，才逐渐出现了更多细分化的论坛，论坛文化一直在延续。在论坛的语境中，"斑竹"就是"版主"，"马甲"就是"注册的小号"，"菜鸟"就是"新手"，"楼主"就是发帖子的人，"顶帖"的意思是"通过回复帖子使其到板块的最上面"，另外"沙发、板凳、地板"这些都代表着回复帖子的顺序。论坛的江湖就像是另一个世界，有其特定的习俗和文化。

中学时代的小北每周能得到父母的上网许可，因此小北每周末可以关注偶像韩雪的论坛，甚至还在论坛里认识了其他粉丝，粉丝圈有个共同的名字叫"小宁"，不少粉丝的 ID 名称都用 HX 的歌曲或者歌词，比如"飘雪""想起"。在这个论坛里，小北交到不少朋友，同时论坛的语言将她们联系在一起："自从上了论坛以后，我掌握的都是最新消息，在班里是很骄傲的事情。像'顶楼主''坐沙发''我要留个脚印'几乎信手拈来。"小北表示，这些幽默的拟人化的语言是小北在严肃的家族里万万体会不到的，小北认为上论坛的那段时间就像进入另一个江湖，"在论坛的世界里能够获得自由，有让人放松的说话方式，也能做真正的自己"。

提到上网经历的时候，小北认为她对上网的兴趣受到邻居轩哥的很大影响。作为独生子，他们平日里会一起玩耍，共同娱乐。她说："轩哥应该是对我影响最大的，因为他早早就有电脑，也有机会打游戏、上网。"轩哥拥有较好的上网条件，每到假期就窝在电脑房里玩电脑，他属于现在的"宅男"，却是当时的"潮男"。轩哥认为："最早接触的天涯社区和西祠胡同至今难忘，经常会出现八卦帖子，看那些有争议的帖子，看一些人在天涯上连载的小说是我们同学之间的常事，谁要是不知道，可能就是落伍者，当时有些比较出名的账号，'MRXC'好像就是从那里出来的。"轩哥提出："当几个同学讨论的时候，不上论坛的同学就不知道他们在讲什么，上网可以获得更全面的知识。"轩哥回想起上论坛的时光:"哥们之间有时互加好友,给对方的帖子'灌水',还可能注册'小马甲',用来捉弄朋友。"

从早期的网络生活来看,上论坛是一些人的日常行为。因为论坛上有现实生活中没有的朋友,论坛里有连载的小说以及从未听闻的思想观念。网民定期会安排一些时间在论坛里"潜水",时不时"灌水""顶帖",膜拜"大虾"。当很多具有隐喻的词条逐渐在这种公共的空间传播时,网络语言也变得越来越丰富。可以说,网络语言伴随着论坛的发展而发展并在此过程中得到运用,此后网络语言开始走出网络平台成为线下生活中谈论的资本。

3. 走向线下生活:网络语言成为朋友间的暗号

在互联网发展早期,上网不是每个人的日常生活。这在当时也出现了信息的断层,不仅仅是不同年龄段的人之间具有差异化,同时,同辈之间也因为上网的经历不同而出现明显的区隔。网络语言甚至成为一种暗号,知晓其含义的人都是圈内人。

1990年出生的Lucky在2005年之后,也就是她的高中时代才开始真正上网。作为一名网络移民者,她经历了从玩QQ,到上网看小说、听音乐、逛论坛的过程。Lucky发现,不少同学开始把网上流行的事情放到班级上讨论了,事实上,同学们在线下对网络内容的讨论,是她不断接触网络新鲜事物的动力。作为前后桌同学,她跟后排同学比较熟,她说:"那个时候班上大多数同学都是认真学习的,很少有机会上网,应该也很少知道新的信息吧。只要有个同学说个什么别人都不知道的明星八卦,好像都很不得了的样子。特别是男生。似乎他们当时就知道更多新东西。"

提到被放到线下讨论的流行语时,Lucky能够列举很多:

像"恐龙"这样的词语,我也是从后排男生那边听到的,他们有的时候知道别人不明白是什么意思,就会一群人在后面故意评价哪个女生是"恐龙"。当时还流行"十三点",有的最先知道这个新词的男生，就会故意卖弄，问别人你知道"十三点"吗，别人说不知道，然后他就会说，你这个"十三点"，其实是"白痴"的意思。调侃完之后，后面一群人就会哄堂大笑，好像他们就是一伙人一样。（Lucky，女，26岁）

随着论坛的发展，集体性的互动不断出现。这种集体性的场所就像公开的广场一样，在不同人的对话与碰撞之中，网络语言的更迭成为可能。这也因此出现了各种像"秘语"和"暗号"一样的网络语言。访谈者们无一例外地遇到过某些尴尬的情境。

Lucky也经历过这种尴尬："高中时候学习生物，老师讲课说到'蛋白质'，男生们都会哄堂大笑，老师在讲台上不知发生了什么，特别尴尬。"同学们私下里是因为"蛋白质"在网络上是"笨蛋、白痴"的意思而起哄。类似于这样的经历有很多，除了从网上来的内涵词，很多同学的名字也成为调侃对象。

在我们同龄人的名字里，有些词是经常被使用的，比如男生的名字很流行叫"强"，当时张强是班上的矮个子男生，家人和朋友都叫他"小强"。小时候倒没有什么问题，直到高中以后，网上有人恶搞，"小强"变成了"蟑螂"的意思，这名字也就开始常常被嘲笑。（Lucky，女，26岁）

在互联网尚未普及的情况下，网络可以说是人们日常生活中的调味品，但在这一过程中，并不是每个人都能品尝到这样的调味品。某些网络语言只是部分群体心照不宣的暗号，好像能听懂某个词或者某句话背后的含义的人，才是同属于一个江湖上的。从那时开始，网络语言似乎成为一种追逐时尚的标志。因此，网络语言的传播及运用主要体现在网络聊天的过程中。一方面，网络聊天的昵称满足了网民新身份的幻想；另一方面，网络世界的新语言和规则也唤起了网民对自由的向往，同时，网络上的语言还激发了网民的创新思维，从而走向线下生活，走进日常生活，开始逐渐实现了跨越平台的传播。

二 推广时期：社交网络时期的网络语言创新与流动

社交网络时代实现了网民的日常互动，网络因其"匿名性发言"的特征而成为众人狂欢的阵地。因此，伴随着一场又一场集体事件，网络语言风生水起。调查表明，这一时代的网络语言在对生活事件的评议与争论中掀起了浪潮，生活事件作为一种载体推动了网络语言的发展与创新。一部分网络语言从聊天软件、论坛等平台逐渐蔓延至社交网络平台，一部分网络语言从社交网络中产生。

1. 自由言论：匿名者的口无遮拦与网络狂欢

网络与现实生活最大的区别还在于其匿名性。因此在互联网的发展时期，总会不定期出现点击量超高的帖子，内容往往具有吸引力。在热帖的背后，还会创造一些新的网络语言。在对互联网整治前，网络上出现种种乱象，而这些乱象很大程度上因网络的匿名性而起。

网络的匿名性使网民们敢于表达想法。作为微博的忠实用户，小北对网络上的发声很敏感，天灾人祸是网络上常被人们热议的对象。当官方媒体报道某件事情后，总会有一批热衷反驳和评论的匿名网友。之所以会有不少这种匿名评价，也是源于人们对网络信息的不信任。他们常用一种挖苦和讽刺的口吻来进行评论，而匿名发言者却自豪地称自己这种行为为"毒舌"。第一次与小北讨论到关于网络骂战的帖子时，她就提到2013年的动车事故事件。在全民哀悼的时候，令她不可思议的是，针对这样的新闻，网上娱乐、讽刺的段子也不断出现。比如"车票之所以要实名制，是为了确认死者身份而已"，"把事故跟出轨联系在一起"，"把事故跟买不起墓地联系在一起"。

受访者小颖是一名八卦大神，也是一个十足的"广场引领者"。在朋友里面，小颖属于万事通。除了社会事件以外，娱乐八卦事件也是小颖的重点关注对象。

我说故我在：
青少年网络语言生活方式研究

"我记得好像有特别多'周一见'这种曾经红火一时的流行语言。之后就会有各种段子，就好比'文某一直都是专情的人，因为无论什么年龄，他始终爱着32岁的女人''中国的好男人所剩无几了，只剩下了我'。我当时也会跟风娱乐，也会故意发'汪某，你的头条呢？'来调侃他"。（小颖，女，25岁）

在小颖这一类活跃者的推动之下，就出现了具有多样性的话题。从而塑造"上头条"与"周一见"这两类看似毫无联系的网络流行语。在网民不断推进的浪潮中，网络事件被渲染成一种集体的狂欢事件。

小木是一名大学生，他热爱写作，中学时代就写过武侠类小说，初中时他会将小说写在纸上，写完投稿。大学以后，他开始自己运营一个公众号。小木就是一名段子手，他说：

"既然生活已经了无生趣了，如果再不来一些段子，似乎显得生活单调枯燥，我的段子娱乐自己也娱乐我的粉丝们，现在网上有些段子编得并不是很好，我会觉得要提升一下段子的档次，自己重新写一个。"（小木，男，23岁）

例如：他曾经编过一个段子，当时南京雾霾严重，他随手就写出："两人争吵，我深吸一口气，对方不服也深吸一口气，卒"。小木表示，这种段子很受朋友欢迎，有一种莫名的幽默感，其实他表示是为了显示大家的无奈。

其实，当互联网不断发展时，在某一阶段，网民之间互动、交流成为其一大优势。网民通过微博等社交平台建立各种网络好友关系，从而将个体与个体之间的关系元素放大，而拥有统一观点的网民很快就会集结成一个小群体。在集体发声的情况下，也同时促进了网络语言的产生，从而使网络语言真正流动于不同的平台。

2. 自我展演：手机依赖症的日常生活

"当个体扮演一种角色时候，他便不言而喻地要求观察者认真对待在他们面前建立起来的印象。要求他们相信，他们所看见的这位人物实际拥有他好像拥有的品性。"① 换句话说，在某些情境下，人存在表演成分。而在社交媒体的自我展示中，我们也不难发现，某些网络语言往往是在自我表演中使用或者出现的。

作为一名手机依赖者，小年还把朋友圈作为形象管理的空间，例如，有一段时间去健身房锻炼身体，她总是喜欢在朋友圈打卡，也就是对着镜子自拍一张满意的照片，然后配上一段文字，"女汉子离体重不过百不远啦"。她表示：

"我有时候发朋友圈是想表明自己的一些态度，但有的时候就是想秀一下自己的照片，并且让别人觉得我很乐观阳光，想要让他们都爱我。"（小年，女，19岁）

不难发现，至少一部分网络发布是为了体现当事人的某种形象的。比如用活泼而幽默的网络流行语来建构自己活泼开朗的形象；用当下最流行的语言来表示自己紧跟时代的步伐；用文艺语录来抒发自己的情怀等。因此23岁的小木也表示，"经常感觉到自己在网上和在现实生活中不是一类人"。

朋友圈的展示是移动互联网时代的一种表现，社交媒体已经成为一个大舞台，网民们都或多或少都有过表演经历。表演，成为移动互联网阶段人们的日常生活内容。面对随时随地的舞台，网民随时随地都在前台自我展演。网络语言塑造他们的语气、性格、形象，成为重要的舞台设备。但移动网络加快了网友们认知的进程，因此一些网络语言总是阶段性地出现，不久就会被更新。

---

① [美] 欧文·戈夫曼：《日常生活中的自我呈现》，黄爱华、冯钢译，浙江人民出版社1989年版，第17页。

我说故我在：
青少年网络语言生活方式研究

不少受访者都表示自己"患有"严重的"手机依赖症"，除了特定时间无法接触手机，平日里基本手机不离身，培训老师小虎是一个典型的案例。手机不离身的习惯，促进了小虎即时获得了很多信息，例如朋友发的信息、朋友圈内容、公众号的推送等，小虎很少会错过。对于朋友发来的信息，他都会给予回馈，对于微信朋友圈，小虎遵循的宗旨是"逢赞必点"。

"我通过微信朋友圈知道很多网络流行语。学生跟我讲话的风格跟同龄人基本上都不一样，比如'本宝宝有小情绪了''你将会失去本宝宝''宝宝心里苦'这些表情包我都是在学生微信群里看到的。"（小虎，男，29岁）

作为"80后"，小虎依然对微信的话语充满创造力，他甚至为了量身定制表情包而下载了设计表情包的软件，他说："一言不合，就来斗图，自己做得更特别。""秒回"和"秒赞"形象地概括了这一阶段人们的一种日常生活形态。

研究发现，在日常互动更为便捷的时代里，互动者就不再局限于传达信息本身了，而是要有创造力地去传达信息。纵观电报、书信、邮件、发短信、聊QQ再到微信，分别代表着不同的时代，目的也从仅需简明扼要地传递信息发展为实现多样化的人际表达。伴随着这样的目的和网民的创造力，网络语言便不断推陈出新，也从电脑转向手机，从QQ、天涯跨至微信、微博等社会化媒体平台。

3. 线上线下的互动：网络语言成为日常生活元素

在2005年前后，博客、Facebook等以社交为初衷的网络平台大规模出现。同时，计算机成为多数人工作和生活的必需品，手机也逐渐趋向智能化，上网对于网民来说远比前几年要便捷。一部分关注电视新闻的群体将注意力转移到了互联网平台，这是因为互联网平台为网民营造了一种强烈的"社会临场感"，从而在互动与狂欢后产生了大量的网络

第二章

日常化：网络语言青少年日常生活中的嵌入

语言。

大约从博客平台兴盛之后，上网开始变得更为频繁，线上线下的互动趋于复杂化，网络语言成为互联网上下互动的连接者。例如受访者认为，线上的事件往往源自线下的日常生活，这样的事件一旦经过网络的传播也会逐渐成为线下的谈资，最终甚至会内化成某一个网络语言。

社会事件一旦发生，就不会永远沉溺，小颖提到：

"我特别喜欢看明星八卦，比如'我们''周一见'的八卦，我和小伙伴们都会私下里吐槽和调侃。"（小颖，女，25 岁）

网络语言从生活中来，并主要依存于网络人群，它之所以能够广为传播并内化于生活，一方面，是因为它能够反映某种现实；另一方面，网络语言也是人们的一种约定俗成。

除此之外，社会化媒体时代的到来，其实促进了线上与线下平台的相互跨越，因而网络语言成为日常生活的元素。其实，并不是每一位网民都对网络流行语抱有强大的热情，但是不难发现，现在人们已经处于一种无法逃离网络语言的状态，即使不主动学习、查找，也会在日常生活的某一环节中被动接收。即使不研究哪一个网络语言更流行，哪个语言已经被淘汰，也能根据网上出现的频次，产生初步的判断，从而吸纳更新的网络流行语。

受访者小宇是一名高中生，作为一名数字土著，小宇从成长开始就与电子产品共同成长。他认为网络语言推陈出新已经成为常态。

"像友谊的小船说翻就翻这些，也就会火一阵子，然后就没有了，你要是再说，就太老土了。"另外，"同学们还很喜欢恶搞，把考试和学习上的东西变成表情包。就比如，高考的时候化学考到了'苯'，题目写的是'现在微博上比较流行苯宝宝，下面就来做有关苯的题目'，然后大家都流传'苯宝宝'的表情包

了。"（小宇，男，17岁）

可见，网络语言从偶然走向常规，其实在很大程度上有赖于线下与线上生活的相互融合。网络语言并非属于某一个单一的平台，也并非在特定的平台上使用，如雨后春笋般涌现的各种平台也为网络语言的跨平台传播提供了契机。

在网络发展的历程中，互联网已经以润物细无声的方式嵌入了人们的日常生活中。人们已经从以往安排固定时间上QQ、上论坛，到现在安排固定时间逃离网络；也可能每天会使用百度一百次，因为它就是我们的词典；每天上博客，因为不想错过任何信息；定期写日志，因为不知道与谁诉说。这些可能都是互联网带来的日常生活，而网络语言也通过互联网的载体，逐渐进入日常生活。研究发现，不少事件都会浓缩成网络语言，从网络语言出发我们甚至可以透视当下的日常生活形态，因此，网络语言成为连接线下与线上的一种中介元素，并且蔓延在每一个平台的角落，成为一种日常的元素。

三　普及时期：互联网+时代的网络语言呈现空间

网络语言随处可见。在移动自媒体的时代，人们的生活被手机应用软件安排，网络语言也随时随地在产生、流动或改变。互联网与日常生活的多种元素相结合，因此产生了"互联网+生活"，"互联网+"使日常生活不再过度区分线上和线下两种空间。因此探讨"互联网+"时代人们的日常生活更有助于研究者思考这一时代网络流行语言为何产生，以及如何通过跨平台传播嵌入人们的日常生活中。

1. APP、日常生活与网络语言

在"互联网+"的思维下，移动网络发展到极致，它已经承包了人们的日常生活，网络语言在"互联网+"生活中呈现与实践。正如受访者曾提出"现在想故意不说网络语言都难"。

简单来说，在互联网与人们日常生活高度融入的情况下，一些新的

第二章
日常化：网络语言青少年日常生活中的嵌入

跨界产品应运而生。人们出门打车、购物、支付等一切事情都被智能手机APP承包，似乎只要有一部智能手机，就几乎可以操控日常生活的方方面面。

在上海上班的小菁认为一个手机出门就能来去自如。早晨起床以后用APP解锁共享单车，骑车去地铁口，然后乘地铁去公司。上班的时候经常会通过微信群组联系，吃午饭的时候常用到外卖软件，在手机上就可以定位到外卖小哥的位置，小菁甚至开玩笑说"每天跟我联系最多的估计就是外卖小哥了"。

中午休息时间，大家都埋着头各自盘弄自己的手机，大多都是在看微信朋友圈推送的文章，偶尔会打开淘宝网、小红书，随便浏览信息。每到晚上她就会跟舍友一起吃晚饭，然后一起玩手机游戏，看更新的剧，到很晚才洗漱睡觉。

作为一名刚入职不久的公司白领，小菁觉得自己有严重的"手机依赖症"，玩游戏、上淘宝、叫外卖好像成了她日常生活中的主要行为。当技术为生活提供便利时，她看到了现在与过去的差异：

> "以前遇到问题可能会查询字典，但是现在会习惯性'问度娘'。以前有聚会可能就会习惯性去必胜客，现在依赖大众点评、支付宝。""以前看书买书会去新华书店，现在会下电子书来看。只是网上的小说令人失望，一眼看过去都是'霸道总裁爱上我'这样的内容，偶尔看到觉得很幽默，但仔细思考觉得毫无内涵。"
>
> （小菁，女，21岁）

小菁还分享了一个漫画，描述的是以前是我们控制手机，现在是我们被手机掌控，手机一有消息，我们就被召唤过去了，成了它的"奴隶"。

其实，受访者所感受的这一切正是反映的"互联网+"时代人们既满足又矛盾的心情。我们的时代处于社会高度分层的阶段，数字移民曾经受着传统的教育，而现在又被互联网全面包围。他们习惯又不太喜欢这样的生活方式，一方面面临不懂就被时代淘汰的压力；另一方面又在被动接受中习惯于这种便捷的生活，但人们又往往会主动反思并怀念传统。

如今可以发现，当生活方式改变的时候，人们日常交流的话语也都发生了变化。综合受访者们的日常生活感受，他们表示，"不带钱一样可以出门"，营业员会直接问"支付宝还是微信"，公司的同事会问"饿了么还是美团"，外卖小哥会说"给我五星好评哦"，出门的时候自觉点开"滴滴"，在家看电视剧的时候开着"弹幕"，连情人节愿望都变成了"清空购物车"。每一个生活环节都可能成为网络语言的源头。

由此可以看到，技术是使网络语言嵌入人们日常生活中的一个重要因素。从这个层面上来讲，技术将人们的日常生活结构改变了。简单来说网络融入了日常生活，而日常生活也因网络的融入而从结构上发生改变。从这一角度来看，也不难解释为什么网络语言无处不在。

2. 网络语言在无意识使用中传播

弗洛伊德（Sigmund Freud）曾经提出无意识的概念，所谓无意识，是指主体对客体所未被意识到或未曾察觉到的心理活动的总和[①]。他认为，我们人类的行为受到一种强大的内部力量的驱动，也就是人的本能，人的无意识行为其实就是人的一种本能。同样，作为网络使用者，当我们受到更多来自网络语言的刺激、反应以后，脱口而出的经常是网络语言，它已经成为我们现代人的一种语言惯性。

在前文提到，人们的日常生活基本被手机 APP 包围。以前，人们提出"网虫""上网"都会倍感新鲜。而现在不少网民都处于一种集体无意识的状态，即似乎忘记了自己脱口而出的正是我们所定义的网络流行语。

不少受访者表示"没有网络语言就不知道应该如何表达"，在这场

---

① 车文博：《论无意识》，《吉林大学社会科学学报》1982 年第 4 期。

网络语言的浪潮中网民似乎丧失了原本的表达能力。不过这样的想法与一直以来接触网络有一定关系，并且多体现在年轻人身上，他们从小接触网络，见证了网络的发展，同时也被网络改变着。

严严喜欢动漫，她表示：

"在和大学时候的几个朋友聊天时，我最轻松，因为说什么大家都能懂。就好像是曾经一起看动漫的朋友一样熟悉。发信息或聊天的时候可能会不经意间脱口而出'23333''前方高能''弹幕护体''鬼畜'。就好像除了这样的词，就不知道应该如何去形容和描述一件事情了。"（严严，女，23岁）

不过正是因为这种无意识，让她多次感觉到尴尬。有一次回家，妈妈让她跟一个金融男相亲，她脱口而出说，"我这种学生党有什么好着急的"。说完之后，她就后悔了。她告诉我，"如果好好说话可能应该说，我还是个学生，我还没有工作，不着急"。但是太想表达自己愤懑的情绪了，所以她脱口而出了"学生党"这个词。

不难发现，不少网络语言是在人的无意识情况下使用的，成了一种语言惯性，也就是人们曾常说的"口头禅"。被最为频繁提及的就是网络脏话，一些受访者明确表示过，"有些人一句话里面会有好几个网络脏话，好像不用这种词就不能表达心情似的"；除此之外，技术带来的一些新的名词也被人们下意识使用，业余摄影师李先生也认为"现在这些大学生动不动就会美图秀秀一下，修个图，在以前我们可能会很传统地说是拍照片或者摄影"。每一位网民都是"互联网+"浪潮中的一分子，无一例外将一些网络语言纳入我们的词汇库，成为语言的习惯或者是日常语汇。这对于数字土著的青少年来说，影响颇深。

受访者夏老师提到"以前学生会使用成语，现在问题最大的就是成语，外面很多人会把成语的字写错，误导小孩子，还有一些小孩会把玩游戏里的人物写进去"。可见,网络语言跨平台传播的结果在于其常规化的出现,青少年无意识并习惯性使用网络语言的状态就证明了这一点。

与网络发展初期相反,前文曾提到1990年代后期,人们因为上网时间稀少,而划定固定的时间来上网聊天。而现在"不上网"则成为每天需要划分出来的时间,也就是一些人会特地规划一段时间工作学习,将手机放到一边。由此可见,在时间碎片化的现代社会,网络无处不在,从而成为人们用语的潜意识。换句话说,网络语言内化在人们的语言习惯当中,成为一种难以避免的语言惯性。

3. 边界的消失:网络语言与日常生活一体化

20世纪末期互联网普及初期,"上网"和"下网"、"线上"和"线下"界限分明。在上网并不便捷的时代,网民有几种方式去实现上网,例如:在自家通过电话线上网,或者去网吧上网。早些年,网民只能花着昂贵的价格,冒着电话打不进的风险,在一个固定的时间里去上网。另外,他们有时会去"电脑室",也就是现在意义上的网吧,作为休闲娱乐的场所。在界限如此分明的情况下,上网只是人们每天生活中十分有限一部分,因此网络在人们生活中的介入属于简单的组合。网络上的语言与网下语言层次明晰,互不影响。网络的世界里,有斑竹、沙发,在论坛、聊天室有不知姓名、性别的朋友。回到网下世界,周围就是家人、同事,每个上网的个体都有一个属于自己的网络空间。

随后进入互联网发展时期,网民的规模增大。近期中国互联网信息中心(CNNIC)的数据表明,截至2019年6月,互联网普及率已经超过六成,达到61.2%。因此基于"上网"这一行为而形成的社会认同者逐渐增多。因为在社会认同的思维下,个体更加倾向于与自己较为相似的个体进行交往,同时他们之间的沟通交流呈现出一定的趋同性。

因此在一般意义上来看,线上主要指利用互联网等虚拟媒介而实现的一系列没有发生面对面交谈的情况。线下就是在现实世界中真实发生的，或者是人与人之间有通过肢体动态的一系列活动。而这一部分所提出的线上线下边界模糊可以表现为以下几个方面：

首先，线上线下的边界消失实现了即时互动。即线下的所见所闻会在线上展开讨论，线上的讨论也会平移到线下成为谈资。这表现为两种情况：一是实体组织关系的虚拟化，即具有共同性的一群人将线下的人际关系平移至互联网上，二是"网上虚拟关系的落地化，也就是线上交往与线下交往叠加成为一种复合式的网络环境"①。

其次，当互联网自媒体平台走进生活后，每个人都可以成为发言者，甚至出现了新的职业：自媒体人。基于此，社会事件在自媒体平台掀起浪潮，其中的网民可能会创造并传播新的网络流行语，也可能接收或再次加工某个网络流行语，并由此引入线下讨论中。这一过程其实也是网络语言与生活融合的过程。

最后，前文所提出的"互联网+"其实是互联网与生活服务相结合的一大举措，这个"+"不是日常生活与上网的简单组合，而是将线上线下彻底融合在了一起，由此，线上线下的边界再一次模糊化。那么它与网络语言的交叉性则在于，它的出现在不知不觉中改变了人们的话语体系。网络语言开始不需要为了聊天而刻意创造了，而是从日常生活中产生，并作用于日常生活。即，网络语言与日常生活实现了一体化，日常生活就是网络语言的运用空间，网络语言的传播往往也是人们的日常生活行为。这表明，伴随着互联网的发展，网络语言的施展平台不再仅仅局限于某一个空间，一方面网络技术提供了更广阔的空间，另一方面线上与线下实现了融合，于是与日常生活相关的一些网络语言在跨平台传播及运用中实现了大众化，成为常规的话语。

---

① 周军杰、左美云：《2012 线上线下互动、群体分化与知识共享的关系研究——基于虚拟社区的实证分析》，《中国管理科学》2012 年第 6 期。

第二节　从自我走向社会：网络语言日常化的常见类型

基于对变迁中网络语言传播与运用的分析，旨在从不同的传播类型继续探讨网络语言如何融入日常生活。在此，我们将网络语言看作是一种流动的文化。从传播类型来看，网络语言在日常生活中的流动必然离开不了自我传播、日常交往以及社会参与，因此我们在突出个人轨迹、差异化流动、社会介入的基础上，尽可能完整地呈现网络语言在日常生活情境中的传播过程，并突出人这一社会主体。

一　自我传播：个体层面的网络语言社会化

数字移民（Digital Immigrants），这一概念是继尼哥洛庞帝（Nicholas·Negroponte）教授发表其著作《数字化生存》之后，Marc Prensky 提出的。他用数字原住民和数字移民两个概念来表达不同年代的数字产品用户在接受、采纳、使用及管理数字化技术方面的各种差异[1]。不可否认，年龄是影响何时移居到数字世界的一个重要变量，如1985年以后出生的人，大多在童年都有过接触游戏和计算机的机会，因此可以认为此前出生的群体属于数字移民[2]。但结合网络语言的实际情况来看，年龄只是界定的标准之一，个体所处的环境也与其"网络语言的社会化"程度有一定的联系。这里提出，数字移民与数字土著因网络语言的资本不同而处于不同层次。基于此，我们要思考的问题则是数字移民是如何在话语流动中实现其"网络语言社会化"的，而数字土著又如何在网络的浸润中实现"网络语言再社会化"的。

---

[1] Prensky M., "Digital Natives, Digital Immigrants Part 1", *On the Horizon*, Vol. 9, No. 6, Sept 2001, pp. 1–6.

[2] 赵宇翔：《数字悟性：基于数字原住民和数字移民的概念初探》，《中国图书馆学报》2014年第11期。

1. 进入网络：成为日常的互联网生活

网络语言进入日常生活的前提在于互联网的日常化，从最初的网络聊天开始，到如今的移动互联网生活，人们从未停止过网络语言社会化的脚步。"上大学"或"进入新的环境"是不少"80后"数字移民真正开始上网的起点，此后上网行为逐渐日常化。而作为"00后"的数字土著，则一直伴随着手机、互联网的发展而成长。

受访者小顾是一位二十岁出头的"95后"职业大学学生，她出生于农村，父母都是工厂的工人，家庭条件有限，相比于其他同学，小顾接触网络的机会十分少。她从小学时代开始因计算机课程而接触互联网，开始了网络社会化的历程。在童年时代，小顾初出茅庐，她认为最幸福的事情就是上计算机课：

在小顾上小学的时候，电脑还是一种奢侈品，因此也只能通过每周一次的计算机课用来上网了。但是在计算机课上其实并没有学习什么技术，只是在电脑上学画画，玩玩扫雷游戏，上课的时候老师在教书，同学们私下在电脑上玩黄金矿工。（小顾，女，20岁）

中学时代，无论是家长还是老师都要求学生"学习至上"，上网与"玩乐"或者"不学无术"画上等号，因此几乎是网络零接触：

跟同龄小伙伴们类似，小顾只有在周末才有可能接触电脑。每次上网最主要是看网络小说，当然这也是在妈妈不在身边的情况下才有可能实现。一旦被发现，可能会被贴上"不爱学习""没出息"的标签。（小顾，女，20岁）

高中的时候，小顾拥有了人生中的第一部手机，成为进入互联网的转折点：

我说故我在：
青少年网络语言生活方式研究

> 小顾班上同学都会用QQ，甚至也已经有了一个班级群，那些"说说"代表了她的心情，有些是关于考试的，有些是关于交友的心情。（小顾，女，20岁）

高考结束成为小顾真正进入网络的起点，从此走出"山洞"，逐步实现现代化。她的父母相信一个观点，即"高考成功，人生就成功一半"。自此，小顾开始从贴吧转战QQ空间，爱上了写日记、写心情、发图片。对于好朋友的帖子，她总是热衷于"抢沙发"，抢不到沙发就抢"板凳""地板"。

大学开始，小顾和同学们纷纷购买了笔记本电脑，无论是学习、娱乐还是交流都需要用到网络，上网越来越成为小顾生活中的必需品：

> 来到互联网这片更为广阔的天地，小顾才发现，原来不是所有的同龄人都像她的高中同学那样沉闷，大家都是有个性的人。有些擅长摄影，有些擅长外语，有些很热爱动漫。（小顾，女，20岁）

进入互联网的空间，不仅仅需要技术及设备的支持，同时环境的浸润也具有重要的作用：

> 当大多数同学都开始使用人人网的时候，小顾才在同学的催促下注册了人人网，其实她还在留恋QQ空间这片故土。她说，"一进人人深似海"，随着微博的兴起，人人网逐渐淡出了小顾的生活圈。微博让她更近距离接触到了曾经梦寐以求的明星，她关注了韩雪、周杰伦等明星，也关注了新闻公众号。这样一来，小顾又从人人网转战到了微博。（小顾，女，20岁）

不难看出，进入互联网的时间与年代相关、与设备相关，更与所处的环境有关。环境的浸润能够在潜移默化中改变个体的认知，进入互联网是接触网络本身，更是进入一个被互联网化了的环境。此外，在受访者中，也有"00后"这一代的数字土著，他们从出生或从具备自我意识开始，互联网就已经存在，因此互联网早就是日常生活中的一部分了。不断学习、接触新的互联网技术，了解最新的互联网产品，进入更新的互联网世界，是他们日常生活中的状态。

2. 耳濡目染：接触日常生活中的网络语言

严格意义上看，自我传播是个人与自己进行的交流。"自我传播"又被称为"内向传播"或者"人内传播"，是一切外在传播的基础。个体往往是在自我传播中构成对自己的看法，形成某种认识，赋予社会感知和行为的连贯性。自我传播与信息的编码、存储和提取的过程密不可分[1]。从互联网语境来看，自我传播是一种个体的社会化过程。在这一过程中，个体对其所获取的新信息进行编码、互动与重新认识，从而以跨文化传播的方式将这种创新扩散到原本的文化结构中。

可以看到，尽管是"95后"，但在互联网发展的年代，受到当时的环境限制，小顾并没有获得更多的上网机会。自大学以后，小顾的网络语言生活发生了很大的变化，开始了"网络语言社会化"的历程，在这一过程中，自我对周围环境信息的处理在很大程度上影响了个体对网络语言的认知。

刚上大学的时候，小顾加入了很多学校社团，认识了很多朋友，开启了丰富多彩的校园生活。从乡村中学来到大学，在环境的浸染下，小顾了解到了一些当下流行的网络语言和表情。

在每天接触社交平台以后，小顾对很多语言有了新的理解。在小顾刚开始使用人人网的前半年，人人网在他们班级早就风靡。有时班长的通知还会发布在人人网上，小顾从坚定地不用人人网到逐步转战。小顾班上的团支书是个可爱的女生，她常在人人网刷屏，喜欢使用可爱的语气词。起初小顾很不习惯，因为团支书平日就表现出可爱的、喜爱萌的

---

[1] 陈力丹：《自我传播与自我传播的前提》，《东南传播》2015年第8期。

性格，让一向内向的小顾难以接受，她甚至觉得团支书的网络语言行为有点做作。而随着人人网的继续使用，小顾也日渐习惯了，甚至也特别喜欢使用这些语气助词。另外，她曾关注豆瓣上的一篇文章，对形容现在人特征的词语印象深刻，与舍友讨论起来的时候，大家都深有同感，小顾觉得这些事情都颠覆了她以前的观念。

此外，曾经不能接受的东西现在已经习以为常。这表现在小顾对一些语言的接受上："因为在我这里，从小家里管得很严格，有些脏话是绝对不能够说出口的。后来慢慢地接触久了、听多了，我就觉得无所谓了，毕竟周围很多人都在说，也就麻木了。"现在，小顾又有了不同的理解，她还觉得有些词就像是一种假装豪放的自嘲方式。小顾曾自嘲：

"一开始自己就好像是一个生活在底层社会的人，就是一个山顶洞人，什么都不知道，后来朋友多了，了解得多了，接受度高了，才开始走到现代社会。"（小顾，女，20 岁）

小顾比同龄人晚几年进入互联网，这也让她的网络历程比同龄人落后了几年。但是身处于"95 后"的大环境中，小顾又在不知不觉中赶上了"95 后"的步伐。一方面她有自己的立场和价值判断，另一方面她也能够批判式地接受新鲜的、奇特的事物。在同龄人中，她是一个吸纳者，在代际交往中她又是一个传播者。种种互联网的体验让她走出"山洞"来到"现代社会"，在与周围人交往的过程中实现了网络语言的现代化。

3. 创新探索：信息的处理与认知建构

通过调查不难发现：个体的网络语言社会化过程还受到人际环境的影响。一方面，"走出山洞"，迫切地想知道新鲜的事物，另一方面，矛盾于这样的新鲜事物是否有悖于自己的本文化。但同时，当自己生存的社会文化空间如此，网络语言作为一种新鲜的文化也在逐渐进入个体的日常生活。

第二章

日常化：网络语言青少年日常生活中的嵌入

罗杰斯曾在其著作《创新的扩散》中对一个创新的扩散过程进行深入探讨，他认为扩散是创新经过一段时间，经由特定的渠道，在某一个社会团体的成员中传播的过程①。但并不是所有的受众群体都对网络语言这一创新文化保持接受，这是因为个体会对一个新的信息进行加工和理解，而这种理解不仅仅与网络语言相关，更重要的是这一受众的个人年龄、性别、身份地位、职业、性格甚至是他们接触创新媒体的程度、他们平时的人际圈子以及同创新事物的联系。

之所以提及创新的扩散这一经典理论，这是因为，我们认为网络语言不是用好坏来衡量的，而是被看成一种创新。因此，网络语言是语言和观念的创新扩散，网络语言之所以是创新，是因为它是新鲜事物，新鲜就意味着扩散中含有某种程度的不确定性因素。另外，一个网络语言从网络上产生，其源头是创新者，之后在网民中流传才存在认知与否的结果。我们的关注点是这种创新在差异化的人群中是如何继续发展又是如何被拒绝的。

人对新事物的选择性认知是他们所作出的决策，当个体接触到某一创新信息的时候，他们会对信息进行评估，以此降低创新的预期后果。就某一网络语言而言，对创新满怀好奇的个体则会去考虑，"这是一个什么语言，它是什么意思，从哪里来的，如果我用可以怎么用，用不好会有什么后果"等。通过一系列思考从而决定对于这一创新语言的态度。而对网络语言完全排斥的个体，则会思考"这样的语言破坏了传统文化的韵味，我不会用，知识分子也不可以用，否则破坏语言环境"。而第三种个体则毫无相关的敏感性，尤其是1950年代的个体，不少人认为"这是年轻人的语言，与我无关"，因此他们可能保持着不参与、不批判并保持包容和中立的态度。

一个普通大众接受网络语言的心路历程常常是，首先对网络语言做一个判断，从而有一个初步的认知，周围的评价或信息可能会对这种初

---

① ［美］埃弗雷特·M. 罗杰斯：《创新的扩散》，辛欣译、郑颖译校，中央编译出版社2002年版，第5页。

步的认知具有说服作用,因此这种认知的结果可能是认同网络语言,也可能是不认同或者一段时间后认同。个体接受与否、关注与否、使用与否以及跟谁使用某些网络语言,内心会有一个标尺,外界会有一种抗衡的力量最终在网络流行语言的使用中达到动态平衡。

可以看到,自我传播中不乏个体对新信息的主动探寻,在接触之初总会通过各种方法去探寻其中的意义,从而积累网络语言的资本。而在自我传播中对于新事物形成的认知平衡尚且处于网络语言传播的初始阶段,它是网络语言得以流动的基础,其后对语言的使用、再造与朋友的日常交流等过程才是促使这种创新真正得以扩散的重要原因。

二 日常交往:关系视角下的网络语言流动

网络语言在日常生活中的流动必然离不开日常交往,文化差异导致跨界传播从而形成网络语言的跨文化流动。基于语言流动,我们将日常交往作类型学划分,其中基于亚文化圈的圈层共享、因代际差异而产生的冲突与协商以及基于跨界流动的网络语言习得是网络语言流动的常见情境。

1. 圈层共享:基于亚文化圈的网络语言渗透

趣缘关系将人们划分成一个个圈子,圈子通常就是指具有相同爱好、兴趣或者为了某个特定的目的而联系在一起的人群。从网络语言的来源类型来看,亚文化圈子的文化渗透或许是网络语言日常化的一个重要原因。

亚文化是相对于主导文化和父辈文化的次文化,具有差异性和阶级性,是一个复杂的文化网状系统。是父辈文化内种种富有意味而别具一格的协商,并与社会和历史大结构中的某些社会群体所遭际的特殊地位、暧昧状态与具体矛盾相应[①]。

首先,我们进入动漫圈文化的田野中。研究发现,一些已经在日常生活中流行的网络语言来源于 ACG 文化。这一文化来源于日本,并且

---

① [美] 约翰·费斯克等:《关键概念:传播与文化研究辞典(第二版)》,李彬译注,新华出版社 2004 年版,第 281 页。

第二章
日常化：网络语言青少年日常生活中的嵌入

多在青年和青少年之间流行。由于动漫或动画中的人物具有二维空间的属性，因此动漫世界又被称为二次元，而网络语言走进日常生活正是"次元墙"打破的一个过程。

独生子恬恬曾沉溺于自我的二次元小世界，她认为在动漫的小世界里可以找到很多志同道合的朋友。大学以后，恬恬逐渐走出原本的网络圈子，开始参与线下的社团活动，与舍友深度交流，逐渐打破了心里的"次元墙"：

恬恬惊喜地发现，上了大学以后，校园里还会有动漫社，于是她毫不犹豫地加入了。这让她有一种与交往多年从未谋面的老朋友见面了的感觉，动漫社经常会组织声优比赛或者是 cosplay 展，在集体组织下，大家扮演自己喜爱的角色，有一次她扮演了自己最喜欢的"佐助"，为了准备这个角色，提前在网上定制很多服装道具，包括衣服、"假毛"等。她对社团的爱甚至超过了对班级的爱，恬恬表示社团的群特别活跃，大家聊天都喜欢用颜文字，比如"＝3＝""＝。＝""23333"等，氛围很温馨，有一家人的感觉，这种活泼的气氛在班级的大群里面是很少见的，因为这是属于动漫圈独特的表达。

恬恬在与三次元世界的舍友交往时也有过小冲突，那时候她觉得自己跟很多同学都不是一个世界里的人。但有一个舍友就一直对她所看的视频充满好奇，因为看到满屏飘来的弹幕"前方高能""佐大美人"等等，时不时会问她一些问题，比如曾经问她"bl""同人"之类的意思，恬恬都会耐心地解释给她听。恬恬骄傲地表示，现在二次元和三次元已经不会分那么清了，她也不再会像小时候一样质疑自己是不是一个与其他同学都不一样的"奇葩"。

不难发现，在传统父辈文化的教育之下，二次元文化和二次元群体都没有得到真正的认可。真正打破其次元墙的可能是一些落地的社团组织，如动漫社、cos 社、声优活动等，当二次元以这些形式打入现实生活，成为习以为常的活动时，动漫网络语言也就逐渐得到了传播，并被三次元群体主动学习。

其次，大量的网络语言来源于粉丝圈，粉丝文化似乎成为圈内人展示"信仰"的场所。粉丝圈的群体往往因为同一个偶像而保持观点的高度一致性，简单来说，基于同一个人，他们成为一个共有体系。而粉丝网络语言是构成粉丝精神文化的重要表现形式，日常交流与移动媒体的展示是粉丝语言流动的主要平台，传播集体的"信仰"。从观察与调查中，我们也可以看到，游戏圈的互动也是使网络语言融入日常生活的重要途径，每个游戏队伍都有属于自己的圈内语言，并通过某一种游戏集结成一个团体。但每一个不同的网游都是不同的话语体系，因此不同的圈子之间会产生人际冲突，从而在网络社区中成为广大网民关注的焦点。

总体而言，趣缘圈是网络语言的重要来源之一。圈子是中国社会从古至今就十分讲究的文化，古代有王公贵族、平民百姓各自为一体。中国农村遵循差序格局的秩序，人与人之间的关系有亲疏远近之分，也更大程度上遵循着地缘圈子、血缘圈子的种种规则，此外趣缘圈子是城市化过程中越来越重要的一种人际交往方式。伴随着共同性及趣缘关系的"圈子"是网络语言产生及传播的重要途径。一方面圈子内部生产话语，传播话语，改造话语；另一方面圈子与圈子之间也在日常生活中形成互动关系，从而在这种圈际互动中融入日常生活。

2. 代际沟通：日常表达的冲突与协商

斯丕泽（Spitzer, 1973）曾说，"每一代人都会书写自己这一代人的历史"。代际关系的种种变化与现代性和全球化相关，因为在全球化的推进当中，它本身就充满了诸多不确定性和不可预测性。但相对而言，年轻一代能够比年长一代更好地了解全球化的规则和未来。因为他们参与了全球化的发展过程，或者说全球化本身就构成了他们成长的社会背景[1]。基于此我们提出，在全球化的时代，除了家庭代际，还有一种代际是信息沟意义上的"代际"。相较于传统家庭代际意义上的关

---

[1] 周晓虹：《冲突与认同：全球化背景下的代际关系》，《社会》2008年第2期。

系，数字代际关系与对网络的熟悉程度有着更大的联系，这个代际的年龄差可能是零，也可能十、二十或者更多。

随着社会的现代化，越来越多的新鲜事物打破了封建传统，这些都成为冲突本身潜在的威胁。这时，父权受到了威胁，年轻一代试图吸收新事物以获得自主的权利。因此，家庭代际的矛盾不断产生。

小泽是一位乖巧的高一学生，他性格内向，平时与人交流很少，他与父母的交流也非常少。每当他转发一些觉得很有趣的帖子的时候，都会表现出激动和兴奋的心情，这时候就会使用一些网络脏话。70后的母亲就会批评他，认为这么脏的词语怎么可以说出口，说话一定要注意文明等。小泽也因此在父母面前十分注意言行，他说"我都被自己的智商感动到了，做人太难，做男人更难"。

不难发现，父母与子女之间会因网络语言认知不同而产生矛盾。当我们思考两代人的成长环境的时候，也不难理解其中的因由。

与此同时，也有在家庭传播中能够接受网络流行语的反哺，并在家庭中保持平等关系。24岁的童童，她妈妈对世界充满好奇，对新事物具有学习精神。有时候童童讲爸爸发的"秘制微笑"、在国外养的"喵星人"、我们是"灵魂歌者"，妈妈似乎也能大致了解到她所说的意思了。有时候童童给妈妈发"么么哒"，妈妈也会回应一个"亲"的表情包，这让她感到很幸福。

可以看到，一方面童童的妈妈在教育子女的同时也乐于接受子女传予自己的新鲜文化；另一方面童童在与妈妈交流的过程中已经从外界过滤掉了一部分"污"语言，因此能够达成良性沟通。

总体来看，无论是家庭世代传播还是数字代际的传播都与人们对网络语言的了解程度有关。这种互动过程是一种文化互动过程，并且往往形成冲突、接纳与勾连的过程。

3. 跨界互动：阶层流转中的网络语言习得

跨界互动也是促使网络语言流动的一种方式，然而阶层性在此被弱化了，相反，这种传播往往在阶层的流转中发生。在传统社会中，师生关系呈现出的状态应该是,老师热爱学生、循循善诱、诲人不倦;学生尊重景仰、孜孜不倦,在这种关系中等级分明,学生恭敬从命。在现代社会中,师生关系开始平等,老师和学生的关系往往"亦师亦友"。随着网络语言在日常生活中的占领,师生之间的交流变得充满趣味,同时也发生了一定的"角色转变"。

高中班级是一个典型的"文化逆流"的集体。在文化教学的语境中,老师掌握了丰富的知识,拥有更多的文化资本,在课堂上是教书育人的长辈。但是回到网络语言上来,师生的角色常常会颠倒过来。

17岁的小宇,他的高中课堂也充满乐趣,班主任是一位五十多岁、永远严肃的男老师。政治老师是一位三十多岁、幽默风趣、与学生打成一片的男老师。这两位老师具有明显的反差。

有一次班主任上课,为大家解一道数学题,同学们听得昏昏沉沉。但老师依然手把手地在黑板上演示做题目的顺序,并告诫同学们"这些都是出题人的套路,回答问题都是有套路可循的。不光是做题目,你们写作业也有套路"。在这个时候全班哄堂大笑。而讲台上的班主任却不知为何。课后,严肃的班主任问同学们为什么会笑,这才恍然大悟。

传统的课堂中,学生需要做充分的预习工作,而现在一些老师也在备课中增添比较新潮的内容。例如,受访者小宇就因网络语言与政治老师成了好朋友。

小宇的班主任就经常说"高考改变命运不是说着玩的""考上好大学你就成功了一半"。小宇认为这种话虽然有些道理,但听着就像口号一样。而政治老师则会说"高考是最后一次不看脸的考试"。

网络语言是一种高语境的文化,而高语境文化的成员由于历史、民俗等各个方面具有高度重叠性质,因此群体的成员在交流的过程中更擅长于使用语境来进行交流[①]。

日常交往作为关系维度的分析可以更为全面地解释网络语言是如何

---

① 张涛甫:《跨文化传播中的"文化反哺"——兼论"韩流"现象》,《当代传播》2016年第3期。

融入人们的日常生活当中的。若将日常生活做一般的类型学划分，我们知道在衣食住行以外，交往是促使网络语言流动与融入一个不可或缺的因素。以某一个体为中心，其面临的交往类别则是自我传播与人际传播，也就是内向传播与外向传播。个体首先对于新的信息进行编码，并根据自身的感知而形成新的见解，其次才能进行这里所说的日常交往传播。日常交往包括个体在学习环境、工作环境、家庭环境中的交流，也包括与同学、同事、长辈、晚辈以及伴侣等周边群体之间的交流。基于这一思考与分析，我们发现人们通过自我传播的方式处理新的信息，从而使网络语言以自我传播的方式逐渐融入日常生活；另外基于趣缘圈的亚文化网络语言由内而外外层层渗透到更广阔的生活空间；不同世代的个体在语言的冲突、学习、反哺中达成共识，使网络语言从思维结构、人际关系层面上融入日常生活；在阶层流动中，人们通过差异化交流、角色转变等方式规避冲突，从而形成话语的流转，可以说，日常交往从关系层面使网络语言得以日常化。

三 全面介入：社会参与中的网络语言传播

哈贝马斯（Jürgen Habermas）认为，生活世界是人们在日常生活中进行相互交往的舞台，生活世界又在交往活动的实践中形成，生活世界和交往活动之间是一种互动关系[①]。社会参与就是生活世界的一大构成部分，社会生活以一定的社会关系为纽带，日常交往构成了社会关系的关键要素。从日常交往出发进行延伸，可以看到网络语言在社会参与层面上的融入过程。

1. 投身消费：网络语言的狂欢式植入与融合

网络语言具有消费性，网络语言通过经济方式嵌入人们的日常生活当中，形成一种消费主义的生活方式，人们在狂欢中将网络语言植入，成为一种时尚的、个性的符号。可以说，网络语言是经济生产与消费的

---

① ［德］尤尔根·哈贝马斯：《交往行动理论》（第 2 卷），洪佩郁等译，重庆出版社 1994 年版，第 192—200 页。

• 我说故我在：
　青少年网络语言生活方式研究

一种载体。

在探讨网络语言如何通过经济与消费形式融入日常生活之前，我们有必要回到消费主义的社会背景下进行讨论。所谓消费主义，其实是现代人的一种生活方式，这种生活方式与以往传统意义上的消费不同的就是，消费的目的并不是满足基本需求，而是一种无形的消费。换句话说，人们所消费的东西，不一定是商品和服务，而是商品背后被人们人为所创造出来的符号象征意义①。正如鲍德里亚（Jean·Baudrillard）在《消费社会》中提出的观点：现代人所生活的社会的主要特征是商品的价值及商品本身的附加意义。

消费与流行文化的结合并非因网络语言而起，罗兰·巴特（Roland Barthes）早就对流行这一文化进行过符号学的分析。实际上，在其《流行体系：符号学与服饰符码》中就曾表述过这一观点，即大量发行的流行时装杂志或许会改变和引领流行的现象，甚至扭转社会的意义。流行具有独创性、消费性，是一种自主的文化产物②。

最为典型的融入手段非广告用语莫属，一些广告用语利用网络流行语言的元素促进商业广告的推动，另一些广告用语引领了网络流行语的步伐。以商业广告借助网络语言的势力为例，可以看到有如下的案例：

　　在某电视剧热播的时候，其中的经典台词也成了网络流行语，利用这一热点，某饮品则在其瓶身印上了流行语：
　　"肖师兄，好巧啊"，"不巧，我在等你"；
　　"早知今日，我一定对你一见钟情"；
　　"约你一起吃早餐"；
　　……

---

① 黄平年：《迈向和谐——当代中国人生活方式的反思与重构》，天津科学技术出版社2004年版，第8页。

② ［法］罗兰·巴特：《流行体系：符号学与服饰符码》，敖军译，上海人民出版社2000年版，第309—310页。

— 66 —

其实，早在此之前，某饮品公司也曾针对网络流行语进行过贴标签式的包装，每个包装瓶上会印上不同类型的标签：

例如："宅男""宅女""学妹""小萝莉""喵星人""火星人""萌妹子""天然呆""你的女神""文艺青年"等；

"给你32个赞""我想做个好人""喜欢就是放肆，但爱是克制"等；

……

除此之外，我们还能看到借助网络语言的广告语、新闻标题，在文案中随处可以看到"何弃疗""不明觉厉""就是这么任性""高大上""萌萌哒"的字样，商业操作者称之为社交式营销。

当日常生活的交流行为与消费生活联系在一起时，网络语言就成了日常化的一个要素，网民会在无意识中使用甚至创造网络语言。从符号学的角度来看，网络语言正是前面所提出的附加值，也是一种文化的符号，通过这种符号，可以在宏观社会中形成某种消费景观世界。网络语言与商品的结合恰好体现的是当代的文化潮流，反映的也正是个体的认知状况。从某种意义上来看，这里所提到的新的消费景观世界也可能是基于新的网络语言而形成的。可以说，网络语言以经济生活为依托空间，以狂欢为传播姿态，在商业操作的主动借势与被动生产中植入生活，实现了与日常生活的融合。

2. 参与舆论：从打"擦边球"到收编主流话语

网络语言的收编现象也表现出其特殊之处，伯明翰学派在进行亚文化研究的时候已经提及"亚文化的抵抗风格产生以后，支配文化和利益的集团不可能坐视不理，而是会对亚文化进行遏制或者收编"[①]，而网络语言也曾被评价为是一种亚文化，但随着其越来越日常化，我们认

---

① 胡疆锋、陆道夫：《抵抗、风格、收编——英国伯明翰学派亚文化理论关键词解读》，《南京社会科学》2006年第4期。

为它只是一种文化现象,并非狭义层面的"亚文化"。

网络语言收编主流话语其实是主流文化视角下的一种反收编行为,在探讨反收编行为之前,我们有必要对收编这一概念进行简要介绍。自2005年来,食品安全问题备受关注,"苏丹红""吃皮鞋""毒奶粉"被赋予了其他内涵,一句"吃皮鞋"让公众会心一笑的背后,却是国人对食品安全问题的担忧。2008年的"范跑跑"、2009年的"躲猫猫"以及"我爸是李刚"等不仅仅是一句网络流行语,而是代表着整个事情的来龙去脉,往往具有讽刺意味。不仅如此,新媒体为网民提供了越来越多的舆论导向机会,每年秋冬来临之际,北京的雾霾天气又成为众人调侃的对象,"APEC 蓝""十面霾伏""狗绳提在手,遛狗不见狗"等都是对雾霾现象的无奈与讽刺。社会舆论与政治话题的讨论就像上文提到的那样,以抵抗、调侃的方式出现,而最终以娱乐内容严肃化的方式被政治收编。

与此不同,反收编则是非主流文化吸纳主流文化的一种阶段性结果。例如:"中国梦""新常态"从政治术语成为各个阶级的网民自我鼓励的语言,青少年将这些严肃语言做成表情包,用于微信聊天。如受访者提到的,在弹幕语言中当出现"前方高能"的时候总会有"弹幕护体",而社会主义核心价值观成为常见的弹幕,网民用"富强、民主、文明、和谐、自由、平等、公正、法治、爱国、敬业、诚信、友善"建成弹幕墙,遮蔽原本的影视内容。更有段子手写出"你追我呀,如果你追到我我就和你一起建设中国特色的社会主义社会,为中华民族的伟大复兴而奋斗"。

反收编的内容存在一个共性,即原本属于日常话语中的说教内容,从被印上"叛逆""亚文化"烙印的青少年口中流传就成了一种网络语言,即反收编。因而流行语与日常之间并没有绝对的主动与被动关系,而是相互的影响。

当我们将网络语言放置到政治与舆论生活的情境中时,却能够通过研究与分析看到这一空间意义里的纵向变化。"擦边球"语言是一种收编的结果，如果将反收编作为另一种结果，则这种结果是基于前阶段的网络语言发展的。在这一结果中，利益集团与普通民众的改变则体现在从以抵抗为核心的文化悲观主义思想，转而走向以接纳为核心的文化乐观主义思想。话语的反向收编代表网络语言与政治话语的融合，因为这表现为：政治话语以娱乐化的表现形式成为日常生活中的交流内容，人们可能不再忧心于语言的敏感与否，因为网络语言特有的形式弱化了其原本严肃的意涵，这种方式或许更有利于当代网民了解并理解其意义。

3. 文化再造：网络语言作为信仰的弥补

网络语言不仅仅是一种语言，而且还是一种文化，这是本书的研究基调。而网络语言如何成为一种新兴文化，如何在文化生活空间中融入日常生活则有待进一步深入探讨。从文化生活的定义上来看，应包含人们的学习生活、艺术生活、娱乐生活等。当网络语言本身就是一种文化时，它与人们的文化生活本身就是融合在一起的。

不难理解，现代与历史往往有一定的规律或者轨迹可循。网络流行语言从起初被排斥、被规制到现在被文化主宰者选择性地接受，也经历了各种冲突过程，甚至在这一过程中，谁是主宰者，也成为一个时代性的问题。现在我们所认知的白话文运动，只是胡适、鲁迅、《新青年》、《新潮》等标志性元素。实际上，追溯到古代，文化之人不像现在之多，古文往往晦涩难懂，但唐代以后，文人阵营中的自我调整也使得古文越做越通顺了[1]。在白话文运动中，要让那些封建观念的人群在短时间内完全抛弃门户之见，去否定他们所固有的观念不是几篇文章能够奏效的，而是长期抗争的结果。因此，这不是一个语言工具的简单问题，而是一个时代的文化问题。

网络语言某种程度上兼并了有声的语言和无声的语言，它往往表明了一种态度、立场和人们的潜意识。在此我们明确的几点立场是：第

---

[1] 钱晓宇：《文言与白话之争的当代反思——以五四白话文运动为中心探讨语言革新的复杂性》，《江西社会科学》2007年第5期。

一，把网络语言首先看成是现象，并在此基础上保持价值中立，客观去看待这一现象；第二，思考语言背后的文化逻辑，走出解释网络语言意义的局限圈子，探讨语言背后的社会镜像；第三，将网络语言现象看作是一种文化现象，并从宏观的视角转向微观的分析，并确定网络语言这一文化所涵盖的人群、实践空间、实践场景。

文化是复杂体，包括实物、知识、信仰、艺术、道德、法律、风俗以及其余社会上习得的能力与习惯[1]。我们也不难得出这一结论，即就网络语言来看，网络语言是互联网发展以后出现的一种语言，并承载了这一时代固有的社会风情。换句话说，网络语言就是时代文化的重要载体，同时时代文化又制约或者促进着网络语言的出现与消亡。

语言是沟通和交流的工具，研究每个国家的语言变迁都可以看到历史文化的遗迹，同时日渐成为人类文明的必需品。网络语言有十几年的历史，伴随着互联网文化而产生，此后得到了极大的发展，如今又反映着社会。在这十几年间，最初是以方便键盘交流为目的，因此简化用语和技术用语较多，如今嘲讽、戏谑、简化、技术用语并存，可以说从网络语言从社会文化中来，同时又反映了社会文化，因此将网络语言定位为一种新时代的文明具有合理性。而网络语言也在人们的文化社会生活中占有一席之地。

总体来看，日常交往与社会生活是一种从微观到宏观的关系。正如哈贝马斯所提出的理念，"生活世界是一个主观的，相对的世界，它总是在不停地变化之中"。在他的生活世界理论中，交往是建构生活世界的前提，尽管他从哲学层面提出主观、客观与社会世界。但从文化层面来看，人们的生活是一种社会生活，网络语言通过交往行动融入生活世界的过程是无法通过指标来进行分割的。一方面网络语言通过建构人们的日常生活而融入社会生活；另一方面网络语言又在生活空间里以经济、政治、文化等多种社会参与方式植入，最终建构出新时代中作为信

---

[1] 司马云杰：《文化社会学》，山东人民出版社1986年版。

仰的文明。

第三节 或然更是必然：网络语言日常化的逻辑及其效应

基于对网络语言日常化过程的剖析，我们进一步思考过程背后的逻辑如何、产生何种结果、具有何种效应和意义。从运用逻辑来看，网络语言的传播实际上是一场语言的游戏，这场游戏有其特定的语境、背景，同时人们遵循着因网络语言而产生的内部规则。从其产生的效应来看，网络语言嵌入日常生活对语言本身、介入其中的广大网民以及宏观意义上的生活都有一定作用。其中话语准则开始动摇、个人的认知结构得到改变、生活方式实现重构。除此之外，从过程事件发生的意义来看，网络语言日常化是一种必然现象，作为这一时代的标签，它不仅是流行文化和技术潮流的象征，同时也反映了社会中存在的种种乱象。

一 语言的游戏：网络语言日常化的行动逻辑

我们知道，在语言哲学观中，维特根斯坦（Ludwig Josef Johann Wittgenstein）曾经提出语言就像是一种生活方式，语言不是简单的语言本身，语言在语境中使用，活跃在生活形式当中。也就是，语言只有作为生活的一部分才能得到理解。其实维特根斯坦的生活方式概念强调语言是生活的一部分，在活动中语言让彼此产生关联，具有意义[①]。如果从学习一种语言的过程来探讨语言的意义，那么这种伴随着生活情境的语言就被看成是一种游戏，儿童在这一语言游戏中里，掌握其中的规则，并学会去使用。回顾维特根斯坦将儿童说话的过程比较成语言游戏的观

[①] 刘森林：《生活方式与语言意义：后期维特根斯坦语言哲学探讨》，《江西社会科学》2013年第11期。

点，其核心就是我们应当去理解某个语言的用法而不是其定义①。至于在网络语言的演进和学习中，这场游戏中人们的行动逻辑如何，会在下文进行进一步解释。

1. 游戏化的博弈：一场话语权的争夺行动

每一个社会体系都是一个相对平衡的动态系统，自福柯（Michel Foucault）提出权力和反抗的共生关系之后，话语秩序也成为关注的重点。福柯在当年的社会背景下深刻感知，谁在说话并不重要，重要的是主体发言的位置与地位。即重要的不是指出谁在说话，而是主体发言的位置②。然而，当互联网这一兼具互动及匿名特征的工具被植入人们的日常生活当中时，每一个主体都被赋予了话语权力。因此借助网络的潮流，人们利用互联网的自由性重获话语权，当每一个网民都获得了新媒体带来的话语权的时候，网络流行语便成为他们争夺话语权的工具。

从表面上来看，流行语的普及可能会带来网民群体共同的利益，但是每一个共同利益体内部都存有一个话语权争夺与博弈的小机制。为了提升自己的话语空间，网络语言的追寻者们遵循着游戏的逻辑。例如在一场网络热点事件的纷争中，"网红"们总能利用各种角度创造出一系列的代名词，无论是调侃还是自我嘲讽，都具有极大的幽默性，就像一场动员一样，网民们都会自觉或不自觉地投入流行语的日常交流中。

不仅如此，草根网民之间也有其话语的逻辑，也就是非集体博弈。博弈的目的在于话语权的获得，通过话语权的争夺获得精神上的利益与资本。因此，简单来说这种话语的博弈尽管不会产生直接的利益，但在这种语言游戏的规则体系内却能够积极地获得话语的权利。利用博弈来阐述流行语的互动显得太过严肃，事实上这样的博弈过程都或多或少包

---

① 陈保亚：《论意义的两个来源和语言哲学的任务：从语言游戏规则和安慰的还原说起》，《北京大学学报》（哲学社会科学版）2006年第1期。

② 刘永谋：《福柯的主体解构之旅：从知识考古到"人之死"》，江苏人民出版社2009年版，第65页。

含反讽与幽默的意蕴。比如自黑和自嘲的模式中，网民们往往有几种博弈抉择。第一，利用自我嘲讽来获得夸赞，以退为进；第二，利用自我嘲讽来减少被嘲讽的可能，减少尴尬，也就是解嘲；第三，但不常见的是在自嘲后根据网友的回应进行判断，从而辨别真假朋友。这种被认为是"不严肃"的网络语言风格，却可以通过其"幽默"的外在表现形式掩盖实际过程中获取话语权力达到自身目的的本质。

在博弈策略中，没有逻辑的风格是一种能够掩饰博弈结果的话语方式。简单而言，流行语的"不正经"风格某种程度上将博弈结果模糊化，至此，网民们会减少对话语权之争中输赢的关注，转而关注到博弈过程中来。在无逻辑的话语体系中有两种典型案例：第一，利用答非所问的策略忽略核心问题；第二，重新开启新的话题。这两种对话模式的共同点都是在转移话题，从而使原来的关注点得到转移，以达到化解问题的尴尬或者侧面回避某些话语的目的。

这些博弈方式也就解释了网络语言彼此之间的互动过程，以及为什么网民会通过网络语言的互动来获得话语权。从本书可以看出，这是一个从互联网赋权到网络语言赋权的过程，经历着从集体博弈到非集体博弈的传播过程。在这一过程中，网络语言就不再是单一的语言本身，而是被放置到语言游戏的活动中去。

2. 默认的一致性：一种高语境下的传播默契

游戏本身就是一种活动，但活动都有其规则，利用默认一致的概念来解释网络语言对话中的游戏规则或许较为合适。滕尼斯（Ferdinand Tönnies）曾提出，在一个共同体中，相互之间有一个共同的、有约束力的思想信念作为共同体的意志，这其实是一种默认一致，它就是把人作为一个整体的成员团结在一起的特殊的社会力量。结构和经验越相似，默认一致就越可能实现①。在文化研究中霍尔（Stuart Hall）曾提出高语境与低语境的概念，这一概念的提出源于对跨文化交际及交际环

---

① ［德］斐迪南·滕尼斯：《共同体与社会》，林荣远译，北京大学出版社 2010 年版，第 56—59 页。

境的关系研究的新型视角。不难理解，在高语境文化中，人们在交际时，有较多的信息量是由社会文化和社会背景来传递的，而这样的文化环境被内化在交际者思维记忆的深处，人们甚少需要通过外在的语言符号来传递信息，因此传达的讯息中只包含着极少的信息①。

网络语言的高语境模式是通过种种传播实践的深层植入才达到的，这与霍尔提出的"高语境交流是经济、迅速、高效、令人满意的，但是它要求在程序编制上花时间"有相似之处。在利用网络语言交流的过程中，这种高语境中的默认一致感与中国传统社会人际交流中注重"意会""领悟"的语用习惯也具有一致性，只不过，这样的"编程"是在网络活跃者和网民的共同传播中集体造就。

当然，网络语言的高语境特征不是一个既成的现象，而是从低语境的源头循序传播。通俗来讲就是流行语都是充满着"内涵"的，处在这一语境的人们就将其他群体区隔开来，这样的对话中总是以"你懂的"为前提，同时也总要放置到某种语境中才能表达较为精准的信息。就像被访谈对象多次提到"老司机"一样，起初他们不能与同伴一样了解这一文化背景，此"老司机"非彼"老司机"，很多网络语词也是如此。但随着语境这一环境被忽视，类似于"萌"这样的流行语成为人们习惯性使用的日常用语，甚至忘记了它也曾经是一个网络流行语。这是因为网民们身处这样的时代文化背景中，主动"编程"或是被动"编程"都有可能促成文化共性。即，在大环境下，人们即使不去主动掌握流行语，也存在被动接受的可能。从语言的游戏来解释，即他们在日常生活中会逐渐掌握这种游戏的规则，并去理解或者遵守这些规则。

从语言文化的角度来看，高语境的概念也许可以合理解释为何同一种代际同一类群体能轻而易举地使用某种流行语。从共同体概念中抽取的默认一致性也可以更好地解释为什么网民会被网络语言活跃者所影响，并从中获取更新的流行语信息。当这种话语的交流成为一种日常的

---

① ［美］爱德华·霍尔：《超越文化》，何道宽译，北京大学出版社2010年版，第84—90页。

语言游戏，网民们就会逐渐忽略流行语本身，从而内化了语境，建构成一种日常性的话语风格。

3. 艺术化的思维：一种超越时代的精神支撑

如果将网络流行语视作一种文化，那么这种语言就像是一种艺术风格。霍尔在《超越文化》中提出"高语境交流常常被用作艺术形式"①，或许可以总结网络流行语话语风格中的艺术化成分。而这种艺术化与宏观意义上的时代环境不可分割，自互联网成为人们日常生活中不可或缺的交流工具以来，人人都成为创造者和传播者，广泛地交流。跨文化的思维增强了网民思维的活跃度，语言活动代表的是背后的文化，从这一角度来看，网络语言代表着一个时代的文化精神。

无论是自嘲、反讽、假性亲密还是"反套路"，每一个话语习惯的出现与成熟都离不开其中的一个因由，即时代的背景。但现实与历史总有相似与联系，与20世纪早期中国文化界中白话文运动类似，这样的运动基于新式教育与传统教育的碰撞，最终得以融合，形成了白话文风格。这也不难理解为什么有关网络流行语腐蚀中国主流文化的言论比比皆是，因为这种超常规的艺术表达方式与主流文化形成冲突，主流文化则期望将其收编。

结合调查发现，流行语与主流文化并不完全冲突，只是一直以来两者都在协商如何共存。从流行语研究的主流切入点来看，起初的流行语往往带有一种集体负面情绪的宣泄，最终成为具有明显集群性的社会互动行为。但这种负面情绪不是空穴来风，而是代表着当今社会环境中的困苦与恐惧②。随着流行语的不断演变，这种负面情绪往往又以幽默、自嘲的外衣包装，但是生活在同一社会压力下的民众往往感同身受，对这种语言的反抗心知肚明。

---

① [美]爱德华·霍尔：《超越文化》，何道宽译，北京大学出版社2010年版，第103—113页。

② 李明洁：《流行语：民间表述与社会记忆——2008—2011年网络流行语的价值分析》，《探索与争鸣》2013年第12期。

我说故我在：
青少年网络语言生活方式研究

当主流文化被这种次文化强势入侵，主流文化并没有被次文化强行替代，而是成为一种时代的风格化活动嵌入在主流的文化中，成为其中具有艺术风格的话语体系。每一种话语风格都为当代话语秩序提供某种价值，正如本书所总结的那样，每一种话语特征似乎都相对更适合于某些话语实践的某些领域和情境①。这些话语是在特定环境下产生的，并且具有特定意义，基于意义才能够展现出话语张力，从而应对当下的社会背景。即在这些游戏化的传播实践中，流行语应被看作是一种社会现象，因为当下的社会背景促使网络语言的产生，而这种艺术化、风格化的网络语言也折射出一个时代的文化精神。

在重新回顾人们在接触、使用、传播网络流行语的过程时，我们会重新思考他们内部如何通过网络语言互动，互动带来了什么。通过研究我们发现，这样的运作机制与游戏有相似之处。基于以上的讨论，本书认为游戏化表达可以解释当今流行语出现之后特有的话语风格，因为在看似杂乱无章的话语模式背后却有着不成文的游戏规则。首先，他们通过这些话语特征突出年青一代的亚文化风格，以作为抵抗的资本；其次，借助这类新鲜的话语特征以非正式的方式争夺话语的权力；复次，在特有的话语风格中建立共性，形成高语境的传播群体，从而内化这种默认一致；最后，在互联网时代，社会背景是特定话语习惯产生的源头，而话语特征也是对社会变迁的映射，两者相互影响不可分割。

因此在以网络流行语的简单总结与归类为前提下，在此基础上结合网民这一当事人及不断变化的社会背景，对其内部的行动逻辑、互动过程进行研究。最终认为，网络语言传播是一种新时代的语言游戏，这一游戏的参与者积极互动、遵从其规则、创造其风格，总体来看，这种语言的游戏是一种特定时代下高语境的风格化活动。

---

① ［英］诺曼·费尔克拉夫：《话语与社会变迁》，殷晓蓉译，华夏出版社 2003 年版，第 207—208 页。

二 语言的嵌入：网络语言日常化的传播效应

通过前文的一系列讨论，我们发现，网络语言也在一定程度上改变了人们原本的话语规则。久而久之，一个新的问题值得我们关注，即人们日常生活中的话语边界是否正在被扩张。哲学领域曾有这样一句话，即语言的边界就是思想的边界。事实上，人类社会在不断推进的同时，日常生活发生了改变，我们看到无论是语法、读音还是词汇都或多或少挑战着权威的语言规范。在总结网络语言对传统文化种种挑战的基础上，我们还应看到其背后所代表的人们对语言认知的变化。即网络语言对日常语言边界的打破可能也在一定程度上改变了人的认知结构。我们有必要思考，网络语言嵌入日常生活中成为何物，又改变了何物。

1. 重设边界：网络语言对话语准则的改变

网络语言的话语边界正在发生着改变。这首先表现在网络语言对语法规则的挑战，通过借鉴方言、外语或是创新的方式重新定义语言的规则，这促进了新型语言的生产但同时也可能会误导语言学习者。其次表情符号的出现是语言表现形式的一种延伸，并且弥补了文字交流上的不足，但表情符号无法形成官方定义，所以在丰富交流的同时也因个体的理解偏差而出现了语言误会。另外网络语言的挑战还表现在暴力语言和"污"语言的盛行，网民通过谐音、错字、赋予含义等方式将"脏话"嵌入在日常的交流中，成为日常发泄的符号。

可以看到，首先打破语法规则的应属广告语，早些年我们看到街头巷尾的"衣衣不舍"（依依不舍），其次语言创作现象不断出现，继"喜大普奔""不明觉厉"这类新创造的"成语"被严令禁止以后，又出现了"何弃疗"（为何放弃治疗）、"然并卵"（然而并没有什么用）等。无论从语法上还是从语音上都挑战了传统遣词造句的规则，爆发了一场又一场狂欢。

此外，在网络语言的表现形式上也尤为丰富，人们"一言不合就斗图"。表情符号出现的初衷其实是为了实现更好的跨文化沟通，而现在由于不同人对表情的理解不同,而产生一定的误解。年轻的受访者大多都是表情符号爱好者,已经达到了"不用表情无法交流"的境地。我们无法准确表明网络语言形式的丰富是促进了交流,还是弱化了人的表达能力,但不可否认,这种丰富的表达形式拓展了我们的话语边界。

就话语准则的问题而言,目前人们存在两种见解。一方面网络语言增加了语言的活力,形成一种新时代的语言生活方式,成为一种狂欢式的感受。网民可以随心所欲地发表言论,从而创造新的词句以推进这种狂欢的趣味。但中小学生成长在这一环境下,很容易受到影响,因而在促进创新的同时又造成了教育的破坏。其中大部分赐予以及构建新词的方法并不符合现代汉语新词产生的规律,会给一部分读者造成认知困难,甚至让青少年形成不规范运用语言文字的坏习惯。因此在扩张话语准则的同时,也要在某些层面上去进行批判式接受。

网络语言备受争议在于其诸多不规范的现象。北京语言大学人文学部教授张华说:"语言是具有严谨性和文化逻辑性的。脱离规范的戏谑,势必会玷污其纯洁性,不利于中华优秀文化的传承和传播。"人民网舆情检测室秘书长祝华新也表示:"在我们这个楚辞汉赋、唐诗宋词的国度,实在不忍看到粗鄙的文字招摇过市。"不过对于专家的观点,网民之中产生多方阵营。一些网民表示赞成专家的思想,认为很多文辞不雅确实应该阻隔;也有网民表示仅仅就是娱乐而已,没有必要较真;还有网民认为,华丽的辞藻有它的使用环境,通俗的字句也不全无可用之地,要做到雅俗共赏①。像前文这样的网络新闻层出不穷,有专家提出不要把网络语言堪称洪水猛兽,而是要在尊重语言发展规律的基础上制定一些规则和标准。

基于此,我们再次思考网络语言对传统文化的挑战,文化精英担心网络流行语会带来社会文明的退步,其实不然,每个时代都有其特点,而网络语言在某种程度上是社会的一面镜子,网络流行语如何呈现、寿

---

① 陈晨:《对不起,这些词我们不好意思出现在标题里》,《央视网》(微信公众号),https://mp.weixin.qq.com/s/kEpBZKD7ursLLPYnLMJ8kQ, 2017 年 1 月 5 日。

命如何其实取决于人们思想变化的快慢。在流行语的风暴里,网民也在不断寻求和自身密切相关的利益,网络语言就是其中发声的渠道。因此也可以说,网络语言代表的是人们的心理认知。

2. 建构认知:网络语言在思维结构中的植入

受访者曾表明网络语言的含义已经深深植入在思维里,同一个词语人们首先想到的可能就是网络语言本身"现在看到'打酱油',直接会想到网络词的意思(凑数,不关我的事情)",而老一辈的人对其理解,就是传统的含义(拿瓶子到店里买酱油)。当网民无法表达自己的观点但又不是很赞同的时候,一个"呵呵"似乎胜过千言万语,这个词语就像是一种刺激的反应,成了网民的一种习惯。假若非要换成一个书面语,要包含赞同、质疑、含蓄,让对方自己去体会意思,似乎再也找不到这样的词语了。可以看到,网络语言已经一定程度上改变了我们对于语言的认知,甚至是我们的思维结构。

传统的理解认为思维本身是一定的,语言只是一种工具,人们可以用它来表达问题,并不会因为语言而改变人的"想法"。然而,我们不能忘记,人是一种社会性动物,其思维并不是像源代码一样固定不变。所以,我们认为语言的演化也是社会文化演进的一种体现,而社会文化代表着一个时代人们的思维结构,因此不可否认语言是可以改变人们的思维与认知的。这种改变,取决于个体所处的文化环境。

结合网络语言对人的认知改变,这种认知模式的改变正是人们对信息获取和处理后所做出的变化。我们可以发现其表现形式在以下几个方面:第一,在一定阶段形成对创新文字或图片的固有解释,如"doge脸"的"迷之微笑","笔芯"代表着"比个心的动作"等;第二,改变了原有文字或词语的第一思维解释,但这种解释不会一成不变,而是伴随着环境而改变,如"老司机"表示的"熟悉各种规则、掌握一定资源的老手",进而成为"污"的代名词。这使得长时间接触网络语言的网民更倾向于将"污"与"老司机"首先联系在一起。

一方面人们要在这场网络语言的浪潮中寻求集体认同感,另一方面也要挑战传统文化获得自主的话语权,并在这种双重强化之中重新建构对网络语言的理解。总体来说,新媒体时代的网络语言准则已经被扩展,在这种扩展运动中,网民用叛逆的姿态、顺从的心态、表面上的服从来进行表达,是一种认知形成的过程。

3. 定义生活:网络语言嵌入对生活方式的刷新

生活方式包括人们的衣食住行、社会关系模式、消费模式、娱乐模式。它同时也反映的是一个人的态度、价值观或者世界观。在哲学研究中,维特根斯坦认为,语言游戏是语言与其交织在一起的所有活动构成的整体,语言游戏根植于生活方式之中。生活方式构成了语言游戏的来源和基础,而语言游戏反过来也构成了一种生活方式或者其子部分①。因而可以认为,语言是一种生活方式,网络语言作为语言生态体系的一部分,固然也是一种特定的生活方式。网络语言是时刻推陈出新、不断变化的,它作为生活方式体系的构成部分,必然会影响着日常生活,因此它的动态性使人们日常生活被重新定义。

首先从最基本的衣食住行来看,我们可以看到其相关网络语言,这些网络语言并非凭空产生,而是借由互联网技术发展所带来的技术载体而产生。其次从社会关系来看,网络语言通过社会关系实现流动的同时也建构了人们的社会关系。例如前文所提到的关于网络语言对话语策略、话语方式、话语内容的影响与重构,网络语言的传播逻辑形成一种游戏化的规则,这些都促使了新的日常交往与社会关系的生成。从社会生活层次来看,文化、经济、政治也是网络语言嵌入的常见领域,无论是语言边界的改变,还是话语模式与思维结构的改变最终都是在社会生活情境中发生,从而改变生活方式。

网络语言刷新生活方式的实质过程是网民、互联网、生活方式相互影响的过程。而网络嵌入了生活,才有了网络生活,从而产生了网络语言;人与人之间实现文化流动,才创造出新的语言,形成话语权的争

---

① 刘森林:《生活方式与语言意义:后期维特根斯坦哲学探讨》,《江西社会科学》2013年第11期。

夺；在这些过程中，生活方式作为网络语言实践的空间也在同时因时代发展而不断被改变。

网络语言嵌入日常生活会在某一时间和空间产生阶段性的结果，无论从语言生态环境来看，还是从个人的思维认知来看，语言再生作为一种结果不仅仅是语言本身的延伸，更是对人和生活的重构，最终都是给予生活方式新的定义。

三 语言的符号：网络语言作为一种时代标签

传统语言与网络语言之间曾是主流与非主流、正规与不正规的关系，这两种话语可以说阶层分明。自互联网发展以来，我们看到，两者的地位逐渐趋向平等。网络语言代表着时代文化的符号，在网络技术日常化、网络语言潮流化的同时，社会乱象也通过网络语言表现出来。可以说，网络语言的日常化是社会发展的必然趋势。

1. 邂逅时尚：网络语言作为流行文化的标志

美国语言学教授萨丕尔（Sapir）曾提出，"语言的背后是有东西的"，而且语言不能离开文化而存在，所谓文化就是社会遗传下来的习惯和信仰的总和，由它可以决定我们的生活组织。[1] 我们认为网络语言背后也是有文化的，或者说网络语言本身就是一种文化现象。

通俗来讲，流行文化是时尚的表现，从字面意义上来看，流行是指风行一时，广泛传播于社会大众之间的事物。可以说这样的流行事物，在任何社会、任何时代都存在。流行文化原本起源于"时装""时髦"或"时尚"。它是在一定时期内，在民众中普遍地传播，并由社会特定领域内某种力量的推动而在有限周期内迅速起落的特殊文化。但社会发展到当代，流行文化已经极为普遍，以至于它所包含的内容及其形式，既可以囊括大众文化，又可以容纳上流社会中少数精英分子所享用的精

---

[1] ［美］爱德华·萨丕尔：《语言论：言语研究导论》，陆卓元译，商务印书馆2007年版，第3—20页。

致文化以及各种高级名牌产品①。从这一定义来看，网络语言已经成为一种流行文化。

网络语言之所以流行，就在于它是紧跟时代潮流的，而它之所以能够紧跟时代潮流，是因为它本身就是社会文化的标志。网络语言紧紧地跟当代人的日常生活结合在一起，以至于这种流行文化已经成了人们的生活方式。事实上，流行不仅仅局限在时尚界，它所体现的其实是人们的生活方式、需求和风格，甚至这一符号背后的意义是更接近人们思想的一种方式。

语言本身就是一种文化表征，在时间的历程中，每一次的变革都会引发新的时尚，在不同的实践和空间，语言会被注入新的内容。不少人使用网络语言，其实是追赶时尚的表现。这种必然性还表现为新词的不断爆发，一旦爆发，便成为时尚和潮流的表征。不难发现，一些网络流行语一夜爆红，例如"皮皮虾"的走红、"叶良辰"的瞬间爆红都使之成为一种文化时尚。因此新的表情包纷纷成为网民收藏夹里的一部分，仿佛成为一种证明流行的标记。

作为具备现代性的流行文化，网络语言具有其周期性，是一种超越语言的特殊语言。网络语言兼具了流行文化的趋同和标异的特征，例如"我使出洪荒之力""友谊的小船说翻就翻"的出现之初，网民们蜂拥而至，并运用到日常聊天中；当流行语已经脱离小众完全实现大众化时，也只能被称为"普遍现象"而非"流行文化"时，新的文化表征体系就会重新出现，旧有的文化很快就会淡化在生活中，成为生活方式的一部分。

总结来看，网络语言是一种紧跟时代潮流的时尚产品，这种时尚因为在日常生活中的传播而流行起来，成为流行文化。时代潮流是社会发展的必然趋势，基于这一逻辑，网络语言也成为流行文化的必然。某种程度上，网络语言也是流行文化的标志。但我们在对流行文化保持乐观

---

① 高宣扬：《流行文化社会学》，中国人民大学出版社2006年版，第63—64页。

的同时也不得不反思其造成的种种乱象。

2. 乱象丛生：网络语言作为心理抗争的象征

面对传统语言的挑战，网络语言正在经历一场革命。它没有十分强烈的政治动员倾向，而是看似"就事论事"以及"脑洞大开"。实际上有一定的批判性，表现出反权威、反精英、反专家的特征，但由于网络语言有着非理性的"外衣"，因此其立场十分模糊，但也不乏暗示和隐喻的效果。

这主要表现在网络语言低俗化、网络语言讽刺性等方面。网络语言低俗化问题一直被社会大众关注，随着创造者与传播者的不断创新，暴力语言似乎成了"温柔的暴力"。网络语言暴力问题成为一个时代性的问题。网络语言暴力、网络脏话也是目前最为常见的、更为严重的网络语言伦理失范的问题。

可以说，网络语言是对社会文化编码，同时也是理解社会的一个窗口。我们知道，在网络语言中，最典型、流传最广泛的被称为网络热词或者被称为网络流行语。因此网络热词不仅仅是一个流行的语言，更是社会热点的符号表征。其背后正是人们社会心理的体现，反映了社会结构的剧烈变动，凸显了社会压力下青年的思想状态。这种普遍存在的心理状态决定了这一话语认同度的高度，从而成为一种时代的流行语言。

勒庞（Gustave Le Bon）曾提及，乌合之众其实是一个"心理的群体"[1]，他们并非简单的人数累加，而是永远漫游在无意识的领地，自觉的个性消失了，并且会随时听命于暗示，毫无判断能力。而在网络暴动的现在，网民不是分散的个体，而是由有着共同利益诉求、相似话语体系的群体组成。因此在网络语言的浪潮中，我们往往会看到一边倒的态势。

这样一来，就出现"语言上浮"现象，基于此，"不规范语言""暴力语言"变本加厉，并成为一种潮流，他们以人多势众为傲，形成

---

[1] [法]古斯塔夫·勒庞：《乌合之众：大众心理研究》，冯克利译，中央编译出版社2000年版，第9—10页。

一种集体认同感，以此获得语言上的权力。这样一来，日常生活中的非主流词汇就自然进入主流词汇中去。精英所垄断的语言被大批的网民打破了。可以看到，乱象式的网络语言是一种心理抗争和集体认同感的符号，这也是作为一种抵抗必然会出现的现象，而我们需要反思的不仅仅是如何扬长避短，更是从这一窗口看到当代人的心理现状，从而为此寻找到更合理的解决方法。

3. 技术潮流：网络语言作为网络发展的呈现

时代的发展促进了互联网技术的发展，同时互联网也是时代文化的呈现。互联网总是引领着技术潮流，在它从精英人群走向普通人群的前期，"发邮件""上网"成为一种"潮"的标志。此后，聊天软件层出不穷，人们也紧跟这一步伐，从 OICQ、MSN 到 QQ，从天涯、西祠胡同、贴吧到豆瓣，从开心网、人人网到微博、微信，从"下软件"到"下 APP"，从"扫雷"到"阴阳师"这些新兴的词语代表着不同的时代，成为特定时代的技术文化符号。可以看到互联网、互联网的载体、互联网的产品以及互联网的服务都在不断发展。

网络语言起源于技术化的语言，并一直被网络技术影响着。不难发现，2004年之前表现出明显的技术化趋向，具体而言，即网络语言具有键盘化输入特征以及互联网技术特征，如首字母简写、表情符号、包含技术名词的句式。其后则表现出丰富性及多样化的特征，但同时技术化的网络语言没有消逝，并且随着技术的发展而不断充实，如智能手机之后表情符号由标点符号的简单组合衍生为更具画面感的表情符号。与此同时，网络语言的表现形式已经不再仅仅被技术操纵，而同时也被印上了时代的烙印。

互联网技术总是在一次又一次的浪潮中刷新人们的生活，在这里互联网并不是一个媒介这么简单，而是一种技术、平台与生活的综合体，它与社会共同演变。总体来看，随着互联网发展，技术成为一种潮流被演进成一种时代文化，而网络语言是总是与技术化密不可分，因此，当这种网络技术逐渐嵌入日常生活中时，网络语言日常化成为一种必然趋势。最终，网络语言成为一种具有象征性的符号，一方面能够体现互联网技术的文化阶段，另一方面不断迭出的新流行语也成为技术潮流的文化象征。

我们认为，网络语言是一种社会的文化符号。语言具有符号性，是人们思维符号化的过程。网络语言作为一种语言，伴随着互联网技术而出现，并在日常生活中传播。在传播过程中，网络语言就已经与社会发生关联，因此也总是随着社会的变迁而变化。因此网络语言是社会的一面镜子，受到社会发展、社会心理等多方面的影响，从而使不同的网络语言反映不同的事物或问题。网络语言的流行一方面成为不可忽视的流行文化景观，另一方面也体现了社会存在的问题，同时网络语言也在一定程度上反映了互联网技术的发展。总体来说，网络语言是这一时代的文化符号，并且伴随着社会发展的趋势成为必然。这不禁引发另外一个思考，即网络语言的日常化为何会成为必然？

第四节 嵌入式传播：网络语言与日常生活的互构

综上，我们能够发现，上网这一行为本身就是使得网络语言日常化的技术支持。从 21 世纪初开始，网络语言就在上网这一行为中得以实践，上网从简单的信息传输，到网络聊天，到融合了信息传输与搜查、网络聊天与发言、网络消费与生活等多样化的层面。在这二十年的发展中，人们的日常生活成了"互联网+"的日常生活。因此我们得出网络生活也在技术发展中实现日常化，成为一种日常生活的结论。伴随着这一改变，网络语言的实践状态也在不断变化和丰富。

在前文的分析中，我们提到在互联网发展的历程下看待网络语言的实践能够较为直观地呈现这一过程。而网络语言如何日常化则需从横截面来进行分析，当我们从空间层面来看网络语言日常化的众生态时，首先从语言的流动性切入，因此日常交往成为网络语言的活力之源。在交往与互动中，网络语言在不同的群体之间碰撞、交融。因此网络语言被改变了，人们的社会关系也发生了一定的改变。由此我们延伸到关于社会生活的讨论，社会生活是包含日常交往的空间，同时这一空间也因网络语言的变化而变化，也就是说，网络语言与社会生活是相互作用的，同时将社会生活贴上了互联网化的标签。此外，网络语言不仅仅是一种用于沟通的话语，它还在不同角度以交流内容、交流形式以及交流策略的方式出现在人们的生活中，形成一种文化现象。

网络语言日常化不仅仅是一个文化交流的过程，同时它还具有不同层面的动因。首先从时代背景来看，现代人的生活方式是网络语言生产的社会力量，一方面人们生活空虚，因此总希望寻找一个乌托邦式的精神世界来寻找出路，因此异文化盛行，网络语言在这种异文化世界的流行中得以生产并扩散；集体焦虑像是一种时代的病症，语言在某种程度上可以作为社会压力的表达方式；与此同时，社会关系实现了从熟人到陌生人社会的转型，因此人情的弱化、契约的强化以及中国人根深蒂固的熟人社会习惯形成冲突，这时，网络语言作为一种强话语则弥补了这种弱关系的不足。从话语边界来看，网络语言之所以日常化其另一个原因在于人们具有文化适应的自觉，即对文化有着客观的认识，网络语言与主流文化双方从抵抗的语境里逐渐走出来，相互主动吸纳，形成文化自觉，而使得话语边界充满张力。再者，数字化生存环境一方面拓展了日常生活空间的结构，另一方面促成了人们的网络社会交往，形成一种互联网思维，以一种技术资本的形式影响着网络语言的社会化进程。

此外网络语言的传播有其背后的一种逻辑，同时也产生一个阶段性的结果和意义。文章提到了一个概念，即"语言的游戏"，以游戏的方式来概括网络语言传播的过程。从游戏的规则、游戏的环境、游戏的社会背景探讨发现，在新媒体赋权下，人们的语言游戏也被网络语言赋权，实现新时代的一种风格。而嵌入式共存是网络语言日常化的阶段性结果，一方面话语边界被重设，网络语言的话语规则发生了改变，另一方网络语言从思维意识的根本层面植入，新的认知被建构起来，此外还重新定义了人们的生活方式。网络语言日常化的宏观意义在于，它终于实现了与日常话语的平等共生，作为一场革命，网络语言以其草根性特征延伸到人的最基层的社会生活，同时也从小群体中走出，逐渐一次次地实现了日常化，同时，网络语言还作为一种时尚文化成为人们追逐的对象。另外一个重要意义在于，网络语言不再像其出现之初那样，被霸权式地批判为环境污染物，它在被主流话语收编的同时，也以其特有的方式收编了主流话语，成为一种收编与反收编的文化运动。

最终我们归纳总结出嵌入式传播这一论述视角，它的提出源于跨文化传播理论的启示。其实，网络语言在日常生活中的运动也是一种近似于跨文化的传播。从微观层面来看，是个人所具有的文化认知与网络语言之间的差异而形成的冲突过程，最终人们可能会认同网络语言，也可能会改造网络语言，实现网络语言的迭代效应。从宏观层面来看，是网络语言及其所裹挟的文化与日常生活的文化之间的碰撞，最终网络语言改变了日常生活的某些关系及结构，但同时它也是日常生活的象征体系。然而跨文化传播体系庞杂，涉及国家民族及身份认同等问题，并且有一套完整的文化冲突、融合的理论体系。在这一大概念之下，我们用嵌入式一词来整合网络语言的融合过程。总体来说，网络语言从日常生活的关系与结构层面实现嵌入，并且每一次嵌入无论其维度、层次如何，都会成为下一次嵌入的基础。然而，网络语言日常化的过程并不仅仅停留在个人的文化认知与文化适应层面，它更是与生活方式相互建构的过程。

由此可见，在嵌入式传播的模式下，网络语言与日常生活的关系可以被视为双轨变迁下的互嵌关系。具体而言，网络语言是不断创新和流动的，日常生活也随着社会文化及个人生活的发展而变动，与此同时，这两者之间一直处于互动状态，因此传播行为是嵌入在彼此之间的。实际上网络语言最终指向的是一种生活方式，这包括网络语言生活方式以及生活方式的网络语言化，因此网络语言建构了生活方式，同时也源于生活方式，二者之间是一种"传播"与"建构"相互作用式的循环嵌入关系。

第三章　扁平化：情感表征与青少年网络语言传播

加拿大传播学者马歇尔·麦克卢汉（Marshall McLuhan）提出"媒介是人的延伸"，对何为媒介重新进行了界定。在他看来，口语词、书面词、道路、服装、住宅等只要是人的任何延伸均可视为媒介。而这其中，语言更是占据了媒介体系的基础性地位。正如麦克卢汉所言，"我们的时代把研究对象最后转向语言媒介本身，去研究语言如何塑造日常生活"[①]。语言同时也是典型的中介性媒介，是首要且最为主要的符码资源和实践，交流的工具和感知世界的最高层级。人们利用语言和他者互动、联结，并评估自我对他者及他者对自我的影响[②]。经由语言，人们对自身有了更为深刻的认知和理解。而网络语言也为当代青少年构筑了一个观念空间。在当代青少年所参与的网络社交、动漫、游戏等各类文化实践中，网络语言均有所渗透，并潜移默化地融入多样态的互动之中。网络语言正成为当代青少年一种不可忽视的媒介生活方式。

"你看我分享的这个（文章）是不是特有品，觉好转谢哈""我家idol简直帅炸惹""本宝宝今天sadness附体""给你发个我压箱底的咸鱼表情包系列，简直不能更6666"。在和访谈对象交流的过程中，类似这样的表述比比皆是。网络语言的纯熟运用使得青少年的语言表达趋向

[①] ［加］马歇尔·麦克卢汉：《理解媒介（增订评注本）》，何道宽译，南京译林出版社2011年版，第67—68页。

[②] Paul Willis, *Common Culture: Symbolic Work at Play in the Everyday Cultures of the Young*, Open University Press, 1990, p. 11.

第三章
扁平化：情感表征与青少年网络语言传播

短小精悍。但是在这简短的表达中，同时也包含文字、数字、字母、图像等多种符号元素。丰富多变的语言形式，使得青少年的语言表达具有较强的灵活性和娱乐性。让研究者印象深刻的是，在提及时下流行网络语言的同时，不少受访的青少年会不自觉地补充一句："听过没""这你都没听过""我们都……"等，这些在相对无意识状态下脱口而出的表达，意味着在青少年群体中，网络语言已经实现了相当程度的"去信息不对称性"，对于网络语言的熟识、理解和运用已经形成了群体性默契。网络语言正自然且深刻地编织进当代青少年的日常生活之中。

人创造了符号，符号成为文化的载体，承载着文化的符号成为人的本质属性的外在形式，也可以说，在创造符号的过程中人得到改造，在符号的使用中，人类文化的全部意义凸现出来①。而语言作为符号系统中最重要的组成部分，首当其冲地受到人们高度的重视②。从哲学认识论的意义上来看，虽然语言是人类认识和实践活动的创造物，但是语言一旦产生和发展起来便具有相对独立性和自主性。它会反作用于人的认识活动和实践活动。人在掌握语言的同时，也在被语言所掌握③。这也契合了哲学家马丁·海德格尔（Martin Heidegger）在《论人道主义》一文中提出的一个充满诗意的命题：语言是存在的家。它建构了这样一种想象：语言好比一所房子，人与存在都居于其中，人是这所房子的守护者，他依靠这所房子得以亲近存在，揭示存在的意义④。而网络语言更像是青少年群体在其中主宰并且狂欢的一个"套间"，使其可以"尽情地放飞自我"。在这里，青少年如此热衷地创制和传播属于自己的语言，其目的是创造自己的"小时代"，建构自己的语言王国，充分且自由地表达属于自己的喜怒哀乐⑤。当网络语言作为文化资源被青少年熟

---

① 马中红：《青年亚文化：文化关系网中的一条鱼》，《青年探索》2016年第1期。
② 王亦高：《试论语言与文化的互动关系——以"萨丕尔—沃尔夫假说"视角下的中英文时空观为例》，《国际新闻界》2009年第5期。
③ 王晓升：《论语言的表达困境》，《社会科学研究》1994年第3期。
④ 转引自单波《跨文化传播的问题与可能性》，武汉大学出版社2010年版，第144页。
⑤ 马中红：《在破坏中建构："小时代"的亚文化语言》，《文化纵横》2013年第5期。

练地调用，出现在聊天、发帖、评论等多个日常互动的情境中，成为青少年自我传达和表征的重要文化符号时，本书试图探寻这样一个问题：在和网络语言日益频繁亲密的互动过程中，当代青少年自身的认知方式、表达方式、情感方式乃至思维方式发生了怎样潜移默化的迁移与改变，这些变迁的背后又存在着怎样的共通性。

第一节　精简与弹性：青少年网络语言的扁平化表达

尼尔·波兹曼（Neil Postman）曾指出，表达思想的方式将影响所要表达的思想内容[①]。作为新媒介诞生的全新的交流互动方式，网络语言也在以全新的情感表达形式建构着青少年的情感体验。

一　语言的凝练和内涵泛化

在读初三的 Peter 给研究者看了一张他手机中的存图（见图 3-1）。在 Peter 看来，这张图生动地诠释了在网络互动中，一个"哦"字可以传达出的"千言万语"，这之中包含"大写的冷漠""无义""无情""怂""呕""无理取闹"等多种情感内涵。在不同情境下"哦"具体指代怎样的情感，Peter 认为"这需要自己去体会了"。

短促精练的网络符码可以实现较为复杂和多元的情感所指，是情感表达在互联网情境下的新特征。情感表达的细腻化、层级化以及私密化在一定程度上让位于飞速快捷的键盘逻辑。以"笑"为例，钱锺书认为"笑"是"最流动、最迅速的表情，从眼睛里泛到口角边"。"笑"可以是微笑、狂笑、谄笑、笑眯眯，也可以是笑逐颜开、前仰后合、捧腹大笑、眉开眼笑等。不同语言文字所传达出的笑之间，蕴含着细腻的层次感和细微的动态差异。当研究者询问受访青少年是如何在网络空间

[①] [美]尼尔·波兹曼：《娱乐至死》，何道宽译，广西师范大学出版社2011年版，第31页。

图 3-1 "哦"字的网络再造

表达"笑"时，他们的回答基本上是"哈哈哈哈""2333""hhhh""红红火火恍恍惚惚""LOL"等。这是一组由数字、字母、文字等丰富元素组成的"笑"，原先"笑"中所蕴含的精细和画面感被消解，生发出一套全新的情感逻辑。

网络语言的凝练一方面将情感的内在、多变、复杂、细腻压缩，另一方面，也使得同一个文字符号、流行语、表情符号等出现在多个传递截然不同情绪的互联情境中。和"哦"类似，已经很难清晰并精准地表达出"囧"字的确切含义：它被赋予了"悲伤、无奈、窘迫或者极为尴尬"之意，但同时它又可以适用于多个场合，意义趋于模糊、泛化[1]。同样"神奇而且百搭"的词还有"醉了"。小 Z 原先认为"醉了"只是说明一个人喝醉酒后迷迷糊糊的状态。但现在她发现这个词的用法非常广泛："看到一个让人哑然的消息，可以用'醉了'；在别人面前出丑，可以用'醉了'；对自己感到无力，也可以用'醉了'。"因为适用于多个语境，使得"醉了"高频率地出现在小 Z 的日常生活中，让她一度对该词产生强烈的厌恶感："不管什么都回一个'醉了'，也太没有诚意了吧。"除了文字符号，表情符号的情感解读也趋于多

---

[1] 马中红、陈霖主编：《网络那些词儿》，清华大学出版社2014年版，第57页。

元。2015年评选出的牛津年度词汇是笑中带泪的emoji表情，这个表情也更获得"90后"的喜欢①。其内涵也早已超出了最初的"喜极而泣"，在不同的网络情境下传达出"缓解尴尬""哭笑不得""无语又带一些小自嘲"等多种不同的情绪。

模糊性是言语表达和使用中的一种本质属性。研究显示，高达88.1%的青少年使用网络语言是为了含蓄地表达某种不能直说的内容②。情感表达的高度简化和直观与情感内蕴的泛化和暧昧并存于网络的交际空间，留给了青少年情感感知、表达和解读的想象空间。但这样的情感想象对于青少年而言，意味着情感的纵深延展还是相对片面浅层表达值得进一步商榷。

二 语言层次的"新"逻辑

初二学生陈陈平日里喜欢看网络小说，为了满足自己对小说情节的幻想，她从小学四年级开始迷上同人作品③。最初是看别人的画作，到小升初的那年暑假，她开始自己创作。如果对自己的作品比较满意，她会把画作放在网上，虽然在她看来自己的作品还远不能和资深画手相比，但在网上陈陈还是收到了不少朋友的称赞和支持。

> 我有时候画画，画好之后放在网络上。会有好几个人在下面评论"好好看啊"。这个时候回复就会特别尴尬，总不能大家都回一样的吧。这时候我回复就会有点变化：

---

① 中国人民大学新闻与社会发展研究中心搜狗输入法大数据团队：中国网民的信息生产与情感价值结构演变报告（2012—2016）基于搜狗大数据的分析，https://max.book118.com/html/2017/1007/136295159.shtm，2018年1月12日。

② 中国青少年研究中心、苏州大学新媒介与青年文化研究中心"青少年网络流行文化研究"课题组：《新媒介空间中的青少年文化新特征"青少年网络流行文化研究"调研报告》，《中国青年研究》2016年第7期。

③ 同人作品指非商业性的，不受商业影响，不以营利为目的，不在商业平台发布的由个人或者同人团体（同人社团）创作的作品。因以创作本身为目的而不必考虑销量成本等制约商业作品的因素，同人作品比商业创作有更大的创作自由度。

第三章
扁平化：情感表征与青少年网络语言传播

"谢谢!"：写"谢谢"后面加一个感叹号，表示就是谢谢你的夸奖，很普通的回应而已。

"谢谢!!!!"：感叹号加多一点就会表明我很激动。

"！谢"：前面一个感叹号再加一个谢。会感觉很惊喜。

"…!!! 谢谢!!! …"：又加点点点又加感叹号这样的，感觉就是太惊喜了，完全没有想到。

"…!!! 谢谢!!!"：现在我后面就不加点点点了，后面加点点点会有一点无语的感觉，这个比较标准了。（陈陈，女，14岁）

通过屏幕，陈陈将这几个"谢谢"依次敲在屏幕上，并一一给研究者讲解其中的区别。给陈陈画作留言的人之中，有她在学校里的好朋友，有因共同爱好而结识的网友，也有比较活跃但素不相识的网友。在陈陈看来，虽然回复"谢谢"的目的是对对方的认可和鼓励表达感激，但是这之中，标点符号的有无，组合搭配的调整，摆放位置的差异均暗含了回应者针对不同的亲密关系而传递出的"平淡""激动""惊喜""无语""普通""略微冷漠"等有着细微差异的情感表征。

除了"谢谢"，陈陈在和研究者交流过程中出现的三次"好"也因为不同的符号组合对应着她不同的情感期许。在通过别人介绍初识陈陈并征求她访谈许可时，陈陈以"好"回应了我们。第一次访谈结束，在向陈陈征询并敲定第二次的访谈时间时，陈陈回复研究者："好w"。第二次访谈结束之后，研究者向她表达了感谢，并说明如果之后产生了一些新的问题，还希望可以和她进一步交流时，陈陈用"好~"回应了研究者。这也让我们对陈陈三次三个不同的"好"产生了好奇，并在访谈结束之前向陈陈询问了三个"好"之间的区别：

说话后面加一个句号其实不太好，会给人一种你很冷漠的印象。我是属于在熟人面前比较话痨，陌生人因为不是还不熟悉吗，不好意思说话，所以一开始就这么回你了。其实我也知道"好"

我说故我在：
青少年网络语言生活方式研究

后面加一个句号，确实高冷了一点啊。后来咱们聊聊不就熟了吗，"好w"加个"w"是为了表达友好，这好像是从日本传过来的，日本用法比较多，有"呜呜呜"，表示好可怜啊；还有表示好恐怖的"呜呜呜"。不过国内基本上表示友好。打字的时候，后面加一个w，会感觉很友好。我有朋友以前经常会回复我"好~"，我现在也喜欢这么用。"好~"有一种很悠闲的感觉，一般萌妹子会用这个（笑）。（陈陈，女，14岁）

从初始的"不熟悉"，到建立在一定互动基础之后的"友好"，再到以"悠闲"的态度结束访谈，在不同阶段，陈陈有意识地通过不同符号的搭配，赋予了同一个"好"不同的情感意义，借此来回应她和研究者之间渐进的情感关联。此外，这些不同的符号选择也对应着陈陈在不同阶段的自我形象期许和建构。以句号作为结尾可以有效地展现出相对"高冷"的形象；选择波浪号作为结束是因为其契合了陈陈对于"萌妹子"语言表达风格的想象。标点符号、英文字母等不仅有效地融入了情感表达，更在互联空间中生成了一整套全新的情感表达逻辑，推动了情感层次的差异。在和其他青少年的接触中，我们了解到更多丈量网络情感差异的方式：

"哈"给人的感觉很轻蔑；"哈哈"给人感觉就是不太想笑，也不太想和你聊天，希望快点结束的样子；"哈哈哈"就好很多，对方这么说应该表示他是高兴的。我一般都会打一连串的"哈"。但如果不太好笑，出于面子会打少一点的"哈"。"哈"越多表达好笑的意思总比"哈"少要强烈一点。这一点和"233"很像，后面跟的"3"越多，表示越开心。（瑞瑞，男，16岁）

"哈哈哈哈哈哈哈"简直是（在聊天中）天天出现。如果发现一个好笑的东西，大家都会打一长溜的"哈哈哈哈哈"，真的是一大长溜。但是"哈"后面太长也没意思了，我一般都是一行格子里面打个四分之三左右。实在太好笑了,我就会打两行。但打少了也不行。就一个"哈",感觉就是嘲讽;两个哈,就是大笑的感觉,嘲讽的大笑。哈长一点,才是好好笑的意思。(一凡,女,17岁)

从瑞瑞和一凡的叙述中可以看出,对于"哈哈"的理解,两人之间存在一定的差异:瑞瑞认为"哈哈"是对方"希望快点结束聊天",一凡认为"哈哈"意味着"嘲讽的大笑"。但他们均认可一个"哈"传达出言说者"轻蔑"或"嘲讽"的负面情绪,而"一连串"或"一长溜"的"哈"意味着"好笑"的程度比较高。虽然没有明确的字数要求,但对于不太好笑的内容,瑞瑞会出于给对方面子的缘故"少打一点",而一凡通常有意识地将"哈"控制在"一行格子的四分之三左右。实在太好笑了,就会打两行"。

"酒逢知己么么哒,话不投机哦呵呵";"流言止于智者,聊天止于呵呵";"嗯是冷漠,嗯嗯是温柔,嗯嗯嗯是不耐烦,嗯嗯嗯嗯嗯嗯是键盘坏了",这些在网络论坛上流行的说法意味着在虚拟的社会交互场域内,字符的堆叠缩减和情感的变化产生了关联,成为丈量情感层次的标尺。不论是陈陈、瑞瑞还是一凡,他们在流动的情境中,通过自我的理解和感知调整着情感字符的多少,自主把握着其中的微妙尺度。

三 网络语言表达形式的弹性化

除了语言形式的精练,表达中融合更为多元的符号元素是当前网络语言情感表达的另一重要特征:语言文字与数字、字母、图片等多种符号混杂镶嵌,形式灵活且富于弹性。当前在青少年群体中广为传播的"表情包"就充分诠释了这一特性。

1. 表情包:网络语言表达的高阶维度

晚上十点左右,当研究者和小郝正通过视频进行访谈时,屏幕对面

> 我说故我在：
> 青少年网络语言生活方式研究

的他突然发出了咯咯的笑声。他所在的班级QQ群中，在某个同学发出了一张"亮图吧！各位斗图士！"的表情包之后，沉寂了一天的QQ群立刻"炸"开了。一时间，身处不同地点的同班同学从四面八方会聚，以图片接力的形式将内容延续了下去。等小郝看到的时候，他的QQ群上显示已经有"99+的未读消息"。这里面几乎全部都是表情包。小郝在浏览信息的过程中，不时发出："哈哈，太有才了"的称赞，并顺手保存了几张自己觉得非常好笑的表情包。这一轮不间断的"图片接龙"是这段时间小郝所在的班级群几乎每天都会发生的情况，有的时候一天之内这样的"斗图"会展开好几轮："没有人打字，大家就发图，可以只靠表情包就聊起来。他们表情是真多，如果有谁打字那只有一种可能，就是某个表情包找不到了，叫别人把这个表情包再发一遍。"

"以图表意""以图会友"，表情包正在超越网络符码纯文字式的沟通方式，成为越来越多当代青少年网络社交的"必备之需"。在研究者所接触的青少年的手机中，都保存有相当数量的表情包，这些图片多数来源于所在群内的"斗图"或是社交网站的浏览，这其中有些被他们视为"压箱底的好图要一直珍藏"，有些以较高的频率被替换更新。

作为一种全新意义表达的话语模式和话语形态，网络表情包的出现和流行在很大程度上是出于人们情感传播的需要。情感传播通常被认为是两者或多人之间情感的识别、表达和分享[1]。网络交流与面对面人际交流相比，在沟通方式上存在社会性差异，包含实体维度和社会维度两个方面。实体维度是指聊天对象是否在场且可见，社会维度是指沟通者在多大程度上意识到对方的存在[2]。在基于电子媒介的网络交流中，聊

---

[1] Daantje Derks, Agneta H. Fischer, Arjan E. R. Bos, "The Role of Emotion in Computer-mediated Communication: A Review", *Computers in Human Behavior*, Vol. 24, 2008, pp. 766 – 785.

[2] Antony S. R. Manstead, Martin Lea, J. Goh, "Facing the Future: Emotion Communication and the Presence of Others in the Age of Video-mediated Communication", in Arvid Kappas, Nicole C. Kramer, eds., *Face-to-Face Communication over the Internet: Emotions in a Web of Culture, Language and Technology*, Cambridge University Press, 2011, pp. 144 – 175.

天者之间也许并不知晓对方的性别、年龄、身份等真实信息;又或者即使知晓对方的身份,却因彼此不可见而使谈话框架并不明确,这也使网络沟通中存在非语言信息的缺失。诸如面部表情、肢体动作,甚至语音语调等非语言信息既可以有效减少情感表达的不明确,也可以对情感表达进行适当的强化或缓和。有研究者指出,网络表情符号的出现在一定程度上予以了弥补。

张宁将表情包定义为一种网络表达符号,多为静态图片或者 GIF 动态图片,既有表情、动作,也可含有文字,意义简洁直接,表达诙谐有趣,更兼一目了然、互动快捷的特点,仅仅一图就有丰富的社会文化蕴意,已经成为当今网络各类社交平台最常见的沟通符号①。最初的互联情感表达由标点符号、数学符号、汉字笔画、西文标识符、英文字母等两种以上的符号混搭而成的符号类网络语言,从形式上模仿人的喜怒哀乐等各种表情状态;这之后,网络平台上出现了大批量具有情感指向但语符高度精练的网络语汇;而当前的"表情包"文化的出现,意味着语言文字已经不足以充分表达青少年的心声。为网络语言配图是最普通的做法,几乎每一个热词、短语、体式出现的前后都会有大量配图,或是照片,或是漫画,或是 FLASH,将语言文字之意表现得酣畅淋漓②。除此之外,"90 后火星文""二次元表达"、网易新闻中的评论、影视作品中的咆哮体,如今都由网民创造了不同的图形形象③。迥异的肢体动作和差异化的文字组合,使得每张图片都被赋予了截然不同的内涵意蕴及情感表达。当文字杂糅图像和动作,形成"多模态话语",就有效地填补了单一文字符码所缺失的直观画面感,充分延展了之前网络情感表达的形式和维度,成为越来越多青少年传递情感的重要途径。当被问到表情包能不能充分表达情感时,心月非常认真地点着头:"可

---

① 张宁:《消解作为抵抗:"表情包大战"的青年亚文化解析》,《现代传播》2016 年第 9 期。
② 马中红:《在破坏中建构:"小时代"的亚文化语言》,《文化纵横》2013 年第 5 期。
③ 郑满宁:《网络表情包的流行与话语空间的转向》,《编辑之友》2016 年第 8 期。

以的，表情包超强的，现在说话没有表情包太难受了。大家讲一句，就要一个表情包。聊天的时候你不发表情包会特别不习惯，因为平时都用惯了。"KAKA 说现在她和别人聊天，如果发错表情包，或者感觉这个表情包情绪表达得还不够到位，会感到整个人都非常不舒服，必须要将图片撤回重新再发，"表情包简直魔性"。"魔性"意味着吸引力。这种以"斗图"形式展开，具有相当程度娱乐性和"无厘头"跳接的互动模式已经成为当前青少年网络群体中最活跃、最具生命力的媒介景观之一。

表情包不仅立体了文字符码的情感表达，也让特定的文字符码表达和特定的画面感产生了紧密的勾连。KAKA 说即使没有表情包也没有关系，"只要你打出'金馆长的微笑'等，就会立刻联想到那张极具魔性的图片，明白你想表达的意思"。申如说只要对方发来"生无可恋"四个字，"脑海中立刻就浮现出小岳岳的那张脸"。文字、图像、情感和个人想象以这一特定形式勾连在了一起，这也意味着情感的网络表达更富于戏剧性和视觉化。而实现可以达成共识的画面想象，需要建立在对这一系列图片具备一定熟悉度的基础之上，但这对于青少年来说并不构成困难。

2. 表情包制作与情感的捕捉和再建构

上初三的 Peter，已经进入了高强度的中考冲刺阶段。这一年，他爱看的中国古代文化经典著作《四书》《五经》只能暂时搁浅，原本每周都会去的剑道馆现在只能一个月去一次，周末最多玩十几分钟左右的游戏就得立刻去写作业。而他的同学也和他一样，正经历着高强度和高压力的学习生活。但是在 Peter 眼中，身边的同学仍然"无比欢脱"。在每天中午吃完饭到午休之间短暂的自由活动时间，班级同学会在教室的投影仪上抓紧放映几个从 B 站"鬼畜区"下载的最新视频。除此之外，为班级同学制作真人表情包已经成为班级甚至整个年级最流行的课外活动。

第三章
扁平化：情感表征与青少年网络语言传播

"下课就随便喊一个人，他回头的那一个瞬间赶紧拿手机抓拍。不好玩就不用，好玩就留下来然后P好放在群里，或者就放原图，让大家一起P。有的图都不需要P就已经是一个表情。"（Peter，男，15岁）

在班级同学毫无防备的瞬间拍下照片，选择其中"好笑"的配上文字，或者就照片本身做成表情包，已经成为这个处于高压学习状态下的初三班级一个放松的娱乐活动。不仅是短暂的下课时间，课后打篮球、中午食堂吃饭、小卖部买东西、午休等校园日常中，为了制作表情包的抓拍几乎无处不在，"一场篮球赛下来，就可以收获一大堆表情包"。

当被问到什么是他心目中"好玩"的照片时，Peter沉思了一会："说不上来，就是那种表情特别呆萌的，特别'二'的。"同样的"好玩"也出现在陈陈的回答中。虽然拍同学照片做表情包并没有在陈陈所在的班级中流行，但热衷给同班同学做表情包是她的一大兴趣爱好，而素材多缘于班级合影："大家出去春游的时候，老师会随队拍几张同学的照片，有的同学被拍得特别好玩，特别囧，我就把他们的表情抠下来，再配上文字，一个表情包能代替千言万语啊。""好玩"在Peter和陈陈眼中，虽然难以用语言去精准形容，但这并不妨碍他们从诸多随机拍的日常照片中发掘出他们认为特别适合表情包的素材。这种"好玩"可以是一种"呆萌""二"的表情；也可以是"囧""丑""惨"的动作状态。能够达成一定的共识，缘于其契合了长期浸润在"萌文化""丧文化"等网络亚文化中青少年的审美旨趣。此外，又因为情绪呈现的主体在日常生活中具有一定的亲密度，所以当被捕捉到瞬间的"出格""变形"和"夸张"等情绪时，和日常生活的错位感使其获得意想不到的喜剧效果。

拍照片、选照片在Peter看来并不具有难度，真正考验功力的是他所说的"P图"。"P图"是给照片配上与之对应的文字，并通过特定的软件制作成图文结合的表情包。虽然"纯图像""纯文字"和"图文结合形式"这三种形式的表情包在青少年群体中都很流行,但图文结合类的表情包因为较之纯文字更有冲击力、感染力,比起纯图像来说,图文合一更具有针对性,也更能直白表达图像生产者的意图和情绪,所以更深得青少年的喜爱。①Peter 将"P 图"看作是一件"非常需要开脑洞的事情",但他的同学们在这方面展现了令他称赞不已的才华。其中最会 P 图的一个男生被所有同学称为"大神","很多时候都不能想象还能做成表情包的图,被他配上文字之后,就突然觉得好传神啊。"Peter 给我看了一张由"大神""P"的经典照片。在一场篮球赛上,两个同学互相拽着彼此的胳膊弹跳的瞬间被同学抓拍,并配上文字:"尬舞,投篮不如尬舞。""简直不能更好笑",Peter 在给我发完这两张图后,又笑得自己鼓起了掌。

这一系列以青少年日常生活为"元元素"的表情包制作过程,是即兴的文本创作过程,怀揣着浓郁的游戏心态。一张在班级群内广为流传的表情包,始于从已有照片或是对身边同学的抓拍,从中寻找在定格的瞬间呈现出的"萌""囧""滑稽""酷""无厘头"。之后,创造性的网络语言赋予这张高度生活化的照片以新的寓意和情感。它要求创作者具备一定程度的个性化的改编能力和再创造的想象能力。而为了实现和图像更加有机地整合,青少年熟练且灵活地调用着丰富的网络语言库存,不同亚文化圈的流行表达,影视作品中耳熟能详的经典"雷"句等。在整个文本的创作过程中,参与其中的青少年都获得了极大的"生产性愉悦"。而被做成表情包的同学,多数也乐于接受这种形式的"自黑"和调侃。在你来我往的"斗图式"交流中,青少年潜移默化地习得了流行于网络大环境中的表情包所暗含的戏谑、恶搞、跳接的文化气质,并将这样的思维方式和话语逻辑延伸至日常生活的情感观察、捕捉和解读之中。生活中熟知的他者、熟悉的场景和平常的动作提供着源源不断的创作灵感,以创造性的方式解构并再建构。

---

① 张宁:《消解作为抵抗:"表情包大战"的青年亚文化解析》,《现代传播》2016 年第 9 期。

四 "你懂的":陌生且窄化的网络语言情感想象

在一所知名高中任职两年的语文老师旻老师,和我们分享了她上课的一段经历。在课堂上给学生分析阅读理解时,班级的同学喜欢在她说完之后,用带有玩笑的口气说:"老师,套路,这都是套路。"有时,她刚开口说"给大家分析一下解题技巧",就有学生在下面用"套路"回应她。后来听学生说多了,旻老师就反问他们:"那你们知道到底是什么套路吗。"学生就笑着回答她:"老师,你懂的。"有意思的是,在我们和青少年交流的过程中,"你懂的"也成了他们自然而然流露出的表达。当被问到你用这个网络语言/表情包,或者你觉得对方用这个网络语言/表情包回复你是想表达什么意思时,他们通常会对我们刨根究底的询问略微表示不解,在以非常简略的语言说出他们的理解之后,都会不假思索地加上一句:"差不多就是这个意思,你懂的。"

课堂上多次出现的"你懂的",在旻老师看来是"拒绝深入交流的姿态""我在想他们跟我说'你懂的'的时候,有的人应该是真的懂其中含义。但我觉得有的人可能并不懂,他其实是在跟风,如果他们(学生)再仔细想一想,会不会发现自己也不太懂啊"。和青少年访谈者交流中频繁出现的"你懂的",在我们看来,并不是他们"拒绝深入交流",而是更具有后现代某种不可表达的特征。网络语言的简洁精练将情感的细腻化及层次化压缩,也意味着情感语义相对地趋向暧昧模糊且不可言说。当Peter和陈陈界定"好玩"时,他们都表示难以细致描述。当阐述什么是表情包的"魔性"时,心月和KAKA多使用"囧""萌萌哒"等言简意赅的话语,但这并不妨碍青少年理解彼此。他们可以只依靠图文并茂的"表情包"形式将"对话"一直延续下去。对于青少年而言,"无声"的符号式情感表达背后所承载的符号隐喻的感知、理解和运用,已经达成了一定的共识。但频繁出现的"你懂的",意味着这种群体感知和理解微妙且相对浅层。因为表达形式直观,就自觉隐略了对内涵意蕴进一步探究的必要,任由情感的"只可意会,不可言传"在网络空间交互和蔓延。这也导致当脱离了自如的网络情境，青少年在另一个语言环境中感到了局促。陈陈直言，她在平时写作文的时候，经常会觉得很多地方如果用网络语言会非常合适，但是却不敢用。

> 现在我平时写作文感觉就要凑字数啊。你受那个表情包文化熏陶深了之后，一般来说，你的感情就直接。比如你说你很难过，你可以直接用四个字概括就是："泪流满面"，还有那个"两行清泪留下来的小黄人"表情。但是你写作文的时候，你不能这样，你得细细地描绘啊，你的心，你是多么痛苦，你的泪水是怎么从你的眼睛里流下来的。然后就造成了现在写作文啊这个字都不好凑了，你懂吗。就是好多地方用一个词，一个神表情就可以概括过去了，但你还要写一大堆。唉，心痛到无法呼吸。（陈陈，女，14岁）

在陈陈看来，作文写作中的情感描述"含蓄""严谨"，甚至"普通"。因为习惯于直白并显现的互联情感表达，所以当语境从电子屏幕切换成了格子纸，并需要她对情感"细细描绘"时，她的脑海中所闪现的是一个个"网络流行语"或者"神表情"。在网络平台上，她可以自如地切换网络符号；积极地参与班级群中热火朝天的"斗图式聊天"；敏锐地在班级合影中捕捉适合做表情包的同学表情并配上与之匹配的谐趣文字。但当需要去调用细腻的、微妙的、丰富的、差异性的语言去想象、阐释、感受和理解同样日常的情感时，这样的调整和转变让她感到不适和陌生，只有依靠绞尽脑汁的"凑字数"才能勉强完成。

戈登将情感能力分为以下几个方面：表达和解释非言语信息的情感姿态；控制冲动的且不为社会所赞成的情感的外部表达；同时感受与表达社会性适当的情感；识别情感的文化意义；妥善地处理令人苦恼的情

感①。表达、解释、感受、识别均是情感能力的重要组成部分。这其中，全新的媒介语境颠覆了文字情感的表达模式：文字、数字、字符、动作、画面、图像等多种元素交织在一起，既丰富了情感的表现力，也为情感界限带来了全新的识别逻辑。而与情感表达和识别的敏锐与熟练相对的，是青少年对情感的解释和感受越发趋向于群体性默契，在喧哗、谐趣和热闹的往来间，不自觉地疏远了情感的细腻和厚重。

第二节　主动与被动：青少年网络语言的体验和感知

维特根斯坦曾说过："想象一种语言意味着想象一种生活方式。"②对于青少年而言，网络语言意味着"一个新的语言世界，一个新的生活方式"③。在这一部分，研究将关注网络语言自身体量的庞杂和信息更新的迅猛急速，着重关注青少年如何在"丰富芜杂、极速更新、海量且弥散"的信息洪流中自我面对与自我建构。这不仅限于网络语言的表达，同时也包含了青少年对于网络语言的获取、接收、模仿、创造、表达、传播等一系列过程。这一过程真切地发生在日常生活之中，似乎成了必需或理所当然，因此并没有引发足够的重视，而这恰恰是青少年网络语言体系重塑的关键。这一看似稀松平常的过程，却也是青少年持续性的感知和对话海量信息的过程，是个体与媒介信息、互联空间和社会文化情境复杂且持续的互动过程。并且，因为网络语言的传播离不开互联关系网络的嵌套与互通互联，所以这一过程同时也与青少年的自我身份管理和建构息息相关。

---

① 王鹏、侯钧生：《情感社会学：研究的现状与趋势》，《社会》2005年第4期。
② ［奥］维特根斯坦：《维特根斯坦全集》，涂纪亮译，河北教育出版社2003年版，第14页。
③ 王佳鹏：《在狂欢感受与僵化结构之间从网络流行语看网络青年的社会境遇与社会心态》，《中国青年研究》2016年第4期。

我说故我在：
青少年网络语言生活方式研究

一 青少年网络语言使用的敏锐性

"网感"用于形容网络使用者具备"善搞笑""善搞怪""反应快""会挂线""爱传播""机智聪明"等素质。作为互联网络时代的参与主体、消费主体，也是网络文化创新的主体，当代青少年的"网感"体现在网络语言上，表现为对于网络语言的敏锐感知。

KAKA 在日本一所知名大学就读政治经济学。她所就读大学中的中国学生自发组建了一个微信群，而 KAKA 是群里少数几个积极活跃的成员。通常，她会把自己在网络上看到的"最新鲜出炉的语言段子，搞笑内容还有心理测试转发到群里"。她很自豪这边不少同学是通过她了解到国内时下最新鲜的网络语言资讯，我几个好朋友是通过我知道成龙的那个"Duang"，还有庞麦隆的"摩擦摩擦"。但是，在别人眼中网络语言丰富的 KAKA 却坦言，自己也曾经有一段"黑历史"。

> 刚上大一的时候，到日本已经几个月了，中间有一段空窗期，感觉与世隔绝一样。等到再跟国内高中同学聊天的时候，突然发现他们用的很多梗我都已经不知道了。他们聊着聊着就蹦出王司徒和诸葛亮的那个经典语录"我从未见过如此厚颜无耻之人"，说完他们就在笑，但是我又不懂他们为什么笑。那真是段"黑历史"啊。我就在想我怎么可以什么都不知道。所以从那个时候就想着要开始看起来了。在日本的第一年朋友也不多，就看微博，看 B 站，嗨起来啊！哈哈，说出来真是好丢脸的感觉。（KAKA，女，20 岁）

KAKA 笑称自己在日本的最初几个月，因为不了解时下的网络流行语言，让她和国内的同龄人在交流互动时产生了语言鸿沟。当 KAKA 表现出对于时下网络热词的陌生和困惑时，她并没有得到同龄人的理解。相反她的朋友对她"落后"的语言储备感到惊讶和诧异，这让 KAKA 产生了强烈的危机意识，"我就觉得再不看点东西的话，就真的脱节了"。KAKA 所说的"脱节"并不等同于"脱网",而是因为缺乏对国内时下青少年流行热点的足够关注而导致的"脱敏"。从最初对时下流行的网络语言的一问三不知到现在成了留学生圈中的网络语言"交流大使"和"时尚达人",甚至能对日本青少年的网络语言侃侃而谈,KAKA 在短暂的"努力"之后实现了蜕变。最初的焦虑感很快就被对自己和同龄人的自信所替代:"我们青少年学习能力是很 999 的,666 到飞起啊。"KAKA 的网络语言学习包括每天都浏览一遍新浪微博当天的"热门微博",因为在那里可以看到最新鲜的娱乐资讯,还会出现对网络流行语进行总结和盘点的微博。同时,她还是 B 站"鬼畜区"的忠实粉丝。每次看视频,她都会打开弹幕,印象最深刻的是从弹幕上知道了某电视剧中那句风靡网络的著名台词:我要让所有的人知道,这个鱼塘,被你承包了。"那段时间在弹幕上大家都会在喜欢的视频主的视频下面刷'承包''这个人我承包了,你们都别想抢'。之后就会有人在后面跟:'休想休想''他是我的,你别想抢'。"

我们访谈中接触的每个青少年,都有自身获取网络语言的途径。其中,社交媒体、弹幕视频类网站、网络综艺成了绝大多数青少年获取网络资讯以及掌握最新语言潮流的重要途径。小 Z 在新浪微博上关注了不少段子手,她所熟知的很多最新鲜的网络语言都是通过阅读他们的微博而获得。心月最爱看一种网络综艺节目,"节目中会搜集各处的新鲜词汇,并做成提案和嘉宾观众一起讨论,从里面看到很多非常搞笑的新鲜词汇,譬如说:'小确幸''尬舞',还有'让我来朵蜜你吧'"。

此外,线下人际传播也成为青少年获取语言资讯的重要途径。陈陈第一次听到"蓝瘦、香菇"是因为班上几个女生下课后热烈的讨论,"她们跟我说那个视频特别好笑,然后就一直在模仿里面那个小哥的语气说蓝瘦、香菇"。广告专业学生晓朗,经常会好奇身边的同学都是通过什么渠道获知了最新鲜的网络语言,因为"他们的语言真是太丰富了"。但同时他深感正是和同学的交流互动,使得网络语言在他这里形成了一个"汇集",让他一直把握着语言的"前沿"。而他自己也同时关注了74个微信公众号。这其中，他最喜欢某公众号，其特点是将互联网当天的热点资讯集中整合，这对于晓朗掌握最新鲜的网络潮语非常重要："我基本上不用微博，因为它对我来说已经把微博当天发生的最搞笑的段子都合在一起了。"

在纷繁复杂的网络信息中，多数青少年都有自主选择的多元且丰富的信息来源，这保证了他们可以不间断地从庞杂无序的信息洪流中习得和提取语言热点。与此同时，同龄人之间的线下日常交际也让青少年彼此之间相对碎片化、零散化的语言信息进一步地交互和整合。但需要指出的是，他们并不是对于任何时下热门的网络语言都无所不知，了如指掌。但因为持续保持着对未知的开放心态和对新奇语言的猎奇心态，都在潜移默化地塑造着青少年对于新兴网络语汇的高度敏锐。所以即便面对并不熟知的语汇使用，即使其思路跳接、语义断裂，他们也能够快速地把握对语言内涵粗浅但不失偏颇的解读。在一次聚会聊天的过程中，罗罗的好朋友突然说了一句："我当时就斯巴达了。"这是罗罗第一次听到这个词，但这并不妨碍她很快就猜出"斯巴达"的含义。

> "我其实有愣一下下啦，但马上想想前后的意思，很快就猜出来了。我那天回去之后还上网查了一下，发现意思大差不差，跟我理解的差不多。"（罗罗，女，22岁）

在和晓朗的交流中，我们无意中提到了这件事情，晓朗立刻眼睛一亮："你别跟我说是什么意思啊，我要自己猜出来。"在没有任何语言情境的情况之下，晓朗开始了他的分析：

> "我瞬间就斯巴达了"，我没有听过这个词，我来看看啊。我感觉网络语言其实也有一些法则的。比如你说这个斯巴达，当我听到"斯巴达"三个字的时候，我心里面就会首先想到的是历史里面的斯巴达。也不一定准确啊，但感觉是很man的，很好斗的，可

能会有一个折射在里面。我觉得差不多是愤怒的意思。(说完这些话之后,晓朗打开手机开始查询"斯巴达"作为网络用语的意思)我刚刚看了下,(网络)上面说是形容一个人很疯狂,很歇斯底里。它说这个词汇来源于《斯巴达300勇士》这部电影,里面有一句台词叫 This is Sparta。跟我想的差不多。网络语言是可以根据一些规则化的东西去揣测意思的。(晓朗,男,19岁)

在前后语境的快速消化中,罗罗迅速推测出了"斯巴达"的含义。采用对照、联想等一系列方式,晓朗在没有任何语境背景的基础上分析出了"斯巴达"的意思。在用较快的语速阐述完自己的思路之后,他立刻拿出手机搜索进行确认,全程思维跳接并且缜密。在他的分析过程中,时不时会蹦出"规则""法则"这一类词语。出于好奇,我们询问晓朗什么是网络语言的"规则"。他笑着说:"可能是自己网络语言看多了,在这个环境里浸泡多了或者说更加敏锐之后,一些新的网络语言就能更加接受。你在网络语言上的 experience(经验)更多,你更能驾轻就熟地去了解新的语言。也许这个词你是第一次听过,但第一次听你差不多就能懂应该表达什么意思,至少我觉得现在自己是这样的。"在晓朗看来,在互联空间中"浸泡"的时间越长,对于其中的语言法则和规律就越具有敏锐的感知力,也就越具有举一反三的语言功力。

二 青少年网络语言的趋同性

经由多元的信息渠道,敏锐地捕捉最新鲜的语言资讯,接下来是对这些新兴语汇的表达和运用。网络文化现象的一个重要的特点是网络上的生命绽放得非常灿烂,但是它的生命也非常短暂。"灿烂"即是网络语言所展示出的"广度"和"烈度"[①]。这其中最为显著的特征即是新兴网络热词高度重复地出现在各种门户网站、社交平台等各类媒体中,

---

[①] 陈菲:《网络时代的"语言暴动"》,http://cul.qq.com/a/20160117/013642.htm,2017年12月5日。

形成"刷屏"现象。"刷屏"也叫"洗版""洗屏"。本书将"刷屏"界定为一个网络语汇被创制和发掘后,在短时间内以相当高的密度和频率大范围出现的现象。

17岁的高中生心月刚刚结束了学校的期末考试。在我们和她通过QQ语音形式进行访谈的同时,她正在和高中同学组团在户外用QQ最新推出的"AR+LBS天降红包"搜寻春节电子红包。当被问到感觉有什么网络热词或流行语在你们同龄人之间广为流行时,她立刻兴奋地叫起来:"我的天,最近不是考试吗,我QQ空间里面全都是'我可能读了假书''我可能考了假试''我可能是个假脑''我可能是个假人',简直是铺天盖地,(QQ)空间里一刷下去,五条里至少有三条都是这样的消息。其他两条就是'转发这条锦鲤,保证你这科通过'。"同样的现象也发生在正在读初二的陈陈这段时间的QQ空间中:"考试之前几天全都是'我可能复习了假书',考完之后就立刻各种改,变成了'我可能做了假卷子''我可能用了假脑子',空间里发这个的人实在是太多了。"在读大学的KAKA的微信朋友圈也被"假系列"所刷屏,在和我们聊天的同时,她顺势打开了自己的微信朋友圈,一边看一边惊叹:"我上周末才在微博上看到各种'假'的九宫格图,这周就好多人都在用。国内同学这段时间不是差不多期末了吗,就开始有很多:'我是不是上了假的大学''我是不是听了假教授的课''我是不是下了假软件'。一般就放一张图,图里面是现在在写的作业或者在码的代码,然后配一个文字:'我是不是上了假的大学。'我又看到了一个,这个变了点内容:'我可能看了假的《神探夏洛克》。'你看这又来了:'我可能复习的是假重点。'老天,又来了一个:'我可能吃到了假包子。'"

初中的Katie、高中的心月、大学的KAKA,包括研究者的QQ、微信朋友圈中,同一时间大规模出现的"假系列"是"刷屏"的一个典型例证。为了更直观地展示青少年口中"铺天盖地的刷屏"现象不仅仅是个体的主观感受,研究者选取在访谈中被提及的"蓝瘦"一词进行分析。研究者最初接触这个词,是缘于社交圈中一位朋友所发的内容:"蓝瘦,香菇……(你一定被这词刷屏了吧?没有就说明你票圈不够紧跟潮流)。"该词和"老司机""狗带"等流行语,被认为"具有突然爆发、病毒式传播、寿命大多很短的流行病特征"[①]。作为2016年下半年以迅雷不及掩耳之势爆红的网络热词之一,"蓝瘦"走红的起因是广西南宁一名青年失恋后录制了一段视频,说自己"难受",却因口音之故听起来像"蓝瘦"。这一"新词"经发掘后一夜爆红。百度指数中,"蓝瘦"成为阶段性的高频搜索词。在新浪微博上,"蓝瘦"一词也成为热门使用词。从发端期到高潮期仅仅用了一个星期,在最高峰的相关话题的搜索量暴涨近49.9万。在腾讯浏览指数中,从2016年10月1日至11月21日短短一个多月时间之内,以蓝瘦为关键词的"综合环比""自媒体环比"和"搜索环比"均上升了100%。"蓝瘦"一词更是在"很多新媒体上刷了屏"。以"蓝瘦"为关键词的微信文章从2016年10月1日截至11月21日,累计有130305篇。仅10月14日一天就达到了10994篇。而在腾讯微信中与"蓝瘦"关联度较大的词构成的词云图中(如图3-2所示),涉及了诸如自己、年终奖、活动、孩子、大家、喜欢、时间、放假、表白、问题等多个话题内容。因为"蓝瘦"的出现,人们果断将其广泛运用于多个领域和多处情绪表达之中,情感表达在一时间形成了高度同质化的倾向。

在社交互联时代,信息洪流中的社会热点、大众媒介产品、二次元世界、网络某一处"灵机一动"的文本或符号创意,经由发帖、阅读、点赞、评论、截图、收藏、转载、加工等一系列简易便捷的操作方式,在极短的时间内被发掘和关注,继而通过模仿或改造而快速繁殖,迅速流通网络。一时间,满屏幕都是"土豪,我们做朋友吧""友谊的小船说翻就翻""厉害了我的哥";颓废都是"葛优瘫";情绪一时间都是"蓝瘦、香菇",形成了颇为壮观的"多地联动""声息相通"。语言表达"以比特的形式在密布的节点间被快速消费",呈现出高度的趋同划一。

---

① 长余:《人民日报青眼:流行语与流行病》,http://opinion.people.com.cn/n1/2016/1101/c1003-28823097.html,2017年12月5日。

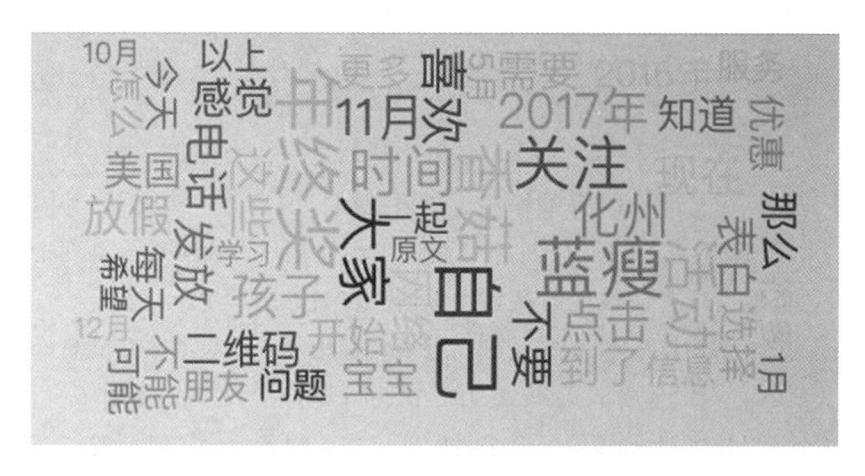

图3-2 以"蓝瘦"为关键词的高频词云

三 "拒土":转瞬即逝的语言时尚和自我要求

敏锐的语言感知和趋同的语言表达构成了青少年在网络语言认知和表达上的一个显著矛盾。一方面,身处于信息泛滥的时代,裹挟于浩瀚的、碎微的、多元的、流动不居的网络信息之中,他们具备出色的语言热点识别、习得、提取和运用能力。另一方面,因为时刻处于对语言热点的追随,使得青少年在网络语言的表达上呈现出阶段性的同质性和单向性。

但是,这一看似对立的矛盾特质似乎并不能充分准确地概括出当代青少年在网络语言认知和表达上的全部特质。在研究者和他们交流的过程中,提取到最多的关于网络语言认知和表达的反馈是"土"这个字:"他这么说真的是太土了""我反正不会这么用,不能更土""土不土啊,简直了,接受无能"等。青少年口中频繁出现的"土",在一定程度上意味着他们并没有完全被动地被语言的热点所牵引,以随大流的姿态参与着网络语言的狂欢。在网络语言的认知和表达中,他们生发出一定的自我甄别和思考,以及具有个人标识的语言审美。

第三章
扁平化：情感表征与青少年网络语言传播

1. 过时的"土"

速度是现代性的表征①。作为互联网时代"最普遍的副产品"，网络语言的"时尚周期"普遍较为短暂。以新浪微博作为探析热词在社交媒体网络传播的主要渠道，在2016年形成现象级的网络热词中，"友谊的小船说翻就翻"历经两个月的短暂爆发性传播浪潮后话题开始回落沉寂，被其他的网络语言所取代。因奥运会游泳选手的赛后采访而刮起猛烈传播旋风的"洪荒之力"，在经历了接近一周的高热度之后，相关话题量已经开始回落。而流行周期相对较长的"套路"一词，也在其高峰期经历了数次骤升骤降的跌宕。对于青少年而言，虽然他们并不能准确说出语言流行周期的始末，但这并不妨碍他们紧跟潮流地使用和表达网络语言。在他们看来，网络语言具有严格的"实效性"。

"我现在看到有人聊天用'城会玩'就会小嫌弃一下，心想他她怎么还在用这个词啊，但仔细想想好像这个词不久之前还是非常流行的。"（荟，女，17岁）

"我特别烦的是，有人在群里面（微信群中50人以上的大群）发说：我想静静。然后就有人接：谁是静静。现在还在玩这种梗真的是太冷了，实在和这个没啥可聊的。我觉得你要说网络语言就要说时髦的，要不你就不说。你总说一些之前的，就会让人觉得：呵呵，真是一个老古董。"（申如，男，22岁）

"小嫌弃一下""真够土的""真的是太冷了""都不高兴回复"，从受访者的叙述中可以看出，在青少年眼中，彼时流行的网络语言如果用在现时，会被认为是一件"落伍"的行为。令我们感到有些意外的是，在交流过程中，茜茜表达了自己的观点，"一个新的（网络）语言出来之后，没过多久就会被更新的（网络）语言刷下去啊"。申如更是

---

① 赵静蓉：《怀旧》，载周宪《文化现代性与美学问题》，中国人民大学出版社2005年版，第9页。

精练地总结道,"网络语言就是来去一阵风"。他们在脱口而出这些语句的时候,也许并不自知自己已经适应并且较为精准地感知到了网络时代下语言的重要特征:速度和更替。

结束时尚周期的网络语言仍被提出即是"土"的"语言速度观"的形成,离不开青少年日常网络语言的获取方式。在研究者和他们交流的过程中,他们经常会以"到网上看看找点灵感"为由,边聊天边下意识地拿出手机,打开新浪微博、微信朋友圈或是QQ空间,大拇指高频率地轻轻下拉着屏幕,面无表情地快速浏览。手指的滑动意味着当下在其屏幕上呈现的信息在转瞬即逝间就成了过往,被覆盖和抹去。在视觉的极速流转中,在聚焦点的不间断切换中产生了语言陈旧和新颖的差异。这种信息获取的状态契合了尼古拉斯·卡尔(Nicholas G. Carr)的一段形象描述:"无论上网还是不上网,我现在获取信息的方式都与互联网传播信息的方式一样,即通过快速移动的粒子流来传播或接收信息。以前,我戴着潜水呼吸器,在文字的海洋中缓缓前进。现在,我就像一个水上摩托骑手,贴着水面呼啸而过。"[①] 其中,"贴着水面呼啸而过"传神地描绘出当代青少年在极短的时间内,在快速和跳跃的"眼球运动"中,感受大量信息刺激的过程。说"最新潮"的网络语言、随手就能调出"最流行"的表情包、熟知并能谈论"最热门"的话题已经成为青少年高度内化的自我要求。

2. 铺天盖地的"土"

在对亮亮进行访谈的时候,正值"友谊的小船说翻就翻"成为网络流行语,在网络社交圈不断辐射,广为人知。当问亮亮对此有什么看法时,她并没有对此表现出过多的热情:"我就想说(QQ)空间里能出现一些别的词吗。心情好的时候,笑笑就过去了。心情不好的时候,刷到一半实在是不想刷了,真是不想再看到这个词了。"当陈陈眉飞色舞地跟我们描述在她QQ空间中,"假系列"是如何"铺天盖地层出不

[①] [美]尼古拉斯·卡尔:《浅薄:你是互联网的奴隶还是主宰者》,刘纯毅译,中信出版集团2015年版,第5页。

穷"时，我们问她有没有也加入"刷屏大军"，她的声音突然略显低沉地说道："没有，因为转的人实在是太多了，我再发一遍有啥意思呢，不是还是再一次刷屏。"和亮亮以及陈陈相似，KAKA 对于所在的社交圈铺天盖地的热词也表达了自己的无奈："现在我的（微信）朋友圈里发的不是这个（假系列）就是那个阴阳师。唉，刚开始看肯定好玩喽。多了就不好玩了，直接跳过。"

如果说亮亮、陈陈和 KAKA 对于同一网络语言被"刷屏"的现象表达了自己的无奈和不满，但态度仍相对平静，在和研究者聊到语言"刷屏"现象时，晓朗的情绪明显激动了许多。因为所学专业是广告，晓朗对于语言有着更高的标准和要求，他直言如果他看到"一个词铺天盖地地出现，我就觉得特别土"。

> 你知道每年学校都会有迎新晚会吧，迎新晚会上很多院系都喜欢用一些什么"友尽啊""宝宝心里苦"之类的词，反正就是今年火什么，晚会上就会蹦出来很多这样的词。走在校园里面都会有横幅标语，我记得那段时间，那个"蓝瘦香菇"真的是铺天盖地的。校园各种活动的横幅，都是那个：天哪，什么好蓝瘦，好香菇。有的时候，我就觉得他们是故意为了跟上这个流行而去用那些流行词，看到内心就想翻一个白眼。对我来说没有任何笑点。（晓朗，男，19 岁）

"没有任何笑点""内心想翻一个白眼"是晓朗面对语言"刷屏"的感受。在他看来，一个网络语言成为随处可见的语言现象，很多时候是"为赋新词强说愁"的"刻意为之"。"明明不适合在这里用，但为了显示出自己好像很潮，很想让别人会心一笑，一定要在里面强插入一个当下流行语，但这样不仅不合适，反而会让人感觉很土。"晓朗自己经营了一个微信公众号，开设公众号的初衷是希望将其作为一个试验品，去探索采用什么策略可以让公众号"火起来"。这一完全由自我掌控的虚拟空间也给予了晓朗更多自由表达的可能性。他自己确定主题、设计排版和插画，并明确表示会有意识地使用一些"更加新颖和小众"的表达方式，而绝不会使用时下流行的网络语言，因为已经"火"了的网络语言就意味着它"不再新鲜和特立独行"。

小Z和晓朗持有相同的观念。读影视专业的小Z最大的兴趣爱好就是看书。在研究者和她访谈的前后两周之内，她读完了王小波的《红拂夜奔》；陈渠珍的《艽野尘梦》；依迪丝·汉密尔顿（Edith Hamilton）的《希腊精神》和汉斯·赖欣巴哈（Hans Reichenbach）的《科学哲学的兴起》。成为一名媒体创意人是小Z一直以来的梦想。为此在大一那年暑假，她去上海一家时尚杂志编辑部实习。实习期间，她认可并且一直遵循编辑主管要求的写作方式："不要在文章中出现别人都在用的语言。相反，你要学会用一个聪明的方式，绕一个弯去展现它。明知道（这个词）没有那么好笑，但大家都在用，就显得很没有智慧。"但这样的写作理念在她大二暑假成为一名新媒体实习编辑时，并没有行得通。

> 我之前在广告公司帮助运营一个银行的公众号。你知道做银行的公众号就需要一些热点来推，但其实本质内容都是不变的，比如说什么信用卡周几打折什么的。但前面得写一些话吸引人去看，而且你也不能每次都只会千篇一律地写"内有福利"。那个时候我就会看一些公众号的更新。我感觉他们有的就是在靠网络热词写一篇文章，但是点击率都特别高。我虽然很不喜欢这种方式，但如果这篇推送是我负责写的话，我还是会把当下这些网络热词转接到这里面。我内心可能会很不屑，但我不会把自己的喜好和品位带到这里面，而且绝大多数人是会喜欢看这个的。事实上我每次文章里用了网络热词之后，确实阅读的人数出现一个小高潮，看的人会多一点。但是我这么写只局限于我的工作上，下了班之后的日常聊天我绝对不会用这个词……我其实非常喜欢《我爱我家》里面的幽默。

第三章
扁平化：情感表征与青少年网络语言传播

就是那种真正的日常对话间碰撞出来的。我觉得那是一种高级幽默。我不知道这么说对不对，你也许觉得我这么说很装，但我真的觉得幽默也是分高低级的。（小 Z，女，21 岁）

网络语言构建出了小 Z 两个相对立的自我，她将自身矛盾的两面称为"工作人格"和"日常人格"。"工作人格"中的她，感知到网络热词的使用可以使她负责的稿件获得更多的点击量。所以虽然内心抵触，但并不妨碍她熟练地运用各种时下网络流行语汇，并通过阅读其他公众号文章去学习如何将网络热词和文章内容以更为巧妙的方式结合在一起。但当脱离了工作环境，她有意识地回避使用任何网络流行语，即使在她发布的微博、微信朋友圈中也鲜少看到，她希望以这种方式来体现"自己坚持的喜好和品位"。在明确表达了自己反感网络语言被"滥用"的同时，小 Z 也在寻求平衡这一自我对立和矛盾的方法。和晓朗的看法相似，小 Z 认为如果使用者"使用恰当"，即便所使用的网络语言已经"用烂了"，有的时候"还是觉得蛮好笑的"。她给出了对"恰当"的一套评价标准：在语境合适并且分析有理有据的基础之上，恰到好处地使用网络语言作为点缀，而不只是时下热词的堆砌和罗列。

小 Z 记得自己在时尚杂志实习的第一天，有一个前辈曾跟她说："杂志是一种很奇怪的东西。它既要让大众看，又不要做出很大众的内容要大众看。它要引领潮流，但它又不要跟着潮流。"杂志和大众之间微妙和矛盾的关联契合了德国社会学家齐奥尔格·西美尔（Georg Simmel）的时尚观："时尚的本质存在于这样的事实中，时尚总是只被特定人群中的一部分所运用，他们中的大多数只是在接受它的路上，一旦一种时尚被广泛地接受，我们就不再把它叫作时尚了；一件起先只是少数人做的事变成大多数人都去做的事……这件事就不是时尚了。"[1] 而时尚周期在效仿中周而复始地变化前行也反映了时尚美学具有转瞬即逝

---

[1] ［德］齐奥尔格·西美尔：《时尚的哲学》，费勇、吴蓓译，文化艺术出版社 2001 年版，第 77 页。

性:"时尚在限制中显示独特美丽,它具有开始与结束同时发生的魅力,新奇的同时也是刹那的魅惑。"①

区隔、新奇、转瞬即逝成了时尚美学特殊且复杂的文化逻辑,同样也成了青少年群体中网络语言"时尚观"的重要特征。特定的亚文化群体正是通过区隔达成凝聚。凝聚的实质是"群体成员对群体观念、对群体共识性原型意象和典型的成员特性和行为的喜爱"②。在这一意义上,网络语言就是以青少年为主要群体的"行话",是青少年"心领神会的语言和表达方式"。与此同时,现代生活风格更迭频繁,一种风尚也许仅仅"各领风骚数十天",甚至在更短的时间内就被抛弃。同样,在网络虚拟空间,语言也处于高度的动态变化之中,其生命周期更加短暂,更替速度更令人应接不暇。这也是为什么仅仅在日本的最初几个月,就让KAKA在和国内朋友的交流中产生了理解的陌生和困惑,生发了被区隔的焦虑感。当迅疾飞逝的、碎片化的网络语言"不断冲撞着现代个体",个体只有时刻处于"刷新"的状态,才能不断抗拒陈旧,紧跟上这场不落幕的语言狂欢的"时尚大潮"。对于绝大多数当代青少年而言,长期浸润在海量而驳杂、急速而易逝的虚拟信息世界;频繁地出现在各类社交软件、游戏交互、论坛或是知识社区之间;穿梭在如"万花筒"般多样的文本海洋中已经成了他们生活的常态。他们游刃有余地在多元地信息途径和视觉的极速流转中,捕捉最新鲜的语言资讯。

青少年对网络流行语汇的使用已经日常化③。日常化意味着网络语言的生产、使用和传播不仅发生在青年的日常生活中,而且高密度信息下网络语言持续性的新奇刺激已经作为越来越多的青少年日常生活本身存在。在部分青少年眼中,网络语言的时尚存在于当一个全新的网络语

---

① [德] 齐奥尔格·西美尔:《时尚的哲学》,费勇、吴晢译,文化艺术出版社 2001 年版,第 77 页。
② 马中红:《在破坏中建构:"小时代"的亚文化语言》,《文化纵横》2013 年第 5 期。
③ 马中红:《青年亚文化:文化关系网中的一条鱼》,《青年探索》2016 年第 1 期。

言第一时间出现时所带来的前所未有的新鲜感和冲击力。但当其具有足够的"热度",被迅捷地复制、高频率地"刷屏",形成相当一段时间的同质化表达时,网络语言就脱离了"时尚"的范畴,成了一种"流行"。"流行"在一定程度上意味着语言创造性和独特性的消解。从"时尚"到"流行",这背后产生的倦怠感,既有青少年对现有网络语言新鲜感的快速消磨,也有出于有意识标榜身份差异和与众不同的自我要求。对于新鲜语言养料的渴求,摆脱千人一面的表达方式,这些都在推动着网络语言"周而复始地变化前行"。"新锐""刷屏""过时""标新立异",这些多元且复杂的理念和行为,共存在以青少年为主体的网络语言的"时尚场域"中,多元混杂,生机勃勃。

第三节 结构与内涵:青少年网络语言的逆向扁平化

敏锐的语言触觉、"刷屏"现象、网络语言会"土"的理念、情感表达的精练和意蕴暧昧、元素丰富的表情包流行、为身边人制作图文并茂的表情包、"你懂的"成为情感沟通的默契等,在青少年和网络语言的互动中,生发出一系列有意思的现象。这一系列现象表面上看难以通约,但其实相互之间仍然存在某种可通约性。当我们考察青少年与网络语言的互动时会发现,网络媒介、青少年、网络语言这三者始终紧密地共联交互,构建了一个整体。基于电子、通信技术的虚拟网络世界构建了一个新型的社会结构形态,"进一步改变了社会文化传播的时空和主体特征",也由此应运而生了新型的表达方式——网络语言。

21世纪初期,David Crystal提出"Netspeak",并指出互联网所发展出的语言具备电子化、全球化、互动性等网络特性[1]。这说明,网络语言是互联网应运而生的内容表达,它的话语形式同时也映射着网络世界

---

[1] David Crystal, *Language and the Internet*, 2nd edition, Cambridge University Press, 2006.

的逻辑。而青少年利用网络语言所展开的一系列实践活动，无论是情感宣泄、身份抗争，或仅是自娱自乐等，既是基于网络结构而使然的社会沟通与社会交往，同时也在形构着网络结构。网络空间、青少年、网络语言三者之间处于紧密的共联和交互，而扁平化可以作为将三者串联的一个切入视角。

一 扁平化概念的引入

从字面直观上看，"扁平"意味着"压缩"。脱胎于科层制的扁平化，最初是为了更加有效地应对日益"全球化、信息化、个性化"的社会。旨在通过缩减组织层级，提升主体的自主性，激发创新和活力。此后，扁平化在多个领域进一步延展，管理扁平化、政府扁平化、设计扁平化等各种概念不胜枚举。而网络社会更深刻地体现了扁平化理念。

从网络媒介的结构形式上看，媒介技术实现了时间和空间的扁平。时间和空间是探讨结构的两个重要维度。而网络媒介的一个核心特点在于，最大程度上缩短了时间差异与空间距离，进一步推进了"时空压缩"，也即是扁平化。"时空压缩"（time-space compression）是戴维·哈维提出的概念，他认为，随着物质生产方式和技术的发展进步，时空维度在两个方面产生了变化：一方面是我们花费在跨越空间上的时间急剧缩短，以至于我们感到现存就是全部的存在。另一方面是空间收缩成了一个"地球村"，成了经济上和生态上相互依赖的一个"宇宙飞船地球"[①]。哈维同时也阐发了媒介在人们时空感构建中所发挥的作用。他认为媒介是后现代"形象生产工业"重要的参与者，"大众电视所有权与卫星通信的结合使得有可能体验几乎同时从不同空间涌来的各种形象，把世界的各种空间打碎成电视屏幕上的一系列形象……使得许多人

---

① ［美］戴维·哈维：《后现代的状况——对文化变迁之缘起的探究》，阎佳译，商务印书馆2003年版，第300页。

都能看到全世界所包含的广泛模仿的或替代性的体验"①。媒介为我们展示了周遭世界多样的直接经验和传递性经验,让我们得以选择性地将其纳入日常生活的方方面面。在互联网络时代,尤其是移动智能时代,周遭经验的可视化体验以及可参照性纳入更为深度的同步化和日常化。网络的实时连接、移动媒体的易携带性使个体自身即成为一个"移动的空间场域,时空的单元"②,可以同时参与多样态的互动,并在融合的多重场景中穿梭。因为数字网络,个人摆脱了时空的束缚,但同时又时刻沉浸在时空之中,"自我可以相同地被描述为无处不在,无时不在却又无处存在,无时存在"。万事万物充满了海德格尔所说的"统一的无远弗届"(uniform distanceless)③。其次,媒介技术实现了参与主体的扁平。"当大众媒介转换成去中心化的传播网络时,发送者变成了接受者,生产者变成了消费者,统治者变成了被统治者,这样,被用来理解第一媒介时代(播放型传播)的逻辑就被颠覆了。"④ 网络社会超越了现实社会规范中的性别、阶级、民族、种族、年龄、职业、权利等现实社会各种等级差异的影响,以平等的身份进行交流、沟通。在网络社会里,每一个网民都是ID账号进行注册,以自由选择的面具与人交往,网络为每一个网民提供了平等交流的机会⑤。结构形式和参与主体的扁平也促进了网络信息资源流动和传递机制的扁平。原先集中化的话语权分配被多元化的话语权分配取代,等级制的信息传递途经被扁平化的信息途径取代。在网络化社会中,界限相互渗透,各种不同的人互动,关

---

① [美]戴维·哈维:《后现代的状况——对文化变迁之缘起的探究》,阎佳译,商务印书馆2003年版,第367页。
② Setha M. Low, "Towards an Anthropological Theory of Space and Place", *Semiotica*, 2009, pp. 21–37.
③ [美]克利福德·G. 克里斯琴斯:《技术哲学与国家形象建构》,杨悦译,载单波、刘欣雅主编《国家形象与跨文化传播》,社会科学文献出版社2017年版,第1—22页。
④ [美]马克·波斯特:《第二媒介时代》,范静晔译,南京大学出版社2000年版。
⑤ 李庆真:《生活在网络化时代的我们——网络化时代青年文化发展趋势研究》,浙江大学出版社2014年版,第39页。

系在不同的社交网络中流动变迁①。

但容易被人所忽略的是，扁平化不仅代表着结构性特征，它同时也涉及思维方式、价值取向，具有内在的意蕴内涵。在今天各种竞争日益加剧、社会变化迅速、信息技术发展和全球化的趋势下，外部环境对组织最核心的要求就是，具备必要的适应力和创新力以获取竞争力。扁平化的出现，从直观的组织形式上看，是将原先的金字塔型结构压扁了，而深层次看是希望组织具备"灵活、敏捷，富有弹性、创造性"等一系列特质。这说明，真正的扁平化模式承载着后现代的价值理念：尊重个人性、承认差异性、推崇创造性、遵循开放性、主张多元性、倡导整体性②。而网络化平台更充分地践行着扁平化的深层意蕴。时间空间被压缩和超越，人的身份、地位，甚至身体被消解，社会关系的金字塔结构被压缩，虚拟的比特取代了传统世界的物质与能量，世界被赋予了许多前所未有的意义内涵③。全新的网络空间使个性的多元和自由、自主的文化创造力都得到了充分的张扬。但但海剑、石义彬指出，后现代主义所蕴含的自由与解放的力量是网络语言发展的根本动因，处于开放状态的网络语言削弱了语言主体的强势地位，为使用者创造了参与发展文本意义的空间④。从根本上而言，网络语言扩大了人的自由。所以当我们通过网络语言来进一步了解当代青少年的日常生活时，我们希望透过扁平化的工具性视角，透过语言参与主体青少年和网络语言自身结构所呈现的"表面形式"的扁平化，去探讨在和网络语言高频率日常化的互动中，青少年自身的认知机制、情感机制以及思维机制产生了怎样的变化，是否契合了"扁平化"深层次的内涵意蕴。

---

① ［美］李·雷尼、巴里·威尔曼：《超越孤独：移动互联网时代的生存之道》，杨伯淑、高崇等译，中国传媒大学出版社 2015 年版，第 32 页。

② 沈广和：《扁平化：当代中国政府过度分化的有效整合》，博士学位论文，南京农业大学，2011 年。

③ 钟瑛、牛静：《网络传播法制与伦理》，武汉大学出版社 2006 年版，第 224 页。

④ 但海剑、石义彬：《后现代语境下的网络语言研究》，《湖北大学学报》（哲学社会科学版）2009 年第 5 期。

二 青少年网络语言传播中的扁平化特征分析

虽然与扁平化相关的概念不胜枚举，概念的侧重点也各有不同，但通过结构精简实现效率提升和效用最大化被认为是扁平化的重要形式特征。这一点在网络语言的表达形式上也有鲜明的体现。

事实上，精练和短促并不是网络语言的独特创制。例如，在互联网中被高频率使用，表示"笑"的除了"lol"，还有"haha"以及"hehe"等，而后者早在公元1000年就已经出现[1]。人类的一切活动都蕴含着效用最大化动机。而作为人类最重要的交际工具和交际活动，语言及其运用也内蕴了这一动机[2]。传统的言语交际就遵循着语言经济原则。而网络语言的互动交流是以计算机为媒介的网络文本传播，需要利用计算机的词库在键盘上"敲打"才能传递信息。所以，"省时、省事、简练、迅捷"也成了网络语言在表达和交流中的首要语用原则[3]。非常典型的有"用一个简短的词语或者短句对轰动性的新闻事件或普遍存在的不正常社会现象进行浓缩型概括"的极其简短新锐的网络热词：诸如"俯卧撑""欺实马""躲猫猫"等[4]；也有过曾引发热议的"网络三字格"和"网络四字格"，例如"何弃疗""冷无缺""不明觉厉""十动然拒"等。而除了形式的精练，表达中融合了更为多元的符号元素也是扁平化的另一特征：文字、数字、图片等多种符号彼此混杂和镶嵌，形式灵活且富于弹性。

对于当代多数青少年而言，长期浸润在海量而驳杂、急速而易逝的虚拟信息世界；频繁出现在各类社交软件、游戏交互、论坛或是知识社区之间；穿梭在如万花筒般多样的文本海洋中已经成了生活常态。他们可以游刃有余地在多元信息途径和视觉快速流转中，捕捉最新鲜的语言

---

[1] Sali A. Tagliamonte, *Teen Talk: The Language of Adolescents*, Cambridge: Cambridge University Press, 2016, p.207.
[2] 吉益民：《网络变异语言现象的认知研究》，南京师范大学出版社2012年版，第35页。
[3] 肖伟胜：《作为青年亚文化现象的网络语言》，《社会科学研究》2008年第6期。
[4] 李铁锤：《网络热词传播现象研究》，博士学位论文，华中科技大学，2012年。

资讯，洞悉使用准则，把控并拿捏网络语言的流行周期，并能够通过快速的自我"清理"吸纳海量且弥散的网络语言，他们时刻保持着对外部语言信息较强的灵活性和应变能力，时刻掌控着语言的"现在时"。[1]

敏锐性同样体现在青少年对于情感的捕捉以及基于此的文化创造力上。社会生活日益媒介化的一个重要体现在于情感的媒介化。越来越多的交流发生在不在场的个体之间，这也使情感在多数时候只能通过网络媒介被感知和传达。有学者基于此提出概念——"情感素养"（emotional literacy）[2]。正如媒介素养关注的是人们在面对纷繁复杂的媒介信息时如何审视、分辨和判断，情感素养关注的是人们在网络交流中如何感受、识别、解释、表达情感，这既是个人情感能力的体现，是个人书写风格的反映，同时也是网络身份管理的重要组成部分。以表情包为主体的网络对话，使交流依循着一条相对跳接和戏谑的叙事逻辑展开。在过程中，青少年不论是选择和调取他们所认为"合适"的表情包发起对话并作出回应，抑或是对部分表情包选择性收藏、删除或更新，所展现出的是对网络世界趣味性和娱乐性的理解与适应。而表情包制作，则是将该思维方式和话语逻辑进一步延伸至日常生活的情感观察、记录和解读之中，是青少年符号创造力更深层次的体现。可供创作的元素是丰富的，除了网络空间中取之不竭的媒介资讯，日常生活也成了可被解构的素材。青少年可以从一张定格的生活图像、一段动态的数字影像中挖掘出"笑点"和"梗"，再创造性地通过组合、拼贴、同构、嫁接等方式对素材进行二次创作。洞察的敏锐源于认同。无论是表情包对话，或是表情包制作，外在所显现的情感表征同时也是青少年内在心理状态与情感体验的投射。

---

[1] 孙文峥：《被注视的时尚：当代青少年与网络语言的互动和互构》，《新闻界》2018年第6期。

[2] Jane Vincent, Leopoldina Fortunati, *Electronic Emotion: the Mediation of Emotion via Information and Communication Technologies*, Peter Lang, 2009.

三　青少年网络语言中逆向扁平化趋势的显现

在网络实践活动展开的过程中，不可避免地会感知到数字空间无形的形构力量，这其中就渗透着扁平化逻辑。通过互联网，青少年的视域进一步拓宽；叠加且相互作用的社会网络信息传递机制使得网络语言在青少年群体中实现了"去信息不对称化"；语言形式上，精简、凝练、紧凑的语言表达在年轻的群体中流行，并保持着持久的活力和生命力。

自主选择的多元资讯来源，线上和线下资讯的交互流动，使当代青少年长期流转于多声部的、庞杂无序的、喧哗繁盛的信息洪流之中。通过获取语言热点、洞悉新兴语言的使用规则、把控并拿捏网络语言的流行周期，以及能够通过快速地自我"清理"吸纳海量且弥散的网络语言，他们时刻保持着对外部语言信息较强的灵活性和应变能力，时刻掌控着语言的"现在时"。但另一方面，对于网络语言而言，"现在时"意味着当下性和时尚性。由于网络语言自身也处于时刻流动、变化和更替之中，作为语言文化的消费主体和参与主体的青少年，不得不处于追随语言潮流的相对被动的状态。这一被动性强烈地体现在同一网络流行语"刷屏式"现象的出现。"刷屏"现象本身具有矛盾性。当新鲜文本资讯经由数字化传媒的高复制性和强辐射性，以极小的时间差迅捷地传播并扩散，"所有的符号均统一化为单一符码体系，同步传递且廉价复制"。在对语言前沿实时掌控的同时，自我表达独特性以及差异性却面临不可避免的缺失和模糊。均质的表达"淹没在大众之中"，呈现出海德格尔所说的缺乏个性的"常人状态"。而"刷屏"又是阶段性的。曾经的兴趣盎然很快就产生了审美倦怠，因为新一轮"通过网络话语机制的竞争筛选"的语言信息正争先恐后地抢占着青少年的注意力，促使他们又迫不及待地转换聚焦点，开始了新一轮语言时尚的追逐和表演。陈霖将"认同的跳跃和善变"的"刷屏"现象表述为青少年"消费式的生产"：容易被显而易见的潮流和热点所激发、鼓动和转移，虽然看上去保持了选择的自由和主动，显示出消解中心和权威的力量，但也使他们失去了坚执的立场，而显得漂浮不定和支离破碎①。但值得注意的是，对于网络语言的使用和表达，部分青少年生发出一定的反身性思考。他们并不满足于对网络流行语言的简单复制或是多次重复使用。出于个人性、差异性、创造性、多元性的自我要求，他们或是拒绝"刷屏"，对"刷屏"现象表达自身的否定态度，抑或是采用选择性阅读，在不同情境下灵活切换语言的风格，追求更加新奇的语言表达。他们并没有失去对于语言潮流的兴趣，但他们试图通过自身的过滤、选择和分化，尽可能地跳脱出循规蹈矩的语言旋涡，在平面的语言图景中创造出立体和差异。虽然这种差异性并不等同于王汎森所说的"纵深"，但其背后是具备自我判断和斟酌的语言审美的逐步成长。

与此同时，网络空间丰富且多元的情感表达，并没有给予青少年在情感感知、表达和解读空间上相应的"纵深"。对于自我情感的洞悉、触摸和感受，他们更多的是流于形式上的敏锐。语言在情感的表达方面，实际上一直存在着语言表达的"内在困境"，即主体把内在的思想外化为外部语言而发生的一种困境。苏珊·郎格曾对这种内在困境有过精辟的叙述：人的思维的流动、情感的体验、激情的爆发相互交织、相互冲突，它们时而停止，时而迸发，时而消失，构成了人的"内在生命"，对于这种内在生命，语言"只能大致地、粗糙地描绘想象的状态，而在传达永恒运动着的模式，内在经验的矛盾心理和错综复杂的情感、思想和印象，记忆和在记忆、先验的幻觉……的相互作用上面，则可悲地失败了②。虽然难以言喻且难以穷尽，但书面文字仍然尽可能地尝试以细腻且严谨的方式去触摸情感的"无形"和"无垠"。然而媒介书写和阅读行为的"软性、轻松"正在让这一"硬性、严肃"的情感书写方式日渐式微。成伯清指出，在当今的"云"时代，"炫"和"酷"的规则左右着赛博空间里的情感表达乃至情感形成。在他看来，"炫"必须引人注目，以浮出芸芸众生之海面；而"酷"是一个外来

---

① 陈霖：《新媒介空间与青年亚文化传播》，《江苏社会科学》2016 年第 4 期。
② 王晓升：《论语言的表达困境》，《社会科学研究》1994 年第 3 期。

词，难以准确界定，大概是"潇洒中带点冷漠"，还要有点"特立独行、充满个性"的味道①。在浩渺信息中被"慧眼识珠"并传播开的流行语言；在电影、电视剧、娱乐节目中被定格、截屏，做成表情包的图片；因为契合了"酷"，所以脱颖而出，引人注目。与此同时，"难以准确界定"的"酷"可以在高速的互联交互情境下实现畅通无阻，意味着交互双方已经可以依托着这份"不言明"，默契地传递着讯息和情绪。这份"不言明"的蔓延也让互联网的情感诉求趋向"既明确又含糊""既犀利又暧昧"；只可意会，不可言传。当情感表达的简化和直观与情感内涵的泛化和暧昧并存于网络的交际空间时，标点符号的选择、符码位置的差异，字数的堆叠和减少等都成了区分情感边界和层次的新逻辑。在这一点上，青少年似乎自带与生俱来的"雷达"属性，他们可以针对交流对象的不同，熟谙地把玩这一系列方式，敏锐并细腻地权衡其中的微妙尺度。但是，"酷""炫"的网络世界并不是青少年生活的全部。他们需要接受"系统且严格的课程设置和课堂教学"，而使用书面文字进行严肃且纵深的情感剖析和追问，是其中重要的一部分。这意味着他们必须抽离"快感化"和"娱乐化"，切换至"硬性"的思维体系。当他们脱口而出"你懂的"，写作过程中自然浮现出的"更贴合"的网络语言，"绞尽脑汁"的文字书写，这些都暗含着这一思维的流转并没有想象得那么顺利。当情感越发地趋向简化和有趣，情感所蕴含的"艰深""费解""复杂"也在视觉的愉悦中悄无声息地模糊和消解。

在上述各类现象中，开始出现一系列与扁平化相悖的态势：信息流的传播路径并非全然是强辐射力和传播力的一马平川，同样也会遭遇边界明确，难以渗透的文化圈。奇异、谐趣、直观的语言表达形式既可以是精练且微小的，也可以是多符码的杂糅和组合。在青少年和网络语言的日常交互中，也出现了积极接收与被动追逐并存；语言热点灵活应

---

① 成伯清：《情感的社会学意义》，《山东社会科学》2013年第3期。

变，表达标新立异与大规模复制，表达同质化并存；情感表达形式多元弹性与情感内涵意蕴洞悉弱化并存的趋势。

以上所说的网络语言传播机制、网络语言表达形式，以及青少年经由网络语言所体现出的网络认知方式、表达方式、情感方式、思维方式等多个方面，均呈现出与扁平化并行，但同时又有一定程度相背离的逆向扁平化的态势。在这里，逆向扁平化与扁平化一样，是一种结构形式，同时也是一种思维方式。它贯穿于青少年网络语言的日常文化实践，同时也侧面显现出网络空间结构的复杂性，而其背后更为深层的是网络空间与青少年文化实践之间交互交错，双向牵引与彼此重构的复杂关联性。

第四节 "放飞自我"：全新的书写空间与情感体验

结束和陈陈的视频聊天，已经接近晚上的十二点。在我向她表示歉意，并道一声晚安的时候，她略带不解地说："睡什么睡啊，起来嗨，好不容易考完试了，我要放飞自我。"同样的话在和 KAKA 交流用表情包聊天的时候也出现过，KAKA 的态度是："和不熟悉的人聊天一开始不会发很有魔性的图片，就会发一些略微可爱的小表情，但越到后面就越魔性，越放飞自我了。"陈陈和 KAKA 所说的"放飞自我"让研究者联想到了一首歌曲《飞得更高》。网络技术传播重构的媒介空间，已经成为当代青少年日常生活中越来越不可缺的一部分。所以当通过网络语言的视角，去探析当代青少年的日常生活时，研究者希望思考的是，当他们"挣脱现实的枷锁"，在虚拟的网络海洋中尽力"飞翔遨游"时，网络语言可以带他们放飞得有多"远"，有多"高"。

针对随着新技术和新媒体而来的愈加"微型""快捷""海量"和"快感"的文化新形态，周宪提出了"微文化"的概念，指出这是一个"总体性日渐衰微而人们越发迷恋小微事物的文化"。文化概念本身蕴含对人的濡化和熏陶的含义，文化的客观现实会塑造相应的主体，反过来，新的主体又推助和强化新的文化。所以微文化的客观现实塑造了以"媒体一代"为主要代表的"微主体"："超级注意力"是他们的认知习性，转换、多样、刺激和容忍度低是他们的重要特征[①]。广泛传播于网络空间的网络语言，也同样隶属于"微文化"的范畴，并具备"微文化"的文化形态特征。作为青少年自我表达的重要窗口和中介，网络语言在承载青少年的情感和思想，表达他们对于世界看法的同时，也在形塑着青少年的成长。当精练、微小、奇异、谐趣、直观的语言模式经由数字化传媒的高强辐射性，不间断地进入青少年的视线，成为其日常生活的惯常时，青少年在和网络语言的日常交互中，形成了一系列矛盾的特质：面对海量且混杂的语言信息时，主动关注和接收、自我反身性思考的出现与被动追逐并存；对于网络语言热点和潮流的灵活应变能力与流行语言大规模复制，不间断性的表达均质与固化并存；情感表达行云流水、情感识别敏锐熟练与情感的诠释与感知越发趋于轻浅并存。这一系列对立的特质相互依傍和制衡，使得青少年的认知方式、表达方式、情感方式、思维方式均呈现出"逆向的扁平化"态势。

逆向扁平化的出现对于青少年而言意味着什么？在网络空间，青少年创造、接受、传达、分享，塑造自我风格并寻求认同。在这里，他们的创作潜能被激发，主观能动性被调动，而数字空间不停歇的热闹与繁盛也深深吸引着对新奇和未知充满渴望和追求的青少年们。以网络语言为代表的青少年文化实践影响着数字空间结构，同时网络空间的结构特性也越发深刻地融入青少年的认知判断、行为逻辑、情感和心理反应之中。逆向扁平化的出现，使我们看到了这种双向渗透和影响的复杂性，这也意味着网络空间对于青少年而言有着更为深远的意义。它为青少年提供了更为弹性和阔达、丰富且自由的书写空间。在细密且庞杂的知识网络中，青少年也越发清晰自我认知的边界。即使被普遍认为是相对活跃的"数字原住民"，具备较之其他年龄群体更为优异的学习和模仿能

---

① 周宪：《时代的碎微化及其反思》，《学术月刊》2014 年第 12 期。

力，但他们也并不是全知全能。在对网络语言的知与不知，理解与不理解中，他们既探寻到了自洽的数字文化空间，也同时更为清晰地感知到与同龄人之间也会存在着个人风格和文化品位的隔阂。另一方面，网络语言及其背后夸张、戏谑、消解、狂欢的情感逻辑又将他们联结在一起，但是，内在情感的外在表征越发直观、显现，也越发虚化了情感的细密和纵深。青少年既是语言潮流的"弄潮儿"，是网络空间主动的参与者和创造者，但同时也在快速的转换、密集的视觉刺激下不自觉地成为相对被动的追随者和承载者。

网络空间从来不只是网络实践活动静止且无声的载体。空间自身所具备的生产性，促进话语和关系的传递，帮助生成人与人之间的交往与互动，是丰富且灵动的媒介中介。而人们的行为与活动也在建构着空间。当青少年在网络空间开展各种意义生产时，空间的潜能和样态也在进一步被开发和挖掘。个体实践与实践场所是一个互动的过程。它一方面是个体主观能动性的体现，是自我的呈现和表现过程，另一方面也是一个场所的建构过程，是一个自我归属与认同的过程[①]。扁平的网络空间最大限度地激发人们多层面的交往和互动，但当人们因为共同关注的事物或活动形成际遇，展开互动，相互表达和分享，不同维度的认知倾向和不同程度的情感能量又使得网络空间形成逆向扁平化的趋势。如果说数字空间的扁平化形态离不开网络技术的塑造和使然，那么逆向扁平化是技术，同时也是人们在与网络空间产生接触，彼此间重叠穿插中共同形成。网络虚拟世界虽然使人们获得了超越线下生活的时空感和社会联结，但仍处处显现出现实社会结构的映射和延伸。

置身于所构建的"语言套间"——网络语言之中，青少年获得了更为阔大的书写空间，也切身感受到了脱离规训的快感和自由感，但同时这个全新的生存空间与表现舞台也在以一种微妙的、不易察觉的方式影响着他们的独特性、创造力和想象力。在使用网络语言进行频繁的书

[①] 於红梅：《家居营造：上海都市中产的自我表达实践》，复旦大学出版社2015年版，第19—20页。

写、展现和审视中,青少年也和网络空间构建起矛盾且深刻的关联。网络空间越发深入地融入青少年具有延续性的自我发展历程,而每个青少年也在数字空间的实践中逐渐显现出历经锻造的自我样态。在频繁的互动中,在掌握和被掌握的博弈中,青少年和网络语言之间构建起矛盾又深刻的关联,在潜移默化间重构着青少年的表达、审美和自我认知。

第四章　圈层化：互动聚合与青少年网络语言传播

物以类聚，人以群分。人们总是喜欢与有相似地位、境遇或兴趣爱好的人交往，从而也就形成了我们通常所说的"圈子"。"圈子"是日常生活中普遍存在的一种社会文化现象，但凡有人的地方就会有"圈子"的存在。

有人说，互联网世界里，最不缺乏的就是一个个看似平静但又界限分明的"圈子"。如今，与相似的人连接变得前所未有得容易。互联网产品也深谙同类相聚的法则，创造出一个个顺应人性的细分空间。从小组，到话题板块，再到社区——在各类小圈子中，沉迷于"同"味相投的人们"如鱼得水"。同时，当构筑信息舒适圈成为社交网络的基石，越来越多的内容屏障将人们隔离，形成一个个看似脆弱，但鲜被打破的圈层，让身处其中的用户感受到"我们"和"他们"的划分。而且这种圈层意识正一点点从互联网产品设计的逻辑外溢，越发深刻地影响人们界定物我、认识世界的思维方式。[1]也正因为这种身份区隔、认知分层，使得人们在不同类型的圈子空间里，形成了不同的行动逻辑和话语体系。

而网络语言作为上述行动逻辑和话语体系中重要的文化符号，从多年前备受关注的"火星文"，到近年来一系列由网络语言引发的热点、

---

[1] 全媒派：《互联网新巴别塔：从圈子到知识分层，我们正在变得更加单向度》，http://mp.weixin.qq.com/s?__biz=MzA3MzQ1MzQzNA==&mid=2656944687&idx=1&sn=d6d378e85d7b1055b98228c0319d2405&scene=21，2018年12月4日。

事件、冲突等，这些以特定语言为沟通基础形成的网络"小圈子"分布在网络这片海洋中，隐秘而又孤立存在着。这其中，网络语言使用与传播"小圈子"所体现的青年亚文化可以称为"圈层文化"。随着网络传播技术的兴起，以及传统血缘、地缘关系纽带的弱化，这种新兴的圈层文化所带来的圈层化传播现象开始在网络虚拟社会中大量出现。作为一种新兴文化传播现象，"圈层化传播"将随着互联网从虚拟空间向现实社会渗透和交织，其对亚文化体系下青少年人际交往、生活方式的建构，乃至网络传播模式的重构、社会关系结构的变迁等都会产生一定的影响。

"圈层"一词最早出现在人文地理学科中提出的"圈层式空间结构理论"中，也有学者从经济地理学的视角分析了农村、城市"圈层"经济形式的演变，提出当代农村社会中存在的工具性圈层格局。[1] 追溯圈层概念的衍变与研究，可以从费孝通提出的"差序格局"理论说起。"差序格局"从不同视角对圈层这一概念的社会意义、内在逻辑进行了深入探讨。[2] 杨国枢则对圈层的组建逻辑进行了剖析，他认为中国人的人际或社会关系，从其亲属关系可以分为三大类：即家人关系、熟人关系及生人关系，并且这三种关系都是"以自我为中心，向外圈扩散"[3]。黄国光进一步就中国社会人与人之间的交往动机与目的进行了阐述，认为中国社会中一个人可能拥有的三大类人际关系即情感性关系、混合性关系和工具性关系，并说明每种关系所对应的传播互动机制各有所不同。[4]

实际上，随着社会不断发展，圈层的内涵和外延也在不断延伸，圈

---

[1] 张亚斌、黄吉林、曾铮：《"圈层经济"与产业结构升级——基于经济地理学理论视角的分析》，《中国工业经济》2006年第12期。

[2] 费孝通：《乡土中国 生育制度》，北京大学出版社1998年版，第24页。

[3] 杨国枢：《中国人的社会取向：社会互动的观点》，桂冠图书公司1992年版，第87页。

[4] 黄光国、胡先缙：《面子：中国人的权力游戏》，中国人民大学出版社2004年版，第35页。

层不再局限于血缘和地域关系，如今在职业、兴趣、文化等方面，都可以成为划分圈层的依据。随着网络时代的迅猛发展，与纯粹的圈层概念不同，互联网时代的网络语言传播背后的圈层是一个集体层级的人际网络，是青少年群体在一个限定的空间内通过网络上交流互动而形成了独具特色的网络语言体系，再通过身份认同构成一个个介于个体和群体之间的圈层，并且任何一个圈层都可能共同从属于一个范畴更为庞大的圈层。基于此，我们试图通过经验研究探讨不同的青少年群体使用网络语言背后所处的圈层及其呈现的"圈层化"的沟通方式，并从线上圈层内传播、线上圈层间传播和线上线下圈层间传播这三种传播方式来考察青少年网络语言圈层化传播的形态和路径，以及对青少年群体的日常沟通及其生活方式所产生的影响等。

第一节　线上抑或线下：网络语言的圈层传播形态及其路径

实际上，不难发现一个个体的行为在一定程度上会受所属社会关系网络很大的影响。学者李志超和罗家德提到："在一个限定的社会空间中的行动者……他在他的身份认同包括他的行为、他对他人的信任感等……以及他所遵循的规范固然依赖于个体私人之间的关系及其历史，但同时也依赖于其所处的社会网络的整体结构。"[1] 这里所提到的"个体所处的社会网络"，是指集静态结构与动态传播为一体的新圈层，这与传统差序格局中的圈层存在着许多相似之处。更为重要的是，随着中国现代化进程的不断推进，圈层作为一种基础的社会形态也融合了西方传统社会网络的特点。因此，在圈层的研究中引入西方社会网络的概念，不仅为国内相关研究提供了参考范本，更是为本书的对象——圈层提供了分析其传播变化特征的理论工具。因此，本书将圈层定义为圈层

---

[1] 李志超、罗家德：《中国人的社会行为与关系网络特质——一个社会网的观点》，《社会科学战线》2010年第1期。

中的成员基于不同缘由,以社会关系的远近亲疏作为衡量准则,通过在圈层之间的交流与互动,所建立并相互维系的一个社会网络。

在社会网络分析的操作化定义中,一个社会网络是以这个社会执行者(行动者,多点)和其他执行者(行动者,多点)之间的连线(与各个行动者之间的关系)组成的集合。人们通常情况下所说的社会网络社群图,即是反映某一社会网络中点与连线的独特勾连图。引用相关研究中的论述可以发现,点与点之间的关系强度存在差异。在社会网络分析中,可以将这一现象解释为网络中权力分配的不均等性,它反映的是在信息传播的过程中,各个点与点之间传播行为的频率与密度是不同的。在每一次的传播行为中,根据各个不同节点所扮演的角色,可以将节点分别视作三种不同的类型:核心节点(位于社会网络中心位置)、桥节点(分散在中心节点周围)以及长尾节点(位于社会网络边缘位置)。[1] 因此,当着眼于本书所讨论的互联网中的圈层时,可以将一个互联网圈层看作是一个线上社会网络,再将网络中的各个"点"定义为圈层内部的各个成员,而这些点与点之间的"连线"则是代表了圈层内部成员之间的信息传播路径。

因此,采用社会网络分析框架的视角,可以相对直观地呈现出互联网下的圈层所展现的一种静态结构特征。并且,我们还可以以它们在圈层中的动态传播行为作为不同的传播路径,将互联网下的网络圈层传播分为以下三种基本的传播形态及其路径。

一 基于线上的圈层内传播

这种传播形态是指在同一圈层内部的分享互动行为,由于不同圈层的个体差异包括对信息内容的关注、立场和阶层均不同,所以作为在同一圈层内传播的线上圈层内传播,传播的形态具有特定的内容偏好。在访谈中,有一位叫小崽的受访者,他是一位"90后"研究生。他倾向

---

[1] 刘军:《社会网络分析导论》,社会科学文献出版社2004年版,第58页。

于制作各种各样风格的网络表情包,他周围的朋友都给他取名叫"技术宅",因为小崽特别喜爱尝试技术方面的东西。他自己创立了一个"小崽剧场",招募了许多志同道合同样钻研技术工作的伙伴,他把他们的管理团队群称作为"收发室",他在群里分享各种实时制作好的表情包。说到这里,小崽还拿出手机,展示了他手机里分享的一些表情包,他说:

> 我们一群小伙伴都是因为热爱做一枚"技术宅"才会聚在收发室里的,有的新人在早期虽然不太会制作,但是我们可以教他们,在群里我们就一起交流制作的教程。但是最主要的,还是制作表情包的灵感来源,大家一起头脑风暴,相互分享自己的"脑洞"。现在我们已经有线上第 16 个收发室了,没想到有那么多爱好制作表情包的同好,现在只要一有新表情包制作出来,我们都会立刻相互分享到各个收发室,真的很开心。(小崽,男,25 岁)

和小崽一样喜欢使用表情包交流的受访者叫阿紫,她是一位"00后"。在访谈过程中,她说:

> 经常跟别人聊天就会陷入一种"尬聊"的气氛,就是不知道该说什么了,这时候我就喜欢发一个表情包。大概因为使用这些表情包的时候,真的是没有语言能够超越这些表情包表达意思了!可能这就是传说中人们总说的那句——"只可意会,不可言传",就是想表达那种意思吧。(阿紫,女,20 岁)

阿紫说自己的网络语言就是各种各样的表情包,也许生活中她不是很会用这些,但是只要和别人在社交媒体上聊天时,她就会频繁使用。她说:

第四章
圈层化：互动聚合与青少年网络语言传播

"现在的表情包可厉害了！我还加了各种各样的斗图群，要不然和别人聊天真的就接不下去啦，非常需要更新表情包库存呢。在斗图群里都是我们一群喜欢发表情包的人，而且我们还是走在表情包最前端的人，能够掌握第一手的最新最潮表情包，比如现在不是特别流行'想你想你想我～'那个搞笑视频嘛，我最近特别爱用那个表情包，可好玩了！"（阿紫，女，20岁）

从与阿紫的访谈过程中，可以得知她对网络语言的认识即是"最近流行的语言"或者"最近流行的事情"，例如她在访谈中介绍的搞笑视频的网络语言，也是由一个事件衍生出来的网络语言，只是阿紫用表情包的形式把它呈现并传播出去，并且在她所处的"斗图圈"通过表情包完成圈层内的互动传播。

与他们类似的，还有一位叫小敏的受访者，她是一位本科在读的"95后"大四学生。在访谈中能够了解到，小敏平时的交友圈主要集中在她自己所学的专业与所感兴趣的内容里。她称自己在学业上时常需要借助使用一些制图软件，如 photoshop 等。在学校里，她所参加的学校兴趣社团也常常让她尝试做一些"ps海报"。因此，她加入了一个豆瓣群组。他们时常在里面进行一些技术问题上的讨论，小敏认为求助线上能给予她更多的技能和专业知识，所以她求助线上，在群组里也十分活跃。她说：

"我们那是一个拥有五百多人的群组，其实大家都互相不认识，完全是为了共同学习技术才聚集在一起的，所以这对我来说更像是一个集'分享—实用—干货'为一体的学习小组，我可以随时提出我的问题所在，接下来只要静静等待帮助你解决的人就好了。当然啦，如果有我自己能帮上的问题我也会协助解决。"（小敏，女，22岁）

从小敏的谈话间，很显然看到她所处的圈层即是一个以学习和分享ps干货内容为基础的群体，他们通过群体内的信息共享，来解决操作过程中技术上所遇到的问题。即使在这样的一个群体中，内部成员也是有阶梯差异的，有菜鸟级、专家级和"大V"。对于一般的比较常见的ps方面的问题，菜鸟级即可解决；而难度稍大一点的，都会由菜鸟流向专家级，更有难度的需要大V来进行分析解决。通过不同阶梯成员的互动分享，每个成员最终都能协调一致地达成共识，形成共同认知。

因此，他们在线上圈层传播过程中得以顺利的主要因素在于他们所传播的内容都是圈层个体所偏好的，这样一来，所传播的内容便更容易得到关注、理解与传播。

二 延伸于线上的圈层间传播

在对线上圈层内传播路径和形态分析时就可以发现，作为线上圈层内传播的一种变形，网络语言在线上圈层之间传播的过程，它既遵循了圈层内传播的部分规律，但是又在圈层间传播时带有其特有的行为表征。

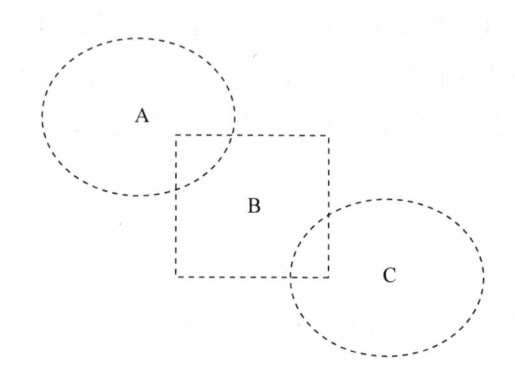

图 4-1 线上圈层间传播示意图

例如图4-1所示：A、B圈层内交叉部分，是两个圈层间信息交流互动的前提条件，只要通过其中交叉部分就能够实现A、B不同圈层间

第四章
圈层化：互动聚合与青少年网络语言传播

信息的互动分享。由此可以假设，即使两个不同的圈层间不存在交叉，如 A、C，但只要有与 A、C 都有关联的 B 圈层存在，A、C 之间同样可以实现信息的流通，A、C 之间同样可以进行互动分享。因此线上圈子间的传播路径范围几乎是无限大的，但是这种传播形态特征和前面讨论的圈层内传播还有本质的不同。

在本书中有一位受访者名叫 Sophie，她现在居住在法国留学。通过访谈对她了解，她平时在线上所接受信息的途径大多来源于社交软件 Facebook 和 Instagram，她说：

"因为在国外大家都用 fb、ins 这些 APP 比较多，所以我也只有在跟国内家人与小伙伴联系时才会想起用微信，所以好多喜欢用微博、微信的留学班上的同学，我和他们有时接受信息也存在一些不同的……偏差吧。"（Sophie，女，24 岁）

另一位受访者名叫豆豆，出生于 1998 年，她被周围的人称作"抖音小公主，人人都爱她"。在访谈时，面对这样一个青春美丽的小姑娘，在被问到是如何接触到抖音时，她说：

"之前我竟然都不知道抖音这个 APP，因为我和我周围的朋友都是混美妆圈的，然后他们告诉我，说现在有好多厉害的美妆博主都会在抖音发布搞笑视频，而且有那种'变脸'程度的厉害的妆容。这就一下子吊起了我的好奇心，我就下载了抖音 APP……没想到第一个晚上我竟然刷它刷到凌晨三点！"（豆豆，女，20 岁）

豆豆夸张地形容着她在美妆圈小伙伴的推荐下，第一次接触抖音的感受，她形容抖音是一个汇聚"只有你看不到，没有你想不到"的地方，里面不仅仅是她所在的美妆圈，就连动漫圈、文艺圈、嘻哈圈、摄影圈……都爱在这个平台发布有他们自己圈子特色的小视频。

豆豆在访谈过程中，她说：

"平时刷抖音就与很多小哥哥、小姐姐在下面求'勾搭'，有一次有一个用户发了一条抖音是关于《名侦探柯南》的，下面就炸出了一堆二次元段友……一些诸如'真相只有一个！新兰赛高！'的二次元专属语言被顶上了热门留言，也引发了一群我的好友的好奇心，他们去搜索了一些名侦探的剧照，出了一些关于《名侦探柯南》的 cos 仿妆，这当然引起了那群二次元小伙伴的关注啦，其实我们一开始也不太懂他们说的那些话……还说我们是大触之类的，后来才知道是夸我们很厉害，后来因为我们的柯南仿妆被很多粉丝喜欢，我们也就想更多了解一些故事，也就和他们加了QQ、建了群组，成了关系很好的抖友。"（豆豆，女，20岁）

同时，豆豆也展示了她现在自己的朋友圈，里面的内容大多都是关于抖音的热门视频，还有一些她和朋友们参与录制的各种圈子好玩的视频，她通过线上分享让更多的小伙伴们知道她的 ID，看到她分享的美妆功课。在抖音小世界里，它所贯穿延伸的圈层十分广泛，网友们所获得并互动分享的信息也越加开放。

因此，研究发现影响线上圈层间传播可能的主要因素：第一，圈层所具备的信息偏好特征，它决定了不同信息在传播时的延伸可能存在差异。一般来说，所传递信息的价值越高，其传播可选择的路径就越多，所能延伸的圈层就更广。第二，圈层社会资本的占有规模。从皮埃尔·布迪厄（Pierre Bourdieu）的社会资本理论中，可以知道社会资本的差异决定了权力的大小。这种关系在圈层间就体现为占有较多社会资本的线上圈层，它的影响力就更为深远。第三，圈层平台的不同类型及其开放水平。如上面访谈内容中所说，信息流通所经由的圈层越开放，其信息延伸得就越广。而其实这些圈层传播平台开放程度主要受两个条件的制约：一是圈层的类型；二是圈层的搭载平台。就本书涉及的几种互联网平台，MSN、QICQ 是面世时间最早的一类社交平台，网民使用范围最广、频率最高，因此它最能够影响与促进圈层间的交流互动；而相对厚积薄发的微博与豆瓣，或者是以上豆豆所提到的抖音，这些社交平台他们只需通过"主动关注"与"好友推荐""兴趣小组"等功能，门槛较低且使用率较高，因此利于圈层间的交流互动。而人人网小站等社交平台因其交流方式和使用人群的局限性，在实现圈层间交流互动的难度相对较大。

三 从线上走向线下的圈层间传播

与线上圈层间传播相似，线上线下圈层间传播的前提条件，就是至少在线上和线下之间存在着一个互动分享的交汇节点。网络语言在圈层化的传播过程中，通过线上与线下的互动分享进行传播，频繁的线上互动会使得圈层个体发生进一步的群体分化——即发展为线下的熟人关系，使得那些具有更多共同属性的用户更容易聚集在一起。再者，在分化后的小圈层内，圈层个体们会更加倾向于共享圈层间的内容，也就是说，线上线下互动会通过圈层分化间接影响圈层间的信息传播与内容共享。

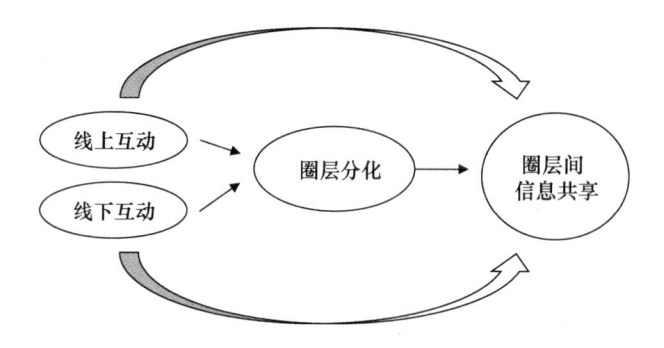

图 4-2 从线上走向线下的圈层间传播示意图

例如一名叫阿文的青少年受访者，他自称是一位"资深"游戏爱好者。他在访谈中表示从线上圈层走向线下，大多都是为了做更深入的交流或者纯粹是受个人好奇心等感情方面因素的驱使。他说在他们玩的游戏中有一种常见的类似"帮派"的群体，他们称作"游戏工会"。这个工会经常会帮助他们举办一些线下交流见面会，但通常都会跟游戏中各"帮派"寻求意见并统一后，再决定是否为圈内的成员提供这样一个面对面的交流机会。阿文谈到这里，说：

"线下行为活动的开展，是有利于我们更加熟悉平时和我们本来就关系不错的网友们的，这样一来我会跟那群人更熟悉，互动也会比从前更加频繁了啊。"（阿文，男，23岁）

和阿文有类似经历的是另一位受访者，她叫薇薇。她是一位某游戏爱好者，出生于2001年，是一位新潮但又有点"宅"的"00后"。薇薇谈到自己原先在线上游戏圈层时的状态，她说：

"我最早是在微博上的一个博主那里得知了有一个游戏粉丝群，于是就私信那位博主把我加了进去。进去之后，群里大概有230人，大家在里面七嘴八舌……但久而久之，在群里待一阵子，你就会发现，在群里聊天说话的，总是那么几个人……"（薇薇，女，18岁）

被问到在群里都会聊什么的时候，薇薇说：

"我们在群里平时每天讨论游戏里的剧情、游戏攻略、官方发布的游戏活动等。不过有时候也会讨论一些别的，比如跟我特别聊得来的鬼鬼，起初是因为她发了一个'跳舞'表情包，这个表情包是当初某饭圈的一种语言，也算是一个'暗号'吧，我就立刻反应了接了鬼鬼的梗，她也超吃惊的，竟然大家玩过一个圈子！不过可惜的是，可能那么大的群里也只有我俩涉及过饭圈的表情包和一些暗语，群里的好多妹子竟然也问我们那些表情包是什么意思，纷纷投来感兴趣的目光，我和鬼鬼就干脆给她们从里到外解释了个

第四章
圈层化：互动聚合与青少年网络语言传播

遍，还翻出了以前很久远的帖子跟一些舞蹈视频、弹幕解说……现在群里好多妹子在我们科普下，也开始用我们的"语言"（表情包），不过大部分还是主要以大家喜欢的这款游戏为主啦。"（薇薇，女，18岁）

薇薇表示后来在群主的号召下，这个粉丝群举办了一次活动，薇薇也报名参加了，她聊到这次面见，她说：

"当然报名啦。这么好的机会去面见这群在网上聊得来的好朋友，生活中见了就有更多的话题啦。我们约在了一个漫展，正好鬼鬼、我，还有好几个妹子都在一个省份，所以来去高铁也很方便呢。起初……我们见面的时候，虽然有那么一丢丢的尴尬，但是很快在漫展上买起了本子，一起和实时的游戏 coser 拍照，很快就融入在一起了，算是找到了'线上的感觉'吧。"（薇薇，女，18岁）

薇薇说这次的面见让群里"总是那么几个讲话"的她们更加熟络起来，慢慢地她们几个关系好的小伙伴们自己建立了一个小群，薇薇说现在的大群已经几乎没有人说话，"一片死气沉沉"——是薇薇对大群现在状态的评价。所以，圈层分化所带来的一个后果是分化后的小圈层互动变得更频繁。对他们来说，从线上走向线下活动的开展，有利于圈层间的个体培育出熟人关系，增加他们的社会资本，他们线下互动得越频繁，他们之间所建立的信用度就会越来越高，他们就会积极参加其他人发起的活动，也会表示更愿意与圈内的人分享信息。[1] 这样一来，他们无法顾及原本线上之间的互动，相比之下线上的频率就会降低，他们之间的交往也会完全呈现出"圈层化"的趋势。

因此，在互联网圈层内、圈层间传播的时候，在上述传播的真实写

---

[1] 周君杰、左美云：《线上线下活动、群体分化与知识共享的关系研究——基于虚拟社区的实证分析》，《中国管理科学》2012年第6期。

照下，信息在基于线上的圈层内传播、延伸于线上的圈层间传播以及渐渐从线上走向线下的圈层间传播时都是合为一体的，它们彼此间是相互促动的，这也使得其信息在互联网圈层之中流通时，具有多样化的路径形态组合，并且也有传播过程中的选择与复杂的效果作用机制。

第二节　互动聚合：网络语言"圈层化"的传播机制

人们对于一种非正式群体的选择与参与主要基于自己情感的好恶，他们通过参与非正式群体来满足情感需要这一既定事实，使非正式群体往往比正式群体的凝聚力要高得多。一个小众文化圈层里，每天可能发生着刷帖子、在相关兴趣小组讨论的事情。无论是发泄情绪还是浏览他人的帖子，这无疑形成了一种日常的行为习惯，这种频率甚至会超过日常生活中的互动。所以，长久以来，这种圈层内部便会十分团结紧密。

Tiffany 是一位来自饭圈的姑娘，她也是"90 后"，与她访谈交流的过程十分默契愉快。她表明自己是某歌星的"脑残粉"，她也表示自己经常会去看自己偶像的各种演唱会，关注偶像的社交软件和实时动态。她说自己除了追星好像对别的事物也没有那么感兴趣，她平时大多上网也都是看与偶像相关的新闻，结交的朋友大多也是都是饭圈的小伙伴们。所以，对 Tiffany 来说，她很明确自己定位在哪个圈层，访谈中她说：

"很多人也会在生活中觉得我很'脑残'，用'脑残粉'来叫我跟我的小伙伴们，或者说我 idol 不好之类的，我不想理会，因为那些人我真的是一句话都不想跟他们交流，本身追星就是你情我愿的事情，就算不喜欢也不用反应那么大吧……我只能说跟那些人是永远也聊不到一起的了……"（Tiffany，女，24 岁）

第四章
圈层化：互动聚合与青少年网络语言传播

Tiffany 也聊到了一些她在学习外语的故事，她说为了偶像所以学习了一些外语，平时大家在网上聊天也都会使用一些中文翻译过来的网络语言，那样让她觉得跟偶像的距离更近了，她说：

"对我来说真的是很喜欢自己的偶像啊，学习的外语的原因主要就是，很想听懂一个人说的话，这个人就是他啦！……总而言之，学习外语之后帮助我第一时间看还没来得及汉化的视频剪辑什么的，也能懂一些外语论坛上的资深饭的梗，很棒啊。"（Tiffany，女，24岁）

所以，当人们感慨着网络语言如神马、有木有、给力等在侵入他们网络生活的同时，不妨想一想，那些还只是网络上的"大众网络语言"，而真正那些小众化的网络语言背后所存在的小圈子、小众文化圈层还存在着更独特性的用意。这些独特的网络语言也就成了该圈层中一个辨别身份的无形标准。前面说的 Tiffany 代表的就是她所在的"饭圈""粉丝圈"在与别的文化圈如二次元圈等文化圈层之间，在交往过程中可能存在的"文化碰撞"，以及一些磨合的真实心理感受。不论是由于兴趣爱好所带来的差异，还是各自拥有着不同的价值观念、使用的话语风格等原因，实际上来自两个不同圈层的他们总是无形中带着一抹"区隔"去进行交往，他们把自己定位在一个属于自己的小众圈层里，说着自己的语言，心理上有着对自己身份的认知，于是就会有意无意地去把自己同别的圈层的人区隔开来，成为与其他"圈内人"相对的他者，形成自己的圈层。

这样的区隔是否就完全无法"入侵"呢？Tiffany 讲述了她的另一个故事。她一直学习 Marketing 专业，平时也是以做市场调查为主。她说自己因某次契机选了一门课，课堂上要求分小组做报告，报告的主题是做时尚服装专栏。当时她跟几个陌生的小伙伴分组在一起。她说：

> "当时大家分到一起做这个 project，我也不知道自己能不能做，感觉大家很难统一意见。直到那一天，我在群聊里发出一张自己很喜欢的搭配发在群组里，想询问可不可以作为参考，另一个妹子立刻说她很喜欢这样的搭配！当时真的是心里特别开心，觉得竟然有人跟我一起喜欢他……"（Tiffany，女，24 岁）

虽然 Tiffany 和她朋友来自不同圈层，但可以看到，相比于以往被学者们视为研究重心的圈层这一相对静态的社群聚合现象，与其他各个文化圈层之间的寻求认同相比，建立具有互动关系的圈层才是占据了之前访谈中所提到的 Tiffany 以及后面所要提到的其他几位受访者的主要活动。他们从刚开始的"入场"——"随便看看""随便聊聊"，到偶遇其他"志同道合"的"同好"，并完全由自身好恶与否开始热情推荐他人"入圈"——或"驱逐"他人，再或是每天上固定社交网站如弹幕、贴吧，进行报到、聊天等成为"习惯"，他们在潜移默化中接受了各自圈层的活动过程与规则，并在其中与他人建立了互动关系。由此，不难理解为何有的受访者会认为无法给出"进入某个圈层的真正标准是什么"的答案，因为这个答案即是在无法精确的互动传播过程中。

事实上，无论是 Tiffany 谈到的进入饭圈、粉丝圈层的一系列准则，还是各个文化圈层内部的规则，对圈层内部及"圈外人"而言往往都是在潜移默化的圈际传递中获得的——观察身边先行者的行为、语言、活动是学习并熟悉圈层内部规则最常采用的方法。这种观察既包括了对明示规则的了解，也包括对圈层内部"潜规则"的熟悉。这是他们在融入圈层时最需要学习的内容，也是接下来所说的"圈层化"传播的核心内容。对于这样无法有标准答案的问题，从与青少年们的访谈中可以明显地感受到，互动聚合便是网络语言完成"圈层化"传播的核心特征。

网络传播是一个由传播者与受众共同实现的信息传播过程，它是一个受众主动选择媒体、使用媒体的过程。随着社会的个性化、多样性的强烈需求，以不同受众群体作为目标定位的新媒介出现在视线中，媒体的功能越发细化，分众传播的规模越来越小，网络语言传播的结构和格局也同时发生着改变。学者弗朗索瓦（Francois）在1985年便指出了新媒体技术具有"分众"的功能，并提出："新媒体决定了片段化、分众化的观众。人们相互认同的基础往往是他们的兴趣爱好、学历、他们的社会背景以及他们所处的社会地位等方面的相似性，双方（愿意）互动才是这种认同机制最重要的基础。"[1]

彭兰通过研究发现："当互联网日益普及时，互联网中存在着'社区'。"其实美国学者霍华德（Howard Rheingold）早在1993年就提出了"虚拟社区"的概念，并发表了相关著作《虚拟社区：电子疆域的家园》[2]。虚拟社区依赖于网络这种虚拟空间有一个重要的特征是社区有一个明显的边界，就宛如一个个的"圈子"，每一个个体都会以意识、行为、利益的共同性来构建自己的"圈子"。

在亚文化体系下，基于以上所存在的"圈层化"传播现象，网络语言不仅是一种综合的网络文化现象，也是一种综合的社会现象，它正以一种潜移默化的方式影响着人们的价值取向。因此，本书分别从使用与选择、建构、扩散三个层面对网络语言在传播过程中的"圈层化"现象进行分析。

一 "圈层化"传播的内容取向：网络语言的选择

根据学者盖尔德（Gelder Ken）的界定，亚文化群体是一群拥有特定的兴趣和生活习惯，他们以共同对身份、行为以及所处的地域而在某些方面呈现出非常规或边缘状态的人群[3]。可以发现，拥有共有的兴趣

---

[1] 彭兰：《网络传播与社会人群的分化》，《上海师范大学学报》（哲学社会科学版）2011年第2期。

[2] Howard Rheingold, *The Virtual Community, Homestanding on the Electronic Frontier*, New York: Addison-Wesley, 1993, p. 5.

[3] Gelder Ken (ed.), *The Subcultures Reader (2nd Edition)*, London and New York: Routledge, 2005, p. 1.

我说故我在：
青少年网络语言生活方式研究

爱好是构成亚文化群体的重要前提和最基本的因素之一，诸如摩登青年、光头仔等亚文化代表性的族群，他们都是某种程度的边缘化的群体。

来自二次元御宅族圈的王萌萌，是一个典型的腼腆的"90后"女生。她钟情于玩弹幕。说到弹幕，她表示进入高中时代的她第一次接触弹幕，是在高二的时候。在班级同学的推荐下她打开了弹幕网，她回忆道：从屏幕划过的弹幕像子弹一样发射出来霸占了屏幕，打开贴吧，发现小伙伴们都在讨论"弹幕"，一时间弹幕的帖子充满了我的网友圈。那年的暑假是我与弹幕的第一次邂逅，充满好奇心的我渴望和朋友们一起加入这个"新世界"。

对于弹幕，她对其第一印象并不太美好，这样的"第一印象"可能也是许多人对于这种新鲜模式的印象，觉得"乱七八糟地什么都看不清了"。然而，受身边朋友们的影响与不断推荐，她发现身边原来玩贴吧的小伙伴们都换场去了弹幕网站，她开始尝试去使用弹幕。平日里和大家谈论弹幕上的语言和好玩的事情，使她意识到弹幕这种新的模式充满了新鲜与无穷乐趣。她喜欢这样的传播互动方式，她乐在其中。

王萌萌作为一位动漫爱好者，平时的日常生活大多也是在B站观看动漫，参与弹幕讨论。在弹幕传播的过程中，所有如子弹飞进弹幕的语言以碎片化的形式呈现在她的眼前，弹幕里形形色色的评论让她更加喜欢这种模式带来的快乐。她说：

"从我第一次到后来的无数次参与进弹幕的讨论，弹幕使得越来越多的人加入这个圈子，有时候我用心感受这种前所未有的观影体验，这感觉就像……真的有许多的小伙陪着我。"（王萌萌，女，25岁）

另一位受访者小江，出生于2002年的他，是一位新潮的"00后"，中考刚结束的他已经是一位"准"高中生了，他戴着一副黑框眼镜，性格开朗阳光。在访谈中，小江回忆起他的小学时代，他说自己和同学之间聊天聊得最多的就是《七龙珠》《悟空》这样的热血动漫，里面环环相扣的剧情吸引着他和小伙伴们。他谈道：

"我当时虽然爱看动漫，但其实班上绝大多数男同学还是更爱打游戏，但我真的是打不好，而且玩游戏有的还需要买点卡、买装备，要花钱的游戏我家里也不会允许我玩的，所以慢慢地我就不怎么玩游戏，反而迷上了看动漫，有了一群爱看动漫的好朋友。"（小江，男，16岁）

小江说，最早接触动漫的时候，他是因为常常一个人在房间里看电脑，他习惯一个人找一些有趣的东西打发时间。在家里他有一台属于自己的电脑，他的电脑里存了各种类型的动漫。小江回想起自己刚接触动漫时的心情，他说：

让我印象最深刻的就是小时候我特别钟爱看一些拥有"主角光环"开挂的剧情，当然了……小时候的那份崇拜现在的我看来是有点傻，但是那时候就觉得主角怎么这么牛气哄哄、所向披靡。现在我也看很多热血动漫的新番，但是我更喜欢从前的剧情——那种主角一步步慢慢变强的励志热血的动漫，现在一些从鸡肋变得超强的剧情让我"累觉不爱"，我觉得现在再去看小时候看过的动漫，心情一定很不一样了……（小江，男，16岁）

小江和王萌萌一样，他们都喜欢在弹幕网看动漫，这是他们主要在网络上活动的场所，小江说：

"我有时候找不到资源，也会去贴吧里找，或者发帖求资源。很快就会有小伙伴们给我私信发云盘链接，很方便的。我在贴吧里也遇到了好多志趣相投的人，跟我一样也有刚中考完的在家闲着的，我们每天一起等剧情，刷帖子，不亦乐乎啊，呵呵。"（小江，男，16岁）

和小江同年的一位姑娘名叫楚楚，她称自己特别喜爱用"网络词语"给自己的QQ分组，例如"鬼畜组""发糖组"等。但作为一位长年驻扎在贴吧的"资深吧友"，楚楚说她最常活动的地方还是"陆地吧"，只因为她喜欢上了一个组合。当她在访谈过程中说到这个组合，便能强烈感受到楚楚"两眼放光"的即视感，被追问道："你是在追星吗？"她毫不犹豫给出了肯定的答案：

"当然是啊！虽然我觉得我并不是传统意义上人们认定的'脑残粉'，但也绝对算是个'死忠粉'了。"（楚楚，女，16岁）

楚楚平时爱逛贴吧，不管线上线下都下载了很多照片、壁纸，贴吧、QQ群、微信群无一不有着楚楚的身影，她说：

"手机存到内存不够那是家常便饭啦，我这些图不仅仅来自贴吧，还有各种微信粉丝群，五湖四海的小伙伴们一起分享截图，半夜集体'修仙'给偶像点赞的都有，这是我们共同的爱好，也是我们共有的资源呀！"（楚楚，女，16岁）

共同的兴趣构成了圈层的核心与纽带，也决定了各圈层的边界。因此，一个个圈层就如同一个个兴趣"圈子"。不同的兴趣构成了不同的"圈子"，如上面所提到的二次元圈、弹幕圈等。毋庸置疑，各个圈子内的传播方式会通过他们各自的兴趣爱好、价值观念、话语模式、社会关系等形成，这并非是一蹴而就的。由于他们之间的信息传递以及交流时网络语言的用语习惯等，这样一个基于拥有共同兴趣爱好、价值观念的圈层为他们完成网络语言"圈层化"的传播这一持续过程提供了一种行之有效的路径。

二 "圈层化"传播的自我定位：网络语言的建构

每个人建构的身份宛若圆心，所展现的圈层成了圆心的辐射和外延，圈层内部和圈层之间有着很明显的层际与界限。由于个体身份的差异，这种圈层之间的阻隔很难侵入，或是说不容易"被打破"。因此，在同一个群体中所构建的圈层中语言具有垄断性，他们主要在特定的网络虚拟空间交流。

在南京某大学化学材料学院就读的 Megan 是一位有着典型理科生思维、高"双商"的女博士。她出生于 1991 年，处女座，与她交流中能感受她谈吐幽默，性格开朗。聊到她平日的兴趣爱好，她说自己大多时候喜欢阅读各种领域的书籍，周末时间爱好做一些瑜伽运动，也喜爱社交网络上的社交活动。对网络语言十分熟悉的她，特别偏爱使用她专业所在的一些词汇语言。她所在的圈子大多是"海龟"或者是"博士"圈，也就是人们所熟知的"学霸圈"。通过访谈，可以了解到 Megan 最早接触的网络社交平台是 2007 年使用的 MSN，但是她提到使用得较少，不仅因为当时网络使用并不方便，而且她自己所在圈层的朋友们大多集中在微信、Ins、Facebook 等新兴社交平台。

谈到网络语言，Megan 表示在平时聊天或者学习工作中使用不多，大部分都是线上在虚拟网络、社交平台使用较多。她自己谈道：

"我在使用网络语言的时候，感觉有一种'圈子化'交流的倾向。我在大部分聊天的时间里，特别喜爱用一些表情符号，起初是一些类似颜文字这样的风格，觉得十分新鲜、神奇。我喜欢用表情符号来表达自己的开心、难过，觉得用语言符号表达比文字更贴切。"（Megan，女，25 岁）

我说故我在：
青少年网络语言生活方式研究

在聊到以"颜文字"为代表的表情符号类的网络语言时，Megan 说自己的圈子有一种特别的"流行语言符号"就是他们本专业的语言内容：

> 我们特别喜欢用一种化学符号相互调侃。比如过年期间，在我们班级的微信群里，大家互相用化学符号来拜年，例如"福禄双全"等，又或者一系列的、用我们化学元素表达的如"本宝宝多虑了"这样的流行语言。（Megan，女，25 岁）

她认为，这一类词语大概也只有他们本专业内的或者混迹于一个圈子的人才会懂。她提道：

> "我也有发到朋友圈里，大家都会问我'这是什么鬼？求解！'然后我就会跟他们解释，觉得显示一下自己化学专业词语的高大上，也有一点点小小的虚荣感呢！"（Megan，女，25 岁）

然而，在她科普这些语言符号的过程中，总是有一些人会认为她在故意"卖弄"自己的专业知识。在 Megan 看来，她认为这些人不懂他们语言符号的乐趣所在，所以，在她分享传播或者跟朋友们解释的时候，有一些人的反应实在是给自己添堵，感觉解释的过程中把自己原本的积极性都全部打消了。解释给他们也会觉得心累，本来想分享自己圈子里有趣的东西，但是最后总会落得个"更没话说"的结果。在访谈中，Megan 不止一次提到："不是一个圈子的人，不懂的人，我都懒得解释，觉得心累。"不论是线上还是线下的交往，她都是如此，遇到那种聊不到一块的朋友，她在心里就会有"这个人跟我不是一个 level""get 不到我的点"的想法，也是无形中内心形成与他们"无形的界限"。

前面所提到的受访者小江在访谈过程也有同样的想法，小江谈到自

第四章
圈层化：互动聚合与青少年网络语言传播

己特别感兴趣的、有印象的流行语时，他说：

"大概因为自己一直跟比较年长的哥哥姐姐一起玩耍，所以诸如杯具、666 这些流行语我都多少知道一些。现在不是特别流行嘻哈 hiphop 吗，太酷了吧简直！"（小江，男，16 岁）

从小江的访谈中，他表示现在的网络流行语很多都是从一个人、一件事衍生出来的，在他自己使用这些网络语言的时候，他也只是抱着"好玩"的态度才去使用的。小江说如果自己开始说某些网络语言了，代表他一定是知道这个网络背后所隐藏的故事，或者说掌握了某个梗，他才会去用。就算不知道，只要是他感兴趣的，他都会去微博搜索了解一下。

受嘻哈节目的影响，小江自己也开始接触嘻哈音乐，晚上去听表演，他开始接触那一帮比他年龄都大一些的玩嘻哈的人群，他说：

"和他们在一起感到特别释放自己，很多人不懂嘻哈，觉得嘻哈很吵、是一个边缘的音乐和人群，但是我们不在乎这些，我们创作的过程是大家灵感迸发相互碰撞的过程，特别有意思，不需要别人懂，咱们开心就好。"（小江，男，16 岁）

其实，在与不同圈层交流的过程中，遇到"懂"你的人、聊得来的人是"可遇而不可求"的。所以，各个圈层之间寻求认同的过程是十分艰难的，尤其是遇到特别小众化、专业化的圈子。从 Megan 和小江的案例中不难看出，因为女博士本身所处的圈层就是一群受过高等教育，并且一定意义上，她们都是拥有一定社会地位与影响力的群体。而小江所在的嘻哈圈更是小众中的边缘群体，他们唱着 punchline，他们不在乎世俗的眼光。所以，即使是从线下转到线上网络交流，对他们这两个群体来说，他们所形成的圈层或是建构的身份认同实际上仍只是还原了真实生活中圈层"社会关系"。网络语言的交流更是依旧秉承着他们的风格，因而形成了与外界一道"无形"的区隔，并很难"被打破"。

三 "圈层化"传播的互动聚合：网络语言的扩散

网络语言在选择与使用中很容易建构各自的圈子，因而在扩散的过程中就理所当然地会与别的文化圈层进行互动聚合。来自南京某所高校的大一学生小叶是典型的"95后"，她混迹于粉丝圈，长年驻扎百度贴吧。小叶主要的交往平台集中在QQ，她很少使用微信，觉得"那是上年纪的人才用的社交软件"，她周围的小伙伴们也都是使用QQ较多。在访谈过程中了解到，她平时大多集中在粉丝贴吧里交流，并且常常会出现一种圈层内部和不同文化圈层之间"掐架"的局面：

> "我们都有自己各自喜欢的idol，但恐怕各自价值观的不同，我们在一些语言表达、行为举止上确实可能难以沟通，有时候初衷是好的，但是聊着聊着就会变成互相听不懂、互相鄙视到开始开骂的局面。尤其是面对不同的文化，在交流的过程中，我们三次元的'饭圈'与动漫的'二次元'圈互相看不起，我们嘲笑他们二次元执迷于虚拟人物，爱讲一些听不懂的语言；'二次元'圈又总是说我们'三次元'的idol长得丑，语言表达幼稚可笑。说实话，就是聊不到一起。"（小叶，女，20岁）

一方面，某些在别的圈层看来无关痛痒的一些"鸡毛蒜皮"的小问题会引发另一个圈层内部难以想象的激烈争吵；但是往往对外的时候，它们又会表现出一种格外的一致性，所以当外部对该文化圈层进行攻击的时候，圈层内部的分歧、"掐架"会很容易被消解，立刻形成一种一致对外的姿态。这样的一个圈层就像是化学上的一个原子的组成，内部电子相互排斥，而当外界有原子靠近时又能在"紧急情况"紧密结合为一体。

第四章

圈层化：互动聚合与青少年网络语言传播

通过调查发现，网络语言在扩散过程中的"圈层化"传播会表现为存在于各文化圈层之间的互动聚合。例如1997年出生的二次元动漫爱好者小六。当初结识小六便是因为他对动漫圈感兴趣，因此很快就在访谈过程中兴奋且熟络了起来。在访谈的过程中，可以了解到他是一个比较宅的男生，所以性格上有些内向，自认为有一些"闷骚"，为人谦和友善，语速很慢。在整个访谈过程中，他都十分配合，访谈进行得也很顺利。他表示自己平时经常喜欢讲一些喜爱的动漫梗，比如"那个男的的声音怎么和皮卡似的"，但是因为身边许多人听不懂，渐渐他也不怎么说了。在他忍不住想说的时候，他又会在想到这个梗的时候先询问"你有没有看过海贼王"，然后再判断要不要用梗。问其原因时，他说担心遇到别人尴尬的场面，也不想多费口舌去解释那些不确定别人感不感兴趣的内容。他清楚地知道能与自己建立共同话题的人必定也是处在同一个动漫圈层的小伙伴。因此，在小六回忆起初中时候，他说：

"当时有一起看动漫的同学，我觉得和他们之间很有共同话题。当时，只要每周四动漫一更新，大家便会约着一起看，也会互相推荐新番。后来上了大学，惊喜的是，有一次在宿舍日常生活中会说一些自己特别喜欢的二次元圈语言，聊起来简直太畅快淋漓啦！"

（小六，女，20岁）

前面提到的楚楚所处的"陆地夫妇"圈，她表示虽然她所在的圈层很多人"萌"这对，但是一些粉丝却不以为然，他们互相看不起对方，他们对把这两个人"捆绑"在一起的行为感到厌恶，楚楚回忆起说：

"最初因为贴吧很多妹子会写关于'陆地'的文，对我跟和我一样喜欢'陆地'的小伙伴们来说，这当然是福利啦。每天'窥屏'多少次都看不够，而且我们都觉得'养肥了再看'比较好，哈哈。但是有的人非要在贴吧里发帖刷存在感，我们就觉得无语了，你不爱看就不要看啊，大家各自有着爱好的圈子挺好的，但她还非要在'陆地'吧明目张胆地刷，不是找说么。后来发现这个人还是一个经常在陆地吧签到、留言的ID，吧主一气之下直接封了她的号。"（楚楚，女，16岁）

除此之外，与楚楚体验不同的来自抖音圈的豆豆，她认为"拉人入圈"这种事情纯粹就是依靠各个圈层之间的互动，她认为抖音圈的语言风格是自成一格的，男女皆爱把"小哥哥""小姐姐"这样的称呼挂在嘴上，有的小视频也会使用一些圈层特有的社会悖语手势，久而久之就贯穿于各个圈层，延伸发展出一种属于他们自己的一些惯用语。豆豆说：

"抖音里来来去去就是那几个圈子的人一起在互动、在玩，他们拍摄小视频配上手指舞，或者一些可爱的动作，下面的评论也无非就是小姐姐太可爱啦！小哥哥还缺女朋友吗？这样的话，已经很有一套属于我们自己的语言了。"（豆豆，女，20岁）

因而，一旦将本书中的互动聚合这一关系视为网络语言"圈层化"传播的核心特征，很多问题便会迎刃而解。所谓的互动聚合，便是在传播过程中建立相对稳定的关系，所以尽管不同圈层之间的语言风格、语言内容不尽相同，但是只要通过这些互动关系便可以自由地活动于各个文化圈层，反之亦然；又由于这种互动聚合关系在网络语言"圈层化"的传播中占据核心地位，所以不与圈层中的其他人建立互动关系，就很难真正进入一个新的文化圈层，也很难与他人融入一起。至此，之前弹幕圈的王萌萌所提到的只是单纯地"发弹幕语言、在弹幕签到等活动，这些都不能算是真正进入了弹幕圈"也可以得到解释，因为没有互动聚合的关系建构，就不存在网络语言所谓的"圈层化"传播。这些受众在情感的推动下于网络虚拟社会中际遇，借由各自所感兴趣的圈层这一中介，他们一方面用语言表达着自己对该圈层喜爱的情感，另一方面通过网络语言与他人在圈层互动，并在互动聚合中彼此传播，寻求认同，互相确立相互间的关系，进而建构起不同于其他互动方式的"圈层化"传播。

第三节 文化认同：网络语言"圈层化"传播的表征及意义

从文化研究的视角出发，网络语言传播过程中形成的圈层本质上就是一种亚文化社区。从概念来看，亚文化是"一种亚系统——更大的文化网状系统中的更小、更为地方化、更具有差异性的结构"。因此，圈层文化是社会整体文化中的小众文化，圈层的形成取决于圈层中个体之间的相互认同——一群人有着相似的兴趣爱好或者文化认同，能够通过共同的、特殊的话语体系来寻求认同，确认彼此的身份建构。因此，网络语言的"圈层化"传播机制可以通过文化认同为基础的亚文化体系来表征。

一 文化共享："仪式化"符号展演

基于文化研究的视角，网络语言"圈层化"传播中所表征出文化意义下的仪式化的文化实践是怎样的，它在关系建构过程中又产生了怎样的新型社会交往模式，以及对实现文化意义下的社会聚合所产生的影响，包括所建构的新"亲密共同体"的社会意义都是需要去解决的问题。那么，带着这些问题可以进一步了解这一群青少年在圈内圈外所表现的语言行为等各方面的变化。

正如前面所说的 Megan 这位受访者，她谈道：

"我在平时聊天或者学习工作中，总会特别喜爱用一些语言符号来代替文字，起初可能是一个表情，认为十分新鲜、神奇、可爱，喜欢用表情符号来表达自己的开心和难过的心情，我想很多时候那些是文字不可能替代表达出来的一种情绪。"（Megan，女，25岁）

Megan谈到表情符号，她说她所在的专业圈因学习化学专业的原因，他们总是会使用一些赋有化学元素内涵的语言符号：

"学校今年举办迎新晚会，我们学院就用化学元素'Zn'来代表'迎新的新'，在校园拉起了横幅。许多我们学院的同学看到都觉得这个创意十分棒，也有很多一下子反应不过来的同学在我们的科普下也了解了其中含义。我们在朋友圈等应用上宣传迎新海报的时候，各个不同学院的同学互相转发，越来越多的人了解了我们海报运用化学元素的用意所在，真的是感到很开心哪！"（Megan，女，25岁）

因此，网络语言中一系列的专业语言符号能够使得来自不同文化圈的人们产生互动与认同，Megan与她的那些同学在朋友圈宣传、科普的过程实际上就是对他们圈层专业语言符号"仪式化"的符号实践，他们在这一种"文化共享"中产生"文化认同"，并不断延续下去。

与此相同的还有来自二次元的王萌萌同学，她不止一次地说到她的圈子有各种各样的语言符号，每当她打开弹幕，总能看到各种各样的语言带着"新来的"或者是别的圈层的小伙伴们体验弹幕观影体验。除了她自己喜欢做"生肉字幕""科普弹幕"这些，可以说，在不同的弹幕频道都有着代表不同文化意义的语言符号，每天他们都不约而同进行着仪式化的符号展演，王萌萌回忆说道：

"在鬼畜栏目，小伙伴们就会对着视频打着'hhhh''好魔性'

第四章
圈层化：互动聚合与青少年网络语言传播

'前方高能''我已经报警了'等弹幕；在电影栏目，小伙伴们就是发一些'弹幕需谨慎''前方高能预警''女主和男二才是真爱！2333'，最常见的就是恐怖电影频道，总有人刷着'富强 民主 文明 和谐……'社会主义核心价值观，打着弹幕护体的旗号，让人又害怕又想笑……我喜欢在弹幕上看电影的原因大概主要是因为我发现这与电影院里看电影不同的是，在弹幕网站，我自己更像是嗑着瓜子去一边观看一边享受着各自小伙伴们的吐槽，有事没事看到'新人'一些'求知帖'还会自己作回复呢！除此之外，打开音乐频道，满屏的'霉霉最棒'刷满了屏幕，因为我也很喜欢霉霉这位歌手，所以看到弹幕上兴趣相投的小伙伴总是感觉非常开心。"（王萌萌，女，25岁）

从王萌萌的话中可以感受到：当大家齐聚于网络里，二次元弹幕圈语言符号彼此感染，将快乐传染到屏幕前的每一个朋友。不论是"空耳好评""镇站之宝"还是"23333"……这一系列文化符号实践丰富了所有小伙伴们的观影体验。屏幕上形形色色各种各样的弹幕语言符号布满其中，可以说，总有一条会与某个人的思想产生"碰撞"，总有一条弹幕能够说进某个人的心坎或是勾起他人的回忆。

前面所提到的受访者小江，作为一名"表情包技术宅"，他在网络上通过"表情包"进行其圈层的文化共享，并通过各种类型、各种风格的"表情包"文化符号来互动分享给他人。如小江在访谈过程中介绍的那样：

"无论何时何地何种情形，我都特别喜欢发表情包。不管什么情况下，有时候语言说不出来的时候用表情包代替是一件极好的选择。对我来说，表情包、颜文字大概是我平日里圈子交流中最常使用的一种网络语言。"（小江，男，16岁）

我说故我在：
青少年网络语言生活方式研究

小江特别说到了因为春晚而火起来的那幅漫画衍生出来的一系列表情包，访谈过程中也特地拿出手机展示，并解释道：

"这其实已经发展成好几个不同系列的表情包了，现在好多人嫌打字麻烦，直接用字符来代替这句话，但我们玩表情包的一看就知道，这最初就是来源于一个漫画。虽然这是春晚节目里的，但我觉得特别搞笑，它来源于广大网友的脑洞啊，感觉网络语言堆砌起来的春晚也没这么'不好看'了，有时候在生活、学习里还真挺好用的。"（小江，男，16岁）

除此之外，同样是"00后"的楚楚在"演绎"圈层的经历时同样用了不同风格的文化符号，楚楚回忆说道：

"在'演绎'吧，我们最早都没有现在贴吧里常说的'队友'或者'圈子'这样的语言，而是更习惯用'坑友'这样的话来代替。现在'坑友'这个词，好像已经渐渐淡出贴吧的视线了吧，但是这代表了我们那批最早在'演绎'圈混的人啊。"（楚楚，女，16岁）

追问楚楚"演绎"究竟演出了什么的时候，她表示有些"心累"，所以干脆当即打开了手机展示了她许久没有登录的"演绎"号，找出一个帖子并解释说：

"'演绎'，大概就是楼主会给出一个故事的背景与主要人物介绍，然后写出一段铺垫，这个铺垫可长可短，算是给出一个故事的开头吧，我们都把这样的帖子称作'茶水楼'，我们就是一个个'看客''喝茶'的，然后再看着别人参与其中续写这个故事，或者直接自己参与到写手的工作中去。但是一般如果故事背景太长我

根本就会失去想看的兴趣，我喜欢直接'演绎'、直接开始'修仙''升级'的那种。"（楚楚，女，16 岁）

楚楚所展示的"演绎"圈有着明确的各自演绎者的个性，他们的语言文字是他们独特的文化符号，这也直接为后面各个"茶水楼"中各位"坑友"的关系建构作了铺垫。彼此有共鸣的，便相互交流分享，为其谱写新的符号并延伸展演。正如抖音圈的豆豆所说的"小哥哥""小姐姐"一样，这些就是他们特有的文化符号，是这个圈层才会有的符号标识。

"在游戏圈突然崛起的某游戏是现在广大少女追捧的游戏，这个游戏无须任何技巧，画面唯美，故事精彩，几位男主人公都很帅气。"来自游戏圈的熊猫如是说道。熊猫是一位 1998 年出生的小姑娘，她现在还在念大学，课程不是那么繁重的她，称自己现在唯一的爱好就是刷游戏了。她说：

"这个游戏里的李满足了我对男朋友的所有幻想！实在太喜欢他了，喜欢每一张卡面，喜欢每一个约会情节。除了……我是一个非洲人之外，每天只能看着微博'超话'里'别人家的'，只有羡慕的份了。"（熊猫，女，20 岁）

以上访谈过程中所呈现的一系列"仪式化"的文化符号实践实现了该圈层各自个性的彰显，也为后面进一步的圈层关系建构作了铺垫。这些访谈资料表明，这并不影响不同文化圈之间产生共鸣、建立关系，它反而是能够架构起自各个文化圈语言符号标识和精神寄托，促进和完成各个圈层间的互动聚合。

二 文化认同："对抗联盟"关系建构

正是因为各自文化圈表现着不同文化意义下的语言符号，所以总能发现他们在各自符号展演过程中存在着一种特殊的关系建构。他们本身有着不同的文化认同，因此在交往关系中总是无形中就加上了"圈内人"和"圈外人"的标签。与此同时，圈层之间也必然存在着联动和结盟，这在其他文化圈层之间也会表现出一种对抗与联盟。

来自二次元圈的王萌萌再一次诠释了她所在弹幕文化圈的联动和结盟，那是发生在她高中时代的事情，但是她在访谈中说到这段故事的时候，仍是两眼隐约闪着感动的泪花，她说：

"每次弹幕的互动都会让我充满动力，那会儿面临高三最后一年，大家在弹幕相约要一起努力好好为高考奋斗。还有小伙伴们想了些口号鼓励我们这些高三党，比如'6月9日让我们相聚于此彻夜不眠！'，还有诸如'弹幕族高考党们一起共同努力奋斗'这样的一些话语，这些对当时的我来说，是赐予我无比正能量的语言，这些都给了我更好的动力去学习，让我和那些二次元的'战友'们一起在学海里战斗着。"（王萌萌，女，25岁）

可以看出，那个时候的弹幕变成了王萌萌和那些小伙伴们的交流工具，一条条暖心的弹幕陪伴她在高三奋战中无数个深夜的孤独。在高考结束后的暑假，她几乎天天泡在弹幕网与二次元伙伴交流，每天聊动漫，聊暑假生活，聊大家向往的大学生活，大家所去的城市等。她回忆道：

"也许当时就是在弹幕的影响下，我觉得自己不管遇到什么事情都要第一时间在弹幕上分享，开心也好，难过也罢……再后来，在收到高考录取通知书时，我分享在网络上，我的那一群弹幕好友纷纷发来'贺电'对我表达了真诚的祝福。"（王萌萌，女，25岁）

第四章

圈层化：互动聚合与青少年网络语言传播

前面所提到的游戏圈的熊猫，她就回忆起当时和三次元"直男"还有饭圈吵架的过程，她说：

"我们群里一个妹子特别喜欢玩LY，然后微信头像、背景啊都是LY的壁纸，LY春节搞活动限定，每天要分享爱情幸运签到朋友圈，分享了之后竟然和朋友圈的'直男'吵了起来，其实也很气啊，那些男生自己找不到女朋友，还要怪游戏里这种虚拟的'纸片人'，真的是蛮可笑的，不懂有什么好讽刺挖苦我们这些玩家，不懂就闭嘴好了啊。"（熊猫，女，20岁）

熊猫说游戏圈自己内部也会有"对抗"的情绪，比如春节限定活动一出来，男主各家粉丝就因为官方限定卡牌的"不公平"引发了微博超话骂战，各家振振有词，每一家粉丝都紧密团结在一起，虽然是一个游戏的四个主人公，但仿佛就像衍生出了四个派别一般，场面极其壮大。

同样，来自粉丝圈的受访者Cassie，她主要混迹于贴吧，并且大多也都是集中在粉丝圈的几个重要的、感兴趣的贴吧里交流，因而她对于别的文化圈可以说是完全"无感"，甚至有时候会产生抵触情绪，她在访谈中提到：

"在贴吧里看到一些别的圈层来'捣乱'的内容，我都会留言并告诉他们：'小学生快回去做作业吧！''现在老师作业布置都太少了吧？'这些吐槽大多来自于我们这些'真爱粉'，我们看那群不懂这个圈的'脑残粉'不爽，有时候就会去那些说他们的帖子里吐槽并长期灌水，顶帖。"（Cassie，女，21岁）

说到这里，她有些激动，她举例了某年夏天的一件事情，说某明星在高铁站被粉丝无秩序围观，最后导致正常行走都非常困难，视频里他双手合十说"求求你们了!"的无奈引发了她所在的粉丝圈的又一轮十分激烈的"世纪骂战"。在聊天中,她不止一次提到"脑残粉""真爱粉"这些具有身份标签的网络语言,她说:

> "起初我们只是觉得大家都喜欢同样的 idol,默默支持看着他好就是了,可是没想到有些粉丝的举动如此疯狂,打扰到了 idol 的正常生活,这就是'脑残'行为,与他们'撕'可谓是家常便饭,可能在他们的认知里'脑残粉'也是粉丝的一种吧。"(Cassie,女,21岁)

以上 Cassie 所说的"脑残粉"和"真爱粉"是粉丝圈层中最常呈现出的一种对抗联盟的关系。虽然她在访谈中并未作出详细说明,但是如果对他们在"真爱粉""脑残粉"之间所聊的内容作出细节方面追问的话,在 Cassie 所处的圈层之中必然存在一位掌握话语权的意见领袖。此外,从微观层面可以了解到,这其中确实存在一种横向结构和纵向结构所表现的对抗联盟。他们通过借用对方的文化内容及表达方式,并对之进行反讽从而达到情感宣泄和文化抵抗的目的。然而,这种对抗最终反而会建构且强化了被抵抗对象的身份认同。所以,这一现象也意味着:这不是各个圈层存在的不同风格导致了不同圈层之间的对抗联盟,而是由于某些时候这些"对抗"因素建构了特殊的圈层文化风格,并强化了圈层内部及圈层之间的认同。

三 文化延续:互动聚合"新模式"

基于以上对网络语言传播过程中"圈层化"表征出文化意义下的文化共享、文化认同,我们发现,若从文化的视角来看:正是依赖于受众群体的情感共建,以及建立在此基础上的群体认同和传播过程中的互动聚合,他们构建了一种新型交往模式——"文化共同体"。

来自某游戏圈的熊猫,她现在的微信名称就是"L 太太",她说:

第四章

圈层化：互动聚合与青少年网络语言传播

> "当初因为无意加到 LY 官方群认识了一帮小伙伴，后来因为特别喜欢李这个角色，所以选择加入了李专门的一个粉丝群，里面虽然大家彼此称呼是'情敌'，而且我们都来自不同地域，有还在念中学的，也有孩子的妈妈，但这不影响我们共同喜欢这个角色，共同玩这个游戏，共同分享各种有趣的图，所以说，与其说我们是'情敌'，但其实我们是一群志同道合、情比金坚的'L 太太观光团'，我们啊，个个关系都特别好。"（熊猫，女，20 岁）

实际上，在圈层之间相互进行各圈层文化延伸分享的时候，正如熊猫所形容的那样：

> "任何圈子都是这种'圈地运动式'的以自我为中心主义发展的圈层，稍有不慎就会越来越往狭隘的方向发展。为同一爱好聚集在一起，是为愉悦身心。到头来有的圈子争得个面红耳赤，非得说个是非黑白，意义何在呢？我只想赞美我们的行事风格，为我们自己点个赞。"（熊猫，女，20 岁）

同样来自该圈层的乔乔，是一位"00 后"，她同样热爱玩游戏。她说当时与熊猫以及其他"L 太太们"相识便是因为一起"入了坑"。她说：

> "那时候刚开始玩这个游戏，其实只是因为过关的时候觉得有点难，想在贴吧里看看攻略什么的，结果就看到了一个"L 太太应援"的微信号，于是就加了群主的微信，让她把我拉进去，后来加了进去就认识了一群可爱的小伙伴，我们聊的内容也不仅仅是游戏攻略，我们也喜欢吐槽官方的一些剧情设定，当然最多的日常就是一起讨论自己的本命啦。"（乔乔，女，18 岁）

我说故我在：
青少年网络语言生活方式研究

乔乔提到游戏圈的一些专用术语时，她回忆了一件事情，说：

> 春节的时候叠纸官方公司搞了一个春节限定的活动，但是游戏里明明有四个男主，却对每个男主有很明显的差别待遇，有的就有 ssr 卡，但我们的就只是个 sr 卡，约会剧情还写得那么不走心，简直就是对我们玩家的不公平！（乔乔，女，18 岁）

乔乔说，她和小伙伴们平时在群里就喜欢用"情敌"来互相称呼，这次的春节限定活动一发出来，顿时群里就一片呼声。乔乔描述说：

> 当时大家很火大呀，因为各家都是心头好，可是也不应该差别对待吧。很明显有的就是"亲儿子"，真的是对我们这群老阿姨不公平啊。（乔乔，女，18 岁）

从乔乔的语言里了解到，她所说的"亲儿子"就是指待遇比较不错的游戏男主角，而被"骗"的 L 太太们，结合游戏里的环境和她们喜爱的男主的设定就是一群"老阿姨"。乔乔说因为这件"不公平"事件，她们纷纷抱团：

> 我们后来就决定一起去投诉叠纸客服，痛诉这种不公平的行为，毕竟我们都已经是"向日葵玩家"，怎么着也要给我们些游戏福利吧。还有一些 L 太太实在是不服气，直接抱团在游戏最多人的时候挤爆了服务器，逼得他们不得不给予我们后台奖励之类的。虽然心里一开始会小不痛快，但大家一起挤服务器、一起吐槽，感觉真的是一起在维系我们"L 太太应援团"呢！（乔乔，女，18 岁）

不管是熊猫还是乔乔，他们有属于自己独特的圈层处事风格，也有着他们各自圈层的"暗语"——专属语言，他们所处的"L 太太"圈层就是他们所建构的新寄托"共同体"，他们大多来自不同的文化圈层，很多时候对于别的文化圈的内容都有一个从排斥到接受的过程。可以确信的是，他们以共同兴趣爱好、情感交流为前提的交往是十分重要的，在文化意义下表现的文化分享与情感共建促进了他们间的互动聚合，在圈层结构下表征出一种文化意义下的"同质性"与社会身份的"异质性"，建构了一种文化意义下新兴交往模式中的"新共同体"。

除此之外，比如来自御宅族圈的小钟刚刚完成本科学业，开始攻读硕士研究生。22 岁的他疯狂热衷于二次元特有的"仪式化"线下活动 cosplay。他说自己是一个"以圈自居"的人，更多的是在线上线下的 cosplay 活动中践行着各种各样的语言符号，完成圈层间的互动关系。访谈时，小钟谈到自己从线上走向线下的 cosplay 活动，后来渐渐变成一种与线上网友的见面行为，这也是在与小钟访谈过程中一个值得关注的问题。他聊到自己第一次见面：

> 他是一个……在 cos 圈和我很聊得来的一位朋友，我们叫他师傅吧，他也这么叫自己。我们当时一同看到杭州举行漫展的活动通告，那时候就想着，与其一起在网站里看直播，不如一起相约着到那个城市看现场，岂不是更有感觉。（小钟，男，22 岁）

抱着那样的心理，小钟与他的网友师傅便相约来到了杭州漫展，小钟表示：

> 我当时还是有些紧张的，毕竟是第一次"见网友"嘛！但是当时漫展的气氛很好，人也很多，我隐约听到一个男人的声音喊我的"名字"……循着声音我看到一个个子与我一般高，长相清秀的男生，当时虽然那是一个"素未谋面的陌生人"，我却有种"我们好像在哪见过"的感觉。（小钟，男，22 岁）

我说故我在：
青少年网络语言生活方式研究

  小钟回忆起那天的场景，他说刚开始他和师傅在一起，都相互自我介绍并调侃了一下，然后就陷入了一阵尴尬的沉默里。后来等漫展正式开始，便缓和了许多。他们进入场次，各自看到平时网络上讨论的热门cosplay等表演秀，他们一下子就聊得热络了起来，仿佛彼此是相识已久的老朋友，与平时在网络上一样聊得十分投缘。我们从访谈中了解到，同样是一位来自cos圈、御宅族的宅男、被小钟称为师傅的人，却是一位还在服兵役的"90后"军人，性格外向。但正是这样一位无法从职业和外表看出他是"二次元"的人，他却和小钟一样，也是一位十足的"cosplay迷"。从小钟的描述了解到他时常在日常生活的闲暇之余看cosplay的视频或自己购买的杂志，虽然由于工作性质原因他无法来杭州经常参与线下的cosplay活动，但是线上的关于cos圈的讨论他从不缺席。

  通过比较他们这两位活动在同一圈层的却完全生活在不同处境的两个人，师傅虽然与还在念大学的小钟有着明显不同的社会身份，但这并不影响他们彼此圈层间摩擦产生出的文化共鸣。小钟访谈过程中所提到的与师傅进行的见面这一行为，实际上是给网络虚拟世界中的圈层增加了现实社会中互动的机会，而现实世界中的互动反过来也会进一步促进网络虚拟世界中仪式化交往行为在文化意义下的延续。正如前面所提到的，他们各自能够通过共同的文化分享与认同架构延续文化意义下的"同质性"与社会身份的"异质性"。

  总之，网络语言"圈层化"传播过程中表征出了各自不同的话语模式及文化实践，这些仪式化行为在文化实践中暗示了文化身份认同和文化共享，在关系建构中文化意义下的"同质性"与社会身份的"异质性"则建立了强有力的凝聚力和高自由度的新型关系，体现出了一种极具张力的圈层互动交往新模式，进而构建一种文化意义下的"新共同体"。

第四节　圈层化交往：网络语言对
青少年生活方式的影响

　　随着网络技术与媒介不断融入青少年的日常生活，人们的传播行为也表现出符号化、仪式化、圈层化、共享化等形态特征。网络语言的圈层传播方式会通过青少年各自不同的社会地位建构出的身份表现出明显的差别。由于他们之间的信息传递以及交流时网络语言用语习惯等，相同文化圈层的人们会逐渐在同一圈层交流，而不同文化圈层或不同背景、不同层次的人们则会趋于分离，从而形成不同文化的圈层。从访谈案例与观察结果来看，网络语言在不同圈层中的传播过程表现出明显的受众区隔趋势，在这种"圈层分化"下的传播方式会打破固有的大众传播时代时空结构与文化规则，并通过媒介进行分享互动，实现一种跨越空间的远距离交往和超越时空的近距离聚合。一方面，这样的传播更好地促进圈层中的群体认同、社会互动与社会聚合；另一方面，网络语言背后的圈层传播也实现了"新"亲密共同体的建构。也就是说，当你选择一种网络语言进行交际时，实际上就是选择并认同加入该圈层所代表的生活方式。

一　"不是代际，是圈际啊"：以兴趣与情感建立圈层关系

　　访谈过程中，和楚楚一同前往的还有楚楚的同学 A。楚楚说 A 是她从小玩到大的朋友，因为父母经常在一起玩所以他们也常常待在一起。但是毫不夸张地说，A 从外表看来能分辨出她是"二次元圈"的女孩，日系动漫的宽松 T 恤、动漫书包、贴满动漫元素贴纸的手机和手机壁纸，在访谈最初，A 就会时不时蹦出："我才不需要更多的情敌！""你们都妄想了解我们圈子的事情，不过反正你们也听不懂。"楚楚对于这样的情形，说：

我说故我在：

青少年网络语言生活方式研究

> A 原先在没有接触动漫的时候，我们几个玩得好的朋友觉得还好，后来，楚楚开始迷上了二次元动漫，我们就彻底"友尽"了。A 说的话我一个字都听不懂那是家常便饭，在开始的时候还会想问问 A 说的是什么意思，但是你也看到了，她那个"拒人于十万八千里"的态度，我也真的不想问了。（楚楚，女，16 岁）

除此之外，楚楚说她特别反感一些二次元特有的聊天风格，如：

> 你看我聊天就很喜欢发"哈哈哈哈哈哈"这样一串，但是他们喜欢发"hhh"这种，我就会瞬间失去想继续跟他们聊天的积极性，一般看到这个我是真的不想理，有点太高冷了吧，况且我又没有真的想要搭理他们。而且就像 A，其实他们也清楚咱们不是一个圈子的人，所以说白了就是有点聊不到一起，无所谓的，不然真的在一起玩还需要随时准备一个小本子做笔记，一些"术语"一点都不知道的。（楚楚，女，16 岁）

令楚楚印象深刻的一件事发生在"演绎"贴吧。当时楚楚因为迷恋写古装的"演绎"故事，所以她在贴吧开了个坑，而正是在她"演绎"的那篇"坑"里，她的"坑友"发生了与二次元圈"撕"的事情。楚楚说当时下面跟着很多别的贴吧小伙伴进行了各种不同形式的发展，从宫斗到政斗、宅斗、江湖、魔幻……然后就混入了一个二次元圈的人。然后就出现了"LL"的剧情：

"LL"算是民间俗语，也是 CP 圈常用的词语，专指那些思想守旧的人，他们在儿女婚姻上大包大揽，硬是把一堆没有感情基础的男女撮合在一起。而我对"LL"一词的理解是"粉丝强凑"。所以当时那个二次元圈的楼主在演绎一段时，就出现了这样的情节，大家纷纷评论"竟然有这对 LLCP，心疼××，××粉请自重，不要倒贴！"而二次元圈的楼主表示无语，说："在别人演绎贴里 KY 也是嘴欠啊！""一群人

KY什么啊（白眼）"就这样你一句我一句，大家用各自圈里的语言对骂了起来，到后来回忆起来大家都不关心演绎的文本本身，而是变成了一个"撕"帖。

在询问楚楚"KY"是什么意思时，楚楚说：

> 我那个时候也不明白啊，因为这是一个二次元才会用到的词语，并不是他们演绎圈的用语。后来才知道，我对ky的理解，大概就是指那些不懂气氛的人，只知道在旁边瞎说，不知道看气氛、看场合就乱讲话……大概就是因为俩圈老撕，才让我们了解了这些别的圈子的话吧。（笑）（楚楚，女，16岁）

对于这样的"交流不通"的堵塞现象，楚楚说："有粉丝的地方就有江湖，不懂的人就赶快跑路吧。"她对"R圈"没什么兴趣，有时候"R圈"的语言，他们的想法给楚楚一种"绝望""怀疑人生"的感觉，她认为自己并不是不能接受别人有"自己独特圈子，说着独特语言"的风格，相反，她觉得反正大家现在都萌着各自的东西，互不影响挺好的，楚楚给出了这句话：

> 不必强融，有"圈际"划分清楚也挺好的。（楚楚，女，16岁）

访谈者Anne，1993年出生，是一位在读硕士研究生。她从学生时代就十分喜爱看动漫，在整个访谈过程中，她回想到自己刚开始接触网络语言的情境：

> 我上初中那会，QQ开始流行了，接触到网络的时候就接触到了现在所说的网络语言。因为同学还有身边的朋友们（同龄人）都适用，用了之后觉得交流起来更开心、更轻松，所以就常常用那些词语。最长使用的词语有很多啊，比如呵呵，酱紫，汗……现在

我说故我在：
青少年网络语言生活方式研究

还有好多都在流行的吧。（Anne，女，22岁）

而这其中，动漫中的网络语言的使用与 Anne 特有的生活方式是分不开的，网络虚拟世界在她的日常生活中占据了十分重要的地位甚至曾代替了她所生活的现实世界。Anne 的生活方式非常宅，算是常说的"宅女"吧。她喜欢这种宅着的生活。学生时期的她也没什么朋友，不仅仅是因为同学们爱取笑她"结巴"，还因为她并没有找到"志同道合"一样喜欢动漫二次元的同学。所以，放学了她会回去看看漫画书，也没有别的交际活动。当时她家里并没有给她配备手机，而且平日里用电脑也是限时的，所以她跟一些网友联系主要就是通过网络，例如在贴吧、QQ 群等社交网站上的短暂交流。

在 Anne 看来，网络语言的功能并不仅仅是聊天时与圈层间朋友们的谈资，网络语言的选择与"圈层化"传播正是表达并影响了自己的某种态度与人生观。同时 Anne 也强调，虽然经常在网络上、聊天的时候跟朋友们会发"2333"这样的语言，但是这些语言的使用也是要看场合的。换而言之，她会策略性地选择网络语言来调整她与其他文化圈层受众之间的距离和关系。

对 Anne 来说，无论线上还是线下，总是很难遇到一个"知音"。所以，比起在现实生活中交流的"碰壁"、失败，她更愿意选择直接在网络虚拟世界的社交媒体中直接筛选、甄别出那些同样爱好动漫的小伙伴，并与他们建立深厚的友谊。这种以兴趣和情感为核心建立的圈层关系，让她感到更欣慰与幸福，这样的关系也早已经远远超越了现实社会交往无法达到的默契。

二 "这就是我的生活方式"："圈层化"交往与日常生活

小雨是一位很喜欢占卜的女孩，当回忆起她的学生时代，她说自己在大一、大二的时候，宁愿一个人看书，也不愿意过多去与他人结交。她说原来的她并不能容忍与别的圈子的人交流，正如前面 Anne 的案例

第四章
圈层化：互动聚合与青少年网络语言传播

可以发现，比起与父母长辈之间那种传统意义上的"代际"沟通，让她更惧怕的是朋友之间存在的"圈际"，这会让她产生强烈的挫败感与失落感。她说：

"高中时候我和另外两个朋友，我们仨玩得特别好。三个人之间会来往通信，但是她们俩特别喜欢看动漫，之间也会有很多关于漫画的话题。然而我有时候真的看不明白，也插不进去话，毕竟自己完全不懂嘛。所以和她们聊天的时候，慢慢地常常感到我和她们不在一个'频道'，有那么一丢丢的尴尬。"（小雨，女，23岁）

后来小雨临近大学毕业，偶然间得到了一份在上海实习的机会。那时的她刚刚经历失恋，她认为自己需要再一次的"重生"，需要重新定位自己的圈子，重新找到自己的生活方式，她回忆道：

我是真的觉得要重新改变自己，之后的我不管是与朋友间的交往，还是说与父母之间的关系，都因为我内心一点点小小的改变与期待变得好起来了。从那时候，我就不止一次地告诉自己，我的心情、我的状态、我所结交的人、我现在所在的圈子决定了自己的心态和生活方式。（小雨，女，23岁）

后来大学毕业后的暑假，她第一次学习了塔罗，这个变化让她觉得自己"性情大变"。现在的她偶尔也会给身边好友"占卜"，她生活的圈层间有着"天书文字"般的网络专业术语，但对小雨来说却是极其有趣的学问。因为可以看出，她在生活方式上的转变和她所处的圈层是完全分不开的。

前面所提到的访谈对象楚楚，她说自己第一个玩的贴吧就是"演绎"吧，她说自己玩了两年多，最后还是决定"退圈"。楚楚说，并不是自己没有时间玩，而是真的觉得有些"心累"。比如前面她说到的演

我说故我在：
青少年网络语言生活方式研究

绎帖子，她自己从一开始就追随并演绎的帖子还有很多，尤其是她说有一个演绎帖，她跟着楼主已经达到了拥有超过五万多回复的成就，楚楚说到这儿的时候，手势比着"6"说着，"真的很6666啊……"但是她说后来封楼了，有楼主自己"弃坑"的原因，也有在里面捣乱的来自别的圈子的人的原因。虽然楚楚现在已经很少出现在"演绎"吧，但是现在她仍时不时会去看看溜达一圈。对于演绎，楚楚给出了自己的理解：

简单来说，就是角色扮演，是一种网络兴起的文字游戏。我也是在同学推荐的基础上进而了解了"演绎"的存在，而且初涉网络世界的我一下子就迷上了这种"网络游戏"，我们在"演绎"中需要融入自身以外的一切事物，注入情感文字表达，体验自己的想法的过程。

楚楚说当时她自己也有参与到"演绎"中来。当时的她由于还没有开始混迹于贴吧，所以她说自己写的故事大部分都是别人"架空"好的，接下来挑选自己喜欢的人设和情节进行下一步的"演绎"，楚楚"演绎"的时候大部分都会选择"古装""修仙""穿越"等铺垫，她说这也是一种生活——她"思想里的生活"。她用文字去描写，用感情去体会，不同的演绎剧本背后都能够演绎出不同的角色，但塑造的往往都是演绎者本身的内心世界。楚楚说那会因为学习的原因，她也弃坑了，没能写下去，但是回忆起来还是记忆犹新。

楚楚说她在演绎吧的时候最讨厌的文风就是"傻白甜"的"开挂"文风了，因为在她看来，她觉得真的很无聊而且看了好难受，因为生活中也不可能有那样"开挂"的人生，甚至"主角光环"的剧情。楚楚说她身边有同学却很喜欢那样的风格，比如他们觉得"人生苦短，何苦为难自己"，所以他们特别支持"傻白甜"的存在，但是楚楚觉得那种实在是太愚蠢了，楚楚说在生活中也不喜欢那种给自己"傻白甜"

第四章
圈层化：互动聚合与青少年网络语言传播

定义或者本身把"傻白甜"当成优点的女生，她觉得跟那样的人相处真的是好心累。

现在的楚楚即使混迹于饭圈、粉丝圈，演绎圈对她的影响也是不可小觑的。当时她在演绎贴吧养成的习惯现在依然存在于她所在的"L饭"吧、"陆地"吧。她说自己现在只是没以前那么爱发帖子了，但是生活中平时没事，自己也会动手写下一些演绎"小说"，只不过她现在不再发在演绎贴吧了。楚楚认为原来她在网络上写演绎也是在网上打发时间的一种东西，从开始对演绎的一窍不通，到后来专门了解演绎贴吧的大大小小再到后来的十分投入，她觉得自己是"聊着聊着就入戏了"。她说生活对她也是如此，所以有时候大家说的"人生如戏"大概就是她所理解的生活。只不过她写演绎的时候是在网络媒体上演绎，把她自己生活体验甚至生活中的东西不断扩大。所以，对楚楚而言，演绎就是她生活本身，生活就是换一种方式演绎。不管在虚拟还是真实中，在网络生活里的演绎是文字游戏，看的是文采；在现实生活里，更多的是她本身的情绪。因此，不难看出，演绎已经对楚楚的日常生活方式产生了改变与影响。

和楚楚同年的"00后"小江说自己从前和别人聊天时，特别喜欢用"呵呵"，他的理解是表达自己觉得这个搞笑，才会给对方发一个"呵呵"。但后来随着时间的流逝，"呵呵"的意思被曲解成了"冷漠"，小江笑着说：

> 哈哈，现在知道不能随便乱"呵呵"了。也是因为我比较在乎网络上的用语吧，所以现在即使网络世界如此发达，人们能在网络上自由言论，但我也始终坚持我最初的想法——就是不要去"顶针"某个想法，也许"关你什么事"和"关我什么事"能够解决人生80%的烦恼，但是我真的非常讨厌网络上那些自以为是的"键盘侠"。（小江，男，16岁）

小江在网络上的状态便是时刻秉承着"不做键盘侠"的宗旨,他唾弃那些在网络上咄咄逼人的语言,他认为很多时候"此时无声胜有声",在网络上的他是这样做的,生活中他亦如此。

三 "我只爱陌生人":网络虚拟社会中的"亲密关系"

一般意义上,对于网络的亲密度进行划分的时候,人们普遍认为亲人、朋友、陌生人的亲密程度是呈递减关系的。然而,有些时候,信息交流与分享总是打破这个刻板印象。这里就要提到网络亲密关系中经常讨论到的"匿名"作用。传统意义上,人们总是认为匿名性是决定网络亲密关系形成的一个重要因素,甚至是最重要的原因。受访者Anne就说过,自己在现实生活中并没有太多的朋友。她在聊天的过程中,说道:

> 在网上,我们一开始会在固定的动漫贴吧顶帖、灌水。到后来,我会在贴吧上发帖,也会和贴吧里别的ID小伙伴们进行互动聊天。那个时候,大家会聊动漫之外的一些事情,比如学校,比如家庭,比如今天上课遇到的课本里很难学的几何,比如隔壁班的谁谁又和谁谁在一起了之类的八卦……总之,就像青春期的烦恼吧,不开心的事,好像跟他们说出来更容易,不需要有所顾忌,可以大胆说出来,反正都不认识。(Anne,女,22岁)

演绎圈的楚楚介绍,她虽然现在不在演绎吧"混"了,但在演绎吧认识的很多好朋友到现在也还是有联系的。他们大部分都是从陌生人发展为很熟悉的"网友"的。楚楚和他们结识于贴吧楼,某个共同演绎的帖子,或者共同演绎的主线等。楚楚回忆说:

> 当时记得是我跟其他坑友建的一个演绎楼,然后有一个人文风好6、好"恐怖",简直起鸡皮疙瘩了,特别老练。楚楚说那是一

第四章
圈层化：互动聚合与青少年网络语言传播

个演绎宫斗的帖子，他们都被那个人的文风震撼，那个人描画一个宠妃简直令人惊叹，后来得知竟然是一个比他们还小的小学生，简直是目瞪口呆。不过楚楚说，"小学生"这个词之所以现在变得这么敏感，是因为经常会看到演绎帖里会有"小学生快回家做作业""小学生都放假了"这样的留言，其实并不是指纯文字意义上的小学生，而是指一些特别讨厌的用户，大家用"小学生"是觉得他们不成熟。（楚楚，女，16 岁）

来自抖音圈豆豆的口头禅是："不要低头，皇冠会掉。不要哭泣，贱人会笑。"在前面她就介绍过，她在抖音圈除了自己本身美妆圈的小伙伴们，其他都是来自别的各个圈层的陌生人，但大家借助抖音这一社交平台，互相关注、点赞、评论留言"混眼熟"，所以久而久之，他们之间有的相互留了 QQ、微信的联系方式，有的建了微信群，这种陌生人间的亲密关系，豆豆觉得很喜欢，她说：

起初群里就是一片"尬聊"，感觉空气都特别安静。后来，因为我们都是喜欢刷抖音的人，群主就会分享一些火爆热门的抖音小视频，然后让我们群里的小哥哥、小姐姐去录，然后一起刷上热门，可带劲了。比如我刚说的我们跟二次元圈粉丝们的那次"合作"，其实也是特别成功的，而且本来我以为我从来不会接触这种日本动漫的东西，竟然现在在他们的影响下我也会喜欢下载一些里面的歌曲，有时候跟身边的小伙伴开玩笑都会冒出里面搞笑的台词了呢。不过有次我分享我的抖音小视频给我另一些"正经"的朋友，他们可能活在另一个小世界吧，所以他们有的还觉得不太能接受……或者说不太懂吧，毕竟可能有些抖音视频脑洞比较大，思维跳脱也很快，哈哈。（豆豆，女，20 岁）

因此，抖音圈里的这一群青少年，他们不仅是年龄层次下的青少

我说故我在：
青少年网络语言生活方式研究

年,更是指"不愿意或不能够顺应来自社会的角色期待的年轻人的文化",包括不能够或者不愿意扮演"好孩子"或"好青年""好学生"的游离于这种主导文化之外的一种青年亚文化。所以,当网络生活与青少年日常生活越来越密不可分时,就必然会导致这群青少年的社会疏离感。一方面,他们本身的想法或者自身的爱好不容于他人,认为讲出来害怕被别人耻笑,又或是担心自己不流于大众的爱好或者小众的想法被他人知道所疏离。另一方面,这些文化圈层的青少年又渴望得到别人的认可。著名艺人陈某就曾在微博发声:"二次元、三次元本来就没有墙。"这短短的十二个字说进了广大二次元爱好者们的心坎里——那种尴尬的、边缘的、难以融入的、看似平等的亚文化,那种"小众化""圈层化"的语言和群体,他们的传播和他们所选择的生活方式往往都是被忽略、被批判的。但正因为如此,他们比任何人都更渴望"被认同",这也恰恰反映了这群青少年所选择的"圈层化"生活方式的现状。

　　正如布迪厄所指出,在高度分化的社会里,社会世界是由大量具有相对自主性的社会小世界构成的,这些社会小世界就是具有自身逻辑和必然性的客观关系的空间,布迪厄把这些"小世界"或空间称作为"场域"。[①] 因此,本书所研究的圈层也可视作是一个"场域"。在新媒体时代下的人们为了方便满足自己千奇百怪的小爱好,他们也将自己划分在一个个"小场域"中,形成形形色色的圈层。各圈层之间在分化、互动、聚合的过程中展现出特有的传播特征与文化表征。

　　目前,从互联网发展趋势来看,互联网圈层的总体规模、类型正在逐渐"扩张""聚合",它们在传播中所涵盖的圈层成员数量及传播承载的内容流量也正在不断增大,从而有望成为一个新网络语境下的社会信息传播模式。在此基础下,势必又会将传播行为的效果向更深层次演进,进一步诱发圈层传播所带来的传播格局上的演变。这种演变至少体

---

① [法]皮埃尔·布迪厄、[美]华康德:《实践与反思——反思社会学导引》,李猛等译,中央编译出版社1998年版,第134页。

现在三个方面：其一，青少年在圈层传播中由局部松散转而向严密、凝聚、聚合的方向发展，使得圈层传播具备更强的信息话语权；其二，传统大众媒体的作用逐渐被弱化，因而圈层传播、扩散、延伸并反馈已经成为青少年群体中常见的信息渠道，并具备一定的信息价值；其三，互联网圈层传播无疑正在改变现有的大众传媒生态，网络语言的圈层传播既是传统社区在互联网空间的延伸，又充分反映了现代社会结构性变迁中"社会化"动向。与此同时，网络语言在圈层传播过程中的"圈层化"正在铸就一种全新的"圈层化"生存，并且已经逐步成为青少年的生活方式与生活状态。圈层对他们而言就是一个功能强大的信息库，他们在各自所在相应的圈层中各取所需地生存着。

因此，网络语言传播过程中的"圈层化"传播所带来的互动聚合所创造的价值，有时甚至超出人们的想象。尽管来自不同圈层的人群所认同的价值观是不同的，但是价值观之间存在着一定程度的互通与兼容，圈层本身并不应该是彼此互动相连的桎梏。如今互联网的普遍应用，一方面拓展了圈层中青少年的个人知识库与互动范围，使一个个体游走在各个不同圈层边界与其中；而另一方面，当下的自媒体时代赋予了圈层个体不同的网络虚拟身份，青少年通过在不同圈层、不同场合赋予自身"新角色"，并通过网络语言带动了圈层间的互动聚合，由此完成网络语言圈层间的"圈层化"传播。

第五章　关系泛化：新差序格局与青少年网络语言传播

网络语言不仅影响了青少年的语用规则和表达习惯，还影响了青少年人际交往行为和关系建构策略。

互联网对青少年原本的交往形态有所突破：首先突破了交往时间的局限，使同时段、多对象的交往成为可能；其次突破了对交往空间依赖，使虚拟交往和远程交往成为可能；最后突破了交往主体的身份限制，使多身份、多连接成为可能。青少年从现实中具有单一现实身份的简单个体变成了具有多重虚拟身份的复杂个体，以自身对关系、信息和情感的需求为出发点，在多个虚拟身份的切换中建立起复杂多样的关系网络。关系的建立离不开语言，网络语言因其简洁性、夸张性、暧昧性与图像化等特征广受青少年喜爱，成为青少年交往中重要的语言素材与讨论议题，也加速了互联网对青少年关系的改变。

在青少年的网络语言实践中，语言泛化现象非常明显，具有关系定位功能的"爸爸""老公"等称谓被广泛使用，具有距离尺度功能的"亲爱的""友尽"等也被轻易发送。这使得一些问题不得不被慎重思考：网络语言折射出或亲密、或对立的青少年人际关系是否真实存在？青少年的网络语言实践与其真实关系状态是相符还是错位？如果相符，青少年是如何发展出这种泛化关系与极端化情感的？如果是错位，这样的语言惯习背后又有着怎样的现实考量？网络语言泛化及其可能带来的人际关系泛化对传统的青少年交往行为与关系格局又有什么样的影响？

第五章

关系泛化：新差序格局与青少年网络语言传播

第一节 可见的"不可见"：网络语言的筛选与泛化

网络语言诞生至今已经二十多年了，从一种被少数网民作为交流暗号使用的、以象形符号和拟声文字为主体的语言，到如今尽人皆知、人人使用的流行语言，网络语言经历了明显的泛化过程。在互联网交往的情境中，网民出于表达需求将生活中的部分语言筛选、吸纳成为网络语言，又通过网络传播成为网络流行语，完成网络语言的初步泛化；流行的网络语言借助特定情境进入生活，完成网络语言进一步的泛化。在这一过程中，青少年既是网络语言传播的主力军，也是受网络语言影响最明显的群体。网络语言以其强势且显著的能量成为青少年交往中的优势语言并影响着青少年的进一步交往实践。

一 网络语言的筛选机制

互联网所具有的身体不在场、陌生人社交和非语境传播的特性决定了网络对语言的筛选机制具有身体化、情感化和情境化倾向，使更适合网络传播的"生活语言"被吸纳为"网络语言"。

1. 身体不在场：动作与表情的虚拟再现

互联网传播却是身体不在场的传播，但身体语言却是现实交往中配合口语传情达意的重要组成部分。为弥补这一缺陷，描述、呈现、展示身体动作与面部表情的语言更容易被网络吸收，呈现出补足式的爆发。

最初，互联网界面是由计算机符号和文字构建而成的，人际交往依赖一个个"聊天窗口"将简单信息呈现在用户眼前。然后，这种灵魂"在线"与身体"在世"的割裂感明显阻碍了网友间的交流，于是便产生了"以符号象形表情"方法来打破这一界限，形成最早的网络语言。早期表情符号简单且基础，如":-)"表示微笑、":-("表示悲伤，只能传递一般的情绪；随着交流的深入，表达复杂情绪成为需求，表情也多了许多延伸形态，如"^_^"表示笑弯了眼睛、":-P"表示吐舌。直到 Emoji（绘文字）出现，将人的表情较完整、系统地呈现了出来。

身体化的表情语言使用有一个逐步强化的过程：当"微笑"不能表示更强烈的快乐时就有了"大笑"；当"大笑"不能表达复杂的心情时就有了"哭笑不得"；当表情无法传达足够的情绪浓度时，身体与手势动作就逐渐被形象化与符号化地出现在了网络中，典型的是以"ORZ"模仿五体投地的跪拜之形；当静态表情和身体符号不能表达出相应情绪时，模仿着经典动作的动图随之出现；当抽象的活动符号都无法填满身体缺席后的表达匮乏时，真人头像便被 P 到了格式图像与动图中成为表情包。

身体表达与身体书写成了互联网时代身体缺席后的逆向狂欢。身体感知是身心二元论之后所倡导的认识世界的方式，以表情包为典型的身体化网络语言为青少年提供了一个具身化的网络身份伪装，承载了他们虚拟身体的试探性进击行为，并为其真实身体的退缩需求提供了安全保障。但表情符号的过量使用，会使其象形意义逐渐淡化、象征意义日益突出。以"捂脸"与"哭笑不得"两个表情为例，其含义已经从最初忍俊不禁的俏皮回应变成了无可奈何与无话可说的不回应。

甚至有人认为，在网络语境的约定下，表情符号和现实交流中的表情已经没有确定的对应关系了，表情符号更像一种娱乐化的图像符号，没有弥补网络文辞在非语言交流上的缺失，反而将其转注为"合法性"存在，进一步强化了网络交流的虚拟感，过量表情符号的使用已经成为信息交流的噪声[1]。如网络交流中的斗图现象，常常背离信息与情绪表达的初衷，成为身体符号狂欢的手段，使用者也从以网络语言满足身体在场的需求转向对多样化、可变动身体符号的展示。

除了作为直观身体补足的符号外，以文字描述身体动作的网络语言也形成了一些常见的模因。模仿计算机和网络管理员语气的指令性语言

---

[1] 赵爽英、尧望：《表情·情绪·情节：网络表情符号的发展与演变》，《新闻界》2013年第20期。

是其中的典型，如"对方不想和你说话并向你扔来一条狗""小李拍了拍你的头说走开"，另外还有对自身动作进行夸张式描述的语言也颇为流行，如"对方笑得在地上滚了三圈"。在表情符号成为网络语言重要组成内容的情形下，直接用文字完成的情绪表达虽然带着些许戏谑，但或许会成为表情符号狂欢之后重拾表达精准度和意义的方法。

2. 陌生人社交：主动且自由的情感表露

互联网传播是典型的以陌生人为基础的社交，主体在没有社会身份的压力下更愿意表露情感，因此富有强烈情绪色彩的语言更容易被网络化。在网络语境中普遍存在的语义磨损致使含蓄的情感表达被刻意曲解或误用，使夸张的身体语言成为情感表达的主流。如"呵呵"作为温和而含蓄的笑声在网络语境下就变成了一种皮笑肉不笑的冷漠和讥讽，需要"哈哈哈哈哈哈"才算传递出快乐的情绪，只有"笑出猪叫"才能表达发自肺腑的大笑含义了。

网络陌生人的交往多基于趣缘关系，在相似特性的聚合下，群体语言对本群体有着强烈的认可倾向，同时对他群体存在强烈的排斥倾向。在进行带情绪的沟通时，交往主体倾向于对熟悉或观点相同的人夸张地展示自己的正面情绪，对陌生或观点相反的人夸张地展示负面情绪。烟卷作为 B 站老用户，见证了不同区域和时段的典型情绪化语言。

> 我以前很喜欢在 B 站看演唱会，弹幕里都是同好，大家在一样的梗上反应类似。2014 那场粉丝整齐地把橙色荧光棒打亮时，弹幕就齐刷刷地被"如果奇迹有颜色，那一定是橙色"刷屏了，感受到了现场的狂热。现在 B 站都是小学生，不看内容直接无脑喷，还有人身攻击的（烟卷，女，18 岁）

生活压力和匿名发言使网络成为用户情绪和欲望的宣泄场所，论坛与弹幕中的"喷子"和"键盘侠"此起彼伏；网络语言也成为表达负面情绪的现成工具。然而，这些富含激烈情绪的语言常常是无的放矢的，语言施暴者未必是正面价值的稳定捍卫者，被施暴的对象也未必是真正的责任人，所有"易燃易爆炸"的个体都被裹挟在一种不稳定的、流动的、强劲的社会情绪中，在一个个微型交往情境中利用跟风式的网络语言爆炸。

情绪化的语言在循环交往的过程中培养出双方强烈表达正向情感的倾向，同时却习惯将对方的语言进行"降幅"处理：弱化对方的积极情绪并强化其消极情绪。访谈对象明明就曾因舍友非网络语言式的情绪表达而困惑过：

> 我约舍友来食堂吃饭，她回复"好的，呵呵"，我就慌了，因为大家默认"呵呵"是有点高冷语气，我一般会用"嘻嘻，好的呢"。后来才知道原来她觉得呵呵就是可爱的笑，我告诉她以后，她慢慢也被我感染了，开始主动说"小可爱，么么哒"一类的话，感觉和谐多了。(明明，女，19岁)

随着网络语言的泛化，正面情绪的语言被消解了部分积极作用，负面情绪的语言也转换为调侃式的协商，并出现情绪拼贴式的语言，如"气死本宝宝了"这种好笑的愤怒、"蓝瘦香菇"这种搞笑的辛酸以及"加油打工人"这种虚假的振奋。这类网络语言既表达了青少年内心对积极生活的向往，又在一定程度上传递出他们对现状的不满，能够有效地排解其负面情绪，起到了社会解压阀的作用。

3. 非语境文化：关系与圈子的情境建立

霍尔认为语言符号不能独立于语境之外，他把人际交往的文化背景分为高语境文化和低语境文化，在不同语境中语言编码和意义传递也不尽相同。低语境文化中的人信任并使用客观来源的、编码清晰的信息来传递意义，他们认为交流是有意义的言语信息的交流，交际者不注意非言语传达的信息，说话者或作者应为交际的成功负责，而高语境文化中的人正相反①。亚洲国家的是高语境文化的，注重言外之意，交流中需要听话听声。

网络交往环境虽然吸收了许多表情、身体与动作的符号，但其他文化与交流信息的缺乏使之远不能成为高语境文化；但在网络论坛与虚拟社群的交流中，又存在许多"不言自明"的交流场景，因此也很难将网络划归为依赖明确语言规则的"低文化语境"。在此不妨将网络交往中的信息传播界定为一种语境不确定的"非语境传播"，交际双方很少能得到语言以外的信息，但语言本身却可以暴露出来的一定的情绪与交往背景。某粉丝清越表示自己喜欢借助网络语言"撩"，寻找不同的同好，一旦对接成功便如同捕获知己一般，去创建私密的新语境进行深入交流：

> 如果叫我"家人"就是粉圈的同好，如果叫我"公子"就是玩伴，如果叫我名字就是现实的熟人了。有一次我发了"今天疯狂被 B 站 XY×Y 大夫的视频洗脑"的说说，有一个人评论说"道长太羞涩"，我就知道他也刚吃完这份粮，就互加了。（清越，女，13 岁）

在互联网这种开放的表达空间和非语境的传播环境中，青少年需要圈子化的网络语言，以便快速地对彼此的关系和文化圈子进行定位，进而进入特定的交流情境中进行交流。基于此，对交往双方关系进行描述的语言、对交往情境进行界定的语言也成为网络语言吸收的重点。

如上所述，以青少年为主的互联网用户基于网络环境的特征与局限，在网络交往中选择性地吸收了身体化、情绪化与情境化的生活语言进入网络情境，并创造了更多具有身体表现力、情绪感染力与情境建构力的网络语言。这些语言在不同的网络情境中被广泛使用，完成网络语

---

① 赵胤伶、曾绪：《高语境文化与低语境文化中的交际差异比较》，《西南科技大学学报：哲学社会科学版》2009 年第 2 期。

言的初步泛化。

二 网络语言的泛化机制

生活语言网络化之后，会和原有的网络语言及新生网络语言一起成为青少年网络交往的语料，在交往中多级传播、逐渐扩散。青少年使用网络语言的动机各异，有学者认为张扬个性、从众心理、娱乐心理、减压心理和抗争心理是青少年使用网络语言心理动机[①]。本书则认为青少年群体中网络语言的泛化传播是基于其补充表达、模仿流行与服从压力这三种需求。

1. 表达需求与语言匮乏

处于成长期的青少年有着强烈的表达需求，却因其敏感而惮于、羞于和家长、熟人进行沟通。网络为他们提供了更私密、更有针对性的表达空间，也因为大量的青少年存于其间，成为他们寻找同类的平台。对当前的青少年而言，虚拟交往而非现实交往是他们表达与分享的主流渠道，他们更愿意将生活点滴与所思所想分享在网络空间中。初中生清越认为哪怕是最简单的重复评论也能使她有强烈的存在感与参与感：

> 我一天要逛很多遍QQ空间，虽然大部分时候没人来看我。我喜欢发一些跟心情有关的说说或照片，或者转发一些沙雕段子，配上自己的"awsl""xswl"一类的评论，简单地表达一下态度，主要是用热门话题在朋友圈刷存在感。（清越，女，13岁）

有限的表达能力和无限的表达欲求使他们对简便多义的网络语言非常热衷：他们用"加一"表示认同，用"围观"表示见证，用"跪了"表示佩服。弹幕加剧了网络语言重复使用的趋势，成为青少年表达欲求的外显景观。社交界面上涌现出的重复网络语言折射出青少年不求甚解

[①] 刘郁：《青少年网络语言使用的社会心理学探析》，《贵州社会科学》2009年第6期。

却踊跃参与的表达热情,也深刻地诠释出青少年用网络语言参与社交仪式的意涵。

当前的视频平台为方便用户发弹幕,还提供了可供用户套用的基本网络语言或句式,迎合青少年的表达欲和参与感,进一步强化了网络语言泛化的趋势。

2. 模仿流行语以简化社交

青少年对流行文化的追捧促使他们使用当时的网络流行语。齐美尔认为人有两种需要,一方面,人们有着求同的需要,希望与自己的目标参照群体保持一致;另一方面,人们又有着"示异"的愿望,希望与等级较低的、自己蔑视的群体显出差距、拉开差距①。青少年同样有自身的时尚需求。网络语言与生活语言的差别能够满足青少年相异于其他群体的差别愿望,同文化圈内的特殊网络语言也能满足群内协作的需求。忙碌的学习压力让大学生灿灿只有很少的时间能用来社交,但网络语言提供了帮助:

> 有人在群里分享一些文章什么的,有时候是太忙了没时间看,有时候是自己不感兴趣不想看,但还是会在底下跟风说"厉害了""还有这种操作?"以显示自己确实看了,跟"点赞式社交"差不多。(灿灿,女,21岁)

流行网络语言的使用是青少年追求流行文化的表现,也是青少年利用流行文化进行交际的方式。青少年的群组相对较多,但社交的时间并不自由。流连于各社交空间中的"打卡式社交"能用更少的时间在许多群里中刷"存在感",使用"现有"网络语言进行交际,也可以减少思考与表达的难度。

网络语言可以减少交往中的语义鸿沟。文化背景各异的个体对同一

---

① 王宁:《消费的欲望》,南方日报出版社2005年版,第63页。

内容可能会出现不同理解，但基于网络语言的大众却是基本一致的。网络语言有利于交往双方尽快对交往内容作出普遍且正确的解释，节省沟通成本。

用网络语言简化社交也是避免冲突的一种方法。许多否定性表达在成为网络语言之后就变成了一种调侃，如在综艺中火起来的"明言明语"的一句："我不要你觉得，我要我觉得"，青少年可以借用类似的网络语言来表达否定的态度，同时不伤害已有的人际关系。

3. 同伴压力下的屈从

同伴是青少年的参考群体，是青少年进行社会化的重要学习对象。通过对同伴行为的学习，青少年会更容易产生身处群体中的安全感。当交往的对象与周围群体频繁使用网络语言时，青少年往往会迫于融入同伴群体的压力而去了解和使用网络语言。寒寒是一个对流行文化不太感兴趣的人，但两年多住宿时光的熏陶使她也能应对常见的网络语言了：

> 我们宿舍四个人有两个刷抖音的，我经常听不懂他们说的话。比如他们说起来"窝窝头一块钱四个，嘿嘿"这样的梗，就笑得跟傻子一样，时间长了我多少也知道了一些梗，有时候还能接上。幸好宿舍还有一个不刷抖音的，不然我肯定也只能沦陷了。（寒寒，女，20岁）

跟着同伴一起接触、学习网络语言，是许多受访者的共性。除了日常生活外，在朋友聚会等场合，是同伴压力最为明显的时刻。若某人说起了某个网络语言，一部分人能积极参与其中并在场景内对其延伸与再造；一部分人结合当下场景大致能领悟其中的意思，却因似懂非懂不敢妄评，只好会心一笑表示自己聪明又矜持的态度；少数不能理解的人尴尬地赔笑，尽力隐藏自己的无知而后偷偷百度；只有极少数不懂的人会当场问出"什么意思"？而多数时候，得到的答案也是"你去百度一下"，整个聚会常因某个网络语言的出现而显现一个个小高潮。

长此以往，不懂不要问成了网络语言交流的群体默契，不懂得网络语言的青少年在聚会常会陷于小尴尬之中。青少年面对融入群体的压力而接受、学习网络语言成为网络语言泛化的机制之一。

三 泛化的网络语言进入日常生活

青少年在互联网语境中出于个体需求而频繁使用网络语言，以至于出现泛化的趋势。这种网络语言的泛化趋势会随着青少年的日常交往进入日常生活中来。对青少年而言，网络语言进入日常生活主要有语言情境嫁接、语言资本竞赛、语言区隔建立三种路径。

1. 语言情境嫁接

网络语言进入日常生活需要语言情境的嫁接。若语境相似，则会引起交流者的文化共鸣，使之将当前语言情境与网络语言产生与流行的诸多情境联系起来，形成叠加的会话语境，使语义在多语境中震荡，拥有更丰富的意涵，从而达到更好的传播效果。刚学着适应网络语言的寒寒对"你懂的"这个词的偏好说明了网络语言在各情境中的可嫁接性是极为重要的：

> 生活中有太多不方便明说的事情，一句"你懂的"就心照不宣了。"你懂的"可以代指双方都能瞬间明白的某个人、某件事、某种逻辑等，拉近了说话双方的距离。（寒寒，女，20岁）

若当前的语境与网络语言所处的常规语境截然不同，则可以通过语言与语境的反差制造出幽默的效果。如在视频弹幕中经常出现的"火钳刘明"，表示在还没火起来的视频中留言以期见证视频变火的过程。在日常交流中，如果有人说了一句有趣的话，旁边有人补充一句"火钳刘明"的话，大家就会想起来弹幕从前者脸上飘过的场景，且能充分衬托出其所说内容的经典性，完成网络情境与现实情境的嫁接。

网络语言的出现使得交际对象能迅速将当下场景与网络语言指涉的场景相联系，形成一种场景共识。在共识下，无论此时使用网络语言是对原场景的模仿还是调侃，都会因双方对叠加情境的理解与共识而形成较好的交往效果。

2. 语言资本竞赛

网络语言也可能以语言资本竞赛的方式进入日常生活。"斗图"是青少年喜欢的网络互动方式之一，许多"图"是网络语言的"图像版"甚至就是网络语言本身。生活中的"段子手"是使用网络语言的达人，也是青少年喜欢的人设之一。青少年喜欢以段子精神来"斗语言"，在交际中展现自己的"逗比"气质与"沙雕"精神，在自嘲中消解压力，在群嘲中赢得众多认可与好感。"正经人"寒寒刚进宿舍两周就在舍友的带动下"斗梗"自如了：

我们平常聊天最喜欢"接梗"。最近的"明言明语"和"恒言恒语"好火，他们都情商低又很刚，我们喜欢故意重复他们的对话，比如"我觉得不行"和"跳，不聊了"等。（寒寒，女，20岁）

"斗语言"的本质是一种以网络语言为内容的话语轮转，是一种以语言竞争为名义的交际协作行为。通过这种行为，青少年一方面积累了语言资本，另一方面也将网络语言纳入生活情境中，从而实现语言情境的转换与接替，完成其意义再生过程。

3. 语言区隔建立

网络语言被看作是一种社会方言，具有一定的区隔性。青少往往属于一个或多个亚文化圈，在日常生活中使用网络语言，一方面使衍生到现实中的虚拟圈子迅速沟通，另一方面则造成不同文化圈间更为严重的现实语言隔阂。

以语C圈为例，语C的QQ群组是较为封闭的，设有较严格的入群

第五章

关系泛化：新差序格局与青少年网络语言传播

验证与成员审核、筛选制度，以保证小圈子的纯净度与正常运作。受访者烟卷在三国正史向语 C 圈混迹多年，以审核者的视角提供了亚文化群组中的语言区隔例证：

> 我们不接受小白进群，除非她文笔不错而且愿意学习圈内的规矩，连戴套、磨皮都不懂的就直接秒拒。正式语 C 群是只能皮上开戏，皮下发言需要戴套，说话也跟平常也不一样，需要模仿群内老玩家的风格。语 C 最忌讳戏内崩皮，在不同的群里一定要说不同的话，闲聊群里就流行语飙起，但上了皮就是三国的某个人。（烟卷，女，18 岁）

而点点作为初三女生，则因为对各圈技能和语言的超强掌握拥有了优越的圈内地位。她不仅是绘圈"大触"、某男团"大粉"，还是网游"王者"与"太太写手"。她认为和语言逻辑不同的长辈或圈外人聊天很尬，以至于连空间都要分组开放，将不同的内容用不同的语言风格来编辑。她曾因不分组为自己和别人带来困惑：

> 我发了自家爱豆舔屏，竟然有人问我什么时候交的男朋友？如果是长辈，我就嘿嘿哈哈打个马虎眼。如果是同学我肯定丢下一句"不解释"让他自己去度娘，这年头不懂不要问是一种礼貌。（点点，女，14 岁）

这种由网络语言进入现实生活建立或加剧的文化区隔日趋明显。网络语言从原来大众化的网络流行语变成层层嵌套的圈子黑话，网络语言成为在分组可见的基础上的另一种分组，是一种可见的"不可见"。因此，在青少年看来，虽然条条渠道都能建立起跨越时空的伙伴关系，但是能否顺畅交流还是与当前身份的相关度和语言的匹配度相关。

— 189 —

第二节　关系泛化：网络语言影响下的关系变化

网络语言泛化导致了青少年的人际关系进一步泛化。青少年人际关系"泛化"主要表现在青少年的人际关系具有多、浅、短、厌四个特征。从关系数量而言，几乎每个青少年都具有庞大且复杂的关系连接，他们的关系结构往往是多种类、多样态、多层次的；就关系深度而言，多数关系并不遵循传统关系发展由浅入深的进程，而是停留在浅层关系中，或者是呈现出"交浅言深"的特殊状态；就关系时长而言，青少年的关系多是由事缘、趣缘所组成的短暂连接，只有很少一部分关系能维系下去并走向固定；就关系中的情感而言，青少年在关系中极容易出现情感厌倦与关系厌烦，脱离某种具体关系的动力较强[1]。

青少年的关系类型，可以有异性关系与同性关系、亲子关系与师生关系、强关系与弱关系、血缘地缘与学缘关系、线上关系与线下关系、熟人关系与陌生人关系、平行关系与从属关系、朋友竞争者与陌生人关系等分类方式。不同于以上基于固定边界的分类，我们尝试从个体文化感知层面来划分关系类型，将青少年的关系分为普遍化的同伴关系、私人化的亲密关系和社会化的权威关系三类。同伴关系主要是指同龄人间或心理发展水平相当的个体间在交往过程中建立和发展起来的一种人际关系；亲密关系通常指的是浪漫关系，在此指使青少年具有亲密感的关系；权威是法律社会学的概念，指主体将控制自身行动的权利转让给他人而形成的一种共识[2]，在此指对青少年有决策影响与榜样力量的群体，权威关系如师生、父子等。

通过研究发现，青少年的同伴关系、亲密关系与权威关系都有不同

---

[1] 徐鹤、郑欣：《关系泛化与差序传播：青少年网络语言使用及其人际交往研究》，《中国青年研究》2018年第8期。

[2] 邵莉、季金华：《权威关系的社会价值与合法性——对恩格斯、帕森斯和科尔曼之权威理论的解读》，《南京社会科学》2002年第3期。

程度上的泛化，网络语言的泛化是关系泛化的催化剂。从一般的交往角度来看，互联网工具与流行性网络语言使个体间与群体间的交往变得开阔、便捷，形成同伴关系泛化的局面；就情感角度而言，社会中的情感解禁与情感表达类网络语言的蓬勃发展，导致了亲密语言的泛滥与亲密关系的泛化；就文化角度而言，社会的文化权威与话语规则从父权、精英权向松散的自我赋权改变，既冲击了传统的集化权力格局，又形成了新的权威个体，导致了权威泛化。

一 同伴关系泛化

当下的青少年拥有更大的建立关系的可能性，一方面现实中的关系能快速而全面地复制到网络中；另一方面，更多虚拟与临时的同伴关系也逐渐产生。集体由实体转变为虚拟共同体，青少年所接触的同质化的群体也在互联网中存在异质化的可能，个体交往也突破了原有现实条件的限制，自由、快速地建立新联系。在青少年的关系中，同伴是极其重要的，尤其是独生子女缓解孤独的重要渠道。网络流行语为异质个体的交往提供了对话的前提与快速熟悉的可能，青少年的同伴关系从关系获致、群组融入群组连接都有了不同的方式。

1. 同伴关系获致：流行语言与新关系建立

在互联网中，主体隐藏真实身份、利用网络语言进行线上互动，能迅速进入表达与交流的状态并获得回应。网络语言让网友在各级网络中都有语言可用："666""辣鸡"等流行语可随处用来"参与式"表态；"谢邀""扩列"等亚文化语成为圈子社交的礼仪用语。说着类似语言的成员可以被快速接纳入群，而群内成员则普遍地被当成同伴对待，青少年的同伴群体获得了前所未有的扩展。

青少年常常利用社交软件把现实关系网络化，在集体活动之外创造更多交流机会，扩展同伴群体。受访者明明作为大一女生拥有的人际关系是在不同学业阶段积累而来的，除各阶段的班级群、学校群以外，还有老乡群、宿舍群、工作群等地缘、业缘所形成的群，还有以贴吧、论坛、QQ群、视频、游戏等网络虚拟社群为起点的同伴关系。明明认为校园QQ群是传统关系呈现的新方式，以真实关系为基础的网络好友更容易产生信任感：

> 刚被录取我就通过贴吧找到新生QQ群加了进去，群里有人发学院群号与班级群号，还没开学就加了各层级的集体，因为比较活跃还成了意见领袖。大家熟悉一点后会避开老师建一个新的聊天群，再根据与某人、某话题的相关度建立各自套层的群组。大家聊天非常活跃，用语也会比平常亲近。（明明，女，19岁）

青少年有时会将线上与线下的关系进行比对、交叉、整合，使线下群体继承线上群组的功能与文化属性。这种整合未必能总是很顺利地完成，因此青少年对虚拟身份的暴露很慎重。他们会通过对潜在交往对象的外貌修饰、用品风格、语言习惯等隐蔽的细节进行考察以确认是否为"同道中人"。一旦确认，交往者便能迅速地就熟悉领域进行深入交流，在现实关系基础上建立一种叠加的关系形式，如"同学+同好""同事+L友"等。青少年期望获得能满足多方面交往需求的同伴关系，使群体中除了网络上随机的试探型连接，还存在一种现实中带着潜在交往期待的加深型连接。Kato喜欢日语和语C，他的目标同伴群体很有针对性：

> 我扩列只是想扩几个可以聊天的朋友，毕竟三次元的我比较正经，二次元的我可能就是个沙雕。三次元的朋友很难理解二次元语C这些，玩得更少。如果三次元的朋友在网名中透露出了相关痕迹，我也会找机会跟他相认的。（Kato，男，18岁）

总体而言，当前青少年在建立关系的过程中，仍遵守着同好相交、异性相吸、礼貌用语等一般的交往原则。网络语言，尤其是流行网络语言使青少年的交往产生了快速熟络、圈子扩大、浅层互动等特征，为青少年建立了更广阔的关系选择空间。泛化后的同伴关系能否更深一层地进入情感交换的阶段，取决于双方进一步互动的意愿、需求与契机，交际主体在之后日常交际中的深度、广度与包容度，是修正网络语言所创建形象与人际关系的关键。

2. 同伴群组融入：圈子语言与亚文化认同

同伴关系的易得为青少年的个体间交往提供潜力，但群体归属感对青少年来说更为重要。个体进群后，通过圈子语言彼此熟识，并在不间断互动中创造新的语言素材，使个体在确认自我身份的同时形成群体认同与归属感。对网络语言，尤其是圈内网络语言的掌握度是影响个体群组地位的重要因素，较好的群体地位有助于开发新的关系。受访者阿洁是 WK 多年的粉丝，曾组织过粉丝应援活动，用粉丝圈的话来说是一个"大粉"。从路人粉到大粉的成长历程离不开时间与精力的投入，更仰赖于圈内语言的习得与自觉的语言规训。

> 我曾经在一条黑博（发布或讨论偶像负面消息的微博）下挂着这个话题怼黑子，结果被对家粉丝截图挂了出来，落下了我家挑衅的口实。粉圈一个大大告诉我带标怼人、撕真名或正面骂都是不合适的。粉圈有许多专业词如捆绑、拉踩、糊等，还有各具体事件所形成的词语缩写，我从不明所以到能熟练使用并没有太久，后来自己还学着慢慢创造一些口号和话题，感觉在这个圈子里越来越自在，也有了一些小粉。（阿洁，女，19 岁）

语言，一方面是身份的标识，另一方面也对身份建构与身份认同有促进作用。阿洁在访谈中提及的"我们家""对家""大大"等词都在某种程度上体现出她对 WK 粉丝群的认可。

不仅粉圈，青少年对任何一个亚文化圈子的融入都与语言密切相关，圈内语言具有一种类似"黑话"的神秘感与聚合感，又有一种类似"术语"的优越感，形成了我群与他群的界限。亚文化圈的网络语

— 193 —

言产生并流行于圈子内部,越小众的圈子产生的语言越难推广开去,在圈子内部却设定很高的要求。许多冲突性的网络语言是用来描述这种局面的,如"对家""隔壁"等,这些词体现出了主体在虚拟网络中建立空间感的诉求,也体现出不同网络圈子的隔离与排斥,文化圈通过对圈内语言的经典化与圈外语言的内部化形成一套自己的完整语言体系。

3. 多身份跨群组:语言模因与跨文化再生

个体间的交往与个体在群组中的融入并不是单向与单一的,而是多身份、多层面的。访谈对象几无例外地表示自己加入了很多"群",少的有10个,多的有上百个群,这些群组能满足群体沟通、接近信息、获得帮助、情感表达与日常陪伴的需求。QQ群、微信群是一种有形、有边界的群组,豆瓣、贴吧、乐乎、知乎等网站则是一种松散的群组关系。个体在某一领域内以单一身份互相关注、交流,却同时在不同的平台拥有多个身份,在身份的自由切换中,青少年很注意交往对象对自己语言风格的期待。对于混迹于多个圈子的清越而言,不同群体的网络语言具有一定的可通约性:

> 我是从粉圈进语C圈的,这两个圈子交叉很多,名人朋友圈开始都是粉丝在玩。我日常C"YJL",这样就可以跟我喜欢的"辫儿哥哥"撒娇了。对戏的时候掌握基本的语C规则就行,相声梗和发糖梗都可以用,这是跨语言壁的玩法,但基础是通的。(清越,女,13岁)

青少年在交往中需要参与到以网络流行语和圈子语言为基础的语言生产中去。语言模因是网络语言生产的主要方式,也是语言跨圈流动的方式。模因是指文化基因,通过语言得以复制和传播,语言模因的传播和复制分为基因型和表现型两种形式:信息内容不变但以不同的形式复制，属于基因型；信息的形式不变但以不同的内容复制，属于表现型①。网络语言模因的基因型传播，如"皮皮虾，我们走"一语以文字、图片、动图等形式出现在不同语境中，而表现型则在于这句话本身就是游戏领域"源龙星，我们走"的变体，且延伸出了QQ空间"皮皮虾，我们走"和音乐圈"皮皮虾，我们走，去找一个男朋友"，以及"皮皮虾今天走不动了"等变体。

青少年的同伴关系在互联网时代存在着无限潜力，青少年利用网络语言不断尝试关系的各种可能性。但区隔仍然存在，深入的交流产生更专门的语言，看似一派祥和的群组中已无形分割出了无数小群体。网络同伴关系中，仍存在关系不适与关系弱势者，也具有关系等级。

二 亲密关系泛化

青少年另外一种泛化的关系类型是亲密关系，与之相对应的是亲密性网络语言的泛化。亲密关系也被称为伴侣关系或浪漫关系，此处所说的亲密泛化并不全是浪漫关系，而是指各种关系类型中普遍具有的亲密化倾向以及在关系中青少年所体验到的"亲密感"的关系，因此亲密泛化也可以说是一种情感泛化。

亲密性的网络语言包括：充满情感的称谓语与语气词，如亲爱的、女神、好的呢；与身体密切相关的动作词，如么么哒、抱抱；亲密关系中的特定话题等。青少年关系中的亲密泛化表现在对传统亲密关系的表达解禁、对浅层社会关系的亲密性表演和对虚假亲密关系的情感消费几个层面。

1. 亲密关系表达：语言解禁与亲密外现

当下中国处于由传统社会向现代社会快速转型的末期，情感也从禁锢内向转向自主开放，个体情感表达的欲望和能力都有所增加。网络语

---

① 高媛：《基于模因论的网络语言》，《湖北经济学院学报》2008年第5期。

言尤其是表情包的出现，提供了许多日常情感表达的模板，从一般的好意传达到深沉的爱的传递，都可以用"爱你"或者相应的表情符号传达，激发出建立新的亲密关系的可能。明明对比了传统情感表达和利用网络语言进行情感表达的不同之处：

> 跟父母说"我爱你"，在生活中肯定是说不出来的。上了大学，亲昵的词语和表情包流行起来，和小伙伴整天都发"么么哒"，也就大方地跟父母使用了。他们很少回复文字，后来我妈不知道从哪里得了许多表情包，会跟我发"笔芯"和"爱你"的图，用表情包会隐藏一下她内心的害羞。（明明，女，19岁）

青少年放宽了亲密网络语言的使用界限，也敞开了亲密话题的讨论范围。越来越多的词语在不同场合中被赋予情色的意味，却在原意的掩饰下在出现在交往中。这是在媒介祛魅的作用下，成人世界不断向青少年敞开的结果。青少年通过网络知悉这些成人世界的秘密，并通过网络语言不断试探身边人的理解程度与接受边界，一方面在同伴中获得更接近成人世界的相对优越感，另一方面也是建立浪漫关系的演练过程。但这些成人化的亲密话题并不是直白的，而是间接的、隐晦的、多义的甚至是可爱的，使用过程中形成了多角度的理解和多层次的关系圈子，但总体上都不会影响沟通。

2. 亲密关系表演：语义磨损与亲密补足

工业社会要求打破熟人圈子中的惯性、惰性和封闭性[①]。网络社会主要的微观特征就是匿名性、流动性和不确定性，这也是陌生人的主要表征。在日常生活背景下，在角色化的陌生人交往情境中，情感努力地被压抑。而在社会化媒体互动中，如果想作为人际吸引源，陌生人必须

---

① 张康之：《"熟人"与"陌生人"的人际关系比较》，《江苏行政学院学报》2008年第2期。

表现出正向的情感表达,使互动双方转变成一种传递着情感的亲密关系[1]。但是这种几乎是被迫的亲密化表达虽然未必总是真诚,总也有存在的原因,明明便是那种不喜欢被叫"亲爱的"的女生,但她也想不到反对的理由:

> 我并不喜欢别人叫我亲爱的,感觉这是懒得记别人名字却又要表现亲密的一种计策。但我遇到类似情况的时候也就只能这么说了,亲来亲去的虽然有点虚伪,但确实显得和气。(明明,女,19岁)

在陌生人为主的网络社区中利用亲密与正面的语言来释放友好信号是青少年普遍认可的做法,这更强化了语言的亲密泛化倾向。理性动机下的亲密表达也会作用于人的感性体验,最终使社交媒体与亚文化论坛成为拥有情感的新型社区。通过社会化媒体与现实交往的互动,一种普遍的亲昵感被创造出来,使青少年看起来拥有了更多的亲密关系。

3. 亲密关系消费:语言再造与亲密幻想

作为情感表达的亲密语言建立在青少年情感需要上,作为协作工具的亲密语言建立在青少年的社会关系获取上,而以消费为导向的亲密语言实践则是赤裸裸的经济行为。这类语言包括了比较直接的亲密语言,如网络购物平台的过度热络,会造成人的反感;也包括了粉丝圈中以调动情感为目的的亲密语言,最终催生虚假的情感共享与实际的消费。

在购物平台中,作为请求接受物品或服务的人,卖主正是利用亲昵的称呼来拉近与买主的距离。受访者静静是某家营养品公司的网络客服,对于购物中亲密语言的使用,她认为一方面是出于对顾客关系的维护,防止顾客因为对产品或等待时长不满而产生负面情绪,另一方面也是应对上级对服务态度的指标性检查,是利用情感力量做的一种免责手段。

---

[1] 张杰:《"陌生人"视角下社会化媒体与网络社会"不确定性"研究》,《国际新闻界》2012年第1期。

我说故我在：
青少年网络语言生活方式研究

> 我开始叫顾客"亲爱的"很用心，后来发现同事一天都没有什么表情。才知道他们只是很机械地打字而已，自己也就放弃了，毕竟调动情绪很累。也可能就是因为看不到人才要在文字上更热情吧，文字本身会使情感打折。（静静，女，19岁）

另外一种亲密网络语言的消费行为就是偶像崇拜与粉丝追星，其中充满激情的语言宣泄使青少年在消费的过程中获得了情感满足。近年来，国民老公、亲妈粉、打call等词语的兴起体现了这种虚拟情感消费的浪潮。作为资深粉丝，阿洁对于偶像的情感作用非常认同，并提到了追星过程中创造语言的必要性：

> 爱豆就是我的精神伴侣，是我的老公、亲爱的、王子、主子，我们群里的昵称都是××的女朋友，××的小娇妻一类的。偶像自己的微博和活动会不断爆出资源和语料，我们根据这些内容生产出来自己喜欢的昵称、词语与故事，并推广开去。粉圈内部会不断产生有意义的时间，配套推广"912王者之夜""黑色星期五"之类的词语。（阿洁，女，19岁）

现代社会人们内心的警觉和疏离塑造出众多宅男、宅女型"孤独的人群"，网络粉丝文化看似杂乱和非理性的表征是基于现实社会映射的文化内涵[1]，网络粉丝语言不仅承担着信息载体的作用，也成为社群成员进行准社会交往与社群聚合的表征符号，并构建他们的价值体系[2]。在粉圈语言的"洗脑"之下，原本松散、自由的粉丝群逐渐有了组织化倾向，甚至产生出分散的圈内小团体。随着粉丝群内部组织的规范化、严格化，粉丝的情感和思想也几乎转向了同一个方向，他们自觉的

---

[1] 倪东辉、程淑琴：《网络粉丝文化研究》，《蚌埠学院学报》2013年第1期。
[2] 隋岩、周琼：《互联网群体传播时代的网络语言与准社会交往》，《社会科学战线》2016年第11期。

个性消失了，形成了一种追星的集体心理。

亲密语言源于个体对于情感回馈的预期，因为原子社会中有强烈的情感表达需求。"约""撩"等原来用在亲密关系中的词，已经广泛用于各类情感的建立与推进过程中，暗示着对关系进度的主动掌控。主动而又不失分寸的网络语言，使亲密关系渐趋泛化又不至于失控，个体利用网络语言的模糊含义在关系中留出进可攻退可守的余地。

就青少年个体的短期感受层面而言，青少年亲密语言和亲密关系的泛化实质上是青少年突破传统情感禁忌与语言伦理、进行个体情感表达的行为，网络语言是这种表达行为的工具、掩护与推手，让青少年可以更便利、更随意地表达情感，成为自觉的情感主体，从而完成属于这一代的情感社会化过程。亲密关系的泛化则是亲密语言泛化在交往互动与关系建立层面的必然后果，但另一方面，亲密语言泛化与亲密关系泛化也使许多非亲密关系披上了亲密的外衣，形成假性亲密关系，青少年还可能在亲密的语言中模糊掉对于关系距离的判断，从而造成关系误解与情感绑架。

三 权威关系泛化

个体表达时的语言选择是身份彰显的手段，人际交往中的语言选择是距离调节的手段，而语言作为知识还具有权力属性。对青少年而言，网络语言也是一种抵制和反抗主流文化的话语实践，折射着微观权力关系。有些语言肯定或彰显了权威，比如吧主、大佬、爸爸、小透明等体现文化权力格局的称谓，再如打 call、跪、膜、求带、禁言等体现出群体规则的动作。网络语言作为反权威的一种话语，一方面松动了原有的权威力量，另一方面又在青少年群体内部形成了独特的文化权威体系。

1. 传统权威柔化：语言更迭与后喻文化

对于青少年而言，传统权威有四种类型：家长、师长、国家与大众媒体。这四种力量在网络语言中都产生了不同程度的柔化：在急速更迭的语言环境下，传统家长在困惑中失语；教师被排挤出语言文化生成过程，无法为优势文化代言；国家权威则在政治冷漠与网络语言的反讽中被减弱；大众媒体则在自身的颓势中成为网络文化的合作者或追随者。

亲属称谓词能体现出人际亲疏、尊卑、长幼关系，它的变化发展与社会、文化、家庭、婚姻、伦理、道德、人际关系等种种观念习俗密切相关。网络语言中的"×哥""×姐"完全失去了同辈敬称的含义，成为网络事件与事主性别的合成词，甚至有了调侃与反讽的意味。比起一般的亲属敬称，改变最大的是"爸爸"一词，这个父权体系中最威严的称谓，如今遍布于青少年的生活之中，体现着严肃的家长权威被多样化的文化层级所稀释。

玛格丽特·米德（Margaret Mead）基于文化传递方式的不同，将整个人类的文化划分为三种基本类型：前喻文化、并喻文化和后喻文化：前喻文化是晚辈向长辈学习的文化；并喻文化是晚辈和长辈的学习同时发生在同辈人之间；后喻文化则是长辈反过来向晚辈学习的文化[1]。网络语言传播过程中的权威柔化就是后喻文化时代的一个注脚。由于长辈对网络语言等网络文化的经验是相对滞后的，以至于他们在这一领域的权威被年轻人取代。

时事类网络语言刚出现时，主流话语就显示出了恐慌，希望通过规范的范式进行取舍，后又改成对其进行淘洗与收编。但不管是强势的压制还是低姿态的迎合都没取得太大的效果，网络语言依旧以自己的节奏流行开来。每年一度的春晚，几乎成了主流媒体在国家庆典仪式中对当年网络语言的总结大会，从侧面反映出权威力量在网络语言中的柔化。而官媒所选定的年度流行词，和网络自动选择的语言相比，很容易在民间接受过程中被自动过滤。即使有媒体应和，过度的媒体曝光也会导致语言被透支，如2016年"洪荒之力"，在官方媒体出现之后便快速普及，随后以更快的速度消散开去，便是网络语言过度意识形态化后失去吸引力的例证。

---

[1]　[美] 玛格丽特·米德：《文化与承诺——一项有关代沟问题的研究》，周晓虹、周怡译，河北人民出版社1987年版，第7—8页。

2. 新型权威普及：专业权威与语言鸿沟

传统权威松动已显，新型的权威格局正在酝酿。互联网能够无限细分的特点，造就了无限细分的群组与文化，也有了更多元的权威来源与更多层的权威体系。

从形式上看，许多网络群组都有自己的规则和等级体系。网络上通用的权威词语除了大大、up主、吧主、群主、大神等之外，还有各圈子内部表示崇拜的语言：如粉圈的主子、古风圈的公子、戏曲的我角儿等。青少年网络文化圈层复杂多样，圈内的话题与语言梗层叠更新，小圈子网络语言从简单变得越来越晦涩，主体参与时间滞后或者话题参与度不足都会影响到圈子融入和圈中权威的建立，这种晦涩与排斥也为权威带来了新的形式，形成了一个个的"语言鸿沟"。受访者May作为语C群的新玩家，感受到了填平"语言鸿沟"的困难：

> 我在一个语C群里C一个角色，因为他辈分比较小，谁来了都让我喊爸爸或者舅舅，我不愿意喊，就被拉到语C认证群里审，说我不应该这么说话。我觉得我说得挺符合人物性格的，但他们说了算，我只能继续磨皮练气，之后我又在群里待了一两天，尝试用他们期待的方式说话，让喊什么我就喊什么，但最终还是被踢出了群聊（May，女，23岁）

May的故事可以看出，网络中的权威泛化和传统文化中的面子有相似之处。青少年的面子观在网络语言的影响下有了很大的改变。网络交往中的青少年看重信息与认同，更倾向于用自我弱化的语言方式来答谢、肯定或鼓励对方给予自己的信息、陪伴与认同，这种自我弱化在语义磨损的作用下就变成了语言夸张的权威崇拜。这种崇拜是对于互联网技术与新生文化的认可，可能会把青少年引入一个更好的方向。

3. 权威维护：互动中的语言优势

网络语言在虚拟空间中呈现与促生的权威体系随着虚拟文化往日常

生活中的转移而渗透到现实中来，并通过圈子重建维持其文化权威地位，进而与现实的权威体系相互依附、彼此作用，形成新的文化权威关系。

14岁的小迪上了高中以后，惊讶地发现同学们各自都有较为擅长的网络文化领域，让不混任何圈子的她有点无措。日常的沟通总是由几个人一起开始，却以她听不懂的话题结束，她只好尴尬笑着退出。长此以往，班级里各个小圈子都说着自己的语言，形成圈子内的文化小圈，而小迪却没有办法融入任何一个，除了孤单之外还很羡慕，直到有同学拉她进知识与经验门槛都比较低的笔墨圈，她才觉得找到了群体的感觉。

虚拟群体的成员因真实身份的差异，有时可以实现一些异质化协作，甚至产生长久且深入的资源交换，但这种情况发生得并不多。小雨在现实中是一个外卖员，在网络上却是一个有着几百个成员的交友群的群主，他在群里熟练地谈论最时尚的网络语言与网络话题，拥有众多粉丝，大家亲切地叫他"雨哥"，在日常生活里他也尝试用网络语言来包装自己的人际沟通手段：

> 我会请顾客给我五星好评，用"看这位大哥清爽帅气，一定很乐于帮助别人，我这里有几颗小星星求你点亮""股市一片红不如我心红，我已经站在天台上了，请你给我打五星好评拯救我"一类最近比较火的梗幽默地博得同情会有比较好的效果。但是这招在现实中并不好用，我见过一个女网友，见面前她觉得我懂得很多很幽默，见面之后就嫌我丑了。（小雨，男，19岁）

并不是所有网络权威都能以网络语言的方式兑换成现实文化优势，在网友奔现的过程中，现实形象与网络形象的差异仍然会导致关系的冷淡或断裂。在越成熟的青少年群体中、在越社会化的事务中兑换的难度就越大，现实社会的物质取向使虚假的群组权威瞬间瓦解，不再有吸引力。这种文化优势或许可以依靠文化产业与演艺业的发展来保持。Cos、游戏、网络文学、动漫等诸多亚文化群体有了较为成熟的盈利模式，其中的弄潮儿正是是拥有网络文化优势的青少年。网络语言的优势转换或许可以参照这些模式，利用语言脱口秀、文化IP等路径来发挥与再造自己身处的网络语言文化优势。

网络文化最初就是以反文化的姿态出现的，青少年所使用的权威性语言在瓦解与建立权威的双向行动中表现出了一种对立的姿态，在迎合中对抗，在嬉笑中嘲讽。只是，在建构本群体权威的过程中仍然充满排斥与否定，处处"膜拜"的同时还处处"diss"，群体文化优势容易转换为对无权者或语言弱势者的语言暴力。因此，权威性网络语言的泛化及其影响下的权威关系泛化对青少年的社会阶层认知有一定的启示作用，但也要警惕可能产生的语言暴力与群体激情事件。

综上，我们能看出青少年的同伴关系、亲密关系与权威关系都有不同程度上的泛化。网络语言的泛化是关系泛化的证明与催化剂。青少年网络语言实践的过程，是在新的、流动的社会时空中获得文化认同的过程，也是在弥散的权力中获得信息权威的过程。这三个层面与青少年成长过程中的社会交往需求、情感表达需求与文化权力需求一一对应，完成了青少年形成关系网络的过程。这三种关系的泛化是网络语言的外在刺激与青少年的内在需求相互作用的结果。

第三节　关系逃避抑或对传统差序格局的冲击

费孝通用"差序格局"的经典概念描述了中国人的社会关系结构：以"己"为中心，像石子一般投入水中，和别人所联系成的社会关系，不像团体中的分子一般大家立在一个平面上的，而是像水的波纹一般，一圈圈推出去，愈推愈远，也愈推愈薄[1]。"同心圆"是差

---

[1] 费孝通：《乡土中国》，生活·读书·新知三联书店1985版，第23页。

序格局中的重要概念，它既是一种格局概括，也是一种以一人为起点、亲缘为纽带逐渐推广的关系唤醒过程。对于差序格局中"差"与"序"谁更主要，学术界仍然有些争论：翟学伟明确认为"不能把差序格局放到立起来的架格上看"，"差序格局"不包括等级制的含义①；阎云翔则认为"差序"指的主要是中国传统社会等级秩序上的"序"，其次才是横向亲疏关系上的"差"②。廉如鉴认为虽然差序格局的定义更多的是对于关系格局的刻画，但他对儒家"伦"的讨论还是体现了中国人的等级观念，费先生之所以没有觉察到他论述中有"名实分离"现象的原因，可能在于他没有把"差序格局"和"许多差序格局构成的网络"区分开来③。在城市化与工业化的当下，李培林的"社会结构转型"理论成为社会结构研究的新古典研究范式，张继焦提出了"伞式社会"和"蜂窝式社会"两个新概念④。但差序格局对于社会结构和心理结构的影响并未消失：将人际关系分为处于内圈的亲人、熟人与处于外圈的陌生人（杨国枢、黄光国、杨中芳，2008）仍是关系界定的主流方式。

青少年的关系格局相比成年人更简单，但仍遵循着一定的差序结构：在纵向上有家长、师长等权威力量做比对，在横向上则有亲密度不同的亲缘关系和同辈群体。网络语言的泛化使用及其形成的关系泛化对青少年原有的人际关系的差序格局造成了比较大的冲击：表现在横向上是对基于人际距离的"差"的平均化；表现在纵向上则是对伦理秩序的拉平；表现在青少年的个体感受上是对"距离感"的难以掌控；表现在青少年关系的趋势上则是"关系逃避"的倾向。

---

① 翟学伟：《再论"差序格局"的贡献、局限与理论遗产》，《中国社会科学》2009年第3期。
② 阎云翔：《差序格局与中国文化的等级观》，《社会学研究》2006年第4期。
③ 廉如鉴：《"差序格局"概念中三个有待澄清的疑问》，《开放时代》2010年第7期。
④ 张继焦：《人类学民族学研究范式的转变：从"差序格局"到"社会结构转型"》，《西北师范大学学报》（社会科学版）2016年第3期。

第五章

关系泛化：新差序格局与青少年网络语言传播

一 "差"的平均化

"距离"是社会学中的一个概念，齐美尔（Simmel）曾经把它定义为"人与人之间的内在屏障"①。人际距离往往通过语言呈现出来，话语的礼貌等级往往与社会距离成反比。对横向上的关系距离而言，原有的以地缘为物理距离、以血缘为心理距离、以业缘为社会距离的"差"被改变，互联网本身就克服了物理距离，网络语言又将外在的差距平均化，使青少年与交往对象形成较为平均的社会距离和心理距离，使其创造一个"均差"的横向关系格局。

会话中，人们往往会为了拉近彼此的距离采用较为亲昵的非正式称呼。与没有感情的人却说很亲密的话是调节人际距离的一种方式，为了维护人际交往中亲切的交流气氛、完成社会协作，愉快的协作和语言交流会反过来促进交流效果与情感生成。初入语 C 圈的 May 在经历了语言规训后对圈内人更加友善，也获得了友善的回馈，建立起较亲密的关系：

> 同好向我安利了一个视频，我表示立刻去看，她就发"爱你哟"，我当时有点愣，问她是不是发错了，因为我觉得爱是很严肃、很深刻的事情，她说："没有，就是爱你啊，因为我向别人安利，他们都说我无趣"，我就一下子对她有好感了。（May，女，23 岁）

网络语言可能使原本较远的陌生人被拉近，也可能使较为亲近的关系变得疏远。称谓泛化使能反映出社会距离的称谓再也无法成为社会距离的度量工具。

"亲戚"关系在中国是一种特殊的存在，是按照血缘关系进行外推

---

① 卢国显：《中西方社会距离的研究综述》，《学海》2005 年第 5 期。

过程中的次核心圈。但在网络语言中，与亲戚有关的语言用法很少有表现出原有的亲切感的。如"七大姑八大姨"成了青少年成长路上的挑刺者，总是打着关心的旗号窥视他们的学业和婚恋情况，"表面亲戚"指亲戚总是会做一些表面上很好，但实际上却没有任何帮助的事情。这种不以先天的血缘、地缘关系的亲疏来确定情感亲疏与交往密度的现象，在网络语言中有颇多呈现。

二 "序"的拉平

在差序格局中，"序"指的是伦理纲常。伦重在分别，在《礼记》里所讲的十伦：鬼神、君臣、父子、贵贱、亲疏、爵赏、夫妇、政事、长幼、上下，都是指差等。伦是有差等的次序，"不失其伦"是在别父子、远近、亲疏。① 礼治伦理以血缘关系为根据对社会关系进行了分类、界定，并区别对待，这就强化了圈层之间的差别，宗族组织非常讲究家庭、房支、家族、宗族等各个圈层间的内外差别，这种圈层差别又得到家产分配等制度设置的极大强化。②

网络文化语境下，以上所谓"十伦"关系大部分都不存在了，即使有也极少以和谐有序的状态出现，成了被忽略或被调侃的"他文化"。从现实中"爸爸""大叔"的含义转变到调侃常涉及的"臭弟弟"等都体现出伦理在网络语言中的弱化。点点的爸爸会经常向他询问网络语言的相关问题：

"他（爸爸）的理解多数都是有偏差的，但如果问到的话我会大体上找个类似的词语跟他类比，没太有耐心解释，他问我是不是这个意思，我就说是的，因为有些词很污，有些词很尬，真的不好讲，时间久了他就不问了，跟他们自己的圈子发中老年表情包挺好的，我们也尽量照顾他们的理解力和他们所设想的我们的形象，发

---

① 费孝通：《乡土中国》，生活·读书·新知三联书店1985年版，第23页。
② 廉如鉴：《"差序格局"概念中三个有待澄清的疑问》，《开放时代》2010年第7期。

第五章
关系泛化：新差序格局与青少年网络语言传播

一些中老年表情包给他们。"（点点，女，14岁）

科层秩序是被网络语言拉平的另一种秩序。在现代化与城市化的进程中，当代社会已经出现了科层结构，初入职场的青年人正处于学习适应科层制的阶段。领导与家长、师长等一起组成对青少年产生权威影响的群体。

有些老师会主动学习流行网络语言并将之应用在课堂上，但是因为对语言背景与使用情境的生疏，很难收到很好的效果。受访者明明便发出了"圈子不同别硬融"的无奈感慨：

> 我们老师上课会把"不明觉厉""喜大普奔"等挂在嘴边，让同学们觉得没有距离。但是涉及具体的圈子网络语言，可能会因望文生义而闹笑话。二次元有个词是胖次，其实是pants（内裤）的音译，但老师以为是胖子的萌化音变，于是就说起来某个同学作为一个胖次怎样怎样，一瞬间很尴。（明明，女，19岁）

伦理与科层的"序"在网络语言中被逐渐拉平，这与青少年权威关系的泛化有着内部的呼应。网络语言在代际间的传播是新时期青年文化反哺的新形式，其功能已经在虚拟和现实世界中被凸现出来。文化反授的过程也是青少年文化权威再生的过程，一方面对传统权威人群的权威瓦解有很大的作用，另一方面对于新的权威力量具有巩固作用。但推动网络语言发展与青年文化反哺的良性互动，既需要前辈人对网络语言的认知、接纳，尤其是要自觉融入青少年中，又要正确引导网络语言，防止网络语言暴力[1]。

三 "距离感"的测不准

当"差"被均化、"序"被拉平后，原本可以作为社会距离度量器

---

[1] 石国亮：《从网络语言看青年文化的反哺功能》，《中国青年研究》2009年第7期。

的语言就失去了它原有的作用。青少年关系诉求的另一面是流动的现代社会中难以克服的关系疏离。鲍曼（Zygmunt Bauman）在《流动的现代性》中比较了传统现代性与当前的现代性，认为传统现代性是浓重（heavy）、固态（solid）、浓缩（condensed）且系统性（systemic）的，而当前的现代性则是轻的（light）、流动的（liquid）、散布的（diffuse）、网络的（network-like）①。在人类纽带极其脆弱的当下，关系中数量比质量重要，片刻接触形成的关联（connection）和网络（network），而非相互投入的关系（relationship）是现代人关系的常态，社会中充满了"若即若离的配偶"处于"即用即取的关系"。在"流动的"现代社会中，语言被当成"即取即用"的工具，以应对"陌生人"之间的交际。青少年在"即时交往"与"深度交往"中都使用网络语言，以至于使其"距离感"更加混乱，在人际交往中产生语言取用的困境。

互联网是当代陌生人相遇的主要场所，是一种典型的网络形态（network），其中的关联可以按需生成，如愿解除。网络语言是互联网时代陌生人相遇的"礼仪客套"中很重要的一部分。通过默认的语言习惯，不断刷新着语言消耗的程度与速度，并且成为流行的一套文化游戏。网络语言作为一种重流传不重深度的语言一方面加速了表面交往的便捷性，另一方面也阻止了一些人深入交往的可能。利用网络语言和他人很快熟络的宝哥选择在之后的交往中改变策略：

> 依靠网络语言很难深入交往，总说"厉害了""我好南"这类没有营养的话，别人会觉得你没有内涵。我一般在线上聊天用网络语言比较多，到了线下就很少用，都说正经话。（宝哥，男，18岁）

---

① ［英］齐格蒙特·鲍曼：《流动的现代性》，欧阳景根译，生活·读书·新知三联书店2002年版，第38页。

第五章
关系泛化：新差序格局与青少年网络语言传播

在泛化人际关系的影响下，青少年的人际关系从具有内在稳定性转向具有外在流动性。亲近与疏远不是依内在的血缘关系而固定地呈现，而是因外在流行文化圈而随时调节。泛化关系对差序格局的影响致使青少年极容易陷入一种关系困惑的语境中。想要拉近关系的结果却是不知道如何进一步处理关系，许多青少年因此而陷入关系的困境。寒寒对人际交往中的"距离感"就有着典型的困惑：

> 我不喜欢别人跟我没有距离，但是又习惯地跟别人没有距离。我回复别人会很亲热，但又不确定我们的关系是否适合这么说。网络语言以前是拉近了我和别人的距离，但现在我不知道如何和别人保持距离了。（寒寒，女，20岁）

寒寒的困惑代表了许多人的心声。青少年的关系泛化是"重数量而不重深度"的关系习惯的结果，在关系中青少年常常处于这样一种状态：每个人都想获得随时陪伴、亲密感情与话语权力，但又不想付出时间、情感与精力。

四　走向"关系逃避"

青少年的关系泛化首先意味着关系的增多，是由青少年社会化的过程中内在的社会关系需求所影响的；关系泛化其次意味着关系变浅，这是由流动的现代化社会中个体对于固定关系的逃避造成的。在这两种力量拉扯之下而形成的网络语言泛化与关系泛化最终将会走向何处？

关系泛化的结果也许是一切关系都将走向关系的反面——"逃避关系"，即弗洛姆（Erich Fromm）式"逃避自由"[1] 在人际关系中的表现。此处则是后现代人的"连接化"导致其为了克服真正关系中稳固的责任与束缚而"逃避关系"，当前宅系、佛系、食草系青年的出现是

---

[1] ［美］艾里希·弗洛姆：《逃避自由》，刘林海译，上海译文出版社2015年版。

● **我说故我在：**
 青少年网络语言生活方式研究

"逃避关系"最好的"注脚"。拥有几十个群的阿洁常常不知道自己是不是真实地拥有这些关系，却又不能轻易地斩断它们：

> 哪怕群里就一个认识的也不太好意思退，怕显得不合群。兼职群，也不能退，指望临时有活儿人家跟我关系好叫上我。孤独的时候都不知道跟谁说话，好不容易有个聊得好的，结果要不就是网名换了找不到了，要不就是人家不认得我了，都是随机的玩伴，很少有固定的朋友。（阿洁，女，19岁）

不同类型关系的泛化会导向不同的逃避方向。同伴关系泛化可能会生成新的有资源嵌入的关系结构，但潜在的线上资本往往要与现实中资本对接才能完成真正的资本再生。青少年本身较少的资本积累和虚拟世界的弱关系特性，可能会使青少年像阿洁一样陷入无效关系的应对中无法自拔，甚至会损耗到已有的稳固关系。部分青少年会因无力处理这种关系而选择主动断网、断社交，逃避后致的同伴关系。同伴关系的出路或许在于，在青少年亚文化产业形态中，凭借趣缘关系所组建的关系与社区对圈内事物的资源推广和资本化运作。

亲密关系泛化最终的走向是假性亲密与社会距离尺度失灵。看似亲密的关系中没有真正的情感交流，个人更不容易获得真正的情感陪伴、文化共鸣，暧昧、软色情与塑料花友谊泛滥。部分青少年会拒接恋爱、婚姻等亲密关系，成为没有亲密关系的"食草青年"与"佛系青年"。语C玩家清越从沉浸到佛系的转变只用了一个暑假：

> 暑假我加了一个江湖群，做一个门派的小师妹，大家都很宠我，可以说是群宠了，我把cos的人物当成了自己，沉迷其中。断网一个学期再登录的时候，原来那么好的师兄变得很冷淡，像是陌生人一样。后来我就不敢这么投入了，害怕会受伤，因为我不知道他们是真心对我好，还是只因为我在群里的角色是他的师妹。（清

越，女，13岁）

权威关系泛化则表现在网络语言对于传统权威体系的瓦解和新权威体系的建立。但当一切皆折射权力的时候，这些微观的权力关系也就仅仅在微观上具有文化符号的价值了，而不具有中观与宏观的抗争意义。社会中的政治、文化都是权力的表现形式，青少年身处其中、无法自觉却很难将这些权力与权利进行兑换。在网络世界中也是如此，权力没有了固定的形态和与之匹配的语言，一切都在语言的磨损、多义、丰富与转换中变得流动起来。

总之，网络语言已经渗透到青少年生活的各个方面。它带来了交流的便利与交流的无奈，也以此为中介造成了青少年人际关系的扩大与收缩。青少年同伴关系、亲密关系与权威关系的泛化是人际关系扩大的表现，青少年的圈层隔离与人际疏离则是人际关系收缩的表现。浅层交流的便利与深层交流的无奈并行，表面关系的泛化也与实质关系的隔绝共存，这种割裂的状态在短时间之内不会消失，反而有愈演愈烈的倾向。

在互联网与移动媒介时代，即时性聊天所使用的网络语言一方面使用户丧失了系统、深入交往的能力，另一方面还迫使用户随时加入无方向的信息转发与分享洪流之中，多面向、点到即止的连接就是交往的全部目的。投入越多就意味着失去越多，因为任何一对关系的结局都走向消失，或许是对象的消失，或许是联系工具的消失，又或许是支撑关系存在的内容的消失。这种情况下，广泛连接却不过多投入是对于个体安全的一种保护。因此，连接越来越多不过是证明了个体不愿意陷入真正关系的恐慌。

第四节 新差序格局：公共交流空间中的关系再造

在以上对青少年网络语言泛化及其带来的关系泛化的讨论的基础上，我们必须回答几个问题，那就是：网络语言通过影响青少年的语言权力为他们带来了怎样的新的交流空间？网络语言所造成的关系泛化对青少年的成长有何作用？作为信息资本与文化资本的网络语言是如何为青少年的未来人生做积累的？被改变的差序格局会形成怎样新的关系形态？

一 关系赋权：用语言建构新公共交流空间

青少年网络语言与关系泛化到底是由什么造成的？我们可以从青少年个体关系需求的视角来进行解释。青少年网络语言使用的泛化及其导致的人际关系泛化是一种互联网对青少年的语言与关系赋权，这种泛化使青少年有了更多积累文化资本和发展多样关系的可能，是一种较为积极的青年文化现象，对青少年的成长有一定的益处。现代中国，先赋的关系连接和静止的关系格局在慢慢被打破，人际关系结构表现出由情感型人际关系结构向理性型人际关系结构变化的趋势。在翟学伟的关系研究中，拉关系即探寻、建立、激活潜在连接而完成权力再生产的行动，带有强烈的动作与情境属性，关系成为一种内嵌式的权力生成器。此处，关系的生成性，既指关系不是先赋存在而是后天生成的，也指关系连接的过程中可能生出原来不存在的资源与权力，关系是一种重要的社会资本。

青少年的网络语言实践与人际关系泛化与青少年这一特殊群体的成长阶段、文化特征与社会需求密切相关，与同伴、亲密与权威几种关系泛化相对应的群体内因是青少年社会交换需求的扩大、初入社会的角色演练与人际信任的初建。

赋权（empowerment）又译作增权，是近年来社会学和传播学竞相关注的研究视角。"赋权"是一个动态的、跨层次的、关系性的概念体系，是一个社会互动的过程，丁未总结赋权的三个天然取向：面向弱者、与传播行为紧密相连和具有实践性[①]。互联网赋权研究随着互联网

---

① 丁未：《新媒体与赋权：一种实践性的社会研究》，《国际新闻界》2009年第10期。

— 212 —

第五章
关系泛化：新差序格局与青少年网络语言传播

的普及成为势不可当的研究方向。在互联网语境下，技术赋权是最受关注的，学者关注互联网技术在用户获取信息、表达意见、建构身份与组织社群等方面发挥的积极作用。在福柯看来，权力只有在社会关系中才有意义。赋权并不是简单地从外部输入权力和资源，也不仅是"增权赋能"，而是一种社会交往、参与、表达与行动实践。换言之，赋权是社会民众通过获取信息，参与表达和采取行动等实践性过程，实现改变自己不利处境，获得权力和能力，从而获得改变整个社会权力结构的结果的社会实践状态。权力是一种关系，是一种相互交错的网络，权力是无主体的，权力是非中心化的。这意味着，弱者从作为受动对象和权力客体的地位，转换为权力关系网络中的能动者，由于权力的关系转向，赋权理论从"为弱者的传播"转变为"弱者的传播"，弱者的内部性、关系性和能动性得到重视和强调，赋权的目标、过程、路径亦随之发生转变。新媒介技术的兴起和渗透，给赋权理论带来新的研究热潮和拓展空间。喻国明、马慧提出"关系赋权"概念，认为互联网极大地激活了个体及其嵌入的关系网络，通过"连接"与"聚合"为社会中的每一个人（其中绝大多数人是传统意义上的"无权者"）赋权，从而深刻地改变了社会资本配置的新范式与社会的权力格局[①]。

互联网对青少年的赋权，一方面延续了媒介技术赋权视角，强调互联网对青少年信息权与表达权的扩展，如拥有更多交流的途径和发声的平台。薛亚青对青少年使用移动媒体的行为进行分析，认为移动媒体技术为其自我表达赋权[②]。另一方面，互联网对青少年的赋权也强调互联网文化对青少年人际交往与人际关系层面的影响。研究表明，使用 OICQ 网际互动的青少年比不使用的现实交往能力更强，喜欢尝试、创新和自我表达，独立性与自治精神较强，有反叛权威等特点、更强的现

[①] 喻国明、马慧：《关系赋权：社会资本配置的新范式——网络重构社会连接之下的社会治理逻辑变革》，《编辑之友》2016 年第 9 期。

[②] 薛亚青：《青少年使用移动媒体的行为分析：自我表达与技术赋权——基于初中生的访谈研究》，《青少年学刊》2016 年第 4 期。

> 我说故我在：
> 青少年网络语言生活方式研究

实交往能力；更加趋于活跃、合群、胆大和任性[①]。这都是在新媒介环境下，青少年更具有"自我效能感"与"权力感"的表现。

在网络中，青少年利用网络语言进行的交往行为是改变与创造权力关系的实践行为，青少年通过建立新的关系扩展自己的关系数量和关系潜力，通过新的交往实践参与公共议题讨论或创造公共议题，通过关系网络的构建实现权力结构的转换与更新。

福柯的权力学说将关系与知识联系起来，他认为没有任何权力关系不构成相应的知识领域，也没有任何知识不预设并同时构成权力关系。权力不只是压制性的，它也是生产性的："权力不是只妨碍知识，也生产它。"[②] 网络语言是一种互联网时代的新知识，反映并进一步构建着互联网时代的权力结构。青少年的网络语言使用便是典型的利用与生产知识的过程，语言成为一种青少年创造日常交流空间的有力工具。

青少年通过语言包括网络语言的选择和使用不仅折射出青少年的文化心理，也暗示着青少年的行动逻辑与交往策略，更是一种"关系行动"，能够来增加自己权力感，在互联网和现实层面重塑青少年已有的关系结构。区别于原有的互联网技术赋权，可以称之为"关系中的语言赋权"。这一过程将青少年主体性、语言的能动性和关系权力动态嵌入性串联起来，从这三个层面进行突破，寻找新的赋权路径。

关系赋权最终会使得青少年在关系建立与人际交往中获得新的交流空间。哈贝马斯的公共空间在当下的应用应有两大转向：从公共事务商讨转向日常生活交流，从现实空间转向虚拟空间。虚拟空间的无远弗届与无限细分，使空间的外部边界消失，而出现了无限的内部区隔，使群体的组成方式有了无限可能。

在虚拟空间中寻求情感、文化与社会关系几乎成了一条当代青少年绕不开的路，青少年在虚拟空间中的日常生活交流体现了新公共空间的

---

① 刘中起、风笑天：《虚拟社会化与青少年角色认同实践研究》，《黑龙江社会科学》2004年第2期。
② 辛斌：《福柯的权力论与批评性语篇分析》，《外语学刊》2006年第2期。

建构。网络语言是建构这种新公共空间的重要工具，也是在新公共空间中交流而形成的理念的代表成果。

关系泛化的实质是青少年在"关系赋权"的时代中，出于或隐或现的关系焦虑所做的"拉关系"行为，也是独孤个体求得群体安全感的极化表现。只是这些努力都太过急切，以至于许多连接都点到即止。当前问题的核心仍然在于虚拟关系与虚拟空间的现实转向，要想真正使其在社会关系中获得安全感，不是盲目地扩张关系，而是形成个性化的情感、文化与社会（经济）关系和公共日常生活交流空间。青少年通过语言获得社会资源、积累社会资本等自我赋权的路径大大扩宽了，"拉关系"的途径已经从原来的血缘、地缘、学缘扩大至趣缘与网缘；从简单关系中建立信任并转向复杂关系是关系扩展的重要手段，网络语言的易得性和同好圈的兴盛，使得信任关系也呈现出扩展的趋势。

网络语言作为一种低门槛的语言工具，其对个体的赋权能力比较有限且短暂，真正的现实权力仍然掌握在社会中坚分子手中。文化研究的常见观点认为流行性网络语言能体现出青少年群体调侃规则、瓦解权威的特性，然后这样的特性却又在调侃式的使用场景中瓦解了自身的力量，并没有为使用者赋予什么实质性的权力感，反而容易形成权力冷感的习惯。通过网络语言所建立起来的关系会呈现出较快的繁荣状态，却常常很快冷却，究其原因是流行网络语言的简单含义对话题的深化与延展性无益，网络语言的暧昧性让交往者对关系距离难以确认，小圈子网络语言呈现出的排他性促使关系有开放走向收缩，最终使关系容易呈现出浅表性、窄化的问题，最终转向现实。

二 虚拟社会化：使用网络语言的角色扮演

青少年是个体社会化的重要时期。个人社会化是指个体通过与社会环境的相互作用，由自然人成长为社会人，逐步适应社会生活，积累和延续社会文化,维持和发展社会结构,形成和完善个性的过程①。传统的社会化机构如家庭、学校、同辈群体中,施化者与受化者是真实的、明确的,是"真实社会化";在青少年的网络社会化过程中,施化者与受化者的角色是虚拟的、不确定的,是"虚拟社会化"②。虚拟社会化具有以下特征:施化者的虚拟性;社会化过程的双向性;行为方式社会化与角色规范社会化脱节;个体化的社会化内容③。

印象管理在心理学上指一个人通过一定的方式影响别人形成对自己的印象的过程,建立在多重自我、戏剧化、好好先生、操纵者、组织政客等理论假设基础上,可以使用讨好、宣传、威慑、以身作则、恳求、自我辩护、事先申明等手段④。角色扮演是青少年社会化的必要途径。"角色"一词源于戏剧表演理论,米德将自我分为主我(I)与客我(me),其中客我就是通过"角色扮演"而形成的社会中的自我,是在文化规定的大致范围内与"角色""表演"和"情境"等理论相结合,形成一套在象征符号互动基础上的拟剧理论⑤。戈夫曼的"拟剧理论"将微观个体行为与社会组织结构相连接,认为在不同情境定义下个体有不同行为方式(即表演),表演者通过舞台装置和个人前台来扮演符合"自我"的角色,有意识或无意识地引导或操控观众,使其对自己留下印象,完成"印象管理"的任务⑥。

青少年的群体交流就是在剧场中进行角色扮演的行为,其模仿的对象是成人世界与影像和文本创造出来的虚拟世界。以典型的网络语言与

---

① 刘中起、风笑天:《虚拟社会化与青少年角色认同实践研究》,《黑龙江社会科学》2004年第2期。

② 刘长城:《网络时代青少年社会化模式的转变》,《青年探索》2007年第5期。

③ 风笑天、孙龙:《虚拟社会化与青年的角色认同危机——对21世纪青年工作和青年研究的挑战》,《青年研究》1999年第12期。

④ 房玲:《印象管理综述》,《社会心理科学》2005年第3期。

⑤ [美]乔治·H. 米德:《心灵、自我与社会》,赵月瑟译,上海译文出版社1997年版,第154—158页。

⑥ [美]欧文·戈夫曼:《日常生活中的自我呈现》,冯钢译,北京大学出版社2016年版,第19—25页。

角色扮演游戏"语C"为例,说明语C玩家作为"身份丛"的载体,通过角色扮演为青少年提供了"多重虚拟社会化"的路径,使青少年可以通过语C:

首先,习得多样化的社会经验。维特根斯坦将"语言和它交织于其中的那些(具有家族相似性)活动所构成的整体"称为"语言游戏",又将"在特定的历史背景下同性的、以特定的、历史的继承下来的风俗、习惯、制度、传统等为基础的人们的思维方式和行为方式的具体或局部"称为"生活形式"①。语C是一种"语言游戏",应植根于相对应的"生活形式"之中。当玩家扮演角色进行语言游戏时,对其"生活形式"进行学习与想象便是必经之路。对"身份丛"的打造要求青少年习得多样化的社会经验,也为他们所学习到的社会经验提供展示与检验的平台。

其次,浸染多元化的社会文化。"00后"是"混圈"的一代,多个受访人表示自己不止一个圈子。语C是一个开放的圈子,包含了无限细分的弹性剧班,吸引到不同亚文化圈子的人加入其中。在游戏过程中,玩家一方面接受多元化社会文化的浸染,培养出较为包容的文化态度,另一方面又积累自身的文化经验,为新的文化类型的产生提供契机。

最后,预演多层次的社会关系。在语C中,玩家依据角色相应的社会规范进行印象管理与角色扮演,对"身份丛"所附属的多层次的社会交往进行预演。语C玩家能够将身份演绎浑然统一,成为"气场帝"还是画虎不成被讽为"没气场",一方面依照同类型文学作品的惯例以及圈内前辈的例文,另一方面就是关系预演的仿真度与融洽度。因此在各个语C圈中游刃有余的玩家,也具备了处理多层次社会关系的能力。但角色扮演可能会给青少年带来身份的割裂感,从而导致自我同一性的扩散甚至产生消极同一性。为了达到积极的自我同一

---

① 韩林合:《维特根斯坦论"语言游戏"和"生活形式"》,《北京大学学报》(哲学社会科学版)1996年第1期。

性，青少年需要在语C游戏中保持"双重表演"的状态。与一般演员表演相同，语C玩家也存在角色与自身的二元关系。布莱希特（Bertolt Brecht）依据"陌生化"和"距离说"理论强调表演者在表演时需保持一种双重的身份：他既是被表演的角色，又是表演者本身，表演不是为了写实，而是为了让人们意识到戏剧和生活不同，这与斯坦尼斯拉夫斯基所强调的"演员应溶解于角色之中，融入剧中，做到当众孤独"很不一样①。这两种表演理论同样可适于语C玩家的扮演，演员或者将自我投入所C的角色中，沉浸体验并表达他的喜怒哀乐；或者遵循陌生化的方法认清扮演空间的虚拟性，把扮演的角色客体化，理性地反观自身的表演。玩家对自身所处的虚拟交往状态进行反观，发现虚拟空间中的真实自我、虚拟角色中的真实行动、虚拟表演中的真实体验的这一过程，可以称之为"双重扮演"，能够使玩家以自我反思的方式完成对语C的循环阐释。

当代青少年的人际交往，既有传统中国社会与文化的影响，又有产生于互联网时代的交往新形式、新内容，表现出人际关系的跳跃性与复合性。青少年是传统的人情关系不能自绝的继承者，也是现代契约关系的践行者，同时遵循着两种关系原则并游走其间。建立关系与获得社会资本是其有意识的行动，网络语言与青少年人际关系的转变有很大相关性，网络语言为青少年提供了快速建立协作关系的工具，并为青少年的角色扮演提供丰富的语料，帮助其在各种泛化的关系中完成虚拟社会化并积累关系资本。

三 资本积累：作为信息与文化的网络语言

梅斯纳尔认为，权力的不平等来自于不均衡的战略资源分配，诸如金钱、法权、知识或是信息资源的控制。互联网诞生之后，对于信息的争夺又形成了"信息权"的理论和实践，信息正在变成权力，权力的

---

① 舒也：《布莱希特与西方戏剧传统》，《湖北大学学报》（哲学社会科学版）2009年第2期。

性质已经由"高资本含量"变为"高信息含量"①,曲慧等参照我国信息系统变革作为外部环境,由个体认知发展过程中所面临的信息输入环境的不同,划分出四个不同的"信息世代":文本世代(1982年之前出生)、影像世代(1982—2000年出生)、工具世代(2000—2012年出生)和主体世代(2012年以后),用来讨论信息环境的变革对儿童信息接收行为的前置性影响。工具世代的成长伴随着互联网的逐渐日常化,对信息的基本认知是,信息可以无止境地链接下去,使用者只要连接网络总会找到自己需要的内容,工具时代的媒介行为有接收、选择、搜索,对媒介的认知属于无限开拓式。② 当前的青少年作为工具世代的典型代表,他们对于网络语言的搜索和使用是积累信息资本的途径之一。

  青少年还可以以网络语言的方式积累亚文化资本。萨拉·桑顿(Sarah Thornton)在研究英国青年音乐趣味时借助布尔迪厄的"文化资本"提出了"亚文化资本"(subculture capital)这一概念,马中红将其用于青少年话语权力获取分析,认为青年亚文化实践是以区隔的方式建构稀缺性、个性化的文化类型,是青年亚文化群体累积文化资本的路径之一③。通过新媒介的资本置换,亚文化群体可能往主流社会结构中流动,在亚文化中掌握的话语权会随着亚文化的流行而变现,这吸引更多青少年拥入亚文化圈。出色地掌握并使用网络语言,已经成为青少年群体尤其是青少年语 C 玩家中具有文化资本的象征,也为其带来了相应的同伴尊重与资本变现的可能。语 C 软件的出现已经预示了这一可能,也许不久优秀的语 C 作品就会像原创文学一样市场化,其他网络语言所带来的经济效应更是明显,如一个能生产出流行网络语言的主播所附带的流量价值是非常客观的,同时某一时期流行的网络语言也会带动一

---

① 胡海:《"流动"与"关系"——"网络社会"权力场域分析的新起点》,《现代传播—中国传媒大学学报》2016年第10期。
② 曲慧、喻国明:《受众世代的裂变:未来受众的生成与建构》,《福建师范大学学报》(哲学社会科学版)2019年第4期。
③ 马中红:《文化资本:青年话语权获取的路径分析》,《中国青年政治学院学报》2016年第3期。

次网络狂欢与相应流量。

关系泛化也为青少年建立更广泛的社会信任奠定了基础。以网络语言为桥梁，与陌生人快速建立起熟络的协作关系是青少年获得社会资源、积累社会资本的自觉诉求，也是现代人的一种必要能力。从简单关系中建立信任并转向复杂关系是关系扩展的重要手段。网络语言所参与的人际交往一方面促进了个体间的情感共享与亲密感知，是情感性信任扩展，另一方面，使得信息暴露成为常态，认知型信任也有所增加。最重要的是，网络语言通过语言的圈层区隔，有利于青少年快速找到某一方面相近的朋友，并标志为"自己人"，形成新的"投缘型信任"。"投缘型信任"是对传统中国社会殊化信任的突破和对西方制度性信任的补充，也是青少年通过网络语言实践建构真实社会关系的阶段性成果。

青少年网络语言实践的过程，是个体在互联网世界中进行自我形象塑造的过程，是在新的、流动的社会时空中获得文化认同的过程，也是在弥散的权力中获得信息与文化权威的过程，是青少年向既定交往秩序争取本群的公共交流空间、社会资本与日常生活意义的策略性行动。陈力丹认为，人总是生活在具体的文化氛围中的，因而人际传播中会有一种无形的"文化契约"，决定着人际关系，并影响传播的内容、情感的表露，尽管传播双方或多方并没有实际签订什么契约，规则却是潜在的。在这样一种文化契约情境内，个体通过人际交往完成文化资本的积累。

互联网使人与人之间相处拥有更多的交往渠道、更深度的交往内容、更自由的交往场景、更个性化的交往类型，与之相适应的人际交往的语言风格也更加多样化。网络语言成为特殊领域信息的表征，复杂多变的网络语言与虚实渐混的交往环境，使得把握语言尺度变成一件困难的事情，也正因如此，掌握网络语言成为青少年圈子内具有信息资本的文化资本的证明。

四 关系再造：形成中的新差序格局

青少年在互联网与网络语言的作用下逐渐形成了与传统中国人不完

全相同的关系形式,我们尝试将这种青少年在互联网时代形成的关系格局总结为"新差序格局"。在"新差序格局"中"同心圆"的结构有所变化:从关系起点而言,差序格局中的"我"是处于伦理序列中的"家我",而新关系中的"我"是拥有独立身份意识的"自我";差序格局中的关系拓展方式是"推己及人",是一种以儒家精神为内核的、道德传染式的交往原则,而新的关系中遵循的则是"合则聚、不合则散"的趣味交往原则;差序格局是一种依据血缘关系存在的"天赋"关系网,新的关系是凭借关系行动而生成的"自致"关系流;差序格局中的等级与亲疏相对比较稳定,而新的关系则极具弹性。

在原有的差序格局中,圈际交融比较困难,只有姻亲、求学、入仕这几种方法且具有单向性,而新的关系中圈层互渗比较简单。在"新差序格局"中,"同心圆"甚至在一定程度上被打破了,圆心成了可以随时间与情境游走的自由个体,一个个个体带辐射出去的圆相互交叉,使原来以伦理为依据的同心圆社会差序格局转为以文化为依据的交叉圈情感差序格局。

原有的差序格局是以人伦为亲疏远近的,"新差序格局"则是以文化区隔与情感认同的形式温和地存在着,青少年的人际关系仍然存在着亲疏远近与高低区隔。网络语言与各种关系的泛化使原"差序格局"中的"差"渐弱、"序"渐平,却又使"差"更加内化、更加顽强,"序"更加外化、更加流动。

然而,新的差序格局表现出极弱的稳定性,原有的关系还未沉淀出形状,新的关系就已经加入,兴趣性或事务性的偶发关系也在不断起灭。对应到网络语言,则出现了一种漂移的语言边界。语言与关系格局在互联网的作用下的回环诗般互构重塑,且螺旋上升,使得关系中的语言所带有的情感浓度不断被稀释,语言经历了被发现、普及、冷却、淘汰、再用的循环。随着年龄增加、现实任务的加重、交往对象的社会化,网络语言在一个人的生命历程中呈现出让位于生活语言的趋势,以网络语言为主要交流内容的人际关系变少了,原有的关系也缺少联系与维护，逐渐散落。

未来，网络语言仍然会不断生成，不断消失。随着传播加速，大部分网络语言的时效性会越来越差，以更快的速度被埋进历史的垃圾箱。密切嵌入人际交往的网络语言也许会拥有强大的生命力，但需要在语言实践中不断调整语言距离以更好地适应人际传播。

关系泛化的实质是青少年在"关系赋权"的时代中，出于或隐或显的关系焦虑所做的"拉关系"行为，也是独孤个体求得群体安全感的极化表现。只是这些努力都太过急切，以至于许多连接都点到即止：同伴关系泛化可能会生成新的有资源嵌入的关系结构，但由于青少年较少的资本积累和虚拟交往弱关系的特性，可能会使其陷入无效关系中而无法自拔；亲密关系泛化最终可能走向假性亲密与社会距离尺度失灵，暧昧、软色情与塑料花友谊泛滥，个体更难获得情感陪伴与文化共鸣；权威泛化导致群体权威多层化、多极化与权力失灵，文化权威容易依照语言能力建立，也容易随着社会热点、群体成员与讨论焦点的流动而瓦解，甚至在权威的带领下走向秩序的反面，产生群体混乱、圈子排挤与语言暴力。

总之，网络语言已经渗透到青少年生活的各个方面。它带来了交流的便利与交流的无奈，也以此为中介造成了青少年人际关系的扩张与收缩。浅层交流的便利与深层交流的无奈并行，表面关系的泛化也与实质关系的隔绝共存，这种割裂的状态在短时间之内都不会消失，反而有愈演愈烈的倾向。

第六章 拟剧化：集体表象与青少年丧网络语言传播

2016年夏天，以"葛优躺"为先锋的一场早有预谋的比废大战拉开了序幕。"葛优躺"系列图片源自著名情境喜剧《我爱我家》，在《不速之客》这一集中，葛优饰演的"二混子"季春生，去贾家蹭吃蹭喝，最终贾志新无法忍耐，将他从家里赶了出去，季春生以跳楼相威胁，要死要活好一阵，傅明最终用"点穴"制服了他，随后他就躺在了沙发上，"葛优躺"由此诞生。

照片中的演员葛优穿着碎花T恤，满脸胡茬，双目无神地看着天花板，浑身瘫软地与沙发融为一体，让年轻人大呼"是我"，从此，"葛优躺"成为新一代的颓废代名词，火遍了网络。

几乎是突然之间，一系列与传统价值观大相径庭的流行语爆炸式地在网络上传播开来，从"我差不多是个废人了"到"感觉身体被掏空"，在网络环境中公开发表这些带有绝望性质的语言成为年轻人新一轮的个性标签，并在其他的社会文化领域受到追捧。至此，"丧"字被赋予新的内涵，并正式被应用于形容网络话语实践，随后，"丧语言"的概念横空出世，并逐渐衍化出"丧文化"热词。时隔几年，"丧文化"并未消解，反而不断被赋予新的内涵，从单一的"葛优躺"式比废发展为"暴花户""伪抑郁症""止丧强心"等基于现实情境的多元话语。"丧语言"作为"丧文化"构建的主要风格，以网络为主要使用场景，以"90后""00后"青少年群体为主要使用对象，是研究当代青少年心理发展机制及观念的重要文本，对揭示青少年行为习惯及思维方式、洞悉一个时代的青少年情感基调具有重要意义。

第一节 文化脚本:"丧"网络语言构成类型及其特点

语言的产生是为了传播,只有通过传播才能产生语言,只有在传播中才能使语言产生意义。[①] 以丧语言为文本符号的"丧"网络话语实践,是一种共同参与的日常文化现象,具有鲜明的时代特色。2016年7月以来,以"葛优躺"为代表的图像式丧语言的广泛兴起,开始引起人们的关注。

时至今日,"丧语言"已衍生出"丧燃""丧佛"等多元内涵,扩展了丧文化的风格边界,成为不少传播者的话语素材。其中,"佛系"网络语言的火爆助推了该话语的流行,使其历经多次新生,以不同的文化脚本形式重复进入青少年的话语体系中来。

一 基础脚本:复现与经典

"葛优躺"表情包是丧文化构建起来的最基础、最广泛脚本,通过对以往经典文化作品片段的复现式使用,实现抒发个人情感表达的诉求。在被问到平日在社交平台会使用哪些表达丧情绪的网络语言、为何会喜欢用这类丧语言时,以大学生恬姐为代表的受访者列举到:

> "最著名的《人间失格》啦,我就是因为'生而为人,我很抱歉'这句话而喜欢上收集'丧语言'的,看起来就很有格调。这句话也在《被嫌弃的松子的一生》中好像也出现过,所以有时也会直接发截图,反正都是那种淡淡的忧伤即视感。"(恬姐,女,19岁)

[①] [美]约翰·杜威:《经验与自然》,傅统先译,江苏教育出版社2005年版,第108页。

第六章
拟剧化：集体表象与青少年丧网络语言传播

经典作品的文学性，以其独特的感染力，助推了丧文化话语体系的建构与广泛传播，并赋予丧文化以一定的文学艺术气息。在谈到经典复现类丧语言流行的原因时，已经在机关工作的二哥解释道：

"现在的年轻人，不只是年轻人，生活这么艰难，压力这么大，谁还没有点情绪 down 的时候呀，表达就是另一种发泄，我觉得这是好事儿。而且很多丧语言都很美或者很有趣呀，看一眼就想喊——'哎，这个是我'。"（二哥，男，24 岁）

整体看来，青少年以"焦虑"和"沮丧"为主要情绪，将经典复刻式"丧"语言广泛传播的原因解释为青少年群体的艺术审美趣味倾向。于是，以太宰治的文学作品《人间失格》、日本电影《被嫌弃的松子的一生》，以及网易云整理出的丧文案——"为你我受冷风吹"等音乐歌词为代表的经典复现式"丧"语言，成为青年人用以宣泄沮丧心情并表达个人文化审美倾向的话语资源。在形式多样的语言文本中，带有忧伤情感的经典作品得以不断复现，最终凝聚为具有广泛传播力的"丧"文化网络语言体系中最具文学性与艺术性的脚本。

二 创意脚本：反其意与改造式拼贴

重新思考亚文化研究成果的有益之处，伯明翰学派"拼贴"概念对描述"丧"文化的语言风格体系依然具有借鉴意义。"丧语言"体系所包含的图片、表情包及文字的主要产生方式，用伯明翰学派"拼贴"概念来描述，是"一种即兴或改编的文化过程，客体、符号或行为由此被移植到不同的意义系统与文化背景之中，从而获得新的意味"[1]。具体表现为在现有的语境中把已有的物体进行转换和再次安置，转向新

---

[1] [美] 约翰·费斯克等：《关键概念：传播与文化研究辞典》，李彬译，新华出版社2004年版，第279页。

语境，并且改编它，从而生成一种新的意义。① 而这一新意义的生成，在"丧"文化语境中，往往是与原有内涵完全相反、相去甚远的。这种反其意式拼贴创意的表现形式，最为典型的是 Pepe The Frog 系列表情包的产生——火爆全球的悲伤蛙是 2016 年一位网友的"拼贴"作品，该网友对迈特·富里（Matt·Furie）于 2009 年绘制的 Boy's Club 漫画中的青蛙进行了改编，将其微笑上扬的嘴角旋转 180 度，变为沮丧下垂，形成"Not good man"青蛙图，并发布在健身社区中，Pepe 蛙系列表情包自此成为"丧"语言体系的重要组成部分。

除此之外，还有一类组合式"反其意"的表现方式，即利用色彩文字符号等意象的对立冲突，使得社交平台一条信息中同时包含的文字与图片情绪完全相反，以强烈的对比和反差，营造出"搞怪式丧"或"人设式丧"。

例如，在读国际班初中部的怡宝于 2018 年 6 月 17 日在个人微博发表了"#穷则不点奶茶#每天都挺丧的"的文案，配图却是自己的三张个人美照，照片里的怡宝笑得朦胧而美好。当问及"发这条微博时真的情绪很低落吗？"，怡宝回应道：

"不是呀，就是想晒一下刚买的美美的奶茶，以及刚拍出来的好看照片。不丧不够潮不够独特，怎么能引起我喜欢的人的关注呢？"（怡宝，女，15 岁）

无独有偶，大学生露露也曾发表过一条"最近真的是太暴躁了/各种事情的积压/颓丧 不想干 丧/越拖越暴躁/每天各种催……四月真是太水逆了"的微博，配图却是一组四张皮卡丘活力满满的图片——"I SEE IT/ I LIKE IT/ I WANT IT/ I GOT IT"。被问及原因时，露露如此回应：

---

① 陈旭光、宋奇勋：《"佛系"话语的记忆建构与意义实践》，《中国青年社会科学》2019 年第 1 期。

"就是确实不顺,心情比较低落,但是我还是很'燃'哒,对生活充满希望的!而且这样反差会显得我很可爱呀!"(露露,女,21岁)

创意脚本是在经典丧语言的基础上形成的,这种文化脚本的呈现方式通常包含近似亚文化风格形成的反其意式"拼贴",以及对立式符号的组聚两个层面。"丧"语言的产生及其传播过程,本身就是一个语言边界泛化的过程。

首先,"丧"语言中"丧"的内涵可能与通俗意义上的"丧"相去甚远,更甚者,有部分青少年在"丧"语言表达过程中加入了"丧"的因素,使得"丧"语言更多地成为一种网络娱乐作品。其次,当该词的语境转换为网络社会时很快就泛化出了"我燃我骄傲,我丧我酷潮"等语义,更多地寻求情绪表达之外的其他功用,更遑论这种情绪表达是不是自身真实消极情绪的延伸了。不难看出,在这个层面上,"丧"语言也许是青年人消极心态合理化的话语工具,但更多的是对认同感等其他诉求得以实现的渴望。

三 其他脚本:取形避性与断章取义

当某个流行语经历海量复现、语义泛化和形式滋生后,这些包裹着主观情绪的话语以不同的形式再现于微博、微信朋友圈和日常社交场合时,其核心语义便建构起独特的意义空间。[1] 在访谈中研究者发现,"丧"语言在发展过程中,逐渐形成日益个性化的呈现形式,在"复现"和"创意"这两种"丧"语言脚本的构筑方式之外,还存在第三种构建方式。

"复现"和"创意"分别强调原意原用和独立创作,而第三种构建方式,它强调"原意新用",甚至是刻意的"原意误用"。这一脚本的

---

[1] 陈旭光、宋奇勋:《"佛系"话语的记忆建构与意义实践》,《中国青年社会科学》2019年第1期。

两种呈现方式可分别描述为"取形避性"与"断章取义"——"取形避性",回避所指事物为何物何性①,是隐晦的意义转移,而"断章取义"则使得这部分"丧"语言完全脱离原有语境,直接根据使用者自身需求,被赋予迥然不同的内涵。如心木(女,15岁,国际班初中生)于2017年12月13日在微信朋友圈发布了一条新的丧图文,配图是"迷茫的时候要选择难走的路"视频截图,而文案却与图片无甚关联——"'怼'为什么读四声,而不是三声"。"迷茫的时候,要选择难走的路"出自日剧《问题餐厅》,《问题餐厅》(问题のあるレストラン)是2015年播出的日本社会话题电视剧,该剧描绘了在一间"问题女性"集结的餐厅中,剧情前后讲述的是主人公与诸位女性角色志愿团结起来对抗"男性"这一共同的"敌人",充满阳光积极的正能量。这一截图的诞生和使用,是更多地基于个人意向的选择性调用,割断了话语元素与原情境的意义关联,建构起个性化的意义。可见,在这一层面上,"丧"语言系统中的固有元素,可被随时调用,"丧"文化主体的日益个性化和半原创化的使用行为印证了该话语已融入其日常生活。

再比如,雪宝在2018年12月17日在微博上发布了一条动态:"丧的人生永远没机会翻身,那些貌似带来希望的爱,只是生活用来折磨你的错觉罢了,最终都会过去的。以及恭喜'It'll pass'喜提季度最丧,希冀不再相见。"配图是《伦敦生活》第二季第六集中"It'll pass"的台词截图。在原剧中,这段情节本意是两个男配的彼此安慰,互相鼓励。在被问到为什么要故意"错意"时,雪宝解释道:

> "我刚刚失恋,很难受,又刚好在看这部幽默剧,就对Fleabag(女主)的前男友非常痛恨,即使他可能并没有那么渣。图文不符啦,并不能代表什么。"(雪宝,女,22岁)

---

① 张大明、华琼:《古人创造委婉词语的方法》,《中医药文化》1990年第3期。

于是，我们可以看到，"丧语言"作为网络语言类别之一，在诞生之始，确实是以情感共鸣为重要吸引因素，迅速汇集起规模可观的、具有一致性的亚文化群体的。但随着这一青年亚文化——"丧文化"被真正构建起来，它的唯一"风格"——"丧"语言的边界在不断泛化，意义日益丰富多元，在成为"丧文化"区别于其他青年亚文化的重要标志和群体图腾的同时，其构建方式所彰显的文化心理，也赋予"丧"文化更真实的社会意义，对解读新生代青少年群体具有一定的价值。

第二节 共享情境："丧"互动实践的偶然触发及前期建构

从经典复现到具有个性化意义的"丧"语言体系的建立，表明"丧"文化是一种从个体主观经验出发的日常生活实践。在这种日常生活化的文化脚本中，我们可以发现，"丧"文化主体的心理状态与脚本呈现乃至脚本自身，处处充满了矛盾和错位，而且这种错位在某种程度上是一种自发的"弱集体意向"——集体意向是集体表象的延伸，根据约翰·塞尔（John Searle）的说法，弱集体意向是个体心灵固有的意向类型，与外界缺乏互动的私密性的"缸中之脑"也会具有生物本能性的集体意向。[①] 对于这样一种集体无意识的错位，日常社会学视域下欧文·戈夫曼的"拟剧"取向有关理论，对于日常生活的集体表象存在的认可，给予我们有益的借鉴意义。

欧文·戈夫曼，符号互动论的代表人物之一，其著作《日常生活的自我呈现》，将戏剧理论的术语类比到日常行为中，并由此将之引入日常社会学研究的范畴，提出"拟剧"的相关理论。戈夫曼认为，人类日常的交往、生活与互动，均如同戏剧之表演，每个人或是独立的个体表演者，或是某一"剧班"的一员。在情境中，或者说特定的场景下，

---

① 柳海涛：《解析集体意向》，《自然辩证法研究》2012年第8期。

不同的舞台上，按照自己的需求或者一般通行的规范进行表演。其主要理论包括"印象管理""角色扮演""前台""后台"等。以"角色"为基础，通过"表演""印象管理"，完成人和人的互动。关于为何表演的问题，戈夫曼选择通过互动论的"情境定义"来解决，同时用"角色扮演"并独创以"印象管理"加以阐释。而对于文化现象分析，尤其是我们今天进行的以"墙"隔断网络茧房与现实生活的"丧"文化传播现象，取其中"角色扮演"以及"印象管理"等理论，对于分析文化景观及主体特征，定有裨益。

一 前台场景：近似的"丧"网络语言互动

参照戈夫曼的理论，整个世界应当被看作一个舞台，每一个生活于此的人均是演员。人与人的互动和交往，均应被看作是"表演"的过程，并以此构成具有一定意义的生活剧情节。

而所谓前台和后台，根据戈夫曼的解释，均为观众规定的特定情境的舞台部分，主要由布景、个人外表和举止等三个部分组成。只不过相对于后台的隐匿性，前台更多地是指行动者在行动时的"形势"。行动者借助标准的有规则的道具和设置，以一般和固定的方式有规则地进行表演，为观察表演的人限定情境。因而，前台是让观众看到、使观众从中获得一定意义的舞台部分。放在"丧"网络话语实践中，直接表现为网络语言的拟剧化呈现。若按照通行的一般思路，即视此为"虚伪"，然而这恰恰是一种真实——"丧"网络语言使用群体的真实表演。这样一种借助网络语言实现的情感互动，在表述形式方面通过复现经典、反其意、改造式拼贴、取形避性、断章取义等方式展现千差万别丰富多彩的语义，但其呈现出的实质性内容尤其是人际互动模式却大同小异。

"可能让一个人崩溃最快的事情就是组织一个活动，我可能已经处在崩溃的边缘了，放假真美好，可以在家躺着，开学就是又丧又累，好像再也不能拥有快乐了［摊手］。"19岁的峰仔发布了这样一条微博。在微博下面是五花八门的回复，有调侃式的"奸笑"表情，有"游戏

第六章
拟剧化：集体表象与青少年丧网络语言传播

不好玩吗？打游戏啊"的邀约解丧，有安慰式的"［抱抱］"表情，也有对自身以往近似经历的吐槽。

"我就是发泄一下，也没多大点儿事儿，兄弟们都知道咋回事儿，所以才随便调侃的吧，"峰仔解释道，"男孩儿哪能真哭啊，真难受了根本不会发网上，这种都是玩儿的，兄弟们也都知道你没事儿就是闲着无聊或者有点儿不爽吐吐槽。"（峰仔，男，19岁）

无独有偶，年轻的创业者万能在2018年1月8日发布了一条微博："一个人的时候不要听悲伤的歌，会迷茫，不要听那些，每个旋律每句歌词都有记忆，活生生地把你卷进去。"这条微博下是朋友们的各种拥抱式鼓励——"万能加油！""抱抱我的小可爱""稳住，不慌［狗头］"……

"其实大家对一条微博是真'丧'还是假'丧'是有直觉的，所以回复的内容无非就是那么几种"，万能在被问及如何看待类似微博文案下的互动时如是说道，"看客感觉到你没有真的沮丧，一般就是开开玩笑大家一起乐和乐和；他们感受到你是有点丧丧的了，关系很近的就会约你一起做点别的事情，就是我们常说的'转移注意力'，关系一般的也会在下面鼓励加油正能量。甚至有时候会有朋友刚好和你有过非常相似的经历，那么他就会讲出来，然后你们一起吐槽。就这几种吧，好友圈都很善良的。但不管哪种，看到有人留言评论，就知道自己是有人关心和陪伴的，心里暖暖的，之前再沮丧也都会雨过天晴了。"（万能，女，22岁）

甚至我们顺着一位受访者的社交账号，发现了她的一位朋友特意与她互动转发@她的一条安慰式长微博：

我说故我在：
青少年网络语言生活方式研究

　　回家没几天，家里人闲聊，说起邻居家的女儿跳河自杀了，据说有抑郁症，断断续续治疗过，原本有好转，可没想到凌晨五点多，趁家里人睡着的时候跑出去自杀了。说完这事，外婆还责备道："年纪轻轻，心理承受能力太差了，一点小事就去死，太对不起父母了，白养了。"我没有说话，一个人默默回到了房间里。想起我去她家的时候，她曾经和我说过觉得自己过得很痛苦，我却没有注意。她说她开始话听两遍会不耐烦，游戏玩两周就腻，曾经以为会追求一生的爱好突然就丧失为之奋斗的兴趣，就连爱了三年的人，也突然不再想和他多说一句。哪怕一句话就能说清楚，但话到嘴边，突然觉得要解释真是太麻烦了，还是算了吧。她说不知道从什么时候开始，好像丧失了生活的动力，明明是很想去逛逛的地方，但一想到要换衣服出门、转两趟地铁，就变得索然无味，不如点个外卖窝房间追剧。她也知道这样不对，看着积累的外卖垃圾，自己都厌弃自己。她说午夜梦醒或者失眠的时候，能清醒地感受到时间无情流逝的无力感。然后突然有一瞬，"不如去死"的想法出现，并且越来越强烈。她不停地说着，我当时在赶工作，随口说了句：想开点，别老这么消极。直到她自杀的消息传来，我才想起她当时的无能为力，不禁后悔自己的无心之言。她留下的日记说：我拿刀子划破皮肤，疼痛让我感觉到活着真好，可我却不想活。我想起我一个粉丝。她说她也经历着同样的事，她很依赖她的朋友。像溺水的人抓住了一根稻草，换位置一定要在她周围，上自习给她传纸条诉说心事。一开始朋友还很耐心地宽慰，后来朋友给她的纸条上写：没有人愿意跟负能量爆棚的人在一起！她对象也固执地认为是她悲观，一个劲儿劝她开心点。粉丝哭着跟我说：我也想积极一点，可这也不是我想改变就能改变的。不抑郁的人对抑郁的人说："你别瞎想不就好了？"就像倒头就睡的人对失眠患者说："躺床上不就睡了吗？有那么难吗？"粉丝说她不怪他们，毕竟他们也没义务听我说这些扫兴的话。只是之后我不再对谁说这事，这世上从来

— 232 —

没有感同身受。我看过一部TED的演讲，名字是《抑郁，我们各自的秘密》。里面有一句话，让我潸然泪下。那句话是：人不自杀的唯一原因，是不想伤害身边的人。但对痛苦的人来说，死亡其实是一种解脱。既不想让亲者伤心，又难以承受无法诉说与解脱的痛苦，于是他们就成了困在笼中的猛兽，四面围栏，无处可逃。这时我才明白，身边人回馈的温暖对于这些处于绝望中的人，该是多么重要和必要。因为那可能就是唯一支撑他们活下去的力量。上一周刷微博看到这个粉丝发了一张照片，配文字："告别"，她说她要回家治病了，微博不再用了，有事打电话。我没有她的电话，但我希望她的亲人朋友会是很好的人，耐心和关怀多一点点的人。

人生是一场表演，社会是一个舞台。人际传播的过程就是人们表演"自我"的过程，但这个自我并非真实的自我，而是经过符号乔装打扮的"自我"。无论这个表演是自觉的还是无意识的，不可否认的是，近似的生活体验催生了近似的语言互动，主体文本的"丧"与互动文本的正能量，共同构成了前台场景的戏剧色彩和青少年群体自发的向善倾向，这是成长过程中近似的"丧"体验前提下的情感共鸣的结果。这种互动的形式是近似的，互动的实质也是近似的，使得整个前台看起来多姿多彩又充满着活力。

二 后台场景：有机体深处的消极真实

"后台"是不让观众看到的、限制观众和局外人进入的舞台部分，只有关系更为密切的人才被允许看到"后台"正在发生的一切。值得注意的是，所谓前后台，实际是相对的概念，而非一成不变的，它们的分别并不泾渭分明，有时甚至会互相转换。当观众闯入后台时，后台自然成了前台，研究者的解读和互动场景还原，在某种程度上也是一种将后台推至前台的行为。因而，深埋于后台的消极真实，有时也会成为呈现于网络环境中的"前台"，得益于此，我们才可以看到青少年群体使用并传播"丧"语言的根本原因——具有个体私密性的近似的"丧"生活体验。

"爱之于我,不是肌肤之亲,不是一蔬一菜,它是一种不死的欲望,是疲惫生活中的英雄梦想。——《情人》"

2018年12月2日,读艺术类专业的小虫在微博写下这样一句话。后来,在访谈过程中她努力回忆道:

"分手了当时,他觉得我不够喜欢他,但其实只是因为我性子比较冷。""姐姐,我很难过的其实。"小虫又补充了一句话:"问就是看电影了呀,或者看到好句子 mark 一下。朋友们大概只能感觉到我情绪不高吧,其他的,等我云淡风轻了再让大家知道,当时真的做不到。"(小虫,女,18岁)

相似地,2018年8月3日已经在IT行业工作的晓弟在微博上写道:"当你难过的时候,不能去远方,那就往高处走吧。当即喝了这碗鸡汤。挺好喝的,然并卵。[微笑]"在接受访谈时,晓弟讲道:

"(当时的情境下)不爽是肯定有点的,或者说烦躁,说沮丧也可以。发这种丧丧的东西,不管多轻多重,都至少是不爽的吧。无聊的人会耍宝,(但)不会耍'伤感'吧,即使矫情一下求抱抱也肯定是因为有那么一点不顺心的。最多有人过分夸张求安慰(罢了)。女孩儿(这样做的)会多一点。"(晓弟,男,19岁)

小虫的思考更是一针见血:

"我们这个年纪,无非就因为那么几件事——恋爱、父母家庭、学习、奋斗。有一件小小事不顺心，肯定就会不开心，只不过每个人的表达方式不太一样，但到底有多丧，我们基本都可以看出来的。"（小虫，女，18岁）

再有意地"表演"，都一定有真实情感的投入。这一点当我们通过访谈的资料收集方式闯入青少年群体的"后台"，将其"后台"也推向"前台"时就可以一眼可辨。再戏谑的"丧"语言表达，都一定有着真实的消极情绪，再沉重的郁郁寡欢，也一定都有人可以设身处地、共同理解、感同身受。在青少年逐渐成长的过程中，滋生"丧"情感的现实生活情境似乎是相似的，这是"丧"网络话语实践群体得以聚集、靠近、相互取暖或共同游戏的重要前提之一。

三 虚拟物理设置：发声场域的有意识建构

在对"丧"文化主体行为进行解构时，必须关注到前台和后台是由网络这道无形的墙催生的。网络具有无中心性、开放性、交互性、阶段性、广泛联结、任意联结的特点。其中，广泛联结特点可能使得情感的表达被熟人圈子所关注。丧语言的拟剧化呈现基于对他们网络情境的认知——开放性使得他们愿意将后台的消极情感呈现至前台，但网络广泛联结的可能性又使得他们必须注意前台呈现时"负能量的克制输出"。

在这里，我们想要描述的一种集体无意识行为是，同为"丧"文化群体内的一员的观众，本身也是演员，懂得在何等情境下应展现何等"演技"，采取何等应对方式。戈夫曼认为，在观众无意闯入他人后台时，大多情况下会主动选择规避或无视，以给对方调整状态的机会。对此，前文中的万能试图解释说：

"说来听奇怪的，我也解释不清为什么，看到大家发的朋友圈，就是能一眼识别出来他是真丧还是假丧呀！如果是假丧的，就会直接在下面排队评论,和共同好友一起调侃,反正这种肯定就是闲了嘛;如果是真丧的,我反而不会去评论,会稍微缓一下,然后直接视关系远近情况选择私聊或者假装没看见。一般真丧的朋友圈,过一会儿就会自己删掉或者再出来一条解释说明。"(万能,女,23岁)

同样地,来自福建的奥妙也陈述道:

"是真的丧的朋友圈,我们都会很慎重,你可能会发现,底下基本没有评论的,因为关系好的,就会直接去安慰他了,关系不亲近的,必须选择没有看到,因为我感觉大多数情况下,他们都只是为了发泄一下,并不希望无关人士在场。"(奥妙,女,19岁)

巧合的是,炫仔(女,23岁,大学毕业生)于2019年3月6日发了一条朋友圈:"怎么会这么不顺这么不顺这么不顺啊……"配图汪星人截图——"你不用担心我,我哭一个月就没事了"。发完后她立即自主评论:"绝对不能发像这种显得自己很弱鸡的朋友圈,所以我10分钟后删。"除此之外,平日里热闹非凡的评论区一片寂静,"观众"默契而自发地为她留出一片空白安静的"后台"。

作为"丧"文化主体的青少年,在网络中戴着相似的面具进行形式多样的艺术表达——这所谓的"面具"绝非是一种指摘,在戈夫曼的体系中,它仍然是为了塑造角色而进行的表演。这种表演,被称之为"真诚的",只有确实相信自己所扮演之角色,才能做到如此地步。诸多青少年的网络"面具"的撕裂,是精心设计的情境共享的结果。而更有趣的事情是,一旦触碰到现实的世界,那个虚拟而笼罩于每个人身上的前台就开始崩塌——问题真正被解决,问题的双方互相进入后台对话,是在一个实在的舞台的前台完成的,而这个实在的舞台,被"丧"文化群体之外的人们定义为一个后台空间。因而,在宏观层面上,

"丧"文化群体内传播研究的有益之处似乎浮现出来——青少年需要在真正成长起来之前，将矛盾暴露出来，并彻底激化之，否则一切问题解决办法均是空谈。通过在"观众"面前，青少年卸下前台的面具，表达真实的心，冲突就此呈现，也有了可以被解决的渠道。换言之，前台难以维持，令一直藏在后台的情感，彻底暴露出来。这就是前后台的错位——即在一个人维持不住自己的"面具"的时候，彻底撕破这些出于种种目的设计好的面具，将本心展露于人前，把不属于你后台的人，拉入你的后台。

第三节 意义传授："丧"情感的优先识别及选择性回应

语言的产生是为了传播，只有在传播中语言才有意义。传播就是文化，人们通过语言的意义交流。传播的意义并非"传递的内容"，而是传播活动本身。通过传播过程的"互动性"和传播目的的"共享性"，"互动"和"共享"就是仪式观下的传播活动的意义。

在传播活动中，人们通过话题的平等讨论和意见的开放交流获得了与他人的联系，获得了对自身的社会角色的觉醒，在意义的交流和共享中获得对世界的共识，并使用共同或相近的符号进行描述并再次建构它。这是传播的意义所在，也是"丧"网络话语实践中青少年群体借助"丧"语言实现的对传播规则的共同遵守。

一 意会的发生：情境表达规则习得与认知

霍赫·希尔德（Arlie Russell Hochschild）在 *The Managed Heart*: *Commercialization of Human Feeling*（1983）一书中提出了"情感整饰"概念——情感的演员式表演，认为人们常常进行策略性的表演行为。

根据她著名的空姐研究，对情感文化构成的剖析，尤其是情境理论的阐述，可以较好地解释丧文化社群选择在网络空间中通过戏剧化语言完成情感表达的深层原因。任何具体情境都有两种基本类型的规则——感受规则（feeling rules，指文化规范个体在情境中应如何感受和体验）和表达规则（display rules，指在一定情境中应在什么时候以及怎样表达规则，比如在葬礼上的哭和聚会中的笑）。这些规则因情境而强制个体在情境中表现出某些情感而不是其他的情感。"All the World's a Stage, And all the men and women, merely players; They have their Exits and their Entrances"[1]，青少年也不例外。而网络具有无中心性、开放性、交互性、阶段性、广泛联结、任意联结的特点。其中，广泛联结特点可能使得情感的表达被熟人圈子所关注。丧语言的拟剧化呈现基于对他们网络情境的认知——开放性使得他们愿意将后台的消极情感呈现至前台，但网络广泛联结的可能性又使得他们必须注意前台呈现时"负能量的克制输出"。

在这一过程中，丧语言的拟剧化呈现，前台与后台的区别与调整，加之趣味性，同时满足了青少年的情感表达需求和降低负能量辐射的需求。情感表达拟剧化的呈现，是特定情境下情感意识的体现，是成长过程青少年情境规则习得的结果，是情感社会化过程中的一个环节。

所谓情感社会化，"是情感的社会价值观念和道德规范的内化，通过这种社会灌输，是他们掌握、扮演以及承担社会期待的情感角色"[2]。在情感社会化研究范畴内，以戈登·哈利思（Gordon Harris）为代表的学者分化为社会结构建构、符号互动等五种理论流派[3]，但他们都认为情境规则的感受与表达是社会化过程必不可少的一环。

丧语言的创作与传播本身即是情感表达规则的呈现，个体在情感社会化过程中，会下意识地追求内心舒适度平衡，换言之，内心舒适度是

---

[1] William Shakespeare, *Mr. William Shakespeare's Comedies, Histories & Tragedies: Published According to the True Original Copies*, London: Isaac Jaggard, and Ed［ward］Blount, 1623, p. 194.

[2] 濮波：《欧文·戈夫曼的拟剧或表演社会化理论透视》，《剧作家》2016年第2期。

[3] ［美］乔纳森·特纳、简·斯戴兹：《情感社会学》，孙俊才译，上海人民出版社2007年版，第23页。

其作出决定的重要考虑因素。网络情境下的情感表达规则本身由青少年群体制定，当更多的青少年在丧语言表达过程中获得内心舒适感，这一情境表达规则就会逐渐上升为该网络茧房内的主导规则。"习得规则—后台出现消极情感—前台表达情感—后台心理满足"这一过程的不断循环，是"丧"语言使用过程的吸引力所在，是它在青少年群体中引起共鸣、广泛传播并最终形成文化景观的必要条件。这一网络文化景观的背后，是丧文化主体——青少年在经年累月学习与感受规则后，寻找到的柔和的负面情感输出形式。作为网络情境的沉浸者，他们在寻求自我满足、兼顾社会影响的过程中，会一点点地寻找表达规则的边界，在认同与妥协中继续情感社会化。

二　应对方式的多元选择：单纯觉察与基于"丧"互动实践的情感反馈

自弗洛伊德以来，意识研究开始进入现代西方人的视野。弗洛伊德把心理过程分为三个层次：意识、前意识、无意识（又称潜意识）。[①]意识是与直接感知的有关的心理部分，前意识指潜意识中可召回的部分，是人们能够回忆起来的经验，是潜意识和意识之间的中介环节。

意识服从于现实原则，调节着进入意识的各种印象，压抑着心理中那些原始的本能冲动和欲望。而曾经成为意识关注的焦点、有关事情或事实或知识的记忆定义为前意识记忆。前意识每次只能集中于一件事，它不像意识一样具有主动控制信息的能力。潜意识很难或根本不能进入意识，前意识则可能进入意识，所以从前意识到意识尽管有界限，但没有不可逾越的鸿沟。"丧"复杂情感是后天习得的，"丧"语言的特殊表达形式，是情感社会化过程中长期经验积累的结果，既展现出青少年天马行空随心创作的主观意愿，又在自由表达中处处体现一种自我约束感。因而，我们首先将"丧"情感表达与前意识甄别相勾连。

---

① Macionis Gerber and John Linda, *Sociology 7th Canadian Ed. Toronto*, Ontario: Pearson Canada Inc., 2010, p. 133.

我说故我在：
青少年网络语言生活方式研究

　　这样一种特殊的亚文化表达，仿佛一个钟摆，以"丧语言"作指针，展现着千差万别多姿多彩的具体表达形式，但却始终被一双"隐形的手"——前意识中的后天习得的情境规则和道德意识，限制着它摇摆的安全区域。结合个人现象学研究与体验，并顺着弗洛伊德的前意识甄别向下走，似乎卡尔·荣格（Carl Gustav Jung）在进行积极想象探讨过程中提出的"单纯觉察"，更能解释青少年"丧"网络话语实践的拟剧化表达。

　　积极想象是荣格分析心理学的核心方法，是直接深入无意识并与之交流对话的方法与技术，是使意识与无意识心灵渐趋和谐完整的自性化过程。积极想象可被概括为："在清醒意识的觉察中，让无意识自发涌现的艺术；也包括运用意识及其觉察，通过意象、言语、绘画、音乐等方式，对无意识之物的聚焦、赋形，让其进一步涌现及扩充的工作，乃至赋予其意义及生活化。"① 单纯觉察的意识是联结意识活动和无意识活动的纽带，是沟通二者的桥梁，甚至是整合二者的金钥匙。就像威廉·卡尔文（William Kalvin）所说的"探照灯"，它不仅照亮意识活动的内容，也能照亮内心深处的无意识世界，更为荣格"找到了在意识自我和集体无意识过程中存在的联结点"②。

　　比如，然然（女，24岁，公务员）在工作中被领导批评后表达道："我现在要是还能积极愉悦，那就是真的疯了，所以还是丧着吧，省劲儿。"配图中的文字是——"我只希望我能比现在好一点点而已"。而在现实中，然然依然充满活力地满世界追星，追着她的偶像组合的各种活动，经常激动开心地与她的各种小姐妹在周末一起飞去日本和韩国，只为看她爱豆的一场演唱会。

　　更多的青少年"丧"网络表达更印证这一点，恬姐（女，18岁，

---

　　① 冯建国、申荷永、刘晓明：《论直接深入无意识的积极想象与内视方法——兼论作为单纯觉察的意识》，《心理科学》2010年第1期。
　　② ［美］威廉·卡尔文：《大脑如何思维：智力演化的今昔》，杨雄里等译，上海科学技术出版社1996年第2版，第26页。

大学生）——"大实话，不过知易行难啊"，配图中的文字是——"越丧越要通过积极自律改变丧的状态"；代代（女，20 岁，大学生）——"我要被加班逼疯了，一个人坐在工位上感觉睁着眼睛都能哭出来，该怎么拯救越来越丧的我"，紧接着又发了一条——"美食"；兰月月（女，23 岁，大学生）——"身后坐了一个小孩，车没开，我人已经死了"，配图是"大白鹅 - die"，形容小孩子吵闹带来的心烦；小豆（男，21 岁，大学生）——"持续性丧和间歇性更丧"，自我评论"加油""那就来一顿海底捞，不够的话，两顿""海底捞大法好"；尚尚（女，22 岁，初入职场）——"特意寻到博物馆却没时间逛，画着纱裙一不小心染白了发，网红店里摆拍丛中没有化妆，今日份的小确丧"，文案和配图中都感受到了一种惬意。

　　青少年会在面对具体情境时，基于积极想象后的单纯觉察，根据前意识中的情境规则识别，选择多元的情感应对方式。当"丧"语言表达意识、使用意识、互动意识乃至创作意识占据了心灵的舞台，情感道德的无意识便会退居后台，但始终发挥着控制作用，支配着青少年的"丧"表达阈值，尤其是面对同伴的"丧"表达时的反应机制和互动表达机制。这种基于单纯觉察的群体"克制性表达"，似乎在传递出新生代青少年们隐藏在个体深处的某种群体特征。

三　符号的作用：语言内涵传递与"丧"情感消解

　　人是符号的动物，人运用符号创造文化。① 卡西尔（Ernst Cassirer）认为所有在某种形式上或在其他方面能为知觉所揭示出意义的一切现象都是符号。他指出所有的文化形式都"平等"地具有"赋予形式"的力量，并通过中介物实现这种力量，而这个中介物就是符号。②

　　人们的情感可通过很多的非语言符号予以传达和交流，非语言符号的种类很多，从信息传者表达意图方面看可以分为两类，既有主观性表

---

① 吴风：《艺术符号美学》，北京广播学院出版社 2002 年版，第 1 页。
② 赵宪章：《西方形式美学》，上海人民出版社 1996 年版，第 5 页。

达符号（如图像），又有客观性表达符号（如表情）。非语言符号的表达功能主要体现在其语义指代和语义暗示两个方面，在日常生活中使用得非常普遍，因为这种表达可以更形象地体现人们丰富的"情感"，将抽象的概念具体化、立体化。但是相对于语言符号，非语言符号信息传播内容模糊而连续，对话双方并不会感到它是有开始和终结的。

"丧"语言符号最重要的作用就在于其情感的表达。这种表达方式展现的既是青少年自身的情感状态，更是网络平台上的具体情感，借助"丧"网络话语实践，通过使用代表观念的以退为进、富有张力的"丧"语言符号，完成信息传递，并同时实现交际的功能。这些传递内涵的语言符号不是遗传的，而是通过传统、通过学习来继承的，甚至是可以自由创造的。在符号创造与使用的过程中，"丧"语言脱离参加传播活动的主体而独立存在，将信息、内涵、情感保留，使得多层次的时空对话得以形成。

黛黛是一个典型的可以借助"丧"语言符号的使用完成自我情感消解的访谈对象。2019年3月19日上午7点49分，黛黛发布了一条"我扛不动了，我真的累了"的纯文字朋友圈，并在接下来的半分钟内补充了一条"我有病"。这两条"丧"情感的传递并没有引起众人的关注，8点19分的一条"我杀不了你，我自残的权利总有吧？"确如巨石击打水面，黛黛在这个事件结束后讲述道：

"好像是这一条发出去后，我的好朋友，甚至一些不是特别熟的朋友，都开始微信私信我，问我怎么了，有的同学甚至直接给我发红包，我当时沉浸在自己的情绪里，只想着我要说出来、发泄出来，就没回复大家，但看到微信弹出来的一条条问候，不知道为啥，觉得有点暖。"（黛黛，女，23岁）

果然，当天10点27分时，黛黛发过一条"别再来安慰我了，你们原来认识的根本就不是我，现在这个报复社会的才是真的我"的朋友圈,"我其实是开心的,只不过当时有点过于消极,所以傲娇了下,才在朋友圈又发了这种话。朋友们没有放弃我,仍然不断有人来安慰我"。上午10点52分,一条"各位亲爱的胖友们,上午的状态真的让大家担心了呢,我真的没事,就是一时想不开,然后已经被我爸劝回来了,论没了奖学金之后、姨妈前和辅导员吵架后不要一个人胡思乱想",宣告这一次在交际情境下的情感消解的实现。

符号最根本的特点是间接性,能直接诉诸知觉,但它代表的却是深藏于背后的意义。符号的功能,是靠传播信息得以实现的。语言是最常见、最复杂、最重要的符号系统,同时也是构成传播内容的最基本的元素。语言符号作为物质形式承载信息,而借助语言的解释并与之相对应的非语言符号,也可负载信息,并且在信息传播中发挥非常大的作用,成为人们进行传播活动的有效工具。黑格尔说,"情感是心灵中的不确定的模糊隐约部分",而语言是抽象、推理形式的符号体系,表意确切、固定,能较为准确地指明情感的种类和强度,也能描述情感的过程和状态。但正因为这种表达含义的确切和固定,使语言难以直接把握和呈现情感这种错综复杂,流动变幻的"内在美"。"丧"网络语言背后渗透出的非语言"情感",通过与之相对应的语言符号的输出实现了能量消解与部分自我净化。

第四节 拟剧化的集体表象:"丧"网络话语实践的自我克制

古人云:"言为心声。"所有的文化形式都平等地具有赋予形式的力量,并通过中介物实现这种力量[1],"丧"网络话语实践即是通过拟剧化的语言符号,传递出具有浓厚日常生活色彩、戏剧创作色彩、情感理性色彩的时代力量。

---

[1] 吴风:《艺术符号美学》,北京广播学院出版社2002年版,第1页。

"丧"网络话语实践研究经历了基于文化研究视域的多角度解读。它因丧语言的广泛传播而形成文化现象,又因区别于主文化的消极情感表达而成为青年亚文化。而"丧"本身即代表消极情感的域值,有量级的区分,以"丧"命名,在一定程度上透视出它的本质特征与其他可能的分析视角——情感社会学。

在转向这条路径时,青少年"丧"网络话语实践,就不只是富于意味而别具一格的丧文化,更是具有强烈拟剧色彩的日常情感表达实践的呈现,是青少年群体在情感社会化过程中寻找到的内心舒适度反馈,是一种温和的抵抗。他们一边借助戏剧化的网络语言,有克制地表达颓废或自嘲的消极情感,另一边却在现实中"燃"式生活,坚守积极向上的正能量。这一线上线下不同呈现的文化现象,更使得丧语言成为一种具有拟剧效果的"网络艺术品"。

一 "曲线救国":"丧"语言与消极情感意图的拟剧化呈现

在线创作和传播的网络流行语具有较强的主观色彩,记录着生产者和使用者的情绪与自我认知。因此,网络流行语不仅是人们社交活动的常用工具,也是承载青少年情感、反映社会变迁与文化心态的风向标。运用深度访谈、参与式观察等方法对"丧"网络话语实践进行符号生产、意义传递和情感实践的考察发现,历经"复刻与经典""反其意与改造式拼贴""取形避性与断章取义"等阶段,"丧"网络话语实践以其主观性、创造性与解构性,建构了一种以特殊情感表达为导向的具有鲜明的拟剧特征的网络亚文化。

"拟剧"概念在社会科学研究视野内的扩展与延伸,大都以戈夫曼"戏剧 V.S. 社会"的互动研究为基础①。戈夫曼从来没有建立情感理论,但在情感动力机制探讨过程中渗透出的拟剧隐喻具有极高的参考价值。

---

① 郭景:《情感社会学:理论·历史·现实》,上海三联书店2008年版,第106—109页。

第六章
拟剧化：集体表象与青少年丧网络语言传播

"拟剧"概念现多用来指社会微观层面的日常生活中的符号互动①。它把社会比作剧场，把社会成员比作在这里扮演不同角色的演员。在互动作用中人人都在表演，如果我们将自己想象成导演，观察日常生活剧场中发生的事情，那么我们正在进行戈夫曼所谓的戏剧分析，即从戏剧表演的角度研究微观社会的符号互动②。在无边界的网络空间中，拟剧化表达似乎成为虚拟空间的日常呈现，通过一种夸张的叙事，通过戏剧化表达，将日常生活结构化为众多自成一体的片段。"丧"语言自诞生之日起便以独特的夸张化、非主流的语言表达方式，在网络公共空间内迅速集结起一大批使用者与爱好者，这些受众构成了大大小小，或平行或交叉的信息茧房。当丧语言在社交群体中爆发式传播、成为大部分青少年可以默契接受信息的语言表达方式时，一种以丧语言表达为前台呈现的日常情感实践面世。

"拟剧"概念中的前台、后台即戏剧舞台的构造。在"拟剧"概念中，前台、"界"（又称"共用墙"，即前后台的分界线）、后台的场景分割，帮助我们更清晰地考察"丧"集体表象的成因。最早的前台、后台概念产生于法国、英国拟古典主义的创作过程。前台（apron stage）向池座方向突出，对着观众席敞开三个面，正面没有幕布，在前台的后面有两个入口通向内舞台（inner stage），即后台。重回戏剧视角，是拟剧取向解读的必然。前台是"可见场景"，后台是"不可见场景"，前台与后台之间的关系，戈夫曼称其为"表达与行动对峙（Versus）"。前台与后台的一致，是人类倡导的追求，确是极难实现的。网络这一个空间"界"为青少年设置好前台空间，给青少年以"丧"语言表达的舞台，区隔开后台的情感真实体验。因此，"丧"网络话语实践实质上是一种区域行为，在前后台转换间，"丧"的语言表达并不等同于重度消极情感的产生，在解读前台的"丧"语言以试图剖析后台的青少年心理时，符号误读现象不可避免。

---

① 冯晶：《情感社会化机制的研究》，硕士学位论文，华中师范大学，2015年。
② 黄德良：《论无意识在精神结构中的意义》，《青海社会科学》1990年第6期。

此外，戈夫曼基于涂尔干对土著居民周期性集会的分析构建起包含社会结构参数、问话脚本、策略化思考、自我展示、向他人传达信息等多个要素的"邂逅"（encounter）模型①。其中，"向他人传达信息"这一要素包含的"角色扮演""使用道具"等概念的集合，即为"拟剧"的外在表现形式。"丧"文化的日常呈现，集中表现为以"90后"青少年为主体的夸张式自嘲——以情感表达为特征，通过自我对自我率先发起防御性攻击来完成"扮怅"的戏剧性情感表演，进而获得群体认同和自我的心理建设。它的呈现特征，与戈夫曼拟剧隐喻模型中的"策略性思考—自我展示—向他人传达信息"环节具有极高的相似性，同时这不是一种个体思维活动，而是一种集体表象。

其实从20世纪思想解放以后，中国青年的个体焦虑和日常沮丧就从未间断。1980年5月，《中国青年》杂志发表了一封读者来信，题目是"人生的路呵，怎么越走越窄"："我今年二十三岁，应该说才刚刚走向生活，可人生的一切奥秘和吸引力对我已不复存在，我似乎已走到了它的尽头。"文章一经发表，就引起了千百万青年的共鸣，一代人仿佛"精神初恋"般为它哭、为它笑、为它争辩、为它深思。那时候的中国，宏大叙事刚刚开始退场，个人重新成了生活的主语，青年人的焦虑马上就回到了历史前台。早在"丧"和"佛系"的形容被发明之前，90年代的青年就已经展示了什么叫"丧"表达。

与以往平铺直叙式"丧"表达不同的地方在于，当今社会背景下生成的"丧"网络话语实践从叙事上看更加富于戏剧性、趣味性、矛盾性和整饰性，从传播上看更为立体化和即时化，创作群体与使用群体更为年轻化和普及化。"丧"网络语言文本形式多元，由外在的修饰性的语言、图片表达和内在恒定的"丧"情感组成，由前台的"全无欲望"内涵表达和后台的"期待未来继续奋斗"行为动力的矛盾组成，由既想自由表达自己在生活中遭遇的不满又担心给周围人带来困扰和消

---

① ［美］乔纳森·特纳、简·斯戴兹：《情感社会学》，孙俊才译，上海人民出版社2007年版，第23页。

极情绪感染的矛盾心理组成。

"丧"文化在网络词条上的解释是:"丧"文化是指一些"90后"的年轻人,在现实生活中,失去目标和希望,陷入颓废和绝望的泥沼而难以自拔的话,他们丧失心智,漫无目的,蹒跚而行,没有情感,没有意识,没有约束,是只能麻木生存下去的行尸走肉。但是,青少年群体的真实意图似乎并非如此。"丧"文化在某种程度上道出了青少年对这个世界的自我解读和对现实生活的观察与感受。这些网络语言,初见确实扑面而来一股或消沉或低迷的气息,但话语之间更多的是让人会心一笑的风趣幽默、一针见血的现实刻画,或直白简洁的抱团取暖,这在客观上建构了"丧"网络话语实践中语义的复杂性和语料的丰富性。

UC曾做过一个关于"丧"文化的大数据报告。在UC的"丧"文化报告中,"丧"文化使用和传播群体,无一不在生活的压力下作出一个个无条件承受践踏的"假动作",看似确切消极。可与UC描述的这些"丧前台"不同的是,随着年龄的增长不断承受新的生活压力的青少年们,在前台看似随心所欲地表达着"丧",在后台的现实生活中,却带着心理深处的积极真实,自我鼓励或互相鼓励着"燃"式生活——在真实的现实生活中,似乎谁都没有真正放弃。所以,"丧"文化的广泛传播,一方面是因为随着社会经济发展,贫富差距逐渐拉大,而另一个更深层次的原因是,互联网大背景下青少年正在逐渐把握网络话语权。

戳破"丧"的话语表象,从经验资料收集来看,似乎青少年们只是在以玩笑的形式自我发泄并试图给自己的不顺心找一个合理化的借口。"丧"话语实践群体的叙述方式在某些情境下更像是一种防御性悲观——一种自我价值保护策略,目的是回避因为失败或者表现不好导致的否认自己能力的负面结果。防御性悲观的人会降低自己的目标,并且谨慎思考自己对于失败的忧虑,接受失败的可能,帮助他们降低焦虑。

防御性悲观与习得性无助有很多相似的地方,然而它们的不同之处在于前者是对未来自己最坏情况的打算,而后者则是一次次失败后的无能为力。日剧《不求上进的玉子》的主角玉子经历了"毕业即失业",害怕主动求职之后失败的尴尬,于是在家中啃老,不愿出去找工作。她表面看起来懒散得像是废柴一样,但是实际上还是偷偷为自己的未来努力。玉子的行为有点类似于前文提到的"学霸行为",都是一种"自我保护"的拟剧化表演策略。

因此,就"丧"网络语言表达研究而言,仅仅通过聚合其他词汇,仅仅描述为情感宣泄,仅仅解读为堕落行为,都是片面的、脱离经验材料和青少年群体的、简单化的话语解构。青少年在具体场景中的"丧"叙事实践,匹配到多元语境后,它强大的实用功能才得以彰显。青少年"丧"话语实践者以"节制性表达"的方式勾勒出各式各样日常生活中的"丧"图景,从而将他们想要宣泄、想要呐喊,却在现实中不敢为之事,借由在线的戏剧化"丧"表达,实现多元的表达初衷,将人生的负面以虚拟网络的渠道、以瞬时言语的形式从自我这个后台中排遣出去,自我才能在现实生活中继续奋发向上,负重前行。"大家在网上发的'丧丧丧'都是假的啦"——在访谈过程中,颖哥(女,18岁,体育生)和她的省赛队小伙伴异口同声地说道。这是"曲线救自我之国"的智慧,而这一亚文化群体也默认这种表达存在的合理性。

二 "心有其理":情感与理性二元平衡的集体表象

布莱士·帕斯卡尔(Blaise Pascal)曾正确地用"心的秩序"或"心的逻辑"来表征人类精神的非逻辑方面,并提出著名的论断——"心有其理"[①],"心"在这里被解释为心灵,在帕斯卡尔看来也指的是广义上的精神。用二元论的观点来看精神,它可以被分为逻辑层面和非逻辑层面,这里的"心"和"精神"可被进一步解释为非逻辑的一面——情感,即各种不同的意向体验和情感感受活动[②]。因此,顾名思义,我们可以将"心有其理"解释为——情感具有其本来的理由,而

---

① 冯凡彦:《论舍勒价值情感现象学中的情感理性》,《兰州学刊》2009年第3期。
② 冯凡彦:《人心价值秩序:思想政治教育的本体之维》,《思想教育研究》2008年第9期。

且这些理由区别于逻辑层面的类理智的理由。换言之,"心有其理"的"理",不是理智,不是逻辑理性,而是指情感自己的规则和秩序。德国著名现象哲学家马克斯·舍勒(Max Scheler)在帕斯卡尔"心有其理"论断的基础上,进一步向我们揭示道:"有一种经验,它们的对象对于'理智'来说是完全封闭的;对于这种对象,理智是如此地盲目,就像耳朵与听对于颜色是盲目的一样。"①"经验"一词在这里就是指的区别于有内在严密逻辑规则的自然科学经验的现象学经验,即情感经验——情感感受和个人偏好等。在"丧"网络话语实践研究过程中,就被用来解释"丧"话语实践具体拟剧表现的概念工具而言,无论是戈夫曼对情感秩序的隐晦分解,还是霍赫·希尔德对于情感规则的直接阐释,它们的合理性都离不开"心有其理"的基本论断。

而所谓集体表象,由法国著名社会学家列维·布留尔在《原始思维》(*Primitive Mentality*,1923)一书中提出。布留尔提出,原始人没有概念性思维,在原始人头脑中取代因没有概念而产生的基础空缺的,即是集体表象。作者认为意识是对拥有什么客体的映象,换言之,客体被感官感觉后会以不同于其实在的方式呈现给主体,现代人的智力活动抽象性很发达,能直接将这些客体映象和其实相联系。对于现代人而言,表象就直接是对客体实在的映象。但对抽象思维不发达的原始人而言,表象不仅没有客体映象和其实在,甚至更多的是被掺入了自己的主观情绪、感情和运动因素。而这些表象是集体性的,而不是个体性的。具有强烈情绪、感情和运动因素的集体表象一般也是在能引起强烈情绪、感情波动和运动激情的过程中被赋予个体。

值得一提的是,人类的悲喜虽不相通,但我们可以充分关联具有近似情绪因素的心理事件,这些近似的情绪类别指向会在关联的过程中得到强化,进而形成新的情感形式结构;而这些心理事件中形色各异的具体内容则会被抽象出来成为新的内容结构。新的情感形式结构,加上新

---

① 冯凡彦:《论舍勒价值情感现象学中的情感理性》,《兰州学刊》2009年第3期。

的心理内容结构，即可组成新的心理事件结构。这给我们的启示是，通过这样一种基于不同的心理事件内容、相似情感因素综合性重构心理事件过程的解析，我们似乎可以逆推得到新的心理事件的缘起。例如通过综合性地重构基于相似"丧"情感的网络话语实践的不同具体事件内容，得到"丧"情感行为风格中所体现的稳定的行为特征——情感理性。

谈及情感理性，我们需要再次区分精神世界中的所谓"感性"与"理性"。在现实的精神行为中，同时有着感性模式和理性模式的综合作用，依其不同侧重表现为感性行为和理性行为。如果把上述描述中形式和内容依次换成情感和逻辑，理性行为和感性行为则可被理解为逻辑规则与情绪机制的互动。情绪机制占优的行为强调从特定主体的视角出发（特定的立场），特定的行为模式严格对应特定的场景（情绪机制的效率原则就体现在这里），即为感性行为；而逻辑规则占优的行为强调超越特定立场的客观视角，普遍的行为规则适应无限的处境，即为理性行为。在这个层面上，理性并非是与情绪对立的概念，情绪机制是理性行为和感性行为的共同基础之一，理性与感性体现着不同的情绪行为模式。理性是在更广视角、以更符合现实功利的视角，对情绪机制进行协调的行为模式。对情绪机制的协调，事实也就是对行为指向的协调，因此，情感理性，其实质是更符合现实功利的行为模式。

从进化角度看情感理性，情绪和思维都是有效应对环境的固有模式，共同点还不止于此，它们都是一些"处境分类机制"，以特定的行为反应把特定的情感处境区别出来，以便作出针对性的应对。这是情绪和思维在进化上的适应性价值所在。这种特定处境与特定行为之间的固有联系，可称为"处境格式"。处境格式有三种表现：情绪机制、逻辑规则、思维模式。精神系统适应性功能的发展主线就是更有效、更高效的处境格式。有效性是从解决实际问题这个角度来说的，而高效性是从节能的角度来说。前者要求精神活动模式的针对性越具体则解决问题越精细有效；但高效性却要求精神系统以具有开放性的完形格式来固化保存应对模式。现实的适应性有赖于有效性与高效性的协调。

情绪机制主要体现处境格式的有效性，逻辑格式主要体现高效性，而思维模式则是情绪机制和逻辑格式的综合体现，同时包括情境推理和逻辑推理两个进程。以情境推理为主就是"感性思维"，以逻辑推理为主就是"理性思维"。逻辑是认知的共同格式，是认识的机制，是不同的情境推理共同遵循的规则，是推理的基本模式。理性并非超越情绪，感性也并非违背基本逻辑，只是在协调处境格式的有效性与高效性时，表现出不同的处境应对风格而已。由情绪机制和对相应情境的认知共同构成的"感情模式"本质上就是一种思维模式。事实上，现实的思维模式，正是主要体现为个人的情感风格。

"丧"情感有着明显的外在消极与潜在积极的矛盾，这种情绪机制与心理防御机制有着明显的对应。当人格特质（包括专责协调情绪活动的性格特质）协调心理冲突失效时，作为一种应激机制，心理防御机制与情绪机制之间会产生一种对应：简而言之，愤怒情绪更容易激发转移机制，恐怖更容易导致投射，消极与积极之间最易反向形成，很多所谓幸福往往是对失落悲伤的代偿，人焦虑时容易退行，抑郁时往往自我否定，对于忧虑惯用合理化来自我安慰，对于厌恶则多用理智化克服，角色分化外显而抵消内敛，角色认同关于成就感，压抑后无处着力。

此外，在心理学领域内，有一种错误观点认为，正相情绪是让一切变好的人性正能量。而实际上，正相情绪只是解决问题，消除了负相情绪之后的内部奖赏，而不是助人解决问题的力量源泉，真正的力量隐藏在负相情绪背后。

有人可能存疑，多年来通过鼓励营造好心情助人无数，因而上述观点不可能是错误的。那只是对正相情绪的向往这样一种代代相传的社会现象给人的错觉，正是这种向往启动了负相情绪背后真正的人性力量。真正的正相情绪、好心情，一定是去负相的。从大方向来说，除了6种

我说故我在：
青少年网络语言生活方式研究

基本情绪——开心、悲伤、生气、厌恶、吃惊、害怕所体现的先天性外，其他的情绪基本都可以认为是后天习得的，是这几种基本情绪的组合①。在情绪文献中存在一种有趣的分类，按情绪的社会性来区分——分为 socially disengaged emotions（与社会交互无关的情绪，如高兴、悲伤等）和 socially engaged emotions（与社会交互相关的情绪，如尊敬、负罪感等）②，一般来说 socially disengaged emotions 基本是先天就有的，而 socially engaged emotions 则是后天习得的。这在一定程度上说明"丧"语言、"丧"文化存在的合理性和实用性。

舍勒的"情感理性"概念被限定在观察性经验上，不能涵盖"对某物的意识"中的经验。在"丧"网络话语实践研究的过程中，有一种奇特的现象引起我们注意，青少年的"丧"话语表达并非是完全自由的。"即使我发消息的同时没有控制住，之后我也会很快给大家一个反馈，告诉大家我已经恢复了。"恬姐（女，19岁，大学生）如是说。"大家都懂的啦，我们都不希望把坏情绪传染给其他人。这种'丧'或多或少都会有那么一点点坏情绪啦，所以我们在发的时候还是会很注意的。"颖哥（女，18岁，体育生）微笑着解释道，"传染给别人不好，我们都是好孩子，即使有时是为了好玩"。而"丧"网络话语实践中渗透出来的情感理性，是意识流的。意识所意识到的或者说事实上在此的可以是任何内容，无论它是有意义的、无意义的、逻辑的、幻想的东西，还是网络虚构的东西、积极想象后的单纯觉察还是其他任何东西。人之为人，在所有这些情况中都可以说是对情感理性而言的场所和机会，情感理性因此根本不依赖于特殊的种类组织和这个种类的实存。因此，是否人人都具有它，或者是否每一民族、每一历史阶段都拥有它，

---

① Ekman P., "The Argument and Evidence about Universals in Facial Expressions of Emotion", In H. Wagner & A. Manstead (eds.), *Handbook of Social Psychophysiology*, Chichester: Wiley, 1989, pp. 143 – 164.

② Kitayama S., Karasawa M. & Mesquita B., "Collective and Personal Processes in Regulating Emotions: Emotion and Self in Japan and the United States", In P. Phililppot & R. S. Feldman (eds.), *The Regulation of Emotion*, Chichester: Wiley, 2004, pp. 251 – 273.

第六章
拟剧化：集体表象与青少年丧网络语言传播

这无关紧要。主要的问题在于，只要它们在此并且一旦它们在此，它们和它们的对象就服从一个合法则性，这个合法则性就像颜色几何学和声音几何学的定理一样不依赖于经验的归纳。

"丧"网络话语实践渗透出的情感理性根本不依赖于特殊的种类组织和这个种类的实存。只要它们在此并且一旦它们在此，它们和它们的对象就服从一个合法则性。也就是说，情感理性的存在具有当下性。至于情感理性的普遍性问题，则是无关紧要的。这正如在逻辑领域所展现的那样：地球上的每个人是不是都具有从苹果落地的现象中发现万有引力定律的资质和能力，对于万有引力定律的客观性和有效性是无关紧要的。因此，对其秩序的明见把握，与这种可把握性的普遍性或传布范围根本没有关系。

情感理性的先天内涵永远无法被观察和归纳所取消、修正或完善，而逻辑理性的内涵则是可以被观察和归纳所取消、修正或不断完善的。舍勒将情感理性的先天内涵称之为一个"现象"。也就是说在舍勒的现象学中，现象特指在情感行为中"直观地"被给予的东西。但这样一种直观是"本质直观"，舍勒也称其为"现象学直观"或"现象学经验"。即是说通过观察和归纳既不能证明也不能证伪。如果我们想试图论证它，将不可避免地要陷入论证循环之中。因此，我们只在这里提出"丧"网络话语实践中青少年主体表现出的这种特殊弱集体意识和情感表象，但并不去论证它。

总之，"丧"表达并非当下中国大陆青少年"丧"亚文化群体所独有。古时有"抽刀断水水更流，举杯销愁愁更愁"，今日有"我是一条咸鱼了"；日本有"下流社会"，韩国有"N抛世代"等，这些都是"丧"网络话语实践的庞大语料群。与我们经验材料收集得来的大陆青少年"丧"真实状态不同的是，日本社会学家三浦展（Atsushi Miura）在《下流社会》一书中的描述似乎略有陌生，更仅仅像是大陆青少年在网络中展现的拟剧化"前台"——不力争上游，工作意愿、学习意

— 253 —

> 我说故我在：
> 青少年网络语言生活方式研究

愿和消费意愿全面下滑，"对全盘人生热情降低"①。日本的青年一代疲疲沓沓走路、松松垮垮生活；韩国社会的一群"N抛世代"也看破红尘，抛弃精神②，中国台湾地区的"消极男子"③更是不欢迎自我意识。按照马克斯·韦伯（Max Weber）的说法，每个原子化的个人都会作为社会零件嵌入精密而庞大的社会机器中。一个人所有的活动与他的内心并没有什么联系，他只是为了他肉体的生存而活动，他被降格成了"物"，并且被"物"所统治。④哲学教授陈嘉映在《何为良好生活》一书中写道："'我该怎样生活'这个问题不只是人生道路之初的问题，而是贯穿人的一生的问题。"散发着颓废气息的"丧"文化兴起，起始于青少年在经历生活不顺心的大大小小事件时的情感共鸣。"丧"文化在最初掩盖的其实是这一代青少年的焦虑。⑤它的流行，并不意味着青少年放弃生活，只是这背后的孤独与焦虑，需要被关注。从葛优躺、懒蛋蛋、消极男子、马男波杰克这些最原始一代的"丧"网络话语实践所传达的精神来看，"丧"差不多就是内心深处确有消极，却出于戏谑、部分隐蔽等种种考量，换一种"面具"开放表达以稀释焦虑并最大程度上不感染他人。

随着新生代青少年的创造性参与，"丧"网络话语实践已然从单一的情感宣泄发展出更为多元和立体的亚文化景观，它可以是情感宣泄的

---

① [日]三浦展：《下流社会》，陆求实等译，文汇出版社2007年版，第25页。
② 一开始，韩国的青年群体还没有抛弃太多东西。2011年，没有经济能力、上升无望的年轻人不过是抛弃了恋爱、结婚和生小孩，被称为"三抛世代"。2015年，现实又绝望了一些，年轻人们接着抛弃了人际关系和购房，被称为"五抛世代"。紧接着2016年，他们算是看破了红尘，不但抛弃了物质世界，也抛弃了精神世界，把自己的梦想和希望也给扔了，成了"七抛世代"。后来，年轻人觉得还不够，为了不给自己留任何念想，自称"N抛世代"，代表什么都可以放弃，及时享乐，过一天算一天。
③ 宽松优渥的成长环境和父母教育观念的变化还造就了自我意识极强的一代"消极男子"。提到"90后""95后"，我们往往第一时间想起的形容词是特立独行。然而，现代化、官僚制的工业社会，并不欢迎自我意识。
④ 孙明华：《从中韩对比看未来二十年我国经济发展前景》，天津社会科学院现代企业所，http：//www.newdu.com，2015年4月16日。
⑤ 周霖：《"葛优躺"的社会心理学》，《南风窗》2016年第18期。

产物,也可以是艺术创作的产物,可以是人际互动的需求,也可以是潮酷流行的追求。这正是当下青少年的"丧"网络话语表达区别于以往任何"丧"表达的珍贵之处。他们个性拒绝虚假的完美,他们试图接受人的缺点、脆弱,坦然承认自己的那些泄气的时刻。于是今天,当青少年们依旧体会着生活不易,正大光明地喊出"偌大一个世界容不下我一个废物",这些 90 年代的丧气时刻,也神奇地超越了时空,与"葛优躺"一起成了观众回味的对象。而哈哈一笑之后,人们又将回到当下,拥抱这荒诞的生活,耳边回响着来自 20 世纪的共同呼唤:"我就是一傻波依(boy),您甭为我费心。"

为什么"丧"文化在青少年中爆发式传播且不断被扩充边界?"因为世界跟我们想得不一样。"(恬姐,女,19 岁,大学生)。透过现象看本质,从情感出发解读这富有艺术魅力的"丧"网络话语实践,将这一具有集体表象特征的文化现象中的戏剧色彩挖掘出来,展示了青少年群体的具有拟剧取向的语言审美,同时也提醒我们因为网络"界"的存在,对前台符号的误读时有发生,"丧"表达不能简单等同于消极情感,更不能简单等同于"丧"行动。青少年在"丧"网络话语实践过程中的集体性的情感理性和单纯察觉后的自我约束,更为这一亚文化景观增添了区别于以往亚文化的难得精华——它的形式是拟剧化的,它的群体是庞大的,可它在道德上的集体自我约束倾向也是值得赞扬的。

鲁迅说过,"人类的悲欢各不相通,我只是觉得他们吵闹。"许嵩也在歌里唱过"楼上的女人哭喊,夫妻吵架没有人管。"情感社会学视角和现象学视角的借鉴,以及经验材料的收集,或许可以帮助我们重新认识这一文化现象,并给予年轻人更多的理解与宽容。

第七章　身体祛魅：污化处理与青少年网络污语言传播

"污"诞生于青少年亚文化、网络亚文化与网络语言发展的过程中，污语言的主要使用群体——青少年截取来自书籍、动漫、影视剧、网络综艺节目、网络社交平台等的素材，经过一系列处理方式，背后是双层甚至多层意义与内涵的嵌套。且由于"污语言"具备广泛性、包容性、娱乐性、易于复制与改造而进行再生产与二次传播等"强势模因"的特点，进入大众文化领域的"污语言"及其生产方式迅速被商业文化与网络综艺节目吸纳，用以制造热点、营造明星人设吸粉、设计节目情绪高潮以及吸引消费者与观众。

"污"的目的多为娱乐、解压、暗示、暧昧、营造轻松的聚会氛围等，这使其在语用方面区别于脏话、秽语等概念；"污"常以隐喻、暗示等方式出现，表现出知识密集特征与精湛的处理技巧，以此区别于直白的"黄/荤段子"；在载体与应用方面，"污"在人际交往中主要以语音、文字、图片（包括静态与动态）等形式呈现，来自且后续会被再次应用于书籍、动漫、影视、网络综艺节目、网络社交平台以及日常人际交往中再传播。

在此，我们可以将"污语言"定义为以"性"及相关事物为核心，经过污化处理将污化模因与污化素材相黏合，意义与内涵多层嵌套，并在传播中释放污义的语音、文字、静态与动态图片等，旨在娱乐、戏谑、搞笑、暗示以及暧昧等，体现出传播过程高度情境化、传播对象高度关系化、传播格局高度区隔化的特征。"污文化"则是诞生于网络亚文化与青少年的日常交往过程中，以'性'及相关事物为基础，经由青少年生产、传播后被大众文化、商业领域所吸纳利用的'污语言'本身及其生产方式、话语风格、生产机制等在内的网络文化现象。

第一节　从污语言到污文化：污名化的网络"脏话"

现有关于"污语言""污文化"的研究往往立论于主流文化与精英立场，在定义上众说纷纭、研究语料掺杂失真、缺少在深入青少年群体研究材料基础上的研究，其将污语言、污文化划分到"脏话""秽语""网络低俗语言"等相关网络语言研究的"大箩筐"中进行一边倒式的批判，总体上既缺少对污语言产生的现实背景及其生产机制的追溯与探求，也未曾深入青少年群体，在网络语言具体使用情境中观察、分析这一网络语言。由于代际差异、圈层差异及观念差异等，现有研究往往将不属于"污语言"范畴的材料误处理为污语言进行批判，建立在"混杂语料库"上的污语言研究容易流向对"网络低俗语言"的笼统批判。

语言无法脱离其使用情境进行阐释，忽视语言背后的社会心理动态会造成语义及语用层面的误解。现有研究中，有部分研究直接从网络污文化风行、污语言遍布的现象入手，认为污是"用细节性含蓄隐晦的语言、文字、图像等符号达到一种污秽妄想的暗示"[①]，进而分析其特征与传播现状，提出应对策略，以"成见"障目，忽略了污语言生产机制、社会心理脉络及其在传播情境中实际的语用功能。

青少年群体往往对新事物有着强烈的好奇心与高效的模仿力，他们不仅是污语言与污文化的主要生产与传播群体，也是其他网络语言和网络文化深度用户、受众群体甚至缔造者。以近来的帝吧出征、丧文化、

[①] 谭璐等：《自媒体时代网络"污"文化传播中的青年受众需要分析》，《新闻研究导刊》2017年第6期。

佛系、养生朋克等网络文化潮流为例，引起社交平台精神共鸣的文章往往聚焦于"90后"，积极参与者广泛分布在"90后""00后"网民群体中。这一代青少年群体伴随网络与网络语言的发展而成长，青少年生产、传播网络语言，网络语言反过来影响青少年，二者呈现出互动、互构的关系。目前，污语言发展的脉络较为清晰，语料库丰富，在青少年群体日常生活中传播频率高、传播范围广，研究污语言的生产与传播过程，重视青少年在其生产传播过程中的自觉能动性，可作为观察青少年群体网络语言生产机制及传播情境的切片。

此外，以"过程深描"研究污语言的生产与传播也是深入青少年群体，观察其群体互动与情境化传播的过程。在以往关于青少年网络行为与网络语言的研究中，研究方法一部分集中于问卷调查、实验等量化研究方法，如采用问卷调查、自然追踪实验与计算机行为实验，探究青少年学生群体的数字化语言经验与字词认知的关系与影响机制。另一部分集中于文本分析、文献分析与观察法等研究方法，如有研究者采用上述研究方法考察了B站鬼畜视频这类亚文化折射出的新风格及其与主流文化交锋过程中的抵抗与收编[1]，还有部分研究是基于文献梳理与网络现象观察而进行阐释与对策研究。较少有研究深入青少年群体，采用深度访谈、参与式观察等方法获取一手分析材料，尤其在污语言、污文化相关研究中。

目前，污语言与污文化的研究脉络，实际上来自于对网络脏话、网络秽语及网络低俗语言等网络语言中"异类"研究的延伸。在关于"污"的概括性描述中，有关注者将"污"定义为描述引人情色遐想的事物，认为网络低俗语言是"污"的一部分，而"污"又代表着脏词与秽语文化[2]；有人认为脏话是"污术"的基础，所有跟骂人有关的

---

[1] 杨紫萱：《青年亚文化视角下的B站"鬼畜"视频研究》，硕士学位论文，云南大学，2016年。

[2] 袁跃兴：《"污文化"须去"污"》，《中国艺术报》2016年8月22日第2版。

脏话都可归结为"污"①；也有人认为"污"是网络秽语在口语—书面—视像多维传播过程的语言转向②，且"污"暗指邪恶、猥琐、污秽等思想不纯洁或言语不净③。此后，"污语言"逐渐以一类新的网络语言引起学者的研究兴趣，研究侧重点与其代表的立场、背后蕴含的情感色彩均有不同。"污语言"定义方面，有研究者认为，其是指"日常生活中带有自污或调侃性的传播，包含性暗示或性描述的粗俗文字、言语、图片、动画等信息"④，其主要特征是"包含性意味的话语表达方式"⑤。

谈及污文化，有人认为短视频中的脏话、性暗示与批判是"污文化"的重要元素⑥；是"涉及两性内容的语言及文化艺术作品反映的一种文化现象，包括性器官、性活动、性经验、性感受的隐喻和暗示"⑦；"立足免费的网络舞台……用细节性含蓄隐晦的语言、文字、图像等符号达到一种污秽妄想的暗示"⑧；虎嗅网文章认为，污文化是"以网络为载体，借助语言偏离的手法，通过避免直接开黄腔的方式以达到社交互动、解压娱乐目的的一种属于青年群体的亚文化形式"⑨。在探究污文化对青少年性观念影响研究中，污文化被定义为"在社交媒体平台上，以一种包含两性暗示意味的话语表达方式，迎合、刺激并满足某种

---

① 萧隆：《常让人"污"言以对的污染物》，《中国青年》2016年第20期。
② 陈文敏：《数字交往中的"污名感"：网络秽语的体认传播论》，《吉首大学学报》（社会科学版）2017年第1期。
③ 彭梦盈：《网络综艺"污力全开"的成因及影响》，《东南传播》2017年第3期。
④ 蒋正和：《女生节悬挂污标语成因分析——一起情境定义错位的偶发事件》，《韩山师范学院学报》2016年第5期。
⑤ 宋少鹏等：《身份认同与校园节日：高校女生节的讨论》，《妇女研究论丛》2016年第3期。
⑥ 秦洪亮：《"污"文化：欲望阀门下行中的身体谐谑》，《北京社会科学》2018年第5期。
⑦ 王钰：《浅析互联网"污文化"的传播及对策》，《传播研究》2016年第6期。
⑧ 谭璐等：《自媒体时代网络"污"文化传播中的青年受众需要分析》，《新闻研究导刊》2017年第6期。
⑨ 张笑容等：《网络污文化：污艺不精者，以为画面唯美。你秒懂？你是老司机》，虎嗅网，2016年12月9日，https://www.huxiu.com/article/173925.html，2019年4月。

浅层次的性需求并引发性遐想的一种亚文化"①，也有人认为污"在网络语境中兴起流行，用户运用到社交生活网络中的主要带有'性意味'的包括语言文字或其他符号的话语表达方式"②，追求生理快感、迎合低级趣味、刺激浅层欲望。批判话语中，有人认为污文化渐进毒害着青少年，崩塌式地破坏了社会公德，侵蚀着民族优秀文化传统③。总体来讲，污语言、污文化相关研究数量较少，集中于在历史脉络中认识"污语言"，阐释分析其意义内涵；以污语言为支点探究网民心态；追溯污文化起源并归纳其传播现状与特征等；分析网络综艺消费"污文化"现象，提出对策；青少年在污语言传播中的作用及污文化对青少年的影响五个方面。

《孟子·告子上》中记载，告子驳斥孟子性善论，提出"食、色，性也"，认为食、色为人生存所必需。纵观古今中外，两性文化一直是民间文化重要组成部分，从唐宋话本、明清小说、地下文学的隐喻，到现今网络小说中的"擦边球"，甚至是杂志内页笑话中均有"污"的痕迹存在，污的生存发展有历史文化脉络。

由于文化圈层与语义差异，国外相关研究并无与"污语言"完全贴合的概念，相似概念被表述为 sexual humor/sexual joke，采用双关、谐音等手法将与性相关的内容幽默化，与俗语称为 dirty talk 的概念也有一定重合之处。"性幽默"相关研究中，有研究沿用了西格蒙德·弗洛伊德"诙谐/幽默"的相关理论，认为词语的强可塑性使其在某些特定情境失去原初意义，在其他联结中又获得新义④，进而生成幽默。其中，幽默又可分为无倾向性幽默（non-tendentious）和倾向性幽默（ten-

---

① 王卿等：《社交媒体平台中"污文化"对广州大学生性观念的影响探究》，《新闻研究的导刊》2018 年第 12 期。
② 彭梦盈：《网络综艺"污力全开"的成因及影响》，《东南传播》2017 年第 3 期。
③ 伍师瑶：《网络综艺"污文化"的反思——以〈奇葩说〉为例》，《媒介与文化研究》2018 年第 11 期。
④ ［奥地利］西格蒙德·弗洛依德：《诙谐及其与无意识的关系》，常宏等译，国际文化出版社 2001 版，第 30 页。

dentious），其中，倾向性幽默一般具有表达性或敌意等特定目的，具有测试潜在的性伴侣、表达被压抑的欲望或攻击等功能。此外，幽默并不仅仅是获得欢愉的过程，而是讲者、听者与客体三者间的一种社会关系，反映并不断强化着背后的社会结构①，但偶尔也会出现借以幽默抵制、破坏既定结构的情况②。在此基础上，相当一部分研究者关注了"性幽默"背后的权力结构、两性关系及其社会意涵，进而对社会角色、女性文化及职场霸权等具体问题进行反思。还有研究关注了不同性别对不同种类幽默的偏好；有研究认为女性不愿意讲笑话代表她们服从了社会期望，而不是缺乏幽默的能力（Coser，1960）；而在社会秩序方面，包括妇女地位、性别角色及两性权力关系等③随着时代进步、社会变迁及思潮涌动剧烈变化，性幽默背后的权力结构也在悄然改变。

文明进程中，"人类本性的欲望与社会理性之间的博弈，污文化和主流文化之间的博弈"从未断绝④，污文化也在与主文化的博弈中发展出特殊的表现形式。污文化确乎与两性主题有关，但涉及"两性"的内容并不意味着全都可以定义为"污"，如脏话中涉及女性侮辱、涉及性符号的内容并不是"污"。两性文化范畴广泛，其中只有一部分能够归为"污文化"。将两性内容直接当作"污"的研究材料，实际上错误扩大了污的意义与范畴。

网络亚文化语境中的"污"原本来自于日语"污い"，本义为肮脏、不干净，其引申义"思想不纯洁"常使用于动漫文化群体，经由 B 站进入大众文化视野。在综艺节目中隐晦地讲两性笑话点燃了"污文化"在互联网空间传播的火炬，B 站为"污文化"萌芽提供了温床与

---

① Ryan, K. M. & Kanjorski, J., "The Enjoyment of Sexist Humor, Rape Attitudes, and Relationship Aggression in College Students", *Sex Oles*, Vol. 38, Nos. 9/10, 1998, pp. 743 – 756.
② M. J., Neitz, "Humor, Hierarchy, and the Changing Status of Women", *Psychiatry*, Vol. 43, No. 3, 1980, pp. 211 – 213.
③ Hemmasi, M., Graf, A. L. & Russ, G. S., "Gender-related Jokes in the Workplace: Sexual Humor or Sexual Harassment?" *Journal of Applied Social Psychology*, Vol. 24, No. 12, 1994, p. 1117.
④ 尹小隐：《关于"污"的小历史》，《中国青年》2016 年第 20 期。

养料。经过 B 站中介、培育，进入大众文化领域的"污语言"迅速与民间文化、市井文化结合，生产出以"污""老司机"等为核心的一系列词句、段子及表情包等渗入日常生活的人际传播。如"污"字本身与其他语句结合衍生出的"污值""核污器""污妖王""去污粉""强力去污""污力滔滔""小污见大污""要优雅，不要污""污话可说""污言噫对"等；再如脱胎于云南山歌剧《老司机带带我》视频的"老司机"——网民以山歌剧中的歌词、符号为基础，生产出如"老司机""飙车""秋名山车神""小火车污污污""一言不合就开车""来不及了快上车""滴，学生卡/老年卡/骨灰卡"以及"这不是去幼儿园的车，快开门我要下车""把车门给我焊死，今天一个都不许走"等名词新解与新词句。

说到污语言、污文化的影响，2016 年 8 月《中国青年报》一则对 2005 名受访者的调查数据表明，53.7% 的人偶尔使用"污"语言，9.6% 经常使用；47.8% 的受访者觉得身边"污"的人挺多的；84.9% 的受访者认为污文化会对青少年有不良影响①。有研究认为，污文化是青年群体"获得浅薄廉价的求快乐、求释放的浸入式体验"的突破口②。除了青少年群体的志趣低俗化、娱乐化、空虚化，更让研究者担心的是蔓延于网络综艺节目中的"污文化"成为点击量的招牌，在节目中追逐低级趣味、散布低俗文化，长此以往将污染网络文化环境③。

网络文化是崇尚青年的文化。从网络亚文化到"技术流"，从网络语言生产到具体使用，青少年群体都处于"鄙视链"上端与主要使用者、创造者的位置上。污文化与污语言也不例外——顶着主流文化将其归为"网络低俗语言"及低俗化标志的压力与主流媒体的重重批判炮

---

① 王品芝等：《84.9% 受访者觉得"污"文化会对青少年带来不良影响》，《中国青年报》2016 年 8 月 12 日第 7 版。
② 谭璐等：《自媒体时代网络"污"文化传播中的青年受众需要分析》，《新闻研究导刊》2017 年第 6 期。
③ 叶玉露：《社交媒体网络直播综艺节目的现状及发展策略》，《河南社会科学》2016 年第 11 期。

第七章
身体祛魅：污化处理与青少年网络污语言传播

火，污文化欣欣向荣地生长在"权力之手"伸不到的地方，也茂盛于青少年日常交往过程中。

此前，已有研究者注意到"污化"这一现象，认为"污文化"既可用作名词，指代一种普遍存在的现象，也可用作动词，指是原来存在的文本被赋予新的含义，渐趋"污化"。"赋予新含义"只是污化处理机制中一种模糊的结果指向性解释，其具体的污化处理过程、处理方式及其在传播情境中的意义赋予是一整套内化于青少年日常话语实践过程及其潜意识中的"污化处理机制"。

实际上，在青少年群体日常话语实践的具体情境中，"污语言"的生产与传播过程相伴相生，而在长期学习生活过程中积累、截取可供"污化"的文化元素符号与广泛涉猎、内化"污语言"，积累污语言"模因"及其生产、改造规律是其"污化处理"的基础。青少年群体的日常话语实践则为污语言的生产与传播提供了广阔的创作空间，不论线上、线下，不论同侪群体中的大集体、小团体及亲密关系间的社会交往，均有污语言的存在，也都是污语言的生产、传播场域。

基于此，"污化处理机制"可总结为青少年群体将可供"污化"的文化元素符号与内化于心的"污化模因"以谐音、拼贴、嫁接、转义等处理方式生产为污语言，并在具体传播情境中释放意义与内涵的多层嵌套，赋予污义的整个过程。

第二节 浸习、内化与生产：污化处理机制与类型

通过研究发现，当下的青少年处于污文化与污语言包围的网络文化环境中，他们能够通过如 B 站、微博、贴吧、QQ 空间、浏览器推送等网络信息平台；如内涵段子、最右、皮皮虾等段子类手机应用；斗鱼、虎牙、YY 等直播平台及其他多种途径轻易地接触到污语言。访谈对象几乎都有接触、记忆、保存进而传播污语言的经历。但"生产污语言"是只有少部分青少年具备的高阶技能。同时，污语言生产机制往往嵌入

日常交流的传播情境之中,在生产出某一"污语言"后,其字面之下的污义要进入传播情境得以释放,在传播过程完成污语言的生产过程。因此,日常话语实践中,青少年"灵机一动"地创造、改造污语言呈现出污语言"在传播中生产"的特点。

在生产环节之前,青少年需要进行大量的"知识储备工作"——在长期学习、生活及接触互联网过程中积极、广泛地截取、积累可供污化处理的文化符号元素;在广泛涉猎污语言的过程中归纳污化规律、内化污化模因、习得污化处理方式,此为青少年通过"污化处理"生产污语言的两个重要基础。在此基础上,青少年群体采用谐音、转喻、隐喻、转义、拼贴、嫁接等污化处理方式糅合可污化处理的文化符号元素与污化模因,遵循着污化规律生产出新的污语言,并在传播环节中释放"污义"。

污语言传播情境中,"权威之眼"看不到、"权力之手"伸不到的青少年日常交往情境为污语言生产、传播提供了广阔的空间,例如校内课间休息、中午休息及私下的一对一的人际传播;校外的KTV、团体运动、聚餐聚会活动以及线上的微信群、QQ群、私聊中的一对一的人际传播。青少年群体在线上与线下,同侪群体中的大集体、小团体及亲密关系等社会交往过程中均有"污语言"存在,这些社交情境也是"污语言"生产、传播的主要场域。在表现形式上,主要包括传播污段子、表情包、污图、链接及诞生于交往互动过程中的情境化"污语言"。

总而言之,在污语言"生产机制"与"传播情境"两个环节中达成的"共识"组成了青少年群体生产、传播污语言的"行动指南"——"污化处理机制"。

一 污化模因与污化处理机制

在网络语言发展的过程中,会产生网络语言变异现象,其变异过程主要包括"创生—同化—记忆—表达—传播"五个程序,其中每个阶段都包含着有意识地选择与加工处理①。在污语言生产过程中,青少年丰富了网络语言变异程序,在接触、内化污语言的过程中潜移默化地将生产程序嵌入日常交往的潜意识层面。详细来讲,包括青少年在日常生活中接触污语言,内化了部分污语言生产的"污化模因";另一方面,青少年在学习生活、阅读观影、社会交往过程中积累了可供污化处理的"污化素材";在此基础上,通过进一步的深入接触,污语言生产的"污化规律"与"污化处理方式"被习得、内化,嵌入潜意识层面;在特定的传播情境中,青少年通过"污化处理方式"糅合了"污化素材"与"污化模因",生成新的污语言。其中,污化模因与污化素材是最基础的部分。

1. 污化基础:污化模因黏合污化素材

首先,在青少年生产污语言之前,现有污语言为青少年提供了"始源模因";其次,青少年日常生活中通过互联网、日常交往与书籍、音像作品等积累了一定的文化符号与个体经验,并从中截取、积累了大量可供污化处理的符号与元素;复次,青少年在长期接触、传播污语言的过程中内化污化模因、归纳污化规律,并进一步将其嵌入认知层面;最后,青少年采用谐音、隐喻、拼贴、嫁接、转喻、转义等污化处理方式对"金风玉露一相逢"的污化素材与污化模因进行加工重组,生产出新的污语言,并在日常话语实践中完成传播,释放嵌套于字面下的"污义"。形成完整的污语言生产过程。

其中,"模因"(meme)概念始于达尔文进化论,引入社会科学领域后指的是"通过模仿而传递,具有强大复制、衍生能力的文化信息单元"。模因越长久,复制数量越大;流行与复制的速度越快,模因繁殖力与传播力越强②。本书借鉴"模因"概念,将青少年"污化处理"

---

① 吉益民:《网络变易语言现象的认知研究》,南京师范大学出版社 2012 版,第 199—253 页。

② [英]理查德·道金斯:《自私的基因》,卢允中等译,中信出版社 2012 版,第 214—227 页。

过程中产生的模式化、固定化、可复制且传播力、衍生力极强的文化信息单元称为"污化模因",作为污化处理机制核心组成部分。以入选《中国语言生活状况报告(2017)》"2016年度十大网络用语"的"老司机"一词为例,从"老司机"出发,在身份上衍生出与著名电影《头文字 D》接合的"秋名山车神"(形容讲污段子的能力出神入化,可以封神),"女司机"(形容污值极高、"开车技术"好的女生),"实习司机"(形容对污不太了解,刚刚进入污语言语境的人)以及"船长""舰长""机长""坦克手"等;在行为上则衍生出"飙车""赛车""开火车"等动词短语,形容一群人聊天过程中互飚"污段子",将污语言生产与传播演变成一场竞技式的语言游戏。

在生产污语言句式与段子方面,"污"常常与时下热门的网络流行语、网络热点事件等相结合,生产新的污语言。如与"一言不合就……"结合生成的"一言不合就开车";与现实生活情境"上车打卡"结合的"滴,学生卡/老年卡/骨灰卡",与"火车"相结合的"小火车污污污污(呜呜呜呜呜)";及在 B 站弹幕中形成的"这不是去幼儿园的车,快开门我要下车""把车门给我焊死,今天一个都不许走"及"来不及了快上车"等。

在接触、同化、记忆、表达污语言的过程中,青少年群体潜移默化地将污化模因与污化元素储存于认知层面,并在与可污化的个人经验、客观事物等相勾连的瞬间迅速调动,参与污语言生产。

2. 污化处理:生产机制勾连传播情境

在将"污化模因""污化素材""污化处理方式"等嵌入潜意识层面,并进一步采用不同的"污化处理方式"将"污化素材"与"污化模因"黏合生成新的污语言之后,需要在传播环节中将深嵌于字面之下的污义释放,完成生产机制。

在传播环节中,青少年的语言交际主要发生在三种情境之下——权威关系、同侪群体与亲密关系。在网络交往空间中,污语言传播还聚集于"拟态亲密关系",即在网络中互不相识的双方发展出的亲密关系,如两个未曾谋面的网友发展成为暧昧或恋爱关系，在其交往初始阶段会使用污语言拉近关系距离，营造暧昧氛围。

具体到污语言的传播情境中，青少年群体在生产、使用污语言过程中始终躲避着权威的眼睛，在同侪群体和亲密关系交往的特定场合之中是污语言主要传播场域，生产污语言这一环节主要发生在群体互动过程中。由于隐晦、含蓄的特征，污语言字面下隐含的意义多层嵌套需要在传播情境的互动过程中得以释放。群体互动过程中，污语言生产往往依附于传播环节，生产机制的最后一环——"释放污义"需要在具体的传播情境之中完成。在社会交往过程中，生产污语言或是向他人解释污语言的含义这类"高阶技能"成为青少年群体参与污语言竞技游戏、获取成就感与值得炫耀的亚文化资本的渠道。

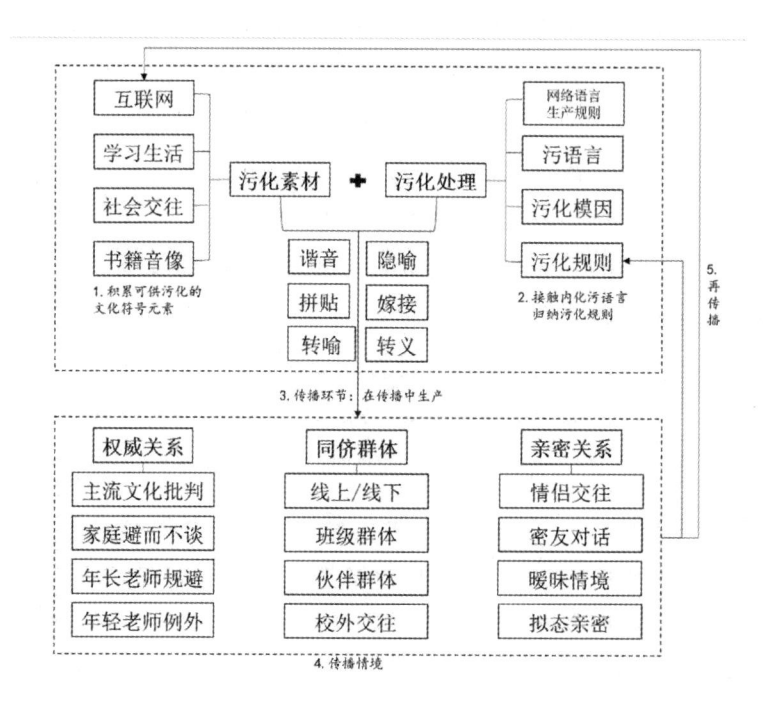

图7-1 青少年污语言污化处理机制与传播情境示意图

基于此，青少年将可供"污化"的文化元素符号与内化于心的

"污化模因"黏合，再以转喻、隐喻、谐音、拼贴、嫁接、转义方式等处理生产为污语言，其后在日常话语实践的互动情境中释放意义与内涵的多层嵌套，为新的污语言赋予污义，形成完整的"污化处理机制"。

"污化处理机制"内嵌入青少年的潜意识层面与日常话语实践后，形成系列"善于发现污的眼睛""以污透镜看世界""万物皆可污"的话语风格、思维方式及价值观念，长期以来传统观念与主流话语中的语言禁忌、性禁忌、性别观念等在污语言的生产、传播过程中被解构、重构或消解。同时，这一过程只发生在青少年亚文化领域，主流话语中的污语言与污文化仍然是被批判的对象。

二 污化处理方式及其主要类型

在青少年群体以"污化模因"勾连、糅合个体经验，在"污化规律"指导下采用"污化处理方式"进行污语言生产的过程中，逐渐形成了五类主要的"污化处理类型"。例如在长期接受教育的过程中，青少年习得了大量古诗词、成语、古文、歇后语、小说等传统文化的代表，以此形成"诗词成语类污化"；在课外活动中，二次元文化中的动漫、影视作品中的情节即是青少年群体获得污语言的来源，也逐渐积累成为青少年生产污语言的素材，由此形成"动漫影视类污化"；污语言生产过程中，一些关键的字词及发音能够在特定情境之中触发污语言的生产机制，由此形成"关键字词类污化"；在传统市井文化、通俗文学作品及网络小说中，"转喻""隐喻"是常用修辞手法，青少年在长期学习的过程中将文学修辞手法融会贯通为一种污化处理方式，创造出"关键意象隐喻转喻类污化"；在多媒体、多元化的网络交往空间中，各种感官及通感的手法也被借鉴成为污化处理方式，形成"象声象形类污化"等。

1. 诗词成语类污化

作为传统、主流文化的代表，诗词成语是青少年进行解构、消解传统文化及进行再生产的重要组成部分，广袤的传统文化领域为青少年污化处理提供了大量的污化素材,在青少年群体"污眼看世界"的滤镜之下,原本权威、正统、严肃的传统文学作品被"污化处理",在与戏谑、搞笑、解构的对比中迅速娱乐化。

诗词成语所代表的严肃性、权威性与正统性与经过污化处理得到的"污语言"往往在内涵、意义上形成极大反差,而这种反差更助长了青少年借此进行污语言生产、传播的娱乐性与积极性。尤其在一定的"污语言"知识储备基础上,传统文化能源源不断地为青少年提供污化素材。

经过基础教育,诗词成语在青少年群体中有着广泛的共同意义空间,也让以其为"污化模因"的污语言拥有更为广泛的用户基础与传播范围,青少年能够以知识储备为基础,较容易地理解这类污化类型背后的含义。经过污化处理过程之后,虽然成语读音没有变化,但不同文化背景的解码方式已经划分出了不同的群体——如果不能及时快速地理解其中含义就会被排除出这一对话情境之外,这一细节也深化了污语言文化壁垒与代际壁垒。

在诗词成语等传统文学内容被污化处理的过程中,青少年群体主要采用的是同形异义的"义变模因",指模因在复制传播过程中只变内容不变形式,此模因主要包括修辞派生、别解转移与旧词新用三类[1]。在特定的传播情境中,作为传统文化代表的诗词成语不再高高在上,被青少年"污化处理"生成新的污语言。

2. 动漫影视类污化

动漫影视作品中的"梗"常常作为"污化模因"嵌入污语言生产过程之中。究其渊源,"污"字在网络亚文化中的意涵最初即来自日本动漫中的日语"汚い",进而在二次元空间传播、发展。

二次元文化中的动画、漫画、游戏等都是青少年课外十分喜爱的娱乐方式,长期接触此类信息让青少年逐渐了解"污",习得污语言的污

---

[1] 吉益民:《网络变易语言现象的认知研究》,南京师范大学出版社2012版,第199—253页。

化规律，从中汲取污语言的污化模因与污化处理方式，除了与同伴交流、分享"污"的内容之外，也有青少年尝试生产内容。

"'污'最开始就是从二次元里出来的，B站里好多东西都挺污的。我挺喜欢二次元，接触二次元的人也比较多，但我不会刻意去记这些东西，也一般也不跟朋友分享。"（Mr. lin，男，16岁）

在二次元的女性受众当中，这种信息的流动更为隐秘。

"军训时我跟几个女生同宿舍，有两个女生经常看日漫、追番，就比较污，说些我听不懂的词，我听不懂的时候她们还会给我解释。"（小月，女，16岁）

从现实生活抽身，进入匿名的网络空间，则让"污语言生产"脱离了道德束缚与身份束缚。动漫影视类作品既是青少年日常娱乐活动的重要组成部分，也是同侪交往中的热议话题。因此，动漫影视不仅是青少年获知污语言的重要来源，也是积累可污化符号元素、习得污化规律的材料库，进而为污语言生产与再生产提供素材。

3. 关键字词类污化

污语言被研究者们诟病为脏话、网络秽语与网络低俗语言的一大原因就是"污语言"与上述概念共用着一部分语辞。但在实际传统情境及语用功能方面，污语言与脏话、网络秽语、网络低俗语言的语用功能截然不同。

在特定的传播情境中，青少年对传统文化、严肃作品的敬畏逐渐消解，转而追逐娱乐与搞笑，尤其以关键字词为核心污化了原本严肃、正统的文学内容，与传统、原义反差越大趣味性越强。

"污语言需要一个联想的过程，如果联想不到某些东西就不会觉得这句话有什么毛病。有些污语言本来也是一句很正常的话,但从这个字联想到一个词语,再对这个词语的意思做一些改变,被人赋予一些约定俗成的隐含意思之后,就会变'污'的。污语言最重要的特点就是'联想性'。"(小华,男,20 岁)

但在日常生活中,可污化的关键字词使用频率很高,一不小心就会"踩雷"。但在使用污语言的过程中,青少年们无时无刻不考虑场合、对象、关系、氛围等情境因素。

"有一天晚上我室友'开车'了。有同学在整栋宿舍楼的微信群里圈了阿姨,说了一句'阿姨想问下下面有水吗',我们就会心一笑,然后他说这个人有问题,思想不对,人家只是想买桶装水。我们没有直饮水机,只有饮水机,要买桶装水。不过这句话说完,群里没有人接着'开'的,可能有在私下说的,群里是一整栋宿舍的人,群里有楼管阿姨,这种群里不好开车的。"(小华,男,20 岁)

从污语言使用折射出的话语与权力关系角度看,有研究者认为"话语代表的是一种社会关系,更是一种权力关系"。污语言反映出男女性别差异、男权主义色彩以及歧视女性,通过侮辱和压制女性而巩固男权地位。女性在社会生活中较少使用污语,说明受到传统文化与社会规范的制约更多[1]。但在青少年群体中,"女司机""女舵手"的出现扭转了这种力量对比,她们以"祛魅"的眼光对待"性"及"两性关系"。在娱乐与戏谑的氛围中消解了传统观念、主流话语中的"性禁忌"与"性别观念"。

4. 关键意象转喻、隐喻类污化

---

[1] 刘晴等:《网络女性污语的社会性别伦理分析》,《伦理学研究》2018 年第 2 期。

关键意象的转喻、隐喻主要依据"义变模因"中修辞派生的转喻派生与隐喻派生。隐喻派生利用相似性关联、转喻派生利用相关性，将现实语境中相关语词符号转移嫁接到网络语境中所要表达的目标对象上[1]。这种修辞手法广泛地应用于古今中外的文学作品之中，在学习的过程中被青少年群体逐渐掌握。

在网络亚文化的语境当中，标志性的关键意象——植物"菊花"因形似而被隐喻为"肛门"，相应地使用这一意向的古诗词"待到重阳日，还来就菊花"也被"污化"。"一枝梨花压海棠"则是潜藏在古诗词中、贯通古今的"污"，苏轼采用"梨花""海棠"两种意向分别隐喻老人与少女。

在日常话语实践与社会互动过程中，可供污化的意象潜藏在习以为常的表象之下，经由青少年"别有用心"的挖掘，通过转喻、隐喻的手法污化成为污语言，这种曲解、创造、生产污语言的过程为青少年带来挑战、游戏的乐趣。

5. 象声象形污化

"象声词污化"主要出于"音变模因"中的表现型音标模因，同一语辞根据不同的信息内容发生音变，原音原型或者轻微变形联结新内涵。例如，现今青少年说出"啪啪啪"三个字很难被直接理解为鼓掌的声音，而是在网络传播过程中被约定俗成地定义为"性行为"的象声词。

对话情境：一个480人左右的微信群讨论接种HPV疫苗话题时：

A：据说有过性经历接种HPV的预防效果就没有这么好了。
B：都这么大了，谁还没为爱鼓过掌？
A：为爱鼓过掌？这是什么意思？
C：你鼓个掌试试？（三个鼓掌的emoji表情）看看能发出什么

---

[1] 吉益民：《网络变易语言现象的认知研究》，南京师范大学出版社2012版，第199—253页。

声音？

A：啪啪啪？

"象形污化"则广泛地存在于古今中外的文学作品当中，尤其在网络小说中为使关于"性"的细节描写逃避审查而大量采用象形污化，长此以往某些词语的能指与所指解构、再构，形成新的意义与客体的对应关系。在青少年日常交往的过程中也并不鲜见。

"我们打篮球的群里经常会发一些污图，都是些男生嘛。有一次一个朋友发了一张只有半个橘子，橘子中间有几滴橘子汁的图片，就被群里的人狂骂'太污了'，但是大家都'口嫌体正直'，嘴上说着不要，身体却很诚实。"（小力，男，23岁）

尤其在通过网络发送图片更为简单、便捷的网络技术条件下，众多表情包、污图等通过网络平台与社交媒体被广泛传播。

在青少年遵循"污化处理机制"生产污语言时，他们从日常生活的个体经验广泛攫取、积累可供污化的文化符号元素，并将各种符号碎片依据归纳、内化的污化模因与污化规律黏合，再通过转喻、隐喻、谐音、拼贴、嫁接、转义等处理方式生产成将意义深嵌于字面之下、隐晦含蓄的"污语言"。但污语言之所以污，还需在互动、交流的传播环节中进一步解开多层嵌套的意义内涵，画龙点睛式地为污语言赋予"污义"。

第三节　污语言传播：情境化人设及其关系区隔

在日常交往过程中，青少年的社会关系主要包括权威关系、同侪群体与亲密关系，后在网络交往过程中出现一种介于陌生与亲密间、基于网络的"拟态亲密关系"。青少年有包含表情、动作、语言、语气等在内的多种"角色"用以应对不同的对话情境。基于戈夫曼的"拟剧论",日常交往中的扮演程序目的是维护互动,避免公开冲突,在参与互动者之间形成相互协调的"情境定义",其中,言语是相对容易操纵的部分[①]。国外一项以"幽默"为主题的研究认为,幽默是一种情境依赖(situation-dependented)现象,受到群体环境影响[②]。面对不同性别、不同关系、不同场合,人们会根据潜在判断与对方反应调整行为。

具体到污语言传播情境,青少年严格打造不同"人设"应对不同对象、地点、氛围等情境要素组成的交往——躲避权威的眼睛,将污语言生产传播转向较为私密的日常对话;在同侪群体的互动中点燃生产、传播污语言的热情,并将此变成娱乐导向的语言竞技游戏;在亲密关系中,污语言使用与否是区隔关系亲疏远近的标志;网络暧昧情境形成"拟态亲密关系",对话双方以污语言进行暧昧、刺探,营造亲密的对话氛围。

一 权威关系:躲避冲突与软性抵抗

面对主流文化的批判,青少年将污语言展演平台转移到更难监管的日常对话之中;面对内嵌权力结构的长辈与晚辈,青少年绝口不谈污语言,用心扮演着乖乖女或正经少年的角色;学校中,青少年与老师的交谈中规中矩,但与青少年年龄更为接近的青年教师却是个例外;在大大小小的正式场合与严肃对话情境中,污语言并不是这一幕戏剧中的"台词",并被青少年主动排斥在社交话语之外,以维护精心营造的"正面形象";在工作这类等级结构的群体环境中,有研究认为幽默本身的侵略性使得其更加凸显权力结构——"地位高的人比地位低的人更爱开玩笑……管理者可以用幽默强调和阐明地位权力关系"[③]。在工作

---

① [美]欧文·戈夫曼:《日常生活中的自我呈现》,冯钢译,北京大学出版社2008版,第8—9页。
② Young R. D., Frye M., "Some are Laughing; Some are Not: Why?" *Psychological Reports*, Vol. 18, No. 3, 1966, pp. 747–754.
③ M. J., Neitz, "Humor, Hierarchy, and the Changing Status of Women", *Psychiatry*, Vol. 43, No. 3, 1980, pp. 211–213.

场景中面临权威关系时,污语言因涉及"性"而在不同权力结构中呈现不同意涵——尤其需要注重对象、性别、内容、界限及语用功能,否则即进入职场性骚扰讨论领域。

1. 人在家庭:割裂自我与印象整饰

在社会化过程中,青少年所面临的社会化环境已被"人为的文化"修改过,因此要将"与社会生活相矛盾的本能检点收藏,另外养成一套应对的习惯,自由世界才能实现"①。污语言的生产与传播即是与社会主文化相矛盾的部分,因此,在家庭中,青少年主动收藏起在同侪群体、亲密关系交往过程中更加自我的状态,采取符合家庭、社会期待的社会角色脚本,扮演"好孩子"的形象,尤其是在污语言传播行为上。在中国普通家庭,与性相关的话题往往比脏话更为禁忌,但这一现象随着性教育的发展或在特殊情境中有所松动。

"我在父母面前和在朋友面前是完全不一样的两个人。在父母面前,就是听话单纯容易被骗的形象;在朋友面前,我就是女神经的形象,笑点低,我从小笑点低,也没有那种温柔的女孩子的样子,再就是污。"(蕊蕊,女,20岁)

在不同场合采用不同的话语风格及内容,是塑造交往情境中多面社交形象的重要工具,青少年以此规避"社交事故"。在使用污语言的对话场景取舍上,青少年有一套内在的、严格的标准与规则,在家庭中尤其要避免行差踏错。

"严肃场合(污语言)肯定不适合;但如果大家一起去玩,比如在 KTV 都很开心,说一说会有活跃气氛的效果。有家人的场合我绝对不可能说,我说过脏话还被暴打,污语言这种的更不可能

---

① 费孝通:《乡土中国 生育制度》,北京大学出版社1998年版,第190页。

说，在爸妈面前我装得特别好。"（小敬，男，16岁）

权威关系交往情境中也存在特殊情况，"闭口不谈污语言"原则的松动重度依赖污语言的尺度、传播语境与交谈对象，例如在轻松愉快的氛围里讲尺度较小的污语言，或与年龄相近、文化背景相似的权威对象交谈更容易被接受。

时至今日，涉及"性"的内容在中国相对传统家庭的亲子沟通中仍然是比说脏话后果更严重的禁忌话题。而不同的家庭教育、娱乐化交流形式与特殊的对话情境能够增加家长对"污语言"的接受能力。由于权力结构不同，兄弟姐妹间的禁律较为宽松。

"有一次，我玩手机看到一个特别污的东西，现在已经记不清楚是什么了，当时我就拿给我姐看了，我跟我姐说'你快看这个污不污'。当时我姐在打游戏，她看完大笑了一声，说我这个娃娃怎么这样。"（小耀，男，15岁）。

与之相对比的是代际壁垒森严，不论向上与向下的代际，都是污语言禁区——"我把我手机里保存的污图、污表情包都给删掉了。原因就是有一次我小侄女玩我的手机，结果不小心翻到了这些东西。虽然她也没有比我小几岁，但是我当时一下子羞得不行了，手机里再也不存这种东西了，保存的也都删光了。"（英俊，男，22岁）

2. 人在校园：权力结构与例外情况

作为"严厉"代名词，权威关系的重要组成部分——"老师"在污语言使用问题上出现了两级分化。具体表现为，年老教师被排除在这一亚文化之外，青年教师则因与青少年年龄相近、文化语境相似而在特殊对话情境中"开车"。例如：

第七章
身体祛魅：污化处理与青少年网络污语言传播

"我们数学老师上课的时候真是公然'开车'。他有时候讲课说出来的词我们都听不懂，但他又因为（那些话）特别污不想解释。我们说他老司机，他说我们是'坦克手'，比他更污"。（小月，女，16岁）

在大学校园中，虽则文化氛围更为开放包容，但在污语言传播情境上也有些必须遵守的准则。与权威关系交往时，基于禁忌规则，青少年主动将污语言排除在对话情境外，以营造适合情境需要的"正面形象"。主流文化、权威关系与精英立场对污语言持批判态度，污语言也极力躲避着权威的眼睛，这种对抗与妥协的关系体现出污语言的亚文化特征，其避免交锋与冲突则难掩软弱抵抗的本质。

二 同侪群体：互动中的语言竞技游戏

在社会化过程中，同侪群体是青少年获取信息的重要渠道，尤其是性信息[①]。青少年在学校课间聊天、课外聚会、宿舍交谈及线上QQ群、微信群等群体互动过程是污语言生产、传播的高频情境。在这些情境中，青少年群体脱离权威管束，进入与自己持着同样行动脚本的群体之中，"开车"也是被群体认可的情境定义。群体互动中，青少年将"秒懂""讲别人听不懂的段子""解释高难度污段子"与"创造出新的污语言"的进阶技能当作可以炫耀的亚文化资本，也将污语言生产环节演变成一场群情激昂、群策群力的语言竞技游戏，包含着微妙的情境考量。

"我平时也会跟别人讲'污段子'，和朋友在线上线下聊天中都会讲。感觉有人在聊天的场合一说'污段子'会让气氛比较好，能逗别人笑。讲'污段子'，搞笑是第一目的。但是和说

---
① ［美］约翰·盖格农：《性社会学：人类学性行为》，李银河译，内蒙古大学出版社2009版，第94—99页。

'脏话'的规则一样,我在家里、在其他的正式场合也是会着重避免说这些,坚决不行。和朋友们在一起,比如一起吃着烧烤、喝着酒,或者好几个人一起聊天的话,聊着聊着就会'开车',已经是惯例了。就我自身来讲,我在线下聊天的时候说"污段子"和在线上群里聊天说这些内容好像也没什么大的区别。"(小仰,男,20岁)

互联网与同侪群体是青少年获知污语言的两大重要来源,为青少年积累可供污化的素材、内化污化规律提供了基础。根据不同的兴趣爱好与使用偏好,除了QQ空间,如微博、微信等网络平台是青少年接触污语言的途径,基于青少年的日常习惯与兴趣爱好,"污"充斥于网络空间之中。"我能记得的这些污段子一般都来自于微博,然后再说给小伙伴们听。我的小伙伴们也说污段子的,我也听到的。基本就是来自微博和听别人说。"

在传播对象上,青少年十分注重对方与自己的"关系距离",以此筛选聊天内容。青少年线上线下交往常见污语言的踪影,便捷的通信技术创造了得天独厚的传播条件——几无门槛的QQ群与微信群。随着年龄增长、知识积累与污语言"竞技游戏"规则的升级,污语言的生产对"含金量"的要求越来越高,来自不同学科的知识污化形成的"知识密集型"污语言受到了青少年群体的欢迎。医学学生小天说:

"泌尿科的女生格外污,一次聚餐一个女生在饭桌上问饺子是公的还是母的,然后她就自问自答说是公的,因为有'包皮'。根据这个我们衍生出包子也是公的,粽子也是公的。当时有个朋友也叫粽子,我们就问那个女同学说粽子是公的还是母的,她说是公的,因为有包皮,我就说我是他好友我咋不知道,她就瞬间反应过来被套路了。"(小天,男,22岁)

第七章
身体祛魅：污化处理与青少年网络污语言传播

在青少年群体互动过程中，"秒懂""讲出别人听不懂的段子并进行解释"或"创造新的污语言"是青少年可用以炫耀的亚文化资本。

"污也有高级低级之分，看深奥不深奥或能不能迅速从字面意思上 get 到那个点。高中我们讨论'戒指'的问题，同学说婚前婚后都需要戒指，我想了很久都没懂，后来他解释婚前男生要送戒指，婚后男生需要戒'指'。"（小汪，男，23 岁）

有"老司机车队队长"之称的小华不仅经常分享污语言，"秒懂"更是基本技能，在日常交往过程中，小华还创造出了一些污语言。

"有很多和朋友聊天随口说的，但一时想不起来了。我们'90后'有打破常规的思想，才能创造出这些污语言。有时候我知道一个（污语言），在我分享下和我关系好的朋友都知道了，然后顺手发进群里，这时还有人不知道里面的意思，我会再给他解释一番。还有人看到某句污语言但不知道什么意思就问，给他解释的过程很好玩。"（小华，男，20 岁）

污语言生产、传播的重要场域是青少年群体互动的过程，在轻松愉悦的氛围中因为某一契机引出污语言的相关讨论，继而引发群体参与互动生产，最后群策群力地生产出新的污语言。其中，一部分基于小团体经验而生的污语言会仅限于小团体内传播，但若能在更广泛的意义空间中被共享、共知、共鸣，勾连相同的个体经验或经社交平台、大众媒体的推波助澜更广泛地流传开来。

三 亲密关系：关系壁垒与亲疏度量

污语言使用与否是关系亲疏远近、权力高低不均进而区隔的标志，大部分青少年使用污语言的对象严格限定于密友、室友、情侣等广义上的亲密关系。由于性别特性与关系壁垒，男性与密友交往时污语言是娱乐、搞笑、营造聚会氛围的暖场工具；与普通关系交往时则主要用于提供谈资或破冰；与异性交往时，男性则会依据目的与情境或为搞笑，或为暗示、暧昧，尤其注重对话尺度、关系性质与场合氛围。女性则大多只会与密友、室友、情侣谈论相关话题。出于关系考量，青少年会根据不同情境进行灵敏、高效的"剧本选择"，避免造成"社交事故"。

"对某些人、在某些场合是绝不能污的，污不污不仅是要看话本身，还要看对象的理解接受程度，两个人的角度不同对这句话的理解程度也不同，有时候还要根据别人的反应来测量过不过界。"（小华，男，20岁）

污语言是灵敏的"亲密度探测仪"。小霞极度厌恶关系一般的男生在饭桌上"开车"，"假期回家参加小学同学聚会，有些男同学就在饭桌上讲污段子，感觉特别油腻"（小霞，女，24岁，研二）；小宝厌恶关系"不到位"的男生跟自己说过火的话，跟男朋友的对话尺度则不做限制，"污"的内容也很多。

"一个学长给我发摸屁股的表情包，我回他当心我告你性骚扰。我感觉受到了侵犯，尺度不合适，他污得不高级。我男朋友给我推荐过一个微信公众号，里面经常有漫画形式的污段子，一天经常发给我看，然后我就翻个白眼给他，我不是不喜欢这些，是因为里面的东西太污了。"（小宝，女，22岁）

小杰在其三位女性朋友与三位男性朋友组成的密友圈中的外号是"头牌"，另一位女生蕊蕊则被称为"太黄太厚"（谐音"太皇太后"）。除了有男生在场的微信群，她们四个女生新建了小群聊一些"不方便

第七章
身体祛魅：污化处理与青少年网络污语言传播

在大群中讲的内容"，群名总是变来变去。

被称为"太黄太厚"的蕊蕊在长辈面前是很乖、很单纯、很听话的女孩子，但在密友圈中则被公认为"女司机"。

> "有陌生、半生不熟的人我会很谨慎，一般都取决于对方，我不会主动开。但对方开车我肯定能接上梗，能和我开车的男生肯定是让我没有心理障碍的人。以前有认识但不熟的同学跟我发黄段子和表情包，这种超过界限的我直接拉黑，很反感这种行为。"（蕊蕊，女，20岁）

女性对污语言的生产、传播打破了社会与传统的女性角色期待。研究者认为，使用污语言是女性被动承受污名或使用男权话语进行消极抵抗[1]，其对传统性别观念有一定的解构作用。女性一般在私密情境与情侣、室友、密友等使用污语言。

在日常话语实践中，青少年与亲密关系在轻松、娱乐氛围中的对话是污语言生产、传播的高频情境。与密友、室友、情侣等亲密关系相处的过程中，青少年自然地以不同于权威关系、不同于陌生群体的面目示人，精准地判断关系性质与关系距离，选取相应的语言、行为规则参与社会交往。在这一过程中，青少年或传播从多方渠道接触、记忆的污语言用以娱乐搞笑、营造气氛，或以内化的污化处理机制积极地创造、改造，生产新的污语言以获得成就感，生产污语言的环节也依附在群体互动的传播情境中得以完成。

四 拟态亲密关系：网络交往中的污语言传播

在网络交往过程中，出现了一种介于陌生与亲密间的"拟态亲密关系"——两个生活圈与交际圈互不相关的陌生人会因为在网络平台上

---

[1] 陈文敏：《网络秽语的污名化传播及其伦理困境》，《南京社会科学》2016年第6期。

"聊得来"而拉近彼此的关系距离，进而通过"开车"营造暧昧的气氛，使关系迅速升温，一部分关系会停留于网络，另一部分关系则"奔现"发展为现实亲密关系。

网络空间中，如需缩短两个人关系距离，污语言是探测对方态度、暗示或营造暧昧氛围的重要工具。

"我在 soul（一个陌生人社交软件）上面已经跟好几个妹子聊到'soulmate'等级了，这得聊很久才能让这个几个字母慢慢变黄。有的时候我对妹子有意思就会打打擦边球，开开车看看妹子对我的态度如何，但一般妹子对你什么态度，自己心里也都有数。还有，线上聊得开心也总得奔现看看感觉。我之前奔现过两个妹子，其实有一个我见了面都不怎么满意，但没办法，已经约好了。"（浩然，男，23岁）

除了网络拟态亲密关系以"污语言"作为拉近关系的利器，在其他亲密层级的网络交往中，污语言也是营造"泛亲密关系"的重要语言工具，是让陌生人迅速进入聊天情境的谈资。

"我常逛的'戒赌吧'（一个百度贴吧）可以说是'开车胜地'，经常有'老哥''老姐'教你一些'人生道理'，都是'老司机'。我在和别人网上聊天也会知道一些段子，就像你有一个污段子，我也有一个污段子，我们一交流就每个人都知道了两个污段子了。"（小仰，男，20岁）

此外，污的"表情包"让难以启齿的污语言更突显其娱乐性质，也让"说不出口的话"借由表情包传递在人际关系交往的过程之中，作为比语言更含蓄的探测工具。

"我最喜欢发污的表情包，表情包更有喜剧效果，比文字更贴合我想表达的意思，也更容易发给朋友们。现在我和我朋友'斗图'都不需要专门存在微信的表情库，也不需要自己保存一个'图库'，毕竟比较占内存，现在输入法里有搜索、选择、发送表情包的功能，直接输入自己想表达的意思，输入法会在网络上搜索相关的表情包，我们只要选择和发送到聊天框中就可以了，很方便的。"（小仰，男，20岁）

在网络"拟亲密关系"的交往过程中，污语言在拉近对话双方的关系距离、营造暧昧的聊天氛围、刺探对方实际态度等方面发挥着至关重要的作用，进而在催化网络"拟亲密关系"转向现实亲密关系的过程中扮演着重要角色。

总之，青少年在生产与传播污语言的过程中截取、积累可供污化的文化符号元素，在接触、记忆、内化污语言的过程中积累污化模因与污化规律，根据需要灵活地使用谐音、转义、转喻、隐喻、拼贴、嫁接等污化处理方式生产意义多层嵌套、污义深藏与字面之下的污语言。在传播环节，青少年严格地在时间、地点、对象、氛围适合的情境中传播污语言，并根据需要采用不同的话语规则与形象管理以免造成"社交事故"，达到语言使用的最佳效果。

"污文化"除了搞笑、娱乐，更需具备"文化特质"。有研究认为大学生是"污文化"传播的主体，其受教育程度高，热衷于追求个性、表达自由，因而能够创造出这种污而不"淫"、污而有"趣"的表达方式[①]。青少年不是一味地为污而污，也不是以往研究所称的"污秽妄想"，而是将污语言当成生活的调剂、乐趣的来源以及营造氛围的暖场工具。实际传播情境中，污语言反而洗去字面与联想中的"污义"，更凸显搞笑、娱乐、暖场、打破社交尴尬与营造气氛等语用功能。

---

① 刘泱等：《污文化：被污名化的传播形态——基于我国大学生网络传播行为的分析》，《今传媒》2018年第10期。

第四节　消解权威：污语言的文化展演与意义延伸

网络流行语具有现象性，其变化与更迭反映出一段时期内网民群体的思想、态度与诉求变化。除了记录、沟通、娱乐等，网络语言还承载着社会心理的变迁，也在一定程度上反映出当下青少年的思想动态与价值观念。污文化与污语言诞生于网络亚文化空间与青少年群体之中，再加上其"关系壁垒"坚固的特性，要求研究者走出主流文化、精英立场与传统观念的框架，在充分考虑其生产与传播过程所处的亚文化情境基础上深入污语言的主要生产者与传播者——青少年群体当中进行研究，着重考察生产机制与传播情境。

在污语言生产环节，青少年群体能够遵循在社会互动与自我内化中形成的"污化处理机制"进行污语言生产——从日常学习生活中攫取、积累可供污化的文化符号元素，并将各种符号碎片与接触污语言过程中归纳、内化的污化模因与污化规律相结合，通过转喻、隐喻、谐音、拼贴、嫁接、转义等系列污化处理方式生产出新的污语言，并在适当的传播情境中进一步解开多层嵌套的意义内涵。

在污语言传播情境中，青少年群体会严格地采用不同的"行动脚本"应对不同的交往情境，维护在权威关系、正式场合打造的"正面形象"，总体呈现出在躲避权威关系的前提下生产、传播污语言；积极参与同侪群体互动，在语言竞技游戏中进行污语言生产；在亲密关系领域广泛使用污语言的传播情境格局，具有高度情境化、严格遵循关系壁垒、生产机制与传播情境联动的特征。

在语用功能层面，污语言只是作为青少年多个行动脚本中某一形象的台词而出现，适用于特定的传播情境，根据不同的交流对象、对话需求以及实时氛围等要素执行着搞笑、娱乐、暧昧、暗示、刺探或提供谈资、营造气氛、打破僵局、拉近关系以及在同侪群体进行语言竞技游戏中获得快乐与满足等语用功能。

第七章
身体祛魅：污化处理与青少年网络污语言传播

一 软弱抵抗：污文化与主文化间的角力

在文化研究领域，亚文化（subculture，也译作次文化）是通过风格化或另类的符号对主导文化进行挑战从而建立认同的附属性文化，主要具有"抵抗性""风格化"与"边缘性"的特征，其中的"抵抗"具体体现为较为温和的"协商"，主要表现在审美领域、休闲、消费等领域[①]。"污文化"为何从甫一诞生就被归类为"亚文化"？从主文化与亚文化的关系角度看，污语言是与青少年喜欢动漫、游戏、鬼畜等一致却严格规制在潜规则之下，与个人的经验深度结合、嵌入日常话语实践过程并进一步涵化其价值观念的另类话语风格。在接触、模仿、生产与传播的过程中，一部分青少年潜移默化地形成了"善于发现污的眼睛""以污透镜看世界"的话语风格、思维方式及价值观念，并在话语实践中进行生产、传播，扩大污语言与污文化的影响力。在商业与资本介入下，"污文化"与"污语言"被引入商业营销与网络综艺等领域，在追求经济效益、点击量、博眼球的过程中被进一步地人为低俗化，这种在大众传播领域肆意使用、不加底线的话语实际上已脱离亚文化领域中"污语言"实际内涵、使用规则与传播情境，为其招致诟病。

在主文化视野之下，"污"文化中体现出对传统保守性观念、避而不谈的性禁忌、严格遵循的性别期望等的解构、再构及消解，再加之商业资本的过度渲染与突破底线，以及主文化对青少年群体心理健康发展的担忧，主文化总体上秉持着反对、批判"污语言""污文化"的态度。

基于主文化的批判态度，青少年群体在污语言传播情境的考量中着重避开了权威关系、正式场合以及其他不便的社交场合，一是为维护自身在上述场合打造的"正面形象"；二是为主动减少与主文化的冲突，符合既定社会角色的期望；三是为避免抵抗传统规制而产生的负面效

---

① 陶东风、胡疆锋主编：《亚文化读本》，北京大学出版社2011年版，第3页。

果。因而，污语言生产与传播环节主要集中于青少年与同侪群体、亲密关系等的日常交往过程中。污语言生产环节中，青少年将传统成语、诗词歌赋、影视作品等传统、主流的文化元素进行"污化处理"，打破其正统性、权威性与严肃性。在公开的网络环境中，这些来自青少年群体与网络营销推手的污语言被主流文化所"捕获"，成为批判对象。

在污语言本身的意涵、语用功能及生产传播主体性别对比变化的过程中，体现出对主流文化、传统性观念、既定性别观念以及身体禁忌、话语禁忌的突破，并进一步在消解传统文化的正统、权威，突破身体禁忌、打破性话语垄断的过程中获得比"说脏话"这类打破言语禁忌更为强烈的快感。此外，在抵抗的过程中，青少年生产、传播污语言的过程中极力避免与权威、主流发生冲突，将自身分割为不同面向的个体应对不同的社交关系与场合，体现出亚文化软弱抵抗的特质。

二　身体祛魅：从遮掩禁忌到戏谑畅谈

20世纪60—70年代，以美国、法国青少年为代表的群体掀起挑战传统性观念和性道德的社会运动，这场被定义为"性革命"的运动长久地改变了当时两国的社会风气。随着我国社会与思想观念的进一步发展，身体耻化与性污名逐渐淡化，社会环境的宽松化使得谈论某些话题不再入罪、不再遭受以往严厉的道德批判。

"现在也比较开放了，'污'拿以前的话说就是'思想龌龊'，现在就是说思想里'性'的内容比较多吧，性就是sex。"（Jack，男，21岁）

当下污语言与污文化风行也正反映出青少年群体在此思想观念领域的转变——涉及身体与性的话语不再被遮遮掩掩，而是通过戏谑、搞笑、娱乐的方式在群体互动或亲密关系的交往情境中被讲述、展演、一笑了之，成为娱乐化的符号。

第七章
身体祛魅：污化处理与青少年网络污语言传播

性禁忌逐渐松动有一个发展的过程。"我国性学研究兴起于改革开放之后，这一时期人们的性禁忌开始解构，追求性解放成为一种潮流。然而，传统性道德对开放性观念的阻碍使我国性教育长期处于薄弱环节。"[1] 在青少年成长的过程中，"性"往往是被刻意遮蔽的话题。

> "谁都不把这个放在面上谈，谁都以为藏着就是最好的保护，但是我觉得我们以比较隐晦的方式知道这些知识，反而觉得自己不健康。他们说'性'是十八岁前不能接触的东西，反而会产生一种想要知道、接触的魔力。比如说是自己接触到了一些东西然后知道的。就会有一种'偷偷知道的''这样做、这样想是不健康'的感觉。获得这些知识的途径不是正常途径，会让我对这些东西有一种不好的认识。"（小杰，女，20岁）

获取性信息的正常渠道断裂，必然会促使青少年寻求另类的突破口。

污语言与污文化在青少年群体中的风行，一方面是因为污语言本身的复制性、传播性与娱乐性较强；另一方面因为污语言本身成为青少年群体宣泄被主流话语强调的话语禁忌、被传统文化压制的身体表达、被性别观念固化的社会期待等压抑情绪的载体；再者则符合了青少年在这一时期的好奇心与创造力，尤其攀比性与炫耀式的语言竞技游戏促进了污语言的生产。好奇心、模仿力与抵抗性极强的青少年群体常以周遭世界为镜，能动地为青少年时期的身体展演、性别诉求与性意识本身寻找宣泄出口，并进一步在娱乐氛围中将其释放。伴随青少年发育成长及社会思想观念的变化，种种诉求在话语实践中表现为热衷使用污语言寻求快感，在话语风格、思维观念与价值取向方面则表现为追捧污文化。生产、传播污语言的过程不仅体现出青少年群体在网络语言生产过程中的

---

[1] 王卿等：《社交媒体平台中"污文化"对广州大学生性观念的影响探究》，《新闻研究的导刊》2018年第12期。

蓬勃创意与积极主动的能动性，也体现了处在长期压抑状态的身体符号在亚文化领域中的爆发式发展。

三 去污化：脱离污义与凸显娱乐的清洗

以往研究中，部分研究者认为"污语言"与脏话、网络秽语、网络低俗语言等是同一种语言或呈现互相包含、互为基础的状态。但在青少年对污语言本身的认识及其生产、传播过程中，污语言与上述三种概念虽然共用着部分语辞，但在语义内涵、语用功能及传播效果方面有明显的区别。

> "脏话最主要的是包含一种伤害人的性质，但是污语言没有，污语言属于一种娱乐用语。"（小华，男，20岁）

综合来讲，内容上，"脏话"常用"粗野或恶意的话"，但"污语言"绝大部分不粗野，反而往往通过"文雅"的内容与形式表达，在语用层面，"污语言"不具备脏话漫骂、侮辱、冒犯、蔑视、攻击和伤害他人的功能与意义，而是一般用于娱乐、搞笑或暧昧等目的；在形式上，"脏话"一般很直白，攻击或宣泄情绪的目的性很强，但"污语言"最大的特征之一即是"含蓄"与"隐晦"。具体使用过程中，污语言首先呈现出在内容、语用功能及表现形式等方面与"脏"的剥离。

在具体的传播语境中，污语言的语用功能进一步使得其脱离"污"的外壳，娱乐性质的内核得以凸显，在语义内涵、语用功能及传播效果、结果方面达到了"去污化"的目的。在一个小明（男，24岁，研三）与四位女生（23—24岁，互联网企业工作）组成的微信群里：

> "有一次一个女性朋友在群里发一道菜名，输入法不知道出了什么问题，本来想说'香辣蕨根粉'结果打成了'巨根粉'，我们都说是她太污了，打多了才变成这样，满群都是省略号……没人会

第七章
身体祛魅：污化处理与青少年网络污语言传播

想到具体的内容上去，就都觉得很好笑，当个段子来看。"（小明，男，24岁）

在讨论污语言、污文化更实际层面上的影响时，一项针对污文化对广州大学生性观念影响的研究指出，大学生主要通过微博、微信接触到性信息，且大学生对"污文化"的接触频率与其性开放度正相关[①]。但在本研究中，相当一部分研究对象认为自身对污语言、污文化的"驾轻就熟"并不与自身性行为、性观念有直接关系。

"我关系很好的一个朋友，我经常就会跟他开一些污语言的玩笑，而且我们经常会交流'理论知识'，我是理论知识很丰富，我们要为即将迎来的感情做准备，但我们不是经验丰富，经验丰富是人品问题。"（小乾，男，22岁）

但这一殊异与两种研究方法本身的取向及质性研究样本容量也有一定关系。

针对这一问题，我们认为，当污语言进一步沿着"认知—态度—行为"脉络发展时，青少年大多是按照长久以来家庭、社会与学校教育中已然形成的"行动脚本"行事，但这一脚本会随青少年成长作出一定调整，最终达成行为与认知的协调。

访谈过程中，当鼓励青少年回想具体使用的污语言时，往往得到"想不起来""没有印象"或"哈哈一笑就没了"的回答，整个生产传播过程更多地表现为"及时行乐"与"风过无痕"。

"大家一起聊天时就会有人发一些很污的段子或表情包，群里其他人的反应大多数是哈哈一笑就没了，内容的话我不记得了。"

[①] 王卿等：《社交媒体平台中"污文化"对广州大学生性观念的影响探究》，《新闻研究的导刊》2018年第12期。

（小敬，男，16岁）

在记忆层面的"遗忘"一方面表现了"污语言"高度依赖情境而生的特质，另一方面也说明污语言和其他网络语言同样具有显著的现象性。

四 "恰到好处"：亚文化语境下的克制与含蓄

随着网络语言的发展与更迭，未来污语言可能也会如以往数代网络语言一样铺上数字时代的灰尘，被遗忘在庞大的数字世界之中，只有少数网络语言能掺杂在新一代网络语言之中、深刻嵌入日常话语实践中得以存留。

在网络语言生产传播的过程中，青少年是互联网平台中最活跃、最积极、最具创造性的网民群体，在污语言生产传播中也如此。以污语言为切口，可以看出网络语言生产机制的变革脉络——随着互联网技术进一步发展与普及，掌握一定技术的网民群体从信息受众变成内容生产者，从恶搞时代的少数人生产发展成为现在全民生产，从特定场域、特定主题、有目的地生产内容，变成糅合个人生命经验，在社会交往中进行"嵌入式生产"，进而流入不同范围的共同意义空间中。

我们通过对"污语言""污文化""污化处理机制"等关键概念进行文献研究，界定出关键概念的含义与范围，并在此基础上对污语言生产机制与传播情境两个重要环节进行研究，发现青少年能够将接触到的污语言内化，掌握其中的污化规律，并自主能动地以拼贴、嫁接等一系列"污化处理"方式将日常积累的文化元素符号与"污化模因"相结合，生产出意涵多层嵌套的污语言，并在传播过程中释放"污义"。

新生产出的污语言则要在传播情境中才能释放多层嵌套的"污义"，且呈现出传播过程高度情境化、传播对象高度关系化、传播格局高度区隔化的特征。青少年在生产、传播污语言的过程中躲避着"权威的眼睛"，在与同侪群体互动的过程中竞技式地传播、创造污语言，并在亲密关系与拟态亲密关系中广泛传播污语言,以此拉近彼此的关系距离、营造暧昧的对话氛围、暗示刺探彼此态度等。

在长期接触、传播与生产污语言的过程中,传统文化加之于青少年群体身上的传统性观念、性别观念与身体禁锢等在逐渐地松动、破裂、消解,身体与性不再作为讳莫如深的禁忌,成为戏谑畅谈的内容,但这一切,都在亚文化领域发生。

"污文化并不是无底线的污浊,有尺度的污文化讲究恰到好处的情趣,多一分隐喻则沉闷,少一分掩饰则恶俗"①。在以"污化处理机制"为行动线索生产、传播污语言的过程中,青少年群体实际上是以娱乐化、戏谑化、游戏化的处理方式清洗了长期以来的沉淀在话语中的性污名与身体耻化印记,并以隐晦、含蓄、意涵多层嵌套的内容呈现,以娱乐、搞笑、暗示、暧昧、活跃气氛、避免社交尴尬以及拉近关系距离等语用功能将其与脏话、秽语、网络低俗语言等概念剥离,在亚文化语境与具体使用过程中达到"去污化"的效果。从"污化处理"的生产机制到"去污化"的传播效果,无法脱离亚文化语境与传播情境去理解"克制与含蓄"贯穿始终的污语言。

当我们在网络搜索"污"这个字时,得到的是一个混杂了脏话、秽语、色情信息以及污语言、污文化在内等"混合物",这些信息就像科学怪人一样被搜索引擎拼贴在一起,既在结果呈现上将"污"与其他备受批驳的内容熔为一炉,又在技术上因不加筛选与区分造成对污文化、污语言语料上的污染,但学者批判的声音与家长防备的眼光,都落在这一团"混合物"上。

考虑到内容庞杂、良莠不齐的网络信息环境以及越来越低的网络接触年龄,不能忽视潜伏在网络中那些打着"污旗",实际上却是淫秽色情信息对心智尚未成熟、不具备明辨是非能力的低龄青少年造成的伤害,这一点需要更进一步研究。智能终端与互联网的普及,使得媒介发

---

① 寥寥:《"污合之众"从何而来?》,《中国青年》2016年第20期。

展、信息充溢，获取信息年龄与技能门槛双双降低，以此加剧"童年的消逝"。污语言里包含的那些性信息，"其实我们什么都懂"（小磊，男，16岁，高一）。但是在哪个年龄阶段可以接触污文化、使用污语言的问题上，是要让有一定的性知识储备、对身体与性别等有一定了解基础的青少年进行自主选择，而不是在信息良莠不齐的网络环境中，无法逃脱、被动触达。

第八章　无性有别：性别操演与青少年网络语言传播

随着网络文化的多元发展，与性别相关的网络流行词汇越来越多，其中包括描述男性或女性生理特征的词语、适用于男生和女生的词语、带有中性化表达色彩的词语，即所谓的"男词""女词""中性词"。

这些性别化网络语言具体包括与性、性别、身份相关的称谓语、流行语句、脏话、表情包等。一系列形容男生或女生的网络语言显现，语词的使用含义及界限也在青少年的使用过程中被逐渐改变甚至改写，男词女用、女词男用的现象也值得关注。有些网络语言虽然自身存在一定的性别偏向，但是在使用过程中却体现了男女双方平等的使用权力，如只想当个安静的美男子、萌萌哒、厉害了我的哥、吓死宝宝了、老哥，稳、A4腰、小姐姐、大佬等。这些网络流行语在不同性别间的使用流转已经成为司空见惯的现象。

如今，青少年使用网络语言逐渐倾向于去性别化的发展路径，男生和女生不再禁锢于网络语词本身的含义或者适用的言语对象。在日常谈话和戏谑的传播中，带有浓烈色彩的性别相关网络语词已经逐渐褪去锋锐的外壳，成为各种情景中拿来即用的交流用语。以往建立在社会性别二元论基础上的结论或观点不再成为新时代发展的潮流。男性和女性在使用各种与性别相关的网络语言的时候并不会刻意强调自身的性别。该类语言正逐渐突破自身定义的使用界限，模糊原本的性别内涵，流转于不同的语境之中，在不同性别间随意切换和流转的状态变得愈加常见。

第一节　性别化网络语言与去自然的性别叙事

人从出生之日起，被赋予的性器官决定了她/他的生物特性。因此，性别的概念在发展之初，一直都受到社会规范的影响，生活的常态机制将男生女生自动按照声音、穿着、外貌、形体等方面进行划分。它是隐晦的，同时又是分明的，带有强制性的。[①] 女生们从小被规训要温柔、善解人意、可爱，男生们要做事果决、勇敢、处事冷静。传统思维观念根深蒂固，影响了一代又一代青年人的表达。女生善用叠词来表示自己的温柔娴静、娇小可爱，女性对于语言的规范和标准更加敏感和积极。男生则多使用直接的、不加任何语气修饰的陈述句来表达自己的思维。[②] 对表达方式的程度进行掌控并不容易，在现实生活中大部分人只能在一条性别光谱里来回游走。

网络作为一个相对自由、放松的舆论环境，被青少年视为自由发声的平台，借由网络语言这一传播媒介，越来越多的青少年在此释放天性，他们选择了个体认知而不是社会期待。词汇作为主体身份发声，互联网中的语言创造伊始就被限制男女生使用的范围，被贴上男性气质和女性气质的标签。一个词语的诞生，对于内涵的适用对象都有严格的界定，产生了专门用于形容女性的网络语言包括 PLMM（漂亮美眉）、萝莉、御姐、萌、女汉子以及专门用于形容男性的网络语言："帅锅"、正太、美男子。但是青少年对于互联网的使用感情早已发生了变化，从开始的"感觉骄傲""迷恋""麻木"到"日常"的情感发展，说明网络只是现代的通信工具，连通世界进行消息的分享和联系。青少年喜欢用图片、语音诉说情感，取代了文字和长时间"电话煲"。性别的分立意识在这种环境下萌芽，没有主观意识下的性别形态，但又有无意操演

[①] 范谖：《跳出性别之网——读朱迪斯·巴特勒〈消解性别〉兼论"性别规范"概念》，《社会学研究》2010 年第 5 期。

[②] 李艳芳：《谈性别词汇的去性别化》，《鸭绿江（下半月版）》2015 年第 7 期。

第八章
无性有别：性别操演与青少年网络语言传播

中的性别身份，无性别的沟通对话模式又彰显个体的性别气质。所谓"无性有别"，成为这个时代的主题。

一 去性别化的自我实现

网络语言的风靡离不开青年网民这一庞大的发展群体，他们正处于生命发展的活力期，充满旺盛的想象力和表达欲，网络语言的创作空间给予了他们无限的发挥能力。青年们渴望标新立异，表达自我，抒写个性。现代社会的思潮，让男女不再局限在性别本体的观念里，越来越多的青少年学会站在两性的角度看待问题，这也是在网络语言中出现无性别化使用原因的一个重要因素。

受访者悦悦经常觉得自己的性别是流动的，面对不同的情境，她的性别认知是不一样的，就好像自己的身体里住着另一个人，她觉得自己时而是女生，时而是男生。

> 比如在聊一些化妆品话题的时候，一些话题我不懂，我就会觉得我自己是不是很"直男"，但有时候我又像是站在一个男性的角度上去思考问题，现代女生过于把社会的性别歧视当成借口去评判，女性其实也可以去争取平等的权利。（悦悦，女，24岁）

以语言符号为情感抒发，依托于社会的文化氛围，性别的社会属性由此显现。人与人的沟通交流、互动模式、文化表达等要素形成了社会的价值认知体系。生活的秩序和标准对人的行为产生了限制意义，广为流传的佳句"男儿有泪不轻弹""男儿当自强"等给男性这个群体自动扣上了"坚强""自立"的美德，与此相对的女性群体自然少了一份褒奖。[1] 社会对于性别设置的不平等性似乎总是显露在生活的方方面面。但是我们为什么要关心和维护这个共享的现实框架呢？如果别人对一些

---

[1] 佟新：《性别研究导论》，北京大学出版社2005年版，第4页。

行为感到惊讶，这有关系吗？很多像悦悦一样的青少年对现实对立分明的性别规章袒露出了不理解的情绪，小刘从情绪的角度认为男生和女生没有过分化的标准。

> 有的男生情感比较脆弱，他就是会像女生一样的，希望别人来安慰他，有的情感比较暴躁、坚强的，就是会表现得像男生一样，情绪是一个很不稳定的东西。不能用男生和女生来区分，每个人 ta 的情绪、ta 的性格都是不一样的。（小刘，男，19 岁）

一个优秀的人应该同时拥有世界上的美好特质，无论是刻板印象中男生应该有的特质，还是女生们应该拥有的特质，都可以作为美好的品质被人兼容，并且在去性别化的氛围中展现自我表达。限制的单一词汇满足不了青年人追求多元的心态，个体摆脱现实社会身份，自主选择虚拟身份，以不遵循与现实社会中此种身份和地位一致的期望和规范去行动，有别于现实社会生活中角色化的人际互动。青少年在朋友相处过程中愈加熟悉无性别化的表达，性别不再是横亘在交往路上的荆棘。

Dali 总是听见社会对男女性别的规范就会很愤慨，他从小在一个非常开明的家庭长大，他的母亲告诉他，"不管发生什么样的事情，你都要选择做你自己"。

> "刚"并不是男性特有的，是男女都可共有的特质，"太娘了"也不该被当成贬义词，每个人都是多面性的，被个体局限性束缚多没劲啊，我是男孩或者是女孩，我可以拥有任何的品质，不该有什么"like a girl"或者"like a boy"，做自己就够了。（Dali，男，22 岁）

美国学者、女性主义理论家朱迪斯·巴特勒（Judith Butler）建议，应该打破"男性"和"女性"身份的二元划分，取而代之的是多种形

第八章
无性有别：性别操演与青少年网络语言传播

式的身份——不是一系列新的限制性类别，而是一系列自我表达方式。这种快乐的过度解放的身份形式将是对传统的性别理解的一个根本性挑战。① 正如我们已经多次注意到的，事情在改变，而且正在改变。媒体格式和内容一直在变化。观众也在变化，尽管过程比较缓慢。性别观、身份观、自我观都处于稳定的变化与转型之中。

在这些情感的流动中，二元性别作为一种象征性的结构机制的力量一再受到挑战。正如一些例子所说明的，经常性化的互动包含了多个例子，其中异性的男性气质和女性气质暂时不稳定或变得模棱两可。在这个网络中，亲密关系的表达不加区分地分布在不同的朋友之间，创造了一个多向的多形欲望流：每个人都是其他人。此外，去性别化的表达也体现在相关脏话渐渐失去了主动意指的色彩，在具体的使用过程中意义变得逐渐虚无，更多的脏话成了平时生活中表达愤怒、不满以及懊悔心情的语气助词。一些脏话，虽然诞生时刻的定义被限定在女性群体的使用范围内，但在青少年中越来越能无接缝地切换在男女生之间，意指的对象和使用对象不再有限制，在日常使用中更偏向于中性词的发展。越来越多的网络语言没有特定的男词和女词的概念。

> 有的脏话就是脱口而出，特别开心、特别愤怒的时候都会说。骂人应该是小孩子干的事情，稍微长大的人都应该控制情绪。脏话只是自己的情感表达。（磊磊，女，19岁）

当然，没有哪个词是永远完成了它的意指使命的，语言会在意义组成的关键节点进行重复的再赋义，主体的形成一直处在湮灭又重构的循环往复之中。② 青少年不管是使用男词、女词、脏话等都在无形的对话

---

① Gauntlett D., Media, *Gender and Identity*, Taylor & Francis, 2014, p.254.
② 陶佳洁：《成为一个性别：朱迪斯·巴特勒性别述行理论的建构》，《外国文学动态研究》2019年第5期。

中进行着去意义、再赋义的循环过程，不管是何时何地何种方式，他们都为性别差异的消弭做出了贡献，青年群体的交流越发在无性的空间中表达任性随意的自我意识。

晨晨从 18 岁开始就驻扎性别领域研究，认识到了各行各业形形色色的人，丰富的社交带给了晨晨关于性别多样化的思考。

> 我觉得男生女生不管是什么性格，都是平等的，男生有的像女孩子也可以，女生有的像男孩子也可以。为什么会有人提出一个女生很直爽很义气，她就是女汉子了呢，女生凭什么不能拥有男孩子的特质？所以我希望不管是我们生活中还是网络中所接触到的事物，真的要去性别化，非把人所有优秀的特质给它冠上一个性别的头衔，真的没有意思。我们现在要去呼吁去性别化，无论人变成怎么样，他都是受到自身本能的驱使，这是我的美好愿景。（晨晨，女，21 岁）

在二元对立的传统社会，男性的形象向来被塑造成强势、攻击性、侵略性的一方。将性别的分野粗暴地按照生来性别的生理差异进行划分，只会将男女气质进行鲜明严格的归类，给生活增添无数的条条框框，从而损失了性别气质交融下个体展现的多样魅力和别样风格。[①] 在网络社会中，女性通过自我性格的明确逐渐使用"男词"，跨越了语言的底线。通过使用脏话、土、低俗的词语，展示自己除了自身性别之外的性格特征。由此可见，青少年在性别认知上愈加超越社会本身对性别的赋予，通过各种形式的表达，不断在日常交流中反思寻找自我角色，掌控自身话语权的意识加强。在不同语境下切换自如，及时定位自我性别气质。

[①] 王嵩迪：《异装 Cosplay 场域中青少年的性别角色认同实践》，《当代青年研究》2019 年第 1 期。

第八章
无性有别：性别操演与青少年网络语言传播

二 刻画个体性别气质的戏仿

与过去相比，互联网时代的性别表征更加复杂，也没有那么刻板。通过收集1999年至今的网络语言，发现越来越多的词汇在使用中趋向中性化。青少年毫不顾忌地将男词女用，女词男用，实现了性别化网络语言的去性别，满足自身个性化的需求。

在虚拟空间中仅凭"硬件设施"就给别人分类为男性/女性，对于现代人来说是一件棘手的事情。青少年主要集中于语气词、称谓语、表情包这三类性别相关的网络语言的使用。对于性别的塑造也主要体现在聊天背景的设计风格、头像的性别气质偏向、设置栏里的性别体现等这些方面。

CC从初中开始混迹在天涯BBS社区，可能大部分的朋友都是过了很多年以后才知道具体社会性别的。

> 因为当时你判断一个人吧，也很难判断，像在贴吧、论坛你就看见一个头像，名字其实都看不出来，都是统一的非主流画风，主要原因还是因为不熟吧，如果你很熟悉的话，一直聊天是可以发现她/他其实不是他们呈现出来的那个样子。（CC，女，21岁）

弗洛伊德认为，本我才是反映人内心真正特质的因素，以真实的个性、特色为奠基，本质无法被轻易篡改，一有机会，就会从觉醒的梦中以多元的形式呈现在别人的面前。[①] 网络成为他们释放自我的空间，随意进行词语的形式重组，赋予其意义，是青少年在自我认知上的觉醒。不管性别实践是正常的还是异常的，他们之间并不存在赝品与原件的关系，模仿的对象都是性别规范下的男女两性，在每一场的引用/模仿游戏中，性别身份的主体都实现了对自身性别气质的超脱。JJ作为一个在

[①] 陆俊：《重建巴比塔：文化视野中的网络》，北京出版社1999年版，第137页。

温暖家庭成长起来的孩子,身边的朋友都称他是小太阳。

> 我固定用网络开始,其实就很喜欢二次元的表达方式,我不是深度的动漫迷,但是我很喜欢用那种很二次元的语言,比如"萌萌哒""啾咪""布吉岛"这种,我不会很生硬地给一句话结尾,相反别人这样做会给我一种很冰冷、很客观、很商务的感觉,我发句子一定要带有语气词的。(JJ,男,24岁)

像JJ平时所用的语气词在客观定义上都带有可爱、卖萌的色彩,一般意义上来说都属于女性用词的范围,属于女性气质的范畴。但是在JJ看来,这些词表达的是日常对话中一种友好、接纳别人的态度,这能让他拥有不错的人缘,在人际关系中建立良好的口碑。

青少年倚重自己的趣味和行为来界定交流空间,对于接收到的文本重新语境化,根据个人性别气质来为其定制特定网络称谓语,不在乎词汇本身的性别界定,这就造成了所谓的"无性"表象。网络称谓语有助于拉近沟通距离,给人以亲密感,具有强烈的情感价值。一方面,是隐藏在潜意识里的狂欢,表达者多数情况下是乌合之众的一员,随大流,对于称谓对象的选择性没有那么强,习惯盲目使用潮流的网络称谓词,让自己跟上同龄人的步伐;另一种是主动性的意识选择,侧重于依据称谓对象的特征,加入自己的判断和观点,形成与对方联结的亲密关系,像是一种只有彼此相知的暗语,无形中增进了彼此的共鸣。[①]

词语在创造的过程中被注入情感的偏向,产生之初便有了性别使用的划分。却在网络错综复杂的关系间,褪去了尖锐的外壳,愈加广泛地被推广出去。比如"小公举",产生之初被用在女性群体上,后也被网友逐渐应用于对男性的称呼中,以产生讽刺、搞笑的风格特征。访谈者TT作为朋友们眼中的"纯直男",偶尔也会在特定情况下表现出不同于

---

① 周琴:《媒介环境视域下网络称谓语的特征及传播价值》,《传媒观察》2017年第11期。

第八章
无性有别：性别操演与青少年网络语言传播

自己性别的一面。

"宝宝，帮我带饭饭啦，么么哒！"这种我是可以接受的。男生有时候称自己是"小公举"什么的，也是一种调侃的意思，没有多少人当真。（TT，男，19岁）

另外有些词语，缺少了目的性的指代，仅仅成为情绪的宣泄口。如女生和男生之间都以互称"爸爸"流行，对爸妈称呼的语词异化反而成为青少年交际的新方式，互认亲戚增加亲密感。女生认干儿子，男生认女生做爸爸，爸爸这个词不再是一个男性专属的名词，反而成了青少年的一种流行语。用"霸霸"指代"爸爸"，"学霸求带，爸爸作业借我参考参考吧，求求爸爸了"。戏谑的成分存在使聊天变得更加有趣。有时候也会自嘲，在称呼对方的时候，变成有调戏意味的代名词。

被访对象琪琪性格大大咧咧，对于性别的包容度很强，喜欢交各种类型的朋友，平时和朋友们的沟通交流方式主要集中在线上。

有的男生朋友就会把自己性别、头像都换成女生的，我觉得没有问题，网上聊天也不看性别的，只是某天知道他原来是男生的时候会惊讶一下，之后就很正常啊，我完全接受我朋友的个人属性，你可以在我这里做你自己，无论你是钢铁直男还是其他都没关系。（琪琪，女，20岁）

琪琪在平时的沟通交流中很少会注意到聊天对象的性别，不管是现实中高大威猛的男生撒娇还是娇弱温柔的女生在网上自称"哥"，对于她来说，聊得开心，聊得投机才是主要的目的。青少年的性别认同和性别表现每天都会变，也会根据情形而变化，取决于他们今天的心情怎么样，今天穿什么，去哪儿玩，以及与什么样的人进行交谈，但也取决于遇见他们的人思维有多开放。

我说故我在：
青少年网络语言生活方式研究

网络语言作为在网络传播中的符号介质，必然有在日常表达中传达意义的需求。而这些交流活动同语言符号所指代的由事物或状态等引起的反应只存在相似关系。为了能让聊天更加生动和形象，语言的图像符号成为青少年在传播过程中的救命稻草，通过淡化语言本身带有的抽象意味，以拟人动物、相似情境作为图像的主体内容，可以有效营造友好的沟通氛围，有种传播双方身临其境的感觉。① 喜欢用各种表情包来表达自己的睿睿，平时经常收集一类风格的图片，将班级里女生的丑照拍下来，拼贴在肌肉男的身体上，将"熊猫头"类的表情包改成班级里小伙伴的脸，神态中充满挑衅的意味。

> 我们班同学伪男伪女的现象太多了，就想着办法玩出花样来。我很喜欢自己创造表情包，有的女生平时就大大咧咧，和男人婆一样，我就给她修上了一个肌肉男的图片，聊天的时候用。有的男生平时娘娘的，我就用女生的表情包的风格，给他头上戴个可爱的蝴蝶结，"修"上美丽的衣服，假装在跳舞，挺符合他们个人气质的。（睿睿，男，16岁）

由此可见，青少年对于性别相关的网络语言有着自己的一套判断标准，通过将语言分为具有男性气质、女性气质的词语，对自我进行充分的形象塑造，并在其中进行自我的标签化，这意味着他们是同辈群体的成员。为了被承认为网络的成员，这些朋友需要引用其奇怪的友谊、暗讽和幽默的代码。多性化的交流构成了这个群体集体身份表现的一个组成部分，它超越了成员物理网络的私人领域，通过他们的评论交流进入公共的空间网络。最终，正是通过这些不同的"越轨"表达，成员们完成了他们的友谊关系。在表现上形成了一个由相互关联的轮廓组成的奇怪网络，构成了他们共同的社会现实。原本在定义上就被界定为男性/

---

① 张玥：《网络语言的符号系统研究》，硕士学位论文，华中师范大学，2007年。

女性使用的词语，在日常对话中逐渐消失了界限，成为青少年信手拈来的工具。

三　愈加内化的反性别形态

通常，从一个人使用词的女性化、男性化偏向可以看出这个人在网络上表现出来的心理性别是什么，交际者的个性、交际风格、性取向方面的差异对其语言组成发挥着重要的作用。性别语言的变化其实都是由说话人的语言习惯造成的，也有可能是社会变化的外在影响推动的。[①]所以说，一个人最终呈现出的性别形态是经过外界和自我不断实践的产物。在此过程中，他们完成自我构成的激情组装，甚至颠覆了传统二元身份的框架。部分青少年所呈现出的反性别特征不仅是对自身被赋予性别的重新意指，也是与自我和谐共处的统一。

轩轩是一位大四的男生，他在性别上的表达更多地通过关于性的用语，包括使用跳柔美舞蹈的小动物表情包、嘴里说着"嘤"的猛男表情包，在自嘲之外，展现自己对于本身性别规训的反抗，并且通过显示性别反差的网络表情包，呼吁自己的心声。

> 我自己一直用的可能像是"惹""呀"的语气词，这样给人感觉会比较亲切，像一个温柔的女孩子。像"妹妹""纯情女大学生"这些称呼语，我也会用，就是在跟别人开玩笑啊，在群里说话我就会自称"哎呀，我们这些纯情女大学生"什么的，这其实就是我自己的日常表达习惯，与我对自己的认知相关。（轩轩，男，21岁）

相较于社会对于性别非男即女的划分，酷儿理论在更多的性别类型上进行了尊卑顺序的维度超越。该理论认为性别是依据表演者的行为，以连

---

① 李艳芳：《谈性别词汇的去性别化》，《鸭绿江（下半月版）》2015年第7期。

续可变的表演为主体的变换过程，需要不断地重复赋义最终形成一个"过程性"的自我。它摆脱了社会对于二元定论的看法。① 相比于普通人，女性角色的特征对轩轩的影响更突出。国外学者 Alavi 在研究中发现，男生在模仿女生的时候，比女生更具有明显的相关特征，这也就表明了这类人群其实对于性别角色身份的认同渴望比一般社会群体更加强烈。② 尽管有的身份表现并不是有意识为之，但是通过重复的实践，性别语言的形成、性别的身份经过不断的请愿得以加强。每个人都必须选择一种生活方式，尽管有些人比其他人更能做出不寻常的选择。

其中，轩轩使用的淋语③作为性少数群体归属感的身份标识，被视为是性别身份新的一个范例。淋语主要由四部分组成，第一，拟声词，例如在一句话的末尾加上"惹""噜""厚"，让说话的语气变得娇嗔，感情色彩更强。第二，谐音词，与原词使用方式一样，如：靴靴（谢谢）、喜翻（喜欢）、开熏（开心）、孩柱（孩子）、珍素（真是）等。第三，衍生词，从歌词或话语中衍生而来，可单独使用。如：路人甲不要发言、为爱走钢索、锁定你、闭嘴惊艳、花蝴蝶、那画面太美我不敢看、冰冻全场焦点等。或者一张配有猛男照片的表情包搭配文字"嘤"，萌妹的娇羞和猛男的身体形成了视觉上的强烈冲击。淋语从诞生之初，到如今的广泛传播，已经成为一部分人每日交流的必备语言体系。

也正是在此过程中，青少年逐步加深了对现有生存状况的认同，即对于个人身份和社会身份的融合。具体地说，认同被视为一种社会表现，是通过利用适当的话语和物质资源来实现的。每个人都被认为是在自己

---

① ［美］葛尔·罗宾等：《酷儿理论》，李银河译，北京文化艺术出版社 2003 年版，第 96 页。

② Alavi K., *Comparison of Masculine and Feminine Gender Roles in Iranian Patients with Gender Identity Disorder*，转引自王嵩迪《异装 Cosplay 场域中青少年的性别角色认同实践》，《当代青年研究》2019 年第 1 期。

③ 淋语（linguage），是由歌手蔡依林发明的一种说话方式，也是淋王星的官方语言，又称淋文。

第八章

无性有别：性别操演与青少年网络语言传播

的历史中的某个特定时刻，不断地协商确定某个特定群体的男性和女性特征的规范、行为和差异。简言之，性别认同不被视为一种给定，而是一种成就；它不是被概念化为我们与生俱来的东西，而是我们所想和所做的事情。正是青少年的自我成就，也让网络显现出一批又一批的跨性别表演人，他们通过本身性别的反串，进行特殊的"表演"，受到了数以百万的粉丝拥趸。他们通过夸张的姿态动作，弱化了原本生活带给他们的性别主体身份，通过粉饰带给粉丝全新的甚至是充满理想化的形象。

  我们有个粉丝群，都会叫我们"瑶池的姐妹们"，而她自己是瑶池中的仙女，从经过处理的尖细的女性声音，到妖媚眼妆、妖娆的猫步、时刻变化的指甲油，这些精心处理的外在形象都让我们深入认识这个人物，仿佛真实生活中就出现了这样的一个人。（幺幺，男，23岁）

幺幺作为这群跨性别表演者中的支持者之一，将自我代入了角色内容的生产之中，产生了强烈的情感共鸣。对此，有学者提出青少年在生理上和心理上都在不断地发育，他们对异性有较强的窥视欲望，通过扮演另一种性别，来感知不同性别的存在状态，满足自己的好奇心、收获刺激感；另一部分则是部分青少年对另一种性别的认可，他们渴望成为其他性别的人，但是迫于社会压力无法实现。[1]

部分青少年运用互文、拼贴的二次加工模式将传统社会对性别的规训抨击在了日常的语言表达之中。访谈对象美美虽然长相甜美，穿着总是可爱，但是却被同学们称为"假小子"。因为性格泼辣，异性朋友也和她称兄道弟。她经常使用的就是花样式的"文明脏话"。一般女孩子都不愿意说出口的话她说得很顺畅，尤其在打游戏的时候，混在男生堆里，"口吐芬芳"。

---

[1] 马中红、杨长征主编：《新媒介·新青年·新文化——中国青少年网络流行文化现象研究》，清华大学出版社2016年版，第60页。

我们看到随着传统的衰落,包括性别和性身份在内的一般身份变得更加多样化和可塑性。与此同时,青少年无性别化的意识在加强,对男词、女词进行的二次应用是他们在戏剧性模仿不同于自身性别气质的映射。到真正发展到反性别的状态,多半见于青少年中的性少数群体。他们在自身的认知定位上区别于其他群体,在性别反转的状态中体现得更为淋漓尽致。从一个群体折射出的是一个时代青年们对于性别主义的态度。男性和女性不再是固定的概念载体,他们流动于不同的亚文化圈子,并在需要的时候被套上性别主体的身份,完成被赋予的任务。

第二节　网络语言中性别身份的流动与建构

拒绝维持现有的社会性别规则,让性别的界限变得模糊,开始接纳其他性别与自我的结合,让性别的流动成为可能,从而增加了性别身份体现的多样化。①"性别流动"最初是巴特勒在1990年出版的《性别麻烦》(*Gender Trouble*)一书中就提出的想法,她在这本书中的核心论点是:性别、性取向这些看起来是由自然决定的分类,实际上是由文化所构建的。

巴特勒的性别操演理论受到福柯社会建构论的影响,认为当我们在践行某种行为的时候,我们就会以为是自己支配了身体,但是殊不知,在我们的每一次选择中,客观世界早已锁定了我们。与其说我们指定客体,其实不如说在身份的循环往复中,性别依据情境锚定了我们。从这个意义上说,性别成为一种意指实践,它是一种反复操演的对文化所发出的指令做出的响应。身份并不能依据性别内容的表达形成,个体身份需要经过操演来建构。②回到我们所讨论的青少年对于性别化网络语言

---

① [美]凯特·伯恩斯坦:《性别是条毛毛虫》,廖爱晚译,新星出版社2013年版,第61页。

② 郭漪舟:《性别操演与性别抵抗——朱迪斯·巴特勒性别理论研究》,硕士学位论文,华东师范大学,2014年。

的使用上来,青少年首先通过自身性别气质选择符合形象的网络语言,在不断的交往拓展中形成了自我认知的圈子,促进了熟人间的性别表演,并在这个过程中受到所在社群操演规范的影响,通过自创表情包、使用特定的网络词语,创造新的词组,加速彼此的亲密关系,演变到最后成为整个青少年社会群体的集体展演,不断地扩大操演的力度和强度,掀起性别化网络语言的使用浪潮。

一 本色出演——性别气质决定使用偏向

巴特勒眼中的性别意识淡化并不在于没有现实依傍,网络之所以存在性格,是因为男女性别气质存在差异,他们被限定在一个模式之中,分别对应了"阴柔"和"刚强"两种特质,成为女生和男生气质的重要组成部分。

"拉郎配"现象展示了青少年对性别身份的认知主要在于对个体性别气质的判断。能否成功组成一对 CP,这都取决于双方的性别气质能否契合,有的是颜值契合,有的是灵魂契合,即便处于不同次元,只要双方有着情侣般的甜蜜,灵魂伴侣似的容貌搭配,就能成为著名 CP。这满足了青年们的猎奇心理,弥补了他们的精神孤独,部分将追求美好的情感寄托于他们身上,大部分为了纯粹的娱乐大众。青少年们冲破性别的界限,在个性的"混搭"中寻找乐趣,同样的现象不只出现在对社会网络的性别戏谑,还有对于他们自身的性别气质探索。因此,性别不应该是一成不变的,它是身体程式化的展演,经过不断重复的被演绎,形成了各自的风格。[1]

从小在妈妈身边长大的叶子总是被教育作为女生要矜持、柔弱,但是她自己却从不这样认为,不喜欢被别人看得太软弱,男女之间不应该存在太多条条框框的界限。

---

[1] [美]朱迪斯·巴特勒:《性别麻烦》,宋素凤译,生活·读书·新知三联书店,2009年版,第184页。

我觉得我内心住了一个"女装子"（即异装者，指以各种理由把自己异装成女人的男生，风靡于日本），时不时会以男性气质来约束自己，比如要变得自强，变得勇敢，这些原本都是社会大众冠以男性的形容词。（叶子，女，20岁）

在叶子看来，女性气质和男性气质在一个人身上的体现是处于流动的过程中的，她虽然是一名生理意义上的女性，但是却从不认为自己只能有社会意义上的性别。她喜爱用"呀""呢"亲昵的语气词营造良好的聊天氛围，不喜爱带有明显侵略、强势的男性特征的聊天对象，这些都是她对自己生活中男女性气质的认知和界定。性别从来不是一种限制，相反更多的是美好生活的调味料。自我通常不是作为"内在的"和"固定的"东西来构建的，而是可以不断更新、选择和改进，在某种意义上，自我现在必须被执行，并通过其执行被创造，而不是等待被"发现"。

由此可见，青少年的身份被视为不稳定的、依赖于"上下文"的，可用于不断更新和重新创建的。同时，更多独特的、真实的、内在的自我概念被广泛接受，这种自我存在于表现时的挖掘、揭示和解释。有研究指出，在共同在场的话语中，网络为居民构建了一个可以肆意想象的乌托邦空间，人们可以在这个场域下放开自我，随意表达，嘲笑任何形式主义的教条框架。[①] 自我意识的觉醒不仅体现在挣脱社会性别的枷锁，释放心理性别的天性，还在于不在乎别人的目光和想法，"做自己"成为青少年的豪言壮语。

我姓万，我同学给我取了个很可爱的绰号，可能是因为我说话的方式很有趣，有次我数数，是跷着兰花指在说：一~二~三~，故意拖长了尾音，自从那次之后我就叫弯弯，网上的性别备注会给

---

① 赵庆寺：《青年网络亚文化的文化逻辑》，《当代青年研究》2010年第1期。

第八章
无性有别：性别操演与青少年网络语言传播

我加一个女性的符号，代表着"那个象征自由的男人"，从此这个昵称就传开了。初中的时候我们班还有女生被叫鸿哥、男生被叫楠姐呢，就是会被"叫反"的。（万万，男，17岁）

不难发现，青少年提炼出了每一类词语本体的气质偏向，运用的过程中都逐渐成为体贴、气场强于他人、美丽气质的代名词。词的意义泛化，自动忽略了性别的局限。使用这些语言让青少年的心理距离变得更近。虽然脱离了原本的使用语境，但是在转化的过程中获得了新的所指。

除了表演其他性别，也有青少年通过聊天过程中气氛的塑造，判断对方的性别气质偏向。访谈过程中发现女性类的语言往往能营造出包容、理解、欢快、友好的聊天氛围，关于男性类的网络语言被"扣"上严肃、冷漠、难相处等相关形容词。因此女性词拥有了更大范围的拓展，不管是面对熟悉的友人还是陌生的网友，青少年往往习惯使用女性类的词语表达出自身的态度，相互构筑美好的聊天环境，从这个层面出发，男性女性化的趋势更为明显。

仲寒经常被身边的朋友取名寒寒、寒酱，虽然这个称呼基本都是女孩子叫的。

他们叫得很自然，我听得也很自然，我自己能接受的。因为我本身自己性格就是软软萌萌的，平时喜欢看些动漫，里面表示亲昵都会在名字后面加上"酱"，所以我的室友这样叫我也能增进我们彼此的距离，我不觉得有什么奇怪的。（仲寒，男，19岁）

一个人的自我表征应该揭示一个"内在自我"，即真实的和可信的。自我和身份被定位在一个隐藏的内部，而不是完全被选择和创造的东西。以前文中的万万为例，他从不讨厌同学给自己取各种各样可爱的外号，甚至说他像个小女生。他觉得像"小姐姐"一类的词汇不是不能形容女性，而是它只是形容了自己身上一部分的女性特质，而这种特质又刚好符合他自己。

戈夫曼认为，个体作为表演者的属性不仅仅是特定表演的描绘效果，它们本质上是心理生物上的。[①] 一个人在成长的过程中会经历无数次的自我蜕变，从被赋予的生理性别，到社会环境的性别差异，青年被赋予男性、女性的气质。社会对男女性别气质的描述词，显然与真实环境下多姿多彩的性别气质不对等。性别化网络语言在一定程度上的使用虽然并不能代表青少年对原先设定的性别身份的反叛，但是映射出的是每个人的独特个体意识，男女性别气质成为流动的外衣。不管是男性还是女性，都可以依据自我的性别偏向出演真我本色，性别气质与数字媒体的互动关系给我们揭示了一群真实的、透明的、独立的、自信的青少年群体。

二 习惯成自然——熟人圈子下的意义重组

网络社会的"匿名性"特点，使青少年间的互动内化成情感结构的部分，脱离了社会规约的限制，网络的沟通交流基于青少年内化的情感结构，双方都不再有身份感，网络社会中个人与个人的关系可以归结为"情感人"。[②] 青少年很容易因为某些情感联结在一起，在网络中曾经陪伴过的温暖、曾经一起刷屏的互动、曾经远隔万里却还互道晚安的仪式，印刻在每个人的成长痕迹中，形成一个个的熟人网络圈子。

受访者倩倩从小就在网上冲浪，生活经验不多，但是却有许多虚拟网友。他们从贴吧"饭"上一个喜欢的明星开始，一路相伴。即使到现在散落在全世界的每个角落读书，却也会无时差感地聊天，互相倾诉。

[①] N. A. J. M van Doorn, Digital Spaces, Material Traces, Ipskamp Drukkers B. V. Enschede, 2009, p. 58.

[②] 童星、罗军：《网络社会：一种新的、现实的社会存在方式》，《江苏社会科学》2011年第5期。

第八章
无性有别：性别操演与青少年网络语言传播

> 网络可以很快地拉近人和人的心理距离。我生活的城市是一个很小的地方，但是我网上的朋友让我认识到了这个世界的多样性，我们在交流的时候纯粹就是因为喜欢写作走在了一起，男生和女生都没有那么大的性别特征。（倩倩，女，19岁）

"表达一些平时不敢说的话和不敢做的事情"，也是青少年比较重视的行为动机。这说明青少年线上交流的初衷在于主动隔离于实体空间，他们往往会突破实体空间的身份、角色等诸多条件限制。青少年渴望用网络表情传递"另类"的形象，展现一种多维度的、以自我为中心的和可自由操纵的身份，并以此为基础进行身份的区隔与重塑，建构和保持区别于常规的、愈加亲密的社群关系。[①] 青年依靠共同兴趣爱好加入各种不同的新部落，更多呈现的是一种气氛和一种意识形态。这种新的社交方式则会鼓励个人以不同的性别角色身份自由地参与多个流动分散的部落，可以动态灵活地切换自我。比如在一个女生组织群体多的群里，他们就更倾向于用带有女性特质的词去交流，这种就是圈层的特定语言。

力力是潜伏在女性群体中的代购小哥。因为兼职的需要，经常"与众姐妹打成一片"，群里的女孩子们也从来没把他当一般男生看。

> 我平时叫她们漂亮姐姐（PLJJ）、美眉们，今天大家有变够美丽吗？闪到太阳公公增开眼哦！每次都逗得她们特别开心。她们都叫我"毒舌麻麻"，我平时爱给她们推荐各种护肤品，"拔草"又"种草"，像个"老妈子"一样带着一帮姐姐妹妹们买买买。（力力，男，22岁）

因为相同的兴趣聚在一起，因为同一件事情欢喜，因为同一个爱豆

[①] 马中红、杨长征主编：《新媒介·新青年·新文化——中国青少年网络流行文化现象研究》，清华大学出版社2016年版，第245页。

我说故我在：
青少年网络语言生活方式研究

而紧紧靠拢，成为青年人网络相处的引线。即便在远隔千里的地理位置，他们也能够借助网络表达情感上的需求，寻求接纳自己的部落。身份的展露是在和他人互动的过程中形成的，[①] 在认可的群体中身份的确认和肯定尤其重要。也正是对彼此的信任和了解，熟人间的性别流转也才更加明显。

索绪尔把语言看作一种社会现象，它通过建构社会符号理论解释语言如何才能作为人类交际中创造意义的资源系统。[②] 因此，网络语言的符号意指具有群体性的特征，性别的界限也因为在群体操演中变得更加模糊。如今互联网对青少年的吸引程度并不是那么特殊，它存在于日常生活的方方面面，主要用途集中在熟人社交，导致青少年接触的网络语言具有小群体下的趋同性，并且基本都是通过朋友之间的传播，成为互相"调侃""自黑""开玩笑"的段子。网络语言此时来源不一定存在于网络，现实生活中和朋友相处的很多事都可以变成彼此间的"梗"，在下一次形同类似情况说出来的时候会引发笑点。这个时候的话语造成了一种去情境化的假象。熟人间的性别操演不需要特意说明，双方就都能会意。

不管是男生还是女生偏向选择在熟悉的同性面前进行性别的操演。例如将网络段子作为谈资，熟人间少了陌生情感的约束，真实地暴露自己，坦诚地展示自己的内心。这是每一个青少年都更容易进行展演的舞台。在这一过程中，也出现了对既定语言规则的随意改造，其中值得关注的便是"互相认亲"现象的出现。

> YY喜欢把好朋友备注成"前妻"，就是之前她和我一起喜欢一个爱豆，后来她跟我说她爱上了别人，所以我就把备注改成这个

[①] 陆超一：《"随波逐流"与"张扬小我"——从网络流行语考察当代青年的社会心态》，《教育传媒研究》2017年第5期。

[②] 张绍杰：《语言符号任意性研究：索绪尔语言哲学思想探索》，上海外语教育出版社2004年版，第160页。

第八章
无性有别：性别操演与青少年网络语言传播

了，我们"离婚了"，这个很正常啊，我身边好多朋友还把别人备注成"爸爸""儿子"之类的。（YY，17岁，女）

熟人间的交流最常用的还有表情包，青少年通过表情包营造的氛围判别对方的性别气质。表情包相比较而言是一个比较中立的态度，相当于"引用"的含义，让人仿佛身临其境，眼前浮现画面。比如发一个表情包"喂，在吗？""打开门弹出头像问对方在吗？"就打开了彼此聊天的通道。

晓晓平时是一个在网上不善言辞的女生，表情包可以说是拯救她表达能力的救星。她身边的许多朋友也是通过表情包抒发自己的隐藏面。

> 表情包给我的聊天增加了想象力，更生动一点。代表了我想说的话。有些男生特别无聊会斗图，还有一些文字无法表达的感情是用表情包来代替的。我有一个朋友就是这样，他就是个单纯小女生的性格，他就是像小孩子一样，但是不会说萌萌哒、嘤嘤嘤什么的，就是发一些小兔子、小猫咪、胖乎乎的小女孩儿的表情包。（晓晓，女，19岁）

对待表情包，不同的人会有不一样的理解方式。但是这种感觉并不会被道破，表达的含义超出了文字所能表达的范围，增加更多心理和肢体的表达，具有更加丰富的情感，反而在微妙的气氛中将聊天进行下去。而且这是青少年以此为乐趣的一种方式。青少年总是一言不合就开始斗图，"这种感觉很微妙"。尤其是在涉及性相关的表达时，表情包的隐喻性特征，往往使之成为青少年表达的重要表征。青少年还可以通过表情包营造的氛围判别彼此的聊天契合程度。

总之，青少年之间的关系越熟悉，对性别的感知界限就越模糊，对性别的承受力、包容度就越大。性别的界限在朋友这种关系面前变得不那么重要。带有性别化色彩的称谓语因为有朋友赋予的特定含义，在使用的过程中也仅限于熟人圈子,因此可以被接受。"和不熟悉的人就发一些中性词,和熟悉的人会发一些亲近一点的词语,开开玩笑"。根据对方性别特征而定的性别化称谓语,是特定熟人圈子的固定用词,成为性别化网络语言生活化的重要体现。

三 共舞式展演——性别范畴的消解和开放

实际上,性别身份的认同也在动态建构的环境下寻找意义的归宿。性别的确认不代表虚无的概念,每一个身份的背后都蕴含着青少年确认意义的合理性。一方面青少年由于内心真诚的认同和喜爱,主动地选择趋向对方的模式;另一方面,他们因为彼此的共同点而心生慰藉,加剧对对方的赞同。这都会产生同一种类间的认同感和归属感。[1] 青少年在生产或使用网络流行语的过程中,寻找到了自身的意义和价值,实现了自我认同,这种认同是对自我的肯定,也是对个体存在的价值和意义的确认。[2] 除了认可自我,青年一代还需要寻找与自己相似的人,让自己不再是一个人,通过融入志同道合的集体,从而在大家庭中感受温暖。

文文一直是一个喜欢 cosplay 文化的人。cosplay 可以让文文内心意识受到释放,现实生活中不善言辞,却可以在漫展上大放异彩。

> 我会因为 cos 扮演成一个女生,模仿她说话,圈里人不会觉得我奇怪的,相反扮演得好的还可以受到队友的崇拜,我很享受这种感觉。(文文,男,18 岁)

cosplay 让青少年在模仿的过程中找寻到比自我更完美的形态。通过自我和角色的交互交融,强化了认同的心理机制,以另一种身份存在

---

[1] 宿文渊:《每天学点社会学》,中国华侨出版社 2015 年版,第 165 页。
[2] 马中红、杨长征主编:《新媒介·新青年·新文化——中国青少年网络流行文化现象研究》,清华大学出版社 2016 年版,第 243 页。

的 cosplay 文化是一个完整意义上的文化系统。① 青少年想要和外界通话，需要找到所属群体之中，融入群体内的语言，在群体中获得情感和归属的需求，或寻求自身性别身份的认同或改变性别气质适应集体表演的需求。这也是不同组织群体中青少年表现不一、形态迥异的原因，每个集体圈层都有属于自己的亲密语言，他们不断强化自身的群体建构，把握黏合性，塑造稳固的亲密关系。个人的性别身份也因此而获得新的意义赋予。

互联网为成员提供了身份的多变，甚至会随时消失的可能性。"没有性别的身份"代表了虚拟空间下男女生性别的模糊性。青少年对于身份炉火纯青的实践引用，仿佛让性别表演成为快餐式的生活场景，淋漓尽致地展现了界限消解下的狂欢。② 表演允许青少年为自己创造出被代理的身份，他们打破了严格的性别二分法。而社交媒体增加了年轻人冲突的可见性，与传统社会的抗衡在此刻得到满足。

比如从 ACG 文化中引发出的"一切唯心造，万物皆可萌"口号则认为万物皆可萌化、娘化。这里的萌可以做两种解释，一是所有事物都是有萌态的，它可以拟人化；二是所有的事物都可以萌到人心。萌没有性别之分，萌无处不在。现代的萌化，作为表达自我的形式，脱离了女性形容词的范畴。

勒农自诩是个宅男，因为痴迷打游戏，平时会看游戏直播，经常会叫上室友一起守在电脑前准点看的直播。

> 我觉得现代人对性别这方面真的越来越宽容了，男性可以女性化，也越来越被人广泛地接受。XMBB 有很多粉丝，他是国服第一扳手，并且打扮得很萌，穿上漂亮的衣服比女生还要好看。看他直

---

① 周赟、刘泽源：《认同机制构建视角下青年亚文化现象解读——以 Cosplay 亚文化为例》，《当代青年研究》2018 年第 2 期。
② 马中红、陈霖：《无法忽视的另一种力量——新媒介与青年亚文化研究》，《青年探索》2016 年第 3 期。

播很生动，很可爱。我也是朋友带我了解的，毕竟现在大家都在看，你不看和他们也没话题。（勒农，18岁，男）

"轩墨宝宝"宛然成为性别意指的代名词，表示一个人在女性面前依然保有男性的气质，在男性面前同样具有女性的魅力。性别是一个流动的设计，同样从ACG领域中产生的名词如"伪娘""女汉子"等，所喻指的性格及言行特征与生理性别迥异，却并不能抹杀她们/他们的身体特性，反倒是成了一种超越男女性别二元对立的去中心化的、异质多元的社会性别的展演。①

当然，青少年不仅在展演前成为性别演绎的观众，同样也参与其中，通过不断的实践尝试，探索更多的性别可能性。例如以文字形式演绎角色的语C圈从2004年开始为青少年所熟知。被访对象日日在前几年的时候曾经混过圈子，坦言自己喜欢扮演"奈良鹿代"，一个很喜欢的动漫角色。后来追星又喜欢上了WJK，经常在语C圈里模仿这些角色。

我那个时候喜欢谁我就会选择扮演谁，大多数是男生，语言模仿更容易让我将自己代入角色中去，仿佛是在手机和互联网的世界中塑造了另外一个"我"，这个形象和我日常生活中是不一样的，他可以和男生谈恋爱，书写成我喜欢的美文，也可以交很多好朋友，让他们看到我不一样的一面。（日日，女，21岁）

语C圈的是一个用语言cos身份的群体，他们将对虚拟身份的想象投射到一个个具有现实意义的故事主体上，经由对年龄、性别、身份的模糊，让身份的主体变得虚无，在一次次的狂欢中，满足对身份的创造

---

① 马中红、杨长征主编：《新媒介·新青年·新文化——中国青少年网络流行文化现象研究》，清华大学出版社2016年版，第298页。

欢娱。①

除了自我的性别转换，青少年也热衷于对其他对象的性转。具有代表性的就是"泥塑"（把喜欢的偶像想成跟他相反的性别），这是一群自称是手工爱好者的天堂，将具有女性性别气质的男性对象想象成女性客体，欣赏他们的颜值，夸赞他们的美貌，泥塑粉们乐此不疲。

"是一个男明星，但又拥有精致漂亮的皮相""陷入她的洪流，就别妄想再自救，最独特不过她名姓，一提便害了相思病""世界脏乱差，只有我的公主高贵纯洁"，泥塑 bot（全称：Robot，可以理解为人工定期更新投稿）是这群青少年尽情释放欲望的天地。他们穷尽一切优美的女性形容词夸赞着喜爱的男明星们："公主""娇娇女儿""女明星""神仙妹妹"。把喜欢的男性角色当作自己女友，且男性角色在幻想的性关系上属于被自己侵略的一方。通过自身的语言角色互动，参与到群体中繁盛的二次创作、自造人设，到自我幻想公开化，性别的流转仿佛成为一种共舞式的展演，"伪男"等形容词在社会的流传已经深入青少年的网络实践中去，逐渐褪去了批判主义的色彩，反而成为亚文化群体表演的操作目标。"母性男"一词也被用来形容踏实体贴、有正常男性气质同时又具有女性柔情、体贴气质的男性，兼备了两性气质的中性角色无一不体现了青少年在性别上的创造力和想象力。

不管是从二次元文化中兴起的萌文化，还是粉圈中流行的泥塑，抑或是青少年出于猎奇的心理加入性别反转的队列之中，社会性别的范畴在互联网中不断被消解，创造性别的青少年们巧妙利用性别气质开展内容，向多重性别气质表达善意和欣赏的价值观。

第三节　角色表演：性别阐发的个性化与社会化

性别角色的操演并不是没有规则的，在访谈青少年的过程中发现在

---

① 陈铄：《浅析互联网的语 C 文化现象》，《传播力研究》2019 第 19 期。

性别身份随意阐发的背后有着不言而喻的特征。有如戏剧表演中即将上台的表演者，每位演员认领结束他们的角色，通过研读剧本，变成特定的那一个人。在表演还未实现之时，摄影师的灯光、舞台的道具、导演的脚本、镜头的切换都是影响正常表演的因素。性别身份也是如此，在青少年与他人共同交流之中，除了受到自身性别气质的影响外，同伴、圈子、群体的干扰力量不容小觑。性别身份看似在它展演的那一刻被拥有了模样，却又在脚本的规则演变中继续着它的流动，性别的身份永远都是处于开放式和未完成式的。只要操演未结束，性别的阐发便不会结束。

选择一种性别，就踏入了此性别规范的体系中。青少年在其中汲取情感、归属、控制的需要，而对自我的个性化认知的丰富源自于同他人的互动。这三种基本的社交需求满足了青少年在交往中的满足感。他们散布在coser圈、游戏圈、音圈……在日常生活中，寻找能和自己对话的群体。尤其处在情感、身体等各方面都在探索时期的青少年，他们学会认知自我，探索相似群体，并与之绑定在一起。但此处的性别规范是青少年话语实践过程中自动形成的内涵，不同于把男性特质或女性特质当成规范。一套日常的语言体系，在性别化网络语言的概念下被抹上神秘的色彩。不同的青少年圈子形成了彼此亲密关系间的"密语"，书写性别化表演的不同脚本。一个词语正是在不断被广泛使用的过程中稀释了原有的概念被赋予新的色彩。性别规范就是这个期间被效仿和实践的脚本，通过主体的引用，制造性别化和被性别化的身份。

个性化与社会化的互动影响从线上持续到线下，日常生活与网络的边界被打通。网络和现实的交叉互动赋予青少年以性别角色的多重变化作为日常娱乐的工具，从而进行性别操演的自我创造，使得现实和网络上的性别认知相互影响、不断强化。

一　多情境身份主体的形塑

一个人通常只有一种性别，但是她/他可以变换各种性别身份，从

第八章
无性有别：性别操演与青少年网络语言传播

而实现性别身份的可转移性。面对不同的圈子，个人的性别辨识也会不同。他们可以是出于对单一的社会身份无法满足的心态，在网上寻求补充；也可以是在现实生活中苟且的压抑者，寻求平衡沮丧心情的出路；也可以是试图改变被压制的身份；甚至是完全因为恶作剧或者好奇。总之在互联网上可以经历不同的生活，相对应的身份也很重要，更值得一提的是，以上所有的情况都有可能出现在同一个"主体"身上。[1] 身份切换的同时也就意味着个体要么主观终止了角色的互动，要么尽力为身份的变换开脱。即使会受到周围人的质疑，但也因为网络的随意性，身份的呈现形态都变得理所当然。正因为此，网络才能带给我们众生百态。

语言的特性之一具有抽象性，语言符号不能表达所有人的感情和内部活动。从符号传达者的角度来看，为了不丢失太多信息，通信者有必要找到传统符号或表达方式以外的其他方式。受访者佳丽在网络上是一名不折不扣的小网红，以声音扮演明星 WJK 吸引了大批小迷妹。虽然身为女生，但是她的 QQ 等社交软件上的性别简介均为男生，并且以处理过的男性声音社交。周围人都叫她"男神""哥哥""大总攻"。

> 我喜欢 WJK，而且之前有人就说我平时说话声音比较雄厚，我就开始混音圈了。他们粉丝会剪一些短播剧，让我去配，主要平台还是集中在全民 K 歌。我自己伪男纯粹就是觉得挺好玩的，有时候在群里和他们说话也会故意假扮下男生，很多人都不知道我真实身份，有些也会找我合作，自己赚点零花钱。（佳丽，女，17 岁）

音圈是一个通过辨认声音判断性别的领域，佳丽也正因为显露的唯一声音特征，吸引了一批爱上自己变过声后的小迷妹。性别是分割我们的身份、我们的家庭、我们的经济状况乃至我们的社会的一种方式。而

---

[1] 马中红、陈霖：《无法忽视的另一种力量——新媒介与青年亚文化研究》，《青年探索》2016 年第 3 期。

我说故我在：
青少年网络语言生活方式研究

虚拟现实则是一种消除各种屏障的方法。通过在虚拟介质当中的演出，我们有机会游戏性别，就像我们有机会游戏其他形式的身份那样。叶错谈起他初二时曾经扮 coser 的经历，女性气质就成为叶错娱乐消遣的工具。

> 做一个 coser，扮一个大家喜欢的角色，用 P 图软件修到我自己都不认识。哈哈，这个角色的可爱之处可以引申到我的可爱之处，然后我会去模仿她，学习一些相关的话术，让自己变得可爱，变得女生，大家可以同时 get 到我和我 cos 的这个角色的可爱之处。我满足了他们对于一个可爱女孩子的期待，他们就会更喜欢我。要知道我在日常生活中都是一个普通人，而在网上有那么多人会追捧我其实是非常有成就感的。（叶错，男，20 岁）

无论在何种介质里面，都存在跨越性别的表演。[1] 巴特勒认为，扮装并不是在完成一种正确的、模范的性别表达，而是想说明自然化的性别认识对真实构成了一种先发制人、暴力的限制。[2] 叶错在 Coser 中的扮演满足了他对于自己的身份想象，对于暂时的女性身份叶错享受其中，身体是性别化的具象化表演，网络中的模拟身体引导青少年主动思考自我的边界。在 Cosplay 扮装文化实践中，男女互为"易装"的扮演，能够达到以假乱真的程度，当一个人在扮演另一种性别身份时也能惟妙惟肖的时候，恰恰说明了个体是被社会限制了男性气质或女性气质的释放，巧妙地在两种性别间切换会让自我的表达意义拓宽。[3]

---

[1] ［美］凯特·伯恩斯坦：《性别是条毛毛虫》，廖爱晚译，新星出版社 2013 年版，第 163 页。

[2] ［美］朱迪斯·巴特勒：《性别麻烦》，宋素凤译，生活·读书·新知三联书店 2009 年版，第 19 页。

[3] 马中红、杨长征主编：《新媒介·新青年·新文化——中国青少年网络流行文化现象研究》，清华大学出版社 2016 年版，第 310 页。

第八章

无性有别：性别操演与青少年网络语言传播

譬如"爸爸""妈妈""老母亲""姐姐"等词语慢慢退去了原本的生活意味，在网络空间中，它们不再是一种亲属关系的尊称，更多带有了戏谑、调侃的成分。

> 我经常让别人叫我爸爸，可能觉得有面子，经常我的几个异性朋友每次跟我开玩笑找我帮忙都说："爹，在吗？"（雅雅，女，19 岁）

> 我个性比较要强，喜欢照顾身边的朋友，他们都说我有种老母亲的气质，所以我就自诩为他们的妈妈，老妈子，朋友遇到什么不开心的事情，我就说妈妈来给你看看。（桃子，女，23 岁）

> 我们最喜欢叫长得漂亮的人叫小姐姐，不管是男孩还是女孩，他们都应该有被称赞的权利。（袁袁，女，22 岁）

游戏圈作为青少年虚拟想象的另一个集聚地，性别的开放也值得关注。他们通过外表的象征性表达，通过参与游戏的方式和与他人相处的方式塑造性别的"态度"，加强和巩固不同性别的特征。鹏鹏作为 SLG 策略类游戏的死忠粉，几乎遇不到女性玩伴，他有时候会开变声器假扮成女生逗其他男生玩。

> 我有时候会叫他们"小哥哥、小哥哥"，并且会模仿一下女生的腔调啦，玩得不好也不会被喷。差别还是挺大的，毕竟平台出于一种社交活跃的需求会促进两性之间社交，男女数量不协调的供求关系促使有些玩家主动选择女性角色来从游戏社交中获取福利（比如充值、皮肤等等）。（鹏鹏，男，24 岁）

如果说以上性别的模糊性是拒绝符合某种既定的性别规则，那么流动性就是拒绝保持稳定的性别。流动是一种自由，有意识地成为一种或多种性别的能力，能够持续所希望的时间长短和频率。性别流动不承认任何性别界限或规则。① 日常交流中性别身份会成为聊天时的工具,为了满足情境交流的需求,青少年也会适时进行性别的操演。例如大杨性格内向,并且自认为比较保守,身边有两个好朋友,她们从大一认识到现在,提及互相给对方起的昵称,大杨说了一个很有趣的故事。

> 不知道从什么时候开始,我们就把个子最高的那个女孩子叫作"夫君",其实她是很女性化、很温柔的女孩子,但就是因为她个子比较高,给人感觉靠谱,你找她什么事都很有安全感。我们另外两个女孩子就'一妻一妾',我们有时候就会说:"夫君,你什么时候来啊,奴家寂寞得很,独守空房",或者是说"夫君,你看她那个小贱人,又怎么怎样"。我们还会争宠,"哪天禀明了夫君,把你卖了",那种争宠也是蛮笑话的。(大杨,女,23岁)

由此可见,音圈、ACG 圈、游戏圈的风靡说明年轻人不再只是固守某种亚文化,他们通常从亚文化转变为另一种亚文化。而在不同圈层的语言环境中,青少年会出于自身的需求和目的营造特定的性别气氛,这不失为超越自然化的特征,让社会规范的性别在短时间内得到了挣脱和解放。通过头像、图片、语气等工具性的拓展,青少年不用再考虑"我应该像个男生"还是"我应该像个女生一样"的问题。通过兴缘、乐趣即时进行部落人员的重组和分配,这是互联网时代性别方式进行流动和循环的常见模式。

二 性别角色表演的潜在脚本

巴特勒所提及的性别操演理论虽然认为性别不是固定的,是处于进

---

① [美]凯特·伯恩斯坦:《性别是条毛毛虫》,廖爱晚译,新星出版社 2013 年版,第 61 页。

行中的行动，但是不代表性别是随意选择的，是具有强制性的。① 操演的范围需要界定，在需求达到的某一时刻，性别实现了本体上的稳定向，但又在场景的变换中陷入反复的操演，性别化网络语言在使用过程中有其潜在的使用规范。但是由于在使用的过程中并不能很清晰地对界限进行及时的划分，也并没有相关明确的规定，从而导致个体可以暂时随心所欲地改变自我身份。

操演具有时间性。一方面这不仅代表身体和认知的操演需要通过长时间反复地在与人交流、互动中得到，更是在不一样的圈层间游走，身份变幻莫测；另一方面，一位青少年在健康成长过程中对于表演的接纳度受到了时间的考验，他们也是在一步步地自我认知间，意识到了性格的多元化，性别的模糊化、身份展现方式的多样化。

受访者穆穆小的时候被家人教导男女有别，男生和女生的行为模式是不一样的，但是长大后的穆穆慢慢开始思考爸妈说的界限到底是什么？

> 我觉得不同时期我的性格表现是不一样的，比如有的时候我觉得自己是个男孩子，初中甚至高中的时候，我喜欢保护我们班女生，行为举止上都会模仿男孩儿，就是不想输给班级里调皮的小男孩，那段时间可能有表演的倾向，后来过了那一段中二时期以后，我就回归到我自己本来的性格了，喜欢用小仙女、猪猪女孩称呼自己，只是偶尔在不同的聊天环境中我会和他们开开性别的玩笑。（穆穆，女，22岁）

直到现在，互联网普及以后，大家似乎都不再谈论具体的性别身份了，网络成为无障碍交流的空间。所谓的无性别并不是没有性别，而是因为社会性别所造成的刻板分类被突破，青少年还是参照了性别的分类

---

① 陶佳洁：《"成为一个性别"：朱迪斯·巴特勒性别述行理论的建构》，《外国文学动态研究》2019年版第5期。

依据去进行操演,只不过不再局限在男生或者女生身上。①

在与青少年的访谈过程中,他们就"什么行为表现是能够接受的范围"这一问题的回答,已经形成若隐若现的规则。正如戈夫曼所说,无论何时何地的任何个人表演都是一种特殊的表演,性别表演也不例外。尽管绝大多数性别角色是基于某种性别角色表演剧本,但对于性别角色而言,剧本的框架可以被键入,比如由于表演者的社会文化背景和具体情况不同,演戏经验和经验的积累等。因此,就性别个体而言,任何时候进行的性别角色扮演都具有将其与他人、他时和他地区分开的独特性,并成为性别角色的自我表现。② 文星是一个从大学开始接触网络的人,平时喜欢写写诗,和朋友书信交流,对于网络的依赖性不强,作为日常的交流通信工具,对性别化相关的网络语言有自己接受的范围。

> 我觉得我身边的男女生朋友使用网络语言还是有区别的,比如一个高大威猛的男生如果用什么嘤嘤嘤,就觉得其实还是挺恶心的,如果用了的话会觉得这个人有点不太正常,但是如果在某种特别环境下就会随便骂一句神经病啊然后一笑而过。大部分情况下我对于形容女生的网络语言直接就避开了,不在我的用语范围之内,这些词语说出来就很反常,和我这个人性格格格不入。(文星,男,20岁)

人际交流是"我和你"的交流。网络中的通信双方都有自己的作用,并且双方正在为有意识或无意识的通信营造环境。③ 只有当其他人也知道一些关于"脚本"的东西,"我"通过"脚本"来代表自己描述

---

① 张晨阳:《当代中国大众传媒中的性别图景》,中国传媒大学出版社2010年版,第112、173—192页。
② 王金玲:《论个体性别社会化和性别角色表演》,《云南民族大学学报》(哲学社会科学版)2011年第5期。
③ 石蓉蓉:《虚拟世界中的真实交流——试析网络人际传播》,《当代传播》2001年第6期。

第八章
无性有别：性别操演与青少年网络语言传播

的情况，其他人才有可能与"我"产生有意义的互动（这里的"有意义"被定义为相互理解和生成）。① 因此，性别的操演也需要情境化的支持，如果之前没有与对方发生过性别间的表演，彼此理解的空间还未形成，性别操演的存在就不具有条件性。性别化网络语言的使用和词意性别限制并无多大关联，关键在于该词是否符合表述者个人的性别气质，所表达的语气是否符合情境需求。小荣平时经常被朋友说"太正经"，但是在面对一些具体情境时也能接受性别的表演。

> 看谁先"捅破那层纸"吧，如果有一方先说了一些，比如我和我室友平时说话就经常开玩笑，有时候他们不想下床让我给带饭，就会突如其来恶心我说，亲爱的~宝贝儿~你是我小心肝儿，我还是可以接受的，感觉挺好玩的。（小荣，22岁，男）

群体性同样是青少年性别表演存在的先决条件。外在一切让青少年先确认自身，之后再选择如何表达是与其他群体诉求息息相关的。"懂我们圈子""说着同样的网络语言"是打开性别操演大门的钥匙。这也是网络用语的多重意义：区隔，语言的风格化意味着，如果能以同一种方式说话时，就是同类，相反，便是非我族类。② 一个人不可能独立于社会存在，但也正因为社会，自我意识觉醒才能让我们真正拥有自我。自我从统一向多样化裂变，从单一向多元化进步，但是没有"他者"的依靠，青少年意识到自我没有依靠，"他者"和"自我"成立了彼此孕育而生的关系。青年依靠共同兴趣爱好加入各种不同的新部落，更多呈现的是一种气氛和一种意识形态。不同的部落形式可以容纳不一样的个体、差异化的角色、色彩鲜明的个性，身份切

---

① Jodi O'Brien，Writing in the Body：Gender（re）Production in Online Interaction，Seattle University，https：//smg.media.mit.edu/library/obrien1999.html，1999，p.2.
② 马中红，《青年亚文化研究年度报告（2013）》，清华大学出版社2014年版，第113页。

换贯穿在部落之中，所属部落的定位往往呈现出流动性特征，青年亚文化的空间也因此具有流动不居的特性。① 这种新的社交方式鼓励个人以不同的角色性别身份自由地参与多个流动的分散的部落，可以动态灵活地切换自我。

但是因为有社会文化规范的影响，被创造的客体注定是存在边界的。"太过的了话我就会承受不了，尤其特别露骨的，已经超出了我们调侃的氛围。"虽然每个人都有性别认同的表现，但谁能不受惩罚地扮演哪一个角色是有限制的，因为社会总是将某些性别化的行为方式与生物性别分配。性别表演并不是唯意识论，性别表演也并不意味着一个人可以随意决定自己的性别，主体是在社会规范的性别框架中发挥着主观能动性。② 表演被暂时框定在群体认知可以承受的范畴，总是发生得突然，合理地结束。性别身份在无意识中完成了它的可转移性，性别操演具有一定的随机性。

"我没有意识到我们性别差异的问题，这在网络中很正常，毕竟网上不用像现实生活中一样那么认真。"年轻人总爱在表演的时候即兴发挥，这不是说他们不懂既定的规则。他们似乎只是不想出于工具、目的或者是策略，表达之前已经存在的想法。他们只是想要表达自己，尽管是用各种含糊词意、模糊界限的方式，他们只是想要展现自己，证明自己的存在。

三 线上线下的互动与增衍

传统性别意识形态的塑造依旧在影响青少年对于性别形象的创造。性别的社会意义在于体验和理解我们的"自我"与其他人类交流的方式。戈夫曼在其著作《日常生活中自我呈现》中提出人进行的社会交往有前后台之分，就像舞台上的表演者，前台和后台存在身份的差异。

---

① 陈霖：《新媒介空间与青年亚文化传播》，《江苏社会科学》2016 年第 4 期。
② 杜咪：《跳出身份圈套——论后现代主义思潮下朱迪斯·巴特勒性别操演说》，《美与时代（下）》2019 年第 3 期。

第八章

无性有别：性别操演与青少年网络语言传播

青少年在线上进行交流活动时，是在为自我建构一个前台的呈现，选择合适的网络语言假设塑造身份，满足自我和他人的观感和品位，最后这种线上的认知与线下社会性相结合，满足青少年对自我全面、积极的肯定。线上线下的互动缺一不可，他们对性别身份的作用是双向辅助，更是拓展丰富。

受访者楠楠从小练习跆拳道，喜欢所有象征力量、勇敢的活动。一个平时从来不会说叠词、卖萌装可爱的男生在经历了网络文化的洗涤后，在现实生活中也慢慢放开了自我。

优秀的网络亚文化群体会将离线活动作为辅助交流，不仅彰显了自身的群体存在感，而且通过强化和重构群体形象来吸引更多的旁观者，从而扩大亚文化群体的整体实力和影响力。[1] 网络对人产生影响，同样在现实生活中发生的事情也会在网上继续发酵，完成未完成的表演。

MC 从一个观念保守的女生到慢慢被周围的同学们影响，性格变得愈加大方，甚至有些偏男孩子气。现实社会的日常对话，网络平台的戏谑表演，给 MC 平淡的生活增添了无穷的乐趣，这也让她对于性别身份的看法改变了许多。

> "只要不是真的变性，这种说话方式在平时作为聊天的调节也是很有趣的"。（MC，女，18 岁）

青少年的在线行为表明，网络是现实世界的眼神，而不是人们喜欢假装的地方。简言之，性别认同不被视为一种给定，而是一种成就；它不是被概念化为我们与生俱来的东西，而是我们所想和所做的事情。[2]

---

[1] 吴迪、严三九：《网络亚文化群体的互动仪式链模型探究》，《现代传播：中国传媒大学学报》2016 年第 3 期。

[2] Ember C. R., Ember C. R., "Encyclopedia of Sex and Gender", *Springer US*, 2004, p. 264.

我说故我在：
青少年网络语言生活方式研究

网络和现实的交叉互动赋予青少年以性别角色的多重变化作为日常生活娱乐的工具，进行性别操演的自我创造，网络因其平台的隐秘开放性，成为操演的主要舞台，也是性别身份在日常生活中被接受实践的"递接"平台，现实和网络上的性别认知相互影响、不断强化。

网络使用的社交语言在潜移默化中转化为青少年的个人语言，个体的多样化性格特征得以体现，在生活中构筑丰富的交流互动。

> 以前有个语C大佬和我同社团，一个男生喜欢扮演皇宫里的妃子，平时在群里约一起吃饭就说，"去不去吃饭啊，怎会有这样狡猾之妃子，我不容许这样的情况发生在宫里"，有时候线下也会切换不过来，学古代大家闺秀撒娇：主君可知道我每日出门前，定要沐浴更衣梳妆打扮，我若是素面朝天啊，这旁人看到了，又要嘲笑我是捞窝的家禽了，就一个人莫名一顿语C，圈外人就很迷。（吕颜，男，21岁）

年轻人用表演赋予生活意义，通过角色的表演，仿佛穿越时空，增添了社交沟通的趣味性。部分青少年为了逃避现实、释放在现实生活中受到的压抑，在现实生活中对自我的认同较低才会在网上进行高强度的性别转换。由于现实生活中对多元化的包容并没有网上那么五彩斑斓，肆意的网民扮演各种角色，使用行业黑话，网络成为他们狂欢、娱乐、发泄的场所，以各种场景中的自由表达形式成为后现代主义代码的代表。[1]

网络空间被视为一个固有的竞技场，没有相同的旧性别关系和斗争。它为一个没有性别角色的世界提供了乌托邦式的愿景。虚拟空间给予了他们随意改变自我形象的能力，让他们可以自由地展现自我，发泄现实生活中的压力。

---

[1] 赵庆寺：《青年网络亚文化的文化逻辑》，《当代青年研究》2010年第1期。

第八章

无性有别：性别操演与青少年网络语言传播

女性使用的语言不管是"噫""呀""哇""么"这样的语气词和叠词，还有"小姐姐""小公举""萝莉"等称呼语，包括可爱动物的图片，都在一定程度上代表了柔和、轻松、愉悦的聊天语气，女词象征着社交距离的相近，具备了这样的社会特质，在现实生活中男性想要拉近社交距离的同时也会使用，这是一种普遍的使用状态，语言成为表现亲疏的关系，性别概念被弱化了。

性别对于一个人的组成至关重要并不是因为性别是一个固定的框架。性别是作为处理社交事务的一种手段，在具体的特殊场景实现男女两性的身份切换，男生可以比女生更男性化，女生可以比男生更男性化。当短暂性的表演变成永恒的价值观，这个人将会被判定为不同于社会规范的性别认知。

随着社交网络的虚拟化，青少年对多元的性别持包容理解的态度，在社会中也学会和这些人和谐共处，在各自发挥表演的空间尽情释放，在不危害他人的情况下各取所需。

毋庸置疑，表演是青少年从一个人变成另一个人的快速方式。在现实生活中无法选择，通过性别的表演来重新选择，将内心的欲望投射在角色上，扮演让角色的某些内化进青少年的身体，渗透进日常生活的表达。他们用扮演否定部分的身体，用扮演寻找另外一个自己，通过社交反复地构建创立特色的表达。[1] 不仅是线上与线下互动的交叉影响使网络语言的实践更加丰富，同时也在新的创作语境中使男词、女词拓展了意义的边界，实现了真正的无性交流。我们可以从中看到青少年被主流文化的收编影响，但同时又能看到他们在积极的探索中寻求真正的自我，抗衡无处不在，他们就这样在社会的规范洪流和自我意识的创建中并驾齐驱，构建属于他们的符号与文化。

---

[1] 马中红、邱天娇：《身份认同：Cosplay 亚文化的实践意义》，《青年研究》2011 年第 5 期。

第四节　性别操演：身份重构下的性别文化再探讨

在当下社会发展过程中，传统的性别文化已经不能解释青少年网络语言使用过程中的现象和成因，青少年群体在性别身份的展现上不仅仅只是服从性地遵守网络语言使用的性别界限，而是主动地改变创造属于自己的游戏规则，实现了身份变化的多元重构。性别化的网络语言可以说将青少年与性别的关系紧紧联系在了一起。从这个意义上讲，性别化网络语言的重新诠释将会成为青少年网络语言研究必不可少的重要话题。

语言即使看似个人色彩非常浓郁的语言表达，究其实，它也常常超越了个人的范围，而成为一类人的代表性表达，成为一代人思想和价值的体现。[①] 与性别相关的词汇都成为一个时代的文化符号，体现时代的社会性格，促进文化的多元化发展。如果好好挖掘，就能发现网络语言背后蕴含的文化内涵。这类的性别文化恰恰可能是青少年所诠释的新时代性别文化。

一　操演身份的生产与再生产

性别身份在网络语言使用过程中的流转和变动是本书的关注重点。结合性别操演的三个层次：话语形成性别、行为表演形成性别、性别的模糊性，可以看到性别身份在巴特勒的操演框架中并没有形成特定具体的主体，性别的操演过程是一个动态变化的过程。

要想探究性别操演的内涵就要从理论的形成因素进行探讨，该理论借鉴例如福柯"话语即权力"、拉康"伪装心理机制"、奥斯汀"言语行为"以及德里达"话语反复/引用"等诸多后现代哲学家的重要理论观点。在话语形成性别中，福柯认为，权力和话语之间的关系是内部作用的结果，而话语是权力的一种表现形式，权力在话语中运行，并通过

[①] 刘晴:《网络语言的文化研究》，硕士学位论文，华中师范大学，2006年。

第八章
无性有别：性别操演与青少年网络语言传播

话语实现目的。福柯的建构论给了巴特勒启发，因此巴特勒提出身份的主体特征是由话语、权力以及后期的实践建构得来的，并不是生理因素所能盖棺定论的。拉康的佯装心理机制理论，解释了身份依然存在，却处在建构过程的现象。奥斯汀的言语行为理论进一步提供了理论论据，话语操纵性别的身份，身份成为最终实践的结果，更加说明了话语对于身份建构的重要性。① 由此出发，将其分为语言、仪式和戏剧这三个维度的表征去看待：

语言维度上，巴特勒认为语言形成性别。操演不是独立存在的，它总是在不断重复社会的规则，经过演化的闭环建立了在某种特定场景下的身份形式。② 这是主动的身份信号接收，是在反复的引用之中的，发挥了主体强大的主观能动性。就像性别的变换并不是一蹴而就，它在不存在预设主体的前提下，得到不断在操演过程中建立的身份。对新媒介的习惯性使用已经内化为青少年仪式化的生活需要，这是性别操演的仪式维度。而青少年需要一个从认知到觉醒、改变到和谐的过程，性别的操演需要时间的衡量，他们可能在这一时刻还在扮演属于自身社会性别的对象，在不断融合其他圈子的同时跨越出社会的藩篱，重新审视自我，在群体活动下扮演另一种形式上的性别身份。性别是一种行为，性别操演的戏剧维度强调了社会性别的不稳定性。越来越多的青少年意识到了自己性别的流动性。"我怎样定义我自己？"是作为一个女人存在还是作为一个男人存在。带着这样的问题，许多青少年走上了踏寻自我的征程。

上述三个维度中间，涉及性别身份得以建构的关键内核：主体对性别身份的认知、身份认知的基础、主体性的发挥。可以说，巴特勒体系下性别认同的文化逻辑源于各种规范的持续运作，并不是操作主体的主

---

① ［美］朱迪斯·巴特勒：《性别麻烦》，宋素凤译，生活·读书·新知三联书店2009年版，第34页。
② 王娟：《多元性别身份构建中的操演和戏仿》，《长安大学学报》（社会科学版）2017年2期。

观选择，当性别成为一种观念的实践，对文化给予的指令作出回应时，性别认同的主体自然就产生变化了。青少年在使用性别化网络语言的过程中身份的切换可以概括为以下三个层次：首先是去性别化——青少年群体通过操纵话语权，在交流传播中塑造自我角色；其次是戏仿——打破二元传统的性别体系，在性别范畴扩大的过程中体会自我角色，理解他人角色，以多样化的方式实现性别的消解；最后是反性别化——能动性的身体通过不断表达并执行文化所发出的性别指令自我发展，进一步明确身份。这是一个循环往复的过程，但同时也是性别身份不断在个体身上去除重新塑造的过程。

语言在虚拟的环境中被青少年发挥强大的想象力改变成了多种组合方式：谐音、合并与缩略、恶搞、拼贴与拆解、赋义。德里达的"引用性"和"重复性"概念为性别操演提供了理论基础，当一个文字单位、语言符号再次出现的时候，它一定被运用在了不一样的场景之下，也就是谈话的结构和场景会不断赋义语言独特的内涵，使每一次的表达都是独一无二的。[1] 语言符号在语境中的使用实现了它的重新意指和可重复性的特质。在与青少年的访谈过程中也充分验证了这一点。语言符号就是在不断的"脱语境化"与"再语境化"中拥有了流动性的特质。再生产：进行个性化的改编和创作，丰富其内涵，拓宽了应用场景。

性角色理论将男性气质与女性气质区分开来。男人与技术熟练度、攻击性、主动性、竞争力、抽象认知等相关。与女性气质相关的是自然的感觉、亲和力、被动性等。男性气质和女性气质很容易被解释为内在的性角色，是社会习得或社会化的产物。该理论强调，社会结合其生理性别来塑造男人或女人。[2] 但这不得不说一味运用生理因素区分男人和女人，并赋予他们各自的性别角色要求，必然会把所有的人类都圈定在了板正的框架之中。而青少年有权选择自己的生活方式，选择自己操演

---

[1] 何成洲：《巴特勒与表演性理论》，《外国文学评论》2010年第3期。
[2] 方刚：《男性气质多元化与"拯救男孩"》，《中国青年研究》2010年第11期。

第八章
无性有别：性别操演与青少年网络语言传播

性别的权力。

巴特勒认为人生来即无性，性别的选择在诞生之日起就抹上了社会建构的色彩。主体的选择被社会规范所制约，依据生理特征，划分为男性和女性，在社会交往中逐渐强化对男性和女性的认知。但是，更为重要的是，青少年也是在这种规约当中发挥了主体的能动性。话语之外没有性别的身份，性别是主体与语境相互谈判的结果。男女两性通过切换文字表达的风格，在不同情境中获得新的身份，实现了个体的社会化流程，从而加剧了身份的复杂和动荡。①

二 与第三性别空间的角色交融

缘于情境需求，通过网络语言的输出，产生相对应的身份表达，是新时代青少年的性别表达逻辑。青少年在网络空间中的性别呈现是流动的、模糊的、不稳定性的，性别在各种网络空间中得到建构。他们表现得不是真实的性别，而是在表演体制下体现的性别气质。对于青少年来说，他们依托于现实，在网络中进行 Cosplay、泥塑、语言扮演角色等亚文化游戏，这些文化实践得以实现的条件不只是互联网，也包括对现实的映射，从而构成了互联网和现实的融合错杂。

性别的空间带来身份的改变，身份的角色互换开始于网络，在网络和现实的交界延伸增衍。第一空间以现实为载体的，是性别对立分明的真实世界，第二空间是以网络为载体的，充满变幻色彩的想象空间。第三空间既是想象空间又是真实空间，杂糅虚幻和现实。它既是充满操控又是饱含自由意识的文化空间。某种程度上来说，身份的不断重构反映了自我意识是一种不存在的想象，一个身份的建立需要一个人与外部生活的持续互动。② 通过网络空间创造出的身份为"第一性别身份"，通过性别化网络语言这一表征在网络空间交往过程中建构的身份，为"第二性别身份"。本书提出"第三性别身份"，分属于"现实我"和

---

① 刘卫红：《社会性别与身份认同的语言建构》，《江西社会科学》2014 年第 7 期。
② 陆扬、王毅：《文化研究导论》，复旦大学出版社 2006 年版，第 375 页。

"角色我"混杂交互而成的化身,既是现实空间又是网络空间,既不是现实空间又不是网络空间。第三空间的自我角色创造和网络空间中性别身份通过对性别规约的"引用"和"反复"在现实世界,或契合或矛盾或交融,为现实中的性别身份实践创造条件。

从流动的层面上来讲,青少年创造了为自己代言的象征符号,这些是及时而变的网络身份。从固定的层面上来讲,网络语言也传达了青年一代的自我价值观,网络语言的意义就在于体现了青少年自身的文化。青年一代发挥了他们丰富的想象力和强大的创造力,利用网络语言表达文化诉求,坚持自我,渴望标新立异,拒绝被社会规范所标签。网络语言的使用反映的是一代人的生活态度,随意、快活、自由的生活态度。

性别文化正是在社会主要价值观和意义体系的基础上,基于男女的社会行为、社会关系、社会表现形成的习俗或者是制度,反映了一个时代的道德观念、知识经验等。① 传统的性别文化强调男女身份的二元对立,而性别化网络语言的使用使得原本形容男生女生的词语意义泛化,超越了使用的范围界限,性别气质的多样化体现了青少年对性别观念的重新认知,对出现的不同于社会规范的性别气质下的人持包容理解的态度。新型的性别文化是青少年勇于表达自我,对身体和认知重新建构的模式化产物,他们在网络社会和生活实践构建自我的方式决定了性别文化的表现方式,青少年在社会性别、心理性别、生理性别上磨合,在既定的社会环境和虚拟狂欢中寻找属于他们的秩序。

随着时代的发展,许多亚文化主体已经开始打破性别设立的边缘界限,小众化的趣缘人群也不再受到主流文化的侵蚀,相反,他们正在成为时代的新兴力量,影响着传统性别态势的划分,模糊边界,进入后现代性别解构的螺旋。② 当下的青年亚文化正处在转型变换的时期,在原本强制性的性别文化语境中,青少年亚文化已经逐渐显示出他们的抵抗与不屈。但是这种"抵抗"并不是和上层阶级的锋芒对

---

① 谭琳:《论先进性别文化的构建》,《南开学报》(哲学社会科学版)2007年第4期。
② 马中红:《青年亚文化研究年度报告(2015)》,清华大学出版社2015年版,第95页。

仗，而是通过对自我的定位和社会的交融，在所形成的部落中与其他群体组织相区别开的差异化认知。① 通过网络语言，传统主流文化不再是抹杀青少年创造力的一大禁锢，后现代主义让主流文化和亚文化的区别不再明显，碎片化的切割和多样化的传递让世界不再局限。这对于整个社会了解青少年心态，把握青少年心理行为发展动机具有非常重要的作用。

总之，性别不再是性的反映和表征，性也不再是性别的文化铭刻，性是对性别的表演，性别是对没有摹本的空无的表演，是对理想性别状态的表演。② 性别是对性的设计，就像巴特勒坚持认为，以一种颠覆性方式"建构"或"能建构"性别的"我"是缺席的。③ 青少年性别化网络语言的实践行为证实了虚拟社会空间中无性的表象，无性的环境消解的是意义的指代，网络语言的真正内涵被泛化，不代表着差异的消逝，只是性别具有随时随地的可理解性。在青少年看来，这是一种性别的操演过程，每个人的选择都受到周围环境的影响。因此无性却有别，是对青年一代性别化网络语言进行操演的完美诠释。

---

① 曾一果：《新媒体与青年亚文化的转向》，《浙江传媒学院学报》2016年第4期。
② 王建香：《话语与表演：朱迪丝·巴特勒对性别身分的解构》，《湘潭大学学报》（哲学社会科学版）2008年第4期。
③ ［英］安吉拉·麦克罗比：《文化研究的用途》，李庆本译，北京大学出版社2007年版，第107—108页。

第九章　软性话语抗争：公共参与与青少年网络语言传播

被称为"90后"、"00后"的青少年，很大一部分在出生之前互联网就已经存在，最晚的互联网接触也开始于小学，无疑正处于互联网全面渗透日常生活的时代。互联网对于他们来说，不仅是一种技术或者平台，也是意见表达、公共参与、社会交往的虚拟场域，是他们日常生活一种理所当然的存在，不可或缺的部分；这批青少年崇尚自我追求个性、习惯用140字以内的短句表达自己、对文化内容消费有着强劲需求……互联网帮助他们脱离大众传播的单向传播过程，得以自下而上地掀起双向传播的变革。他们不仅被动地接受着互联网给予的信息和刺激，也影响和塑造着中国互联网的气质。

这是一个互联网功能飞速拓展的时代。即时通信、视频、游戏、购物、直播……五花八门的娱乐应用令人应接不暇。但同时，与使用互联网进行娱乐时，青少年展现出的形象甚至是"政治冷漠"和缺席的。而实际上，随着网络日益成为青少年公共参与最重要的工具和平台，网络空间成为青少年公共参与的重要空间。

虽然网络上表情包、读图盛行，但语言文字仍然是在网络上表达观点的主要话语形式。在话语方面，青少年也体现出独特的文化特征，创造或捧红了许多网络语言和热词。中国社会科学院社会学研究所所长陈光金曾表示："'95后'在网络文化和动漫文化的影响下，创造出了属于自身群体的词汇和交流方式。语言和热词背后反映的是他们的心态、心理、情绪、情感以及他们对于我们这个时代社会文化生活，乃至是外界的一种独特的理解和把握。（这些词汇和语言）本身也成为我们理解当代青年文化的一把关键钥匙。"而根据对各年青少年网络语言的总结盘点，它们往往有很大比例诞生于新闻事件之中，与当时的社会热点密不可分。无论是因公共事件直接产生的网络语言，还是在相关的讨论中常用的其他网络语言，甚至只是输入法中一个偶然刚好符合语境的谐音，都是在热点事件的转发与评论中经常出现的表达方式。在每年的网络热词统计、微博热搜榜上，它们总是占有一席之地。在中国互联网的舆论环境中，已经很少看到意识形态色彩很重、政治口号式的抗争话语，取而代之的，是不断更新换代、看似价值无涉的网络语言。尤其是对新鲜事物接受能力最强的青少年，在公共参与过程中经常使用流行的网络语言，而不是传统的意识形态话语，来表达自己的态度和立场。

杨国斌认为，在中国网络文化的所有特征中，政治参与性和抗争性元素被一定程度上忽视了："我们对最重要的抗争性却知之最少。"[1] 面对这一现象，有学者提出其本质是一种调侃式的对官方话语的抵抗，这当然没有错。但是，我们不应止步于此，而应该深入每一个鲜活的网络语言背后，挖掘使用它的青少年所具有的共同点，细致描绘网络语言中的抗争因素和青少年使用中的细微动机，而不是大而化之地统一将其装进"抵抗官方"的筐子。只有这样，我们才能更深刻地理解青少年在互联网上嬉笑怒骂的背后，是怎样的"软性"和"抗争"在支配着他们，体现出一种怎样的网络行动主义，以及这最终会形塑出怎样的互联网公共参与生态。

第一节 青少年公共参与中的抗争性网络语言类型

随着互联网的迅速发展和对人们生活的不断渗透，传统的公共参与形式与内容都发生了新的变化，内涵和外延都更加丰富。公共参与的重

---

[1] 杨国斌：《中国网民在行动》，广西师范大学出版社2012年版，第3页。

要组成部分——抗争行为,也有了新的发展和表现形式。如抗争政治的行动者以互联网为手段、渠道或平台为维护权利而发生的抗争互动,被称为"依网抗争"等。[①]青少年进行此类公共参与时使用的抗争性网络语言,因此不再局限于传统抗争话语的所指范畴,而是产生了新的分化和类型。根据对抗争话语理论的回顾,和对网络语言内容的分析,本书根据不同网络语言产生逻辑、基本性质的差异,将青少年公共参与中的抗争性网络语言分为三大类:经典议题类、新媒体事件类与日常挪用类。

一 经典议题类

对于群体性事件、集体行动等传统抗争形式中的话语,社会学、传播学的研究中有着一些研究重点较集中、研究成果较多,可以称作"经典议题"的研究对象,如环境抗争、农民权利诉求抗争、邻避抗争、公权力滥用抗争等。围绕这些抗争领域的"经典议题",也产生了许多抗争性网络语言。但除了对象本身的"经典"程度等相似之处以外,经典议题类抗争性网络语言在许多方面与传统抗争性话语存在差异。

以环境抗争中的话语为例。针对环境这一议题,自20世纪60年代末起,国外学者就进行了大量研究,奠定了较为成熟的理论基础。我国近年来也对环境问题尤为重视,针对中国语境下环境抗争、环境运动、环境群体性事件中的话语,有了深入的研究。可以说,环境议题是抗争性话语研究中的重要"经典议题"。

环境议题中,现有较具有代表性的研究,包括对番禺垃圾焚烧事件[②]、浙东海村事件[③]的研究等。广州番禺数百名业主发起签名反对建

[①] 曾润喜、杨琳瑜:《"依网抗争":社会转型期的互联网与抗争政治——基于"唐慧事件"的研究》,《电子政务》2013年第4期。

[②] 聂静虹、王博:《"多元框架整合":传统媒体都市集体行动报道方式探究——以番禺垃圾焚烧事件为例》,《新闻大学》2012年第5期。

[③] 李晨璐、赵旭东:《群体性事件中的原始抵抗——以浙东海村环境抗争事件为例》,《社会》2012年第5期。

设垃圾焚烧发电厂的抗议活动中,因为参与者多位是城市中产阶级,使用的抗争性话语多数较为书面化,口吻正式直接,内容克制理性。如做成条幅的"反对垃圾焚烧,保护绿色广州""我们不要被代表"等,还将拒绝环境污染的诉求编成诗词歌赋,并采取了公开信、倡议书、意见书、起诉书等形式,得到了"行动决定成败,从我做起,行动起来"的强烈反响;而在农村的环境抗争,如浙东海村中,即兴随意、难以复制和传播的谩骂呼号比例明显升高。在抗争性话语的建构中,抗争者创造出各种话语和"脚本",成为抗争中"文化资源库"的一部分。并运用各种策略(如合法化策略、暗示责任归属策略、动员政府部门策略等),来保证诉求的政治正确性,以期在媒介上赢得框架竞争。[①] 因此,抗争性话语是推动抗争发展的重要因素。

在网络语言中,环境这一经典议题也有着丰富的抗争性话语"产品"。如2013年的年度关键词"雾霾",作为高密度人口的经济及社会活动所引起的环境问题,几乎每一次大量细颗粒物(PM2.5)指数明显升高时,都会牵引出一波网络语言创作、传播高潮。这些话语围绕雾霾特征"能见度、区分度低"展开,涉及健康、交通、治霾、防霾、躲霾、空气质量等多方面。这些网络语言或改编自古典诗词、成语,或是对正统官方话语的拼贴戏仿,或仅仅来自灵机一动的谐音。就传播路径而言,这些兴起并繁盛于社交网络的语言,由网友们自发发起,经网络大V推波助澜,而后因媒体、自媒体意见领袖的跟进而不断发酵。它们在青少年的人际交往中口口相传,又被总结成"雾霾吐槽大全",被公众号在微博、微信等自媒体广泛传播。

对比之下,作为抗争性话语,这些经典议题类网络语言也有着自己的"非经典"之处。传统环境抗争中的话语,通常强调抗争者对媒体的策略性利用,具体语言的同质性、可替代性较强,关注点较宏观;而网络语言强调抗争者的编码—解码,具体语言具有独特性,是青少年特

[①] 周裕琼、齐发鹏:《策略性框架与框架化机制:乌坎事件中抗争性话语的建构与传播》,《新闻与传播研究》2014年第8期。

有的表达方式，关注点较为具体。二者的相同之处，则为"弱者"形象认同在语言中的体现。

二　新媒体事件类

随着微博等新媒体的兴盛，公共参与领域的新产物——新媒体事件逐渐成为网络语言不可忽视的产生源头。新媒体事件，是指基于数字技术的媒介，可能伴随传统媒介互动。通过群体舆论引发有一定社会影响力的舆情事件。[①] 从这些具体事件中生发、发酵、传播形成的新媒体事件类网络语言，是三类中抗争性、指向性最强的一种。

话语在新媒体事件中的作用是至关重要的。有学者甚至认为，新媒体事件的核心就是话语。话语即行动，没有话语就没有新媒体事件。[②] 广大网民参与讨论新近发生的热点事件，在网络社会的各类平台上进行互动、评论、转发、原创，可以说，是建构了一场针对新媒体事件的话语运动。其中往往存在着权力与话语的博弈，网民使用各种话语方式指出事件的本质，质疑所谓的真相。网络语言作为一种抗争性话语，在许多新媒体事件中都起到了这样的作用。

总之，新媒体事件类网络语言，能够形成事件—语言的通路，挑战有关职能部门的言行或既定的政策和决策，为事件在互联网中的产生、发展、高潮、嵌入现实社会情境，直到最后得到现实反馈的全过程，都提供了重要动力。

三　日常挪用类

语言从来都不是固定或一成不变的。无论是不同文化语境的语言之间，还是不同场景的语言之间，都存在着相互流动、化用的现象。青少

[①] 郑恩、龚瑶、邓然：《基于话语分析与公共治理视角的新媒体事件话语生产类型及叙事模式》，《长安大学学报》（社会科学版）2011年第3期。

[②] 石义彬、吴世文、谭文若：《新媒体事件研究：话语运动与传播赋权——基于"我爸是李刚"事件的个案考察》，《中国媒体发展研究报告》2011年第1期。

年在公共参与时，根据需要将其他场景中，或无特定场景的日常化网络语言挪用到公共参与的场景中，通过日常化网络语言中词汇、词义、语境的抽象化、泛化，使该语言除本身含义外，附加了表达抗争的含义，即为日常挪用类网络语言。

互联网突破了大众传播时代信息流动和交往过程的单向性，带来了新的娱乐、社交、公共参与场景，并赋予其独有的内涵与特征。日常挪用类抗争性网络语言中，大部分是有着"前场景"的语句。如"还有这种操作"，意思是"居然还有这种套路"，常用来形容当遇到某种让人无法理解、一头雾水的事情中发出的疑惑或震惊状态。其"前场景"为游戏场景，原意是吐槽或者是赞扬一些让人大跌眼镜的游戏操作方式。如"原来空间老刷的散排＝单人匹配哦，我全程＝竟然还有这种操作？"后来随着表情包的走红，成为广泛流行的日常化网络语言。

类似的网络语言还有"假的××"，这个词来源于电竞圈，玩 csgo 的队员们喜欢喝酒，发挥不好的时候，就把"锅"甩给酒，说"我可能是喝了假酒"。它真正成为流行的网络语言，是高校期末考期间，以其为原型和基础衍生出的一组表情包"我可能复习了假书，拿到了假试卷，划了假重点"。而到了公共参与的场景下，就成了"假的网友"。例如"网友认为""有网友称"的表述，青少年选择使用"我可能是个假的网友"，来表示自己不认同，拒绝"被代表"的抗争态度。由此两例可以看出，在公共参与场景下，这些日常网络语言的解码逻辑和感情色彩都与原意产生了一定差异，抗争意味得到强调。

此外，还有一部分日常挪用类抗争性网络语言没有固定的使用场景，完全是网民习惯性的、口语化的一种表达。在公共参与场景中，通常用来表达和宣泄自己抗争时的情绪。如"我也是醉了"等。这种简单痛快的用词符合青少年的表达习惯，得以被用作抗争性话语，广泛地使用和传播。

总之，日常挪用类网络语言将青少年日常使用的网络语言赋予抗争含义，网络语言作为一种信息和情绪的载体，通过复制、嵌入、借用等挪用方式，获得了重新编码和重构意义。它传播性极强，并最为充分地体现了网络语言作为抗争性话语的日常性特征，这一特征在下文对软性话语抗争的阐述中尤为关键。

青少年公共参与中的这三类网络语言有着不同的产生逻辑，但绝不是相互割裂的独立存在，而是相互支持，甚至相互流通的。它们背后的共同动机，包括推动制度创新与社会变迁、舆论监督官员腐败或违法行为、表达对"社会不公"与"阶层差异"的不满情绪等。三者的有机结合，拼就了青少年公共参与中抗争性网络语言的基本图景。

第二节 "话语包装，也是自我包装"：表演中的话语抗争

互联网使青少年接收的信息呈碎片化、个性化特征，导致其进行话语抗争时的个人化程度上升。抗争时，他们依旧参加人数众多的行动，但其身份认同则来源于具有包容性的、意涵丰富的大规模个人表达，而不是来源于意识形态认同或组织认同。与那些通过社会群体认同、会员制度以及意识形态而组织起来的行动相比，青少年进行话语抗争的思想和机制都更加个性化，注重给他人留下的独特印象和自身感受。本书通过对访谈资料的概括整理，认为作为个体的青少年使用网络语言进行话语抗争的行为中，有着很多的表演因素。

戈夫曼的拟剧论认为，表演是"个体持续面对一组特定观察者时所表现的，并对那些观察者产生了某些影响的全部行为"。[①] 他着眼于日常生活中的社会交往情境，认为人在这些情境中扮演着自己的角色，并竭力使自己的互动行为吻合这一情境，完成一场场细致入微、环环相扣而不破坏常规框架的"艺术表演"。互联网时代，虽然前后台界限不再分明，但这种视角依然有着极强的生命力，用于对互联网虚拟空间中的

[①] [美] 欧文·戈夫曼：《日常生活中的自我呈现》，冯钢译，北京大学出版社2008年版，第19页。

互动行为和交流过程进行解释。

"90后""00后"的青少年作为互联网时代的原住民,对在网络世界塑造和展示自己的形象并不陌生;作为追求个性、个人主义上升的一代,他们十分在意自己在微博、微信、QQ等社交平台上的形象是否独特、准确。因此,青少年在这些平台上的自我呈现与现实世界一样,都有明显的"表演"成分。而且相较于现实社交情境,互联网情境的随意性与可控性更强,更容易进行印象整饰的过程,以呈现出想要展现的理想形象。而网络公共参与热点和伴生的网络语言,首先具有极强的传播性,往往能在一夜之间铺天盖地;其次具有时效性,了解它们即是没有落后于时代的一种"时尚"表现;最后具有公共性,与社会公平、公共利益等议题挂钩。这些特点决定,公共参与中的网络语言,成了作为个体的青少年"表演式话语抗争"工具包中的重要工具。

一 "表演"的双重意义

"表演"的一方面意义,与拟剧论中的含义相同。习惯了社交网络的青少年,在日常生活和网络中会自觉不自觉地调整和约束自己,对呈现出的一言一行加以管理。青少年在公共参与中使用网络语言进行抗争的行为,同时也是一种表演行为,是对其他表演的配合,试图塑造一个具有连续性的形象。

生于1996年的王伟出身于苏北的小县城,家里没什么钱,其貌不扬,上学时贪玩,成绩很差。他临近高考时突然"开了窍",意识到再不努力人生将无法改变,考上了一所工业大学的化学专业。但他又很快厌倦了枯燥的理科,希望能赶上互联网行业的大潮,去做新鲜有趣的营销和运营。他为此积极参加社团、寻找实习机会。在此过程中,他认为"不擅长展示自己"是自己很大的短板。他的朋友圈经常转发深度特稿,公共参与中使用的网络语言都是经过沉淀、得到验证的语言。

上大学之后,我的交际圈发生了很大变化,认识的朋友从各方面来说都是比之前更'高级'的朋友。上周第一次去实习，大家要自我介绍，我就表现得不太好。而同事中有胆大、放得开，能自如表达自己想法的人，我觉得他们很厉害，很羡慕，也想要这样。我希望自己给别人的印象是一个有用的、能解决问题的人，不是一个很无所谓的人……我很少看微博这种东西，而是会去看ft中文网、《南方周末》这种有意义的东西。我不会随便用"这届××不行"这种网上看到的宣泄情绪的词来评论，我用的是经过反复验证的、对大家和社会有意义的词。（王伟，男，22岁）

同样出生于1996年的木子是个很早熟的女孩，虽然成长过程中并没有什么大的曲折，但因为父母的懒惰，家里的家务都是她包办。约她访谈的前两次，她都以"在做饭"等原因要求推迟了。学中文的她敏感细腻，将很大部分情感寄托在历史人物张良身上。平时喜欢写一些古风小说和歌词，是#张良#微博话题的主持人。

我对自己的评价是一个外热内冷的人。在一个班级中，我从来不害怕去表现自己，比如我会去打辩论赛。但是我真心的朋友比较少，虽然我会在外人面前表现得很外向。我觉得这种性格真的特别好，既可以有好的人缘，又可以有自己的空间。我印象很深是有一次我初中同学跟别人说我坏话，说她觉得我城府很深。我觉得她其实挺厉害的，能看出我不是表面那么随和的……现在网络上很多表面好笑的梗，其实并不是本身好笑，而是社会事件引发出来的。我觉得每一个说出来都搞笑，但后面都有着深深的负能量，最近被刷屏的梗就是"这届粉丝不行"，我知道这个好像有什么深意，我第一次看到它是从某个明星事件，之后也在几个不太好的娱乐圈事件里看过。像这种梗我还是偶尔会用的，和我平时的说话风格比较符合吧。（木子，女，22岁）

从王伟对"有用"的执着和木子对"外热"的认知可以看出,青少年在公共参与中使用的网络语言并不只与事件或语言本身有关,而且关乎于在社交中对自己形象的认知,对自己"人设"的把握。在使用这些网络语言时,他们确实是在关心和参与,但这种参与是受到"人设"限制的。从某种程度来说,这样的使用行为不是一个可以单独看待的个体,而是作为连续表演中的一个配合环节出现。比如对同一评论对象——房产税,希望树立专注内敛形象的王伟不会使用跳脱的"扎心了老铁",而木子恰恰愿意选择这个短语,因为她的首要目的是希望传播自己的活泼和对公共事件的热忱,而不需要大家感受到她背后的冷静思考。虽然她已经开始为毕业后即将面对的购房进行了一些研究,认为房产税给自己和家庭带来了许多不确定性和负担。

"表演"的另一方面意义,来自抗争理论中的"表演式抗争"。表演式抗争是"通过制造某种戏剧化的、消费性的、参与性的表演行为来传递并表达抗争诉求的一种底层行动方案和政治实践"。[①] 在现有研究中,通常的研究对象是有戏剧性、容易引起公众注意的抗争行为。在这些抗争行为中,抗争者被视为表演者,他们精心选择抗争剧目,以实现抗争议题的焦点化、媒介化甚至政治化。[②]

Sinvy是典型的白富美,受过最优质的教育,本科学的是政治学。父母均经商且非常爱她,资助她去伦敦政治经济学院攻读硕士研究生学位,业余给留学机构的学生指导面试的价格是3600元每小时。在中国的青少年中,她属于金字塔的顶层。也许因为出身优渥,对世界有些理想主义,她很关心公共事件。

"微博刚流行的时候,我经常在微博转发这种事件和评论。比

[①] 刘涛:《情感抗争:表演式抗争的情感框架与道德语法》,《武汉大学学报》(人文科学版)2016年第5期。

[②] 黄杰:《互联网使用、抗争表演与消费者维权行动的新图景——基于"斗牛行动"的个案分析》,《公共行政评论》2015年第4期。

如复旦投毒案，我和一个大V发表了不同的观点，进行了理性的分析，但没想到他根本不接受，还说'我们复旦的事情南大的乱说什么'。我当时就觉得，微博上真的没法这么讲理。后来我评论事情，能用多严重的词就用多严重的词。我不觉得这些词好笑，这就是微博上的大环境。之前如家的事情，我在网上看了一圈评论，感觉都可以写小说了。我现在觉得，微博上想成事还是要搞大，管它用什么词。要不然像我之前巴拉巴拉分析一大堆，阅读0，评论0，转发0，再有道理有什么用。还是要先让人看到，才能有下一步可言。"（sinvy，女，25岁）

在访谈中，大部分对象都很认可微博、微信等自媒体平台在公共参与中的正面积极作用，认为许多事情的解决都有赖这些自媒体的传播和动员力量。可以说，这是青少年的抗争意识受互联网文化影响的表现。他们相信网络舆论的力量，认为应该想方设法使容易被传统媒体忽略的公共事件引起广泛关注。网络语言的传播性符合这一要求，也因此为他们所用。而为了达到这一目的，他们在进行公共参与时，为了增加自己言论的影响力，也会有意识偏爱故事性、戏剧性强，甚至带有猎奇色彩的网络语言。

二 表演中的权力感

权力感来源于两个方面：首先，权力提供了"控制感"，它让人能去控制价值资源和他人的行为；其次，权力给人提供了"能力感"，它让人感觉到自我是有能力和价值去影响他人的。青少年本身在家庭、社会中的地位和权力有限，所处环境竞争激烈，很容易感到无力和渺小，需要在网络的公共参与中寻求控制感和能力感。网络语言具有时效性，了解其来龙去脉并对其发表见解，也需要一定的时间、知识成本和资本。因此，通过公共参与中对网络语言的使用，青少年所获得的先知感、成就感和存在感，就成了权力感的来源。这一特点与上文提到的印

第九章

话语抗争：公共参与与青少年网络语言传播

象整饰行为相结合，形成了表演中的权力感。

大二学生小刘是个"宅男"，看上去很憨厚，语速很慢，会花费很多时间上网看日本动漫，还喜欢看游戏直播。他出生于小康家庭，父母要求他以后考公务员，他也没有反对的想法。事实上，他对所有人都不太提出反对，从来没和别人发生过大的冲突。即使遇到应得的奖学金被黑幕的情况，他也只是默默接受了。

"上大学以后，特别喜欢上网，还特别喜欢熬夜，一天比一天睡得晚。但是我不像我室友他们打游戏，就是躺在床上刷微博和朋友圈。到了三四点刷不出东西了，我就会去看当天的微博热搜，了解最新的梗，像'你幸福吗''朝阳群众'这些都是我在热搜知道的。然后我就会大半夜去朋友圈刷，看到有合适的状态就去用这些词评论，第二天早上就会收到别人问是什么意思的回复，我觉得很有意思，会觉得自己比他们都抢先一步知道这些梗。等到大家都开始用这些词的时候，我已经用了很久了。现在大家都知道了我对这些很了解，遇到不知道的都会来群里问我，这种时候我也会把我觉得应该怎么处理顺带说一说。

我肯定算特别关注时事的人，因为我爸让我考公务员嘛，要求我必须每天看时事，我也经常评论转发。之前有个词是'这事不能说太细'，我就觉得这个发言人太可笑了，我要是做了公务员肯定不会说出这么不负责任的话。肯定是一个不怎么上网的老干部，现在的网友是能这样就被糊弄过去的吗，就转发说'还不能说太细，这个事情最后肯定会被说得要多细有多细'。然后我在朋友圈看到有人立刻也发了这个梗，说的意思也差不多，是一个不太熟的人，我感觉他肯定是先看到我说才这也样说的。感觉还挺好的，因为我去看了这个人的朋友圈，是个南航的研究生，应该还挺厉害的那种吧。想着要是有更多人转发就好了，我就又在微博上也转了一遍同样的话，但是就没人再转发了。主要是因为我微博粉丝太少了，要

我说故我在：
青少年网络语言生活方式研究

是大 V 分分钟转发几百。

对这些事件来说，也许有其他更准确的词，但是这些词潮啊，用了就觉得知道了，了解了，get 了（笑）。"（小刘，男，22 岁）

小帅是个在准备艺考的学生，想要踏入娱乐圈，已经参加过几次综艺节目的录制。在节目现场，他最羡慕的就是被称为"老师"的成熟艺人，经常幻想自己什么时候也被这样充满尊敬地称呼。他没有经纪公司，经常连台本都要自己写。相熟的小编导指点他，要给自己明确的人设才能出头，于是他给自己定了"鲜肉""话痨"两个标签。

"我觉得朋友圈不是一个以个人为中心，想发什么就发什么的地方，而是要考虑到别人的观感，看了以后会不会讨厌你这个人……我微博关注了有很多和我一样想当艺人的，他们很多人会去蹭热点话题。就是说你点进去微博热搜榜，里面会有好多完全和这个事没有联系的美照，就是这些人发的。他们其实根本不关注这个话题本身，平时发的都是自拍和鸡汤。我不会这样，要和他们拉开距离，我都是认真百度了这些词什么意思才发，我在转发里还提到了我去交罚款跑了三趟的经历……其实我最想做的不是现在这种综艺，我的偶像是杨澜，我想做比较严肃的访谈节目。希望我多发发热点事情，多用用热点的词，做这些节目的编导要是看到我朋友圈和微博，知道我很关注这些，也能跟得上最新的梗，就能找我去上节目。"（小帅，男，17 岁）

在他人眼中，小刘也许是一个十分普通平凡，甚至有些"好欺负"的存在，小帅则是个微不足道的非正式小艺人。但在使用网络语言进行公共参与的过程中，小刘总是先知道网络语言并领先使用，成为朋友眼中的公共事件"kol"（意见领袖）；小帅则塑造了自己"有意思"和"在关注"的形象，刷足了存在感。总的来说，在公共参与中使用网络

第九章
话语抗争：公共参与与青少年网络语言传播

语言，使他们都获得了行使公共参与权利的良好感觉。

在访谈中，还有很多同样的声音来自年龄较小，还未确定人生定位的青少年。他们个体的声音都太过微弱，无法凭借自己的力量进行完整的公共参与实践。于是选择转发和评论，并在对相关网络语言的掌握、运用和传播中得到他人积极的回应，从而在话语抗争中获得权力感。比如：

"我朋友不玩微博就不知道，我真的鄙视他们。我们班两个年轻的老师会说这种语言，不懂的就笑不起来。我班主任放PPT，用了'你幸福吗'的表情包，我就解释给不懂的人，觉得自己还蛮厉害的。还有我去年买了个表，表哥，我朋友才开始用，我还说这都是哪年的词了你才开始用。觉得自己很fashion，形象瞬间高大。他们都不知道我微博这么前卫，他们太落后了。他们还是康熙时代，我已经是蒸汽时代了。"（小汤，女，16岁）

这种权力感的获得，并不是因为这些青少年本身很有能力，或者真正参与到了公共事件中，而是通过网络语言的使用，表演、塑造了一种有"控制感"和"能力感"的社交身份，尽管这种社交身份可能并不符合实际。

三 表演中的形象柔化

公共参与本身是公民试图影响公共政策和公共生活的一切活动，素来以庄重、严肃的形象和形式示人。但当语境具体到互联网，情况就发生了变化。互联网并不是一个理想类型般的公共领域，可供青少年在虚拟空间中心无旁骛、不受干预、一本正经地自由讨论公共事务。当今由"90后""00后"青少年参与的网络环境，是一种泛娱乐化的环境。

娱乐产业是最早被互联网跨界融合的产业，近年来，互联网的娱乐形态和服务不断再攀高峰。对这种现状，一些青少年将其认为是理所当然的。他们认为"你已经在一个现实的社会很辛苦了，如果还不能在一个虚拟的社会娱乐，活着还有啥意思"。（星月，女，19岁）也有一些年纪稍长，经历过互联网发展不同阶段的访谈对象，深刻感受到了互联网泛娱乐化趋势对公共参与的裹挟。

"比较大的事，大家都在看的，我也特别喜欢去看一眼。我最常看的是微博热搜和热门。我觉得那些编辑特别有才，几个字就把一个事情说清楚了，而且你一看就能感觉到这事确实应该上热门，看着方便又有意思。但我对微博热门还有一个感受，就是早几年，热门上都是特别正经的公共事件，比如'毒疫苗'这种。但现在都是什么，热门榜上十条有九条都是娱乐八卦。微博刚出来的时候，我觉得很多法律、新闻、学术的大V都在微博经常发表自己的看法，我甚至在微博找到过素不相识的哥伦比亚大学教授请教他对政治事件的看法。但现在翻翻我的微博，关注的都是网红和明星了。"（sinvy，女，22岁）

在这种互联网泛娱乐大环境下，如果青少年对于公共事务只是一本正经、态度认真地说理，会被认为难接近、太严肃。

"我朋友圈有那种从来不发自拍，全是转发深度长文，还写一大段评语的人。我确实觉得他转发的文章不错，和微博上的新闻不同，一看就是花了很多时间和精力去调查才能写出来的，我经常点开好好读，觉得也有收获。但是对于他这个人，我是不太想交朋友的。因为他这样让我想起跟我爸参加的饭局，中年男就是喜欢喝点酒聊国家大事。反正就是一点都不像年轻人，看他的评语我经常有种'黑人问号'的感觉，应该很无趣，聊不到一起去。"（小田，男，24岁）

第九章

话语抗争：公共参与与青少年网络语言传播

但是，在所有的采访对象中，并没有一个人对公共事件表现出漠不关心的态度。相反，即使是大众目光中"活在自己世界里"的宅男和二次元少女，同样表现出投向公共参与，以与这个世界产生关系，与不公正与不良事件抗争，并希望自己的关注与抗争被别人看到——即使这种关系是在虚拟空间中所产生的。小山药是一个cosplay爱好者，她表示"不了解我的爱豆，不了解我的cos、我追的动漫，我都可以理解，因为自己知道并不是每个人都有义务去了解。但是我应该去了解这个世界"。

综合以上两点，泛娱乐的互联网环境与青少年公共参与的需求相结合，导致了青少年在话语抗争时使用网络语言，以达到对自我形象的柔化塑造。在这种印象整饰行为中，在公共参与中使用网络语言成了自我表演和表述的一部分，或是青少年向他人传达的一种信息，同时也是获取他人认可的一种手段。青少年认为，网络语言可以"柔化"自己爱争辩、爱讲大道理的形象，避免被认为是不合群的"怪人"。

1998年出生的小胡是个理工男，平时大部分时间都泡在实验室里，做事一板一眼，自我评价是个爱国主义者。他在生活中并不是爱出风头的人，爱好是安静地做模型。但有段时间，他总是因为观点不同在网上与别人发生争论。

"我曾经是经常转发营销号'哈哈哈的哈哈党'，但是后来觉得很没有营养，就改成经常关注国家大事。关注了以后，我就发现思想片面和幼稚的人怎么那么多，就总是和他们在朋友圈辩论……但是后来有一次，我偶然知道一个根本不熟的人在背后说我爱装，不正常，除了生气，我也觉得可能确实自己需要调整一下，之后发表评论时会加一些网络语言活跃气氛，比如'都是套路啊''no zuo no die''送分题'，不然说得太严肃怕别人在现实中与自己交往时觉得自己'怪怪的''怎么是这样一个人'，所以会用幽默诙谐的字眼，让人感觉自己比较逗。"（小胡，男，20岁）

类似的感受也发生在小郑身上,他是政府管理专业的研究生,政治上比较激进,经常活跃在网易新闻、凤凰新闻的评论区。与小胡不同的是,他是自己发现自己对公共事件的分析和评论与朋友圈的气氛格格不入:

"他们都是发一些气氛很轻松的东西,秀恩爱啊,搞笑的段子啊,八卦啊,我发的东西就会感觉很违和。有时候刷朋友圈,前面都快速刷过,刷到我的占了半屏幕,就感觉不太好,所以就尽量简短一点,用一些有趣一点的词,不要让别人反感。当然在新闻论坛我还是该怎么说就怎么说。"(小郑,男,23岁)

第三节 "催化剂,也是冷却剂": 围观中的话语抗争

由于客观环境限制和个人能力有限,青少年进行的公共参与和话语抗争基本上局限在网络,而鲜少在线下有实际的参与和抗争行动。但这并不意味着他们在公共参与中无法形成群体,只能单打独斗,孤独地用网络语言进行着表演。事实上,互联网会重聚公民参与社会治理的利益相关群体:"新媒体的个性化与信息的爆炸性并不是将受众分割了,而是强有力地将更加相关的公民群体精准定位,并紧密地重聚了。"[①] "90后""00后"青少年作为互联网的原住民,能够通过互联网的信息搜索和精准推送功能获得自己关注的社会、政治热点信息和争议话题,利用互联网以及相关技术形成虚拟群集,通过话语讨论、转发跟帖、人肉搜索、打酱油式旁观等围观形式,提供信息,表达见解,以实现公共参与

[①] 朱江丽:《新媒体推动公民参与社会治理:现状、问题与对策》,《中国行政管理》2017年第6期。

和表达抗争。这一代青少年特有的参与方式,被称为"围观式政治参与"。①

而这种围观的前提与对象,是大大小小层出不穷的网络公共事件。访谈中也可以总结出,青少年话语抗争主要是以网络公共事件为载体。这主要是因为网络公共事件多涉及政府管理、公共事业、社会民生、官员言行、司法公正等领域,与公民权益直接相关,又是公共权力运行的具体化表现。② 对青少年来说,也是最直观、最方便易得的公共参与载体。随着网络公共事件的发展,青少年与权力机关双方容易进行互动,并相互表达传递观点,影响决策和行为。而且在网络公共事件中,可以打破时间和空间的限制,实现信息的快速接受与反馈,使公共参与的效率得以提升。

网络上曾经流行一句话:"围观改变中国。"青少年在互联网的围观,依靠网络话语的释放和聚合的力量,建构起一种新型的文化权力关系。"一方面释放了民间话语,在某种程度上成为社会压力和矛盾的减压阀;另一方面也群聚着社会意见和态度,具有社会舆论的特征,发挥着公共参与的作用。"③ 在访谈中我们发现,在青少年的"围观式参与"中,网络语言的使用与传播有着举足轻重的地位,是围观中形成抗争、表达抗争、延续抗争的重要话语工具。在此,我们将根据访谈和观察资料,深入去看青少年围观网络公共事件时使用的网络语言,并分析其在围观各个环节所产生的作用。

一 围观中形成抗争时的网络语言

青少年在公共参与中使用的网络语言可以分为两种:一是在公共事件的不断发酵传播中,基于事件本身的特性、内涵产生的网络语言;二

---

① 蔡之国、余梦阳:《围观式政治参与:对话的新形式》,《网络传播》2014年第7期。
② 陈英会:《网络公共事件中的网民话语参政研究》,硕士学位论文,重庆大学,2014年。
③ 蔡之国、余梦阳:《围观式政治参与:对话的新形式》,《网络传播》2014年第7期。

我说故我在：
青少年网络语言生活方式研究

是在其他语境中产生，被挪用到公共参与语境的网络语言。这两种语言都能够推动围观和围观中抗争的形成。

首先，对于前者，一些基于公共事件产生的网络语言会有类似议程设置的作用。它们不仅与青少年的关注点相吻合，而且一定程度上塑造和影响着青少年在公共参与中对不同议题的关注分配。当一个事件中产生的网络语言进入并占据青少年的视野，使其认为这一语言正在被多数人所接受，意味着这一事件本身在青少年公共参与中的显著性、重要性都直线上升。与其他类似事件相比，极大地提高了以该事件为中心形成围观的可能性。

小彤是一名生物专业的大学生，聪明活泼，是院里的社团和学生会骨干。虽然不是大学所在地长沙的本地人，她凭借自己的性格和能力，交到了许多志同道合的朋友。她还有唱歌的特长，在网络社区"唱吧"是个小红人，现在的男朋友就是她在唱吧里的粉丝。她自认为是个紧跟潮流的人，对时下流行的APP、段子都能说上两句。

"我还挺关注公共事件的，但是平时事情太多，精力有限，不可能很投入地去事无巨细地关心。你所列举的这些词，我确实都有所了解，因为都是造成过很大轰动的，我觉得每个稍微上过点网的人都会知道，不是什么生僻的词……肯定是先知道词，再知道事件的。

我是个好奇心很强的人，看到这种词流行，基本都会去百度一下背后的故事。之前有个'周一见'，我守着电脑等到半夜十二点，想看看到底怎么回事，结果还没正点发，给我气得够呛，你就知道我有多可怕了吧，所以这里的词我基本都查过是什么事情。印象比较深的有一个'你幸福吗'，这个就很著名了。我先是在微博看到这个词文字版的描述，特意去搜了当时新闻联播的片段来看，还转发给室友看，后来还出过一个模仿的搞笑视频，我都去看过。"（小彤，女，19岁）

第九章
话语抗争：公共参与与青少年网络语言传播

和小彤一样，许多青少年都有过先看到网络语言，然后去了解具体公共事件的经历。在这一过程中，流行的网络语言提供了一种期待和"噱头"。以此为前提，再加上丰富多样的交流平台、不断精进的计算机算法、有问必答的搜索引擎、精准推送的新闻，使青少年对相关信息触手可及。青少年出于好奇心理追根溯源，从而形成对公共热点事件的围观，就是一种理所当然的过程了。

再者如前文所说，他们会充分从网络语言中发掘事件的戏剧性、传奇性、荒诞性，使事件的"道德震撼"和"认知震撼"得到放大。关注的青少年群体被吸引聚集过来后，对事件的信息不断溯源和挖掘，使更多的细节信息浮出水面，引起同理心与情感的共鸣，使原本的非利益相关者也加入抗争情绪的生产中。事件中抗争情绪聚集，就会形成围观参与的前提之一——共享情境。

通常情况下，共享情境需要背景相同、经历相似、同质性强的人产生集体认同感后形成。在这一方面，网络语言能够发挥独特的作用。这些网络语言暴露出事件的各个侧面，吸引着对不同的因素感兴趣的各群体青少年。即使生活背景和兴趣爱好差异较大，也能围绕这一事件共同形成抗争情绪的聚集。

其次，对于后者，是其他语境中产生，被借用、化用、挪用到公共参与中的网络语言，其中以表达抗争情绪的为最多。与公共事件中产生的网络语言不同，这些语言通常是通过激发和唤起抗争情绪，来促进围观的形成。

上文中提到的小刘，微博中关于公共参与的很多转发内容都是在其他人（即"右边"）转发的基础上，进行此类网络语言的叠加，并且都带有质疑、反对等抗争情绪。"有时候不知道说什么，就表达一下无语和愤怒……看到别人的转发，看到大家也和我有一样的感受。"小刘认为，这些语言虽然简单，但是用起来"很有气势"。

最后，互联网中的围观式参与具有很强的流动性：民众参与和话语表达没有固定的场所、固定的参与方式，以极高的虚拟空间流动性游走于网络且多以亚文化形态出现，并在传播中愈演愈烈。① 这种流动性与网络语言的多变、更迭快、圈层化等特征都有耦合之处。

二　围观中表达抗争时的网络语言

围观不仅仅是一种"看热闹"的行为，更是一种传播行动。胡泳曾提出"围观即参与，分享即表态"的说法。当青少年已经被吸引形成围观，在围观中表达抗争时，网络语言也是一种使用频率很高的表达方式，折射出青少年围观式公共参与中独特的抗争特征。访谈和观察中，我们总结出青少年三种主要的围观形式：转发、观光和加入社群，并对这些围观形式中网络语言使用的心理动机、传播特点和使用策略等进行了研究。

首先，当围观的公共事件涉及不良事件、社会不公、公权力运行不当等问题时，青少年具有正义感和责任感，认为自己的愤慨需要表达，自己应该维护社会公平正义，有进行抗争的意愿。此时，相关的网络语言有助于他们表达关注和对抗争对象施加压力。常见的策略是跟随其他的围观者重复强调，加强语气，以建构围观的氛围。这类似于修辞中的"反复"：为了强调某一事件，突出某种情感，而特意重复使用某一网络语言。

"看到一些很不合理甚至荒诞的事，我转发很多时候是想表示我不是那么蠢，并没有接受其说法。而且有时候一篇爆款文或者一个词出来，大家都在转发，会被刷屏，这个时候如果不转，会有一种众人皆醒我独醉的感觉……队形都很整齐的。"（小凤，女，25岁）

"我觉得像'呵呵'这种词它本身单独没有气势，但是如果很

---

① 王冰雪：《调侃·狂欢·抵抗——网络空间中民众化转向的另类表达与实践》，《新闻大学》2014年第5期。

第九章

话语抗争：公共参与与青少年网络语言传播

多人都在转发，转发的时候都说这个词，就有一种不一样的力量，可能就会让当事人收敛一点。就像一个东西淘宝网不停给我推送，我看眼熟了就会买了。"（小刘，男，22岁）

除了简单的转发围观，青少年还可能会加入相关社群甚至组成"观光团"，在留言中采取使用用网络语言进行讽喻、使用统一的网络语言刷屏等方式，提醒抗争对象在被一个群体关注的现实，并给抗争对象贴上标签，使其曝光在网络世界中，成为众矢之的，或者成为笑柄。此类围观中，网络语言的使用能够起到两方面作用：一方面，抗争群体通常会有固定格式的语言规则，如观光团的"××到此一游"等，能够唤起青少年的集体认同感和归属感，感受到自己是抗争群体的一员，从而为自己的抗争行为赋予意义：

"发一些跟风的帖子，其实也并不是特别知道来龙去脉，但是当时觉得自己特别正义。……贴吧现在不行了，但是我现在也喜欢去知乎、豆瓣逛，如果有类似的活动，正好又有时间的话，我也还是愿意去凑热闹。"（小凤，女，25岁）

另一方面，网络语言通常会使用隐喻等修辞方式，表达较为含蓄。使用这种"有内涵"的网络语言进行抗争，如果对方成功解码，青少年能够达到抗争的目的，同时也避免了粗俗的表达和直接的冲突；如果对方因为背景的不同、语境的缺失等原因无法解码，青少年则能够获得一种优越感，认为对方无知、与时代脱节。

"曾经的Facebook表情包大战，我作为一个看客在微博上围观了很久。这次的Instagram大战，我加入了。我不说一个脏字，表情包上的话就够了，否则显得我太low。"（想要一个特别点的昵称，微博网友）

最后，青少年在围观中表达抗争时使用的网络语言，具有一定的社会交往属性。线上，他们通过围观中相同网络语言的使用识别与自己"三观一致"的人；而在线下生活中，他们会通过人际传播教授或习得网络语言，并与他人分享。许多青少年还会将其作为社交时的谈资，这些语言随着围观的事件、人物信息在议论、打听为主的交流关系中得到传播与扩散。

"有时候和不熟的人尬聊，实在没得聊了，会聊一些国家大事，就可能会说你知不知道最近有个词叫什么什么，可以创造话题。我自己也被这样问过。"（叮叮，女，22岁）

三 围观中延续抗争时的网络语言

从无到有，从达到高潮到逐渐衰退的过程，是话语抗争发展的自然规律。当抗争到达顶峰以后，它的延续和后续发展，也是本书的研究范畴。在这一阶段，网络语言会起到为青少年提供身份标签和与抗争对象保持距离的作用。

在聚集起来的围观群众身上，有一种身份标签，即有社会责任感的、关注民生和热点事件的、对网络中丑陋和不法事件进行揭示和批判的一群人。而处于群体之外的人，为了能够获得这种标签，并由此获得安全感与归属感，会设法也加入群体行为中。因此，当抗争中的网络语言已经被人们所普遍接受，流行开来，青少年就会产生模仿心理，使自己也能成为"圈内人"，贴上"公共参与"的身份标签。

"最常看到的地方是网易新闻下面的评论，我会在下面模仿着评论。我都是看别人说的，就学会了。每点开一条热门新闻，底下都会有很多评论，里面也有很多网络语言，尤其是点赞数特别多的

第九章

话语抗争：公共参与与青少年网络语言传播

热门评论，我经常去看，就会了。比如现在很火的'老司机''上车'就是这样。别的网友看到后，会觉得我好玩、搞笑，又很懂这些时事。看到别人用网络语言觉得好笑，我也会去按照他的风格回复。

百度现在有两个比较有名的观光团，一有热点事件就去围观。比如哪个明星又说中国怎么样怎么样，他的贴吧就会被大家爆了。但我不会去参与，都有人去了我还去干吗，我只是去围观，去看看发生了什么事情，弄明白事情的前因后果和来龙去脉，看明白以后会发一句'江苏人民发来贺电'。"（小张，男，26岁）

这种"贴身份标签"的行为，并不只局限在想"入圈"的青少年。当遇到可能的"危险"和麻烦，他们又会给自己贴上"吃瓜群众"的标签，强调自己的旁观身份，甚至带有一丝的卖萌和显示自己的不知情，来与抗争对象保持相对安全的距离。类似地，还会用"前排出售瓜子"等表明自己围观的立场，来避免表明立场和发生可能的争论。与真正地走到公共参与实践的第一线不同，他们倾向于认为围观是最安全的参与方式。

小杨是个写手，喜欢在 lofter 等平台发表自己的作品。她同时也是美妆爱好者和重度微博控，事无巨细都会发到微博上，而且几乎每条微博中必有网络语言。她喜欢在自己微博的评论区与网上交到的朋友们互动，其中有大量的"术语"和缩略语，需要仔细研究才能看懂。她表示自己见过很多观点不同的人发生矛盾，自己很怕被"撕"，从不"下场"，敏感的词汇会用"【】"、拼音、英文、空格隔开来避免被搜索关键词的人搜到。但她又很喜欢围观，特意关注了整理"互撕"信息的号，还会转发"吃瓜群众抄着手看戏""前排出售饮料瓜子"等进行围观。

相对于小杨的绝对保守，小瑞还是会偶尔立场明确地发表自己的观点。她是家中的大女儿，十分疼爱自己的妹妹，性格独立，几乎承担起了母亲的职责。她对公共事件总是有独立的批判思想，但在互联网上，她还是围观和"吃瓜"的时候居多。

"某个热搜词刚出来的时候，我被各种新闻反转怕了，没有立刻去评论。只是，如果最后政府出来辟谣，就太打脸了。但是我都去一条一条看热评，去看看哪些和我的想法一样，不一样的又是怎么说的。我觉得我们每个人都是'吃瓜群众'，而且'吃瓜'可以更客观地看到更多的细节。"（小瑞，24岁）

距离的保持，还表现在青少年对自己的抗争是否成功较少抱有期待，并很难将抗争延续到线下。以雾霾污染为例，几位访谈对象都曾在微博围观热词"apec蓝"抨击雾霾及其背后机制。然而，抗争的激情却并未存续到互联网之下，他们日常生活中作出的最大改变仍然限于购买防霾口罩。这是因为他们在围观中使用完网络语言、表达完情感就觉得完成了抗争，达到了目的，使抗争的延续性明显削弱。

第四节 "脱口而出，但有迹可循"：惯性中的话语抗争

惯性是自然界中的物体所具备的基本物理属性，指物体在没有受到力的作用的时候，运动状态不会发生改变，它代表了物体运动状态改变的难易程度。在访谈中，一个频率很高的回答是"反正本来就是这样的，我也说不清为什么"。我们认为，这并不是因为访谈双方能力不足，或事情本身只可意会无法说清。而是青少年使用网络语言进行话语抗争的实践时，教育背景、家庭条件、兴趣爱好、价值观念等客观因素存在多大差异，存在着一些具有固定的、约定俗成倾向的观念、规则和思维方法，会让他们在日常生活中惯性地、本能地顺应和遵循。本书中所指抗争中的惯性，具有两方面的含义：惯习与日常

性。

一方面，是布尔迪厄惯习理论的一种表现。惯习是一种形成于历史经验之中指导现时行动的实践感，是人们实践的逻辑和动力原则。① 它既是特定社会空间的产物，也是一种形塑的力量，具有生发社会实践的潜能。就像惯性使物体在不受外力时，总保持静止或匀速直线运动状态，青少年这一群体使用网络语言进行的话语抗争中，由于当下的特定历史环境与"90后""00后"青少年的时代特征等结构性因素，也保持一种具有同质性的抗争路径、抗争策略与心理活动。这些理念、意识甚至是无意识，正是惯习的一种表现。同时，这种惯习也在反向形塑着互联网作为公共参与场域的生态。

另一方面，是斯科特（James C. Scott）"弱者的武器"理论中的日常性特征。斯科特以"弱者的武器"解释农民作为政治上的无效阶级如何将反抗体现在日常生活中：由于政治成本太高，农民真正的反抗是相当稀少的。他们的武器是在日复一日的平常生活中偷懒、装糊、开小差、诽谤、纵火、怠工等，使用这些无声的抗议作为隐藏的文本。② 青少年的社会与政治地位也普遍较低，他们以在公共参与中使用日常生活中能够接触到的网络语言，而不是传统的、目标和对象明确的抗争话语作为话语抗争的武器，体现了其作为"弱者"抗争的日常性特征。

一 惯性地追逐与遗忘

在互联网高度发达的当下，纷繁各异的热点公共事件和与其相关的网络语言出现在不断刷新的手机屏幕上，成为这一代青少年集体记忆的一部分。几乎每时每刻，互联网都生产着具有大范围传播潜质的公共事件。它们中的一些成为轰动一时的网络热点，吸引着舆论的广泛关注。

---

① 杨雨丹：《新闻惯习的产生与生产——惯习视角下的新闻生产》，《国际新闻界》2009年第11期。
② ［美］詹姆斯·C. 斯科特：《弱者的武器》，转引自郭于华《"弱者的武器"与"隐藏的文本"——研究农民反抗的底层视角》，《读书》2002年第7期。

我说故我在：
青少年网络语言生活方式研究

这些事件中所产生的网络语言被作为抗争话语时，青少年会习惯性地追逐热点词语，不断锁定新的抗争对象。现有的微博热搜等热点总结和推送机制，是青少年得以保持追逐热点网络语言惯性的保障。一旦这种惯性被打破，青少年会产生焦虑和不安全感。

小张在生活中是朋友中的领导型人物，从小到大都是班长。在网上则是一名论坛达人，从天涯到虎扑，从贴吧、步行街到网易，他都是活跃的发帖者和回帖者。

"能用网络语言评论的，我就不会用白话去评论。因为网络语言属于比较流行的嘛，可能其他人会觉得你比较搞笑……我觉得人家一看到我的评论就会觉得我是一个熟悉这些事、熟悉网络语言的人。比如我有时候会用'楼主喜通网'来讽刺别人，别人看到应该觉得蛮搞笑的吧。喜通网就是'恭喜楼主通上网线'，指一个热点事件，大家都知道了你才反应过来。我上次用这个词是在论坛里看到有人说刚知道'地命海心'的说法，你觉得是个大新闻发到网上，大家就会用这个词嘲笑你，我可不想做这样的人。"（小张，男，26岁）

"没有微博热搜的日子太难受了。热搜给我一种很省力的方式就是不能不与世界脱节，因为它有字数限制，一目了然。我和热点事件有关的网络语言基本都是在热搜学的，不仅和朋友有谈资，而且没有信息缺失的那种焦虑，觉得自己还与世界接轨着呢。热搜被撤的时候我是写作业到一半不想写了，去看热搜，发现没有了，觉得很不可思议，就自己整理了一个'没有热搜，自食其力'，把自己觉得是近期热点的公共事件总结成那种格式的短语放到朋友圈里，结果反响特别好，大家都觉得很有意思，我那条朋友圈评论全是'哈哈哈哈哈哈'。……现在热搜终于回来了，一方面我觉得挺好，置顶的那一条固定是关于政治的、国家的话题，我觉得确实应该关注，不能只看娱乐，尤其是一些小鲜肉的话题，我根本都不认

第九章
话语抗争：公共参与与青少年网络语言传播

识也不感兴趣。但是另一方面，那一条总是比较严肃，我觉得还是以前那种能出梗的热搜更好。"（小吕，女，20岁）

在信息碎片化又过载的网络环境中，公众可以被一个网络语言瞬间点燃自身的表达激情，就也会在另一个新网络语言的出现而瞬息转移关注，热点网络语言的蹿红期和衰落期都是急速上升或急速下降的。[①] 这导致了青少年使用网络语言进行的话语抗争行为经常产生于"一时冲动"：为热点网络语言所引起的一时惊吓、愤怒、恐惧和同情等情绪，让他们加入对相关公共事件的话语抗争中来。但恢复理智后，不一定会继续支持或关注相关事件的未来发展，而是会跟随惯性，去寻找下一个能够引发抗争行为的刺激。小徐是个追星族，曾经为了一个组合一周内往返南京两次，为了门票花费上万元。她的微博景观奇特：每天十几条"哥哥好帅"的花痴中，夹杂着微博当天的热点话题转发。明星偶像精心雕琢过的笑脸，与遭受社会不公和不良事件的公共话题形成了鲜明的对比。她解释转发的原因是：

"我刷微博是想找点爱豆的美图转发，偶然点进热搜话题，当时看着真的很生气，就转发了，但是现在再看就没那么激动了。如果之后还有这种令人愤慨的，我也还会转发，但是能永恒占据我微博首页的只有爱豆（笑）。"（小徐，女，18岁）

对热词的追逐和"一时冲动"的抗争心理，使得热点和热词总会被新的议题覆盖，以至于最后被社会记忆遗忘。公共事件受关注的短暂性，导致其产生的网络语言更新换代太快，留下的痕迹很浅，形成"排浪式"的来去匆匆：将多个网络流行语的传播趋势线重叠，从传播兴盛到式微淡出，可以形成明显的波浪形状。青少年只知道自己在用最

---

① 刘雨花：《公众记忆中网络新闻的遗忘》，《声屏世界》2016年第10期。

新的网络语言，甚至一个月前流行的词语是什么都会忘记。比如对写手小杨来说，她对网络语言所代表的事件总想看后续，但总也等不到。导致她对这些事件中产生的网络语言也是看了用了就忘，现在完全想不出几个月前用的是什么梗，只知道自己一直在用最新的。

不过，当曾经的热点事件"翻红"，曾经抗争过的对象再次出现，青少年能够迅速调用与其相匹配的网络语言，进行新一轮的话语抗争。

"'蒜你狠'流行是因为蒜价高嘛，后来降下来就不流行了。但今年又要开始流行了你知道吗，因为今年大蒜价格又涨了，七八块钱一斤，我猜到时候新闻标题肯定又会有的。还有类似的姜你军之类，都会重新出现。"（小张，男，26岁）

总之，在新媒体环境的浸染下，青少年的"fomo"（fear of missing out）即"错失恐惧"心理越发明显。他们害怕因为不了解最新的网络语言而错失重要的信息，因此竭力追赶不断更新的网络语库。但同时，即使是具有特色和风格、区别于普通表达方式、令人印象深刻的网络语言，在互联网的信息爆炸中也不可避免地被冲刷、淘洗着。其中大部分属于仅仅适用于单个特殊事件、时效性较强但普遍性较差的一类，由于产生于猎奇和冲动心理，很容易被青少年所遗忘；而具有较为普遍的社会意义，或其所指重复暴露在青少年眼前时，才会成为青少年较为长期稳定的抗争工具。

二 惯性地戏谑与调侃

修辞的多样化是网络语言的一大特点，"笑中带泪"的戏谑调侃是青少年群体在公共参与中表达抗争的主导形式。网络语言已经被青少年视为一种合理化、常态化的日常抗争表达方式，他们通过夸张、模拟、戏仿、隐喻等方式创造和传播反讽、怪诞的网络语言，对社会不公、公权力滥用、阶级固化、不良事件等对象进行嬉笑怒骂的话语抗争，体现出一种狂欢和批判精神。这种戏谑调侃并不需要刻意营造，而仿佛是一种本能。它就像"弱者的武器"中马来西亚农民面对雇主时创造的暗语，弥合在青少年日常语言的插科打诨和"哈哈哈哈"中，表面看去并无痕迹。只有享有共同语义空间的青少年之间，才能彼此感受到文本背后的日常抗争性质。"戏谑的作者在编码之际植入了自己的智慧和心力，解读的人也需要有相当的智慧，这种不言而喻的表达方式符合中国含蓄的传统文化表达习惯，也有利于寻找志同道合的精神知音，以缓解精神上的焦虑。"[1]

大禹是学金融的学霸，大一，来自一个东北小城，有着在北京扎根的梦想。他是知乎的资深用户，曾经参与过多次线下聚会，戏称知乎解决了他的一切问题。为了梦想，他主动和家乡的女朋友分了手。他坚信自己的选择是对的，但有时也难免感到迷茫。他觉得身边的人都"没什么深度"，自己在知乎上结识的同龄人才与自己志同道合。在知乎上，他谈吐幽默，有着很多朋友。

"我们有一个群，里面都是反应很快，很有思想，也很有趣的人。看他们说话特别有意思，一句接一句，从来不留缝。我觉得他们有几个特点：一是逗，搜集表情包的能力很强，一言不合就斗图；二是犀利，看事情切中要害；三是'老司机'……很多时候就是这么互相怼，但是你仔细想一想，他们是有自己的观点的，只是用这些词其实会觉得心里好受一点。……我们属于每天泡在知乎，一有什么事知乎马上就会出现'应该怎样看待×××'的帖子。这些词如果发在朋友圈里，我估计是没有这么多人能明白和接下去的，因为很多人都比较现充（现实生活很充实）。"（大禹，男，18岁）

---

[1] 郑满宁：《"戏谑化"：社会化媒体中草根话语方式的嬗变研究》，《中国人民大学学报》2013年第5期。

戏谑调侃也是一种展现情绪，希望有人关注声援的手段。网络语言戏谑调侃的目的并不是单纯地令人发笑，而更多是体现出青少年对公共事件的抗争情绪。青少年的戏谑往往开始于无奈和无力的感受，因为处于弱者的地位无法做出实质性的参与实践，本能地选择将这些感受包装和变形，形成嬉笑怒骂的网络语言。再通过有相同立场的人心领神会地进行传播，以达到再循环，使更多青少年参与到公共参与的话语抗争中。

戏谑调侃的"惯性"属性，还体现在青少年对抗争中"严肃"与"调侃"标准的划定较为主观和随意。很多受访者表示，对严肃的事情的抗争不会去用戏谑调侃的网络语言，比如对温州纵火案的评论。但实际上，他们对戏谑调侃的对象并未进行有意识的区分。

三 惯性地信任与审查

根据胡百精等学者的研究，青年群体对政治态度会受到互联网的影响：网络使用频率愈高，青年群体对政府和官员的政治信任度和对社会公平感的评价就愈低，而民主意识观念则会更强。[①] 本研究发现，青少年对公共事件的态度也会受到网络语言的影响。与传统话语相比，青少年倾向于认为网络语言的内容更加可信。当网络语言被用于话语抗争时，青少年会习惯性不假思索地接受它的表达方式，信任它所传递的或明或暗的信息。

比如"临时工"一词，作为网络语言也有"替罪羊"的含义。小浩高中毕业后在一家彩票站打工，按照营业额开工资，生活很没有保障。他觉得自己也是个"临时工"，对于官方对这个词的使用，他觉得很不认同，而是信任网友赋予它的"替罪羊"的含义：

"现在一出什么事，比如我们这里前一段有个办证的工作人

---

① 卢家银、段莉：《互联网对中国青年政治态度的影响研究》，《中国青年研究》2015年第3期。

员被曝光上班玩游戏，结果还没出来，就知道肯定又是'临时工'。以前没有多想，后来在网上看到都在 diss 这个词，觉得确实有道理。我觉得首先用这个说法就有问题，在政府里的临时工和我这种能一样吗。而且我不相信犯错的都是临时工，有编制的就不犯错了吗。"（小浩，男，19 岁）

和小浩一样，许多青少年对公共参与中网络语言的信任，一方面是认为其中反映的社会不公、不良事件等内容已经经过互联网舆论的选择，而且未经干涉；另一方面，他们会将网络语言的内容与自己曾经遭遇过的社会不公、不良事件、公权力滥用等经历相联系、联想，从中得到共鸣，并更加深刻地理解抗争的含义，更加投入地参与到话语抗争中。比如：

"我对'你是哪个单位的'印象比较深刻，因为我自己做过校园记者。我觉得有的人有了点权力就拿记者不当什么，使来唤去的，所以看到这个就很气愤。"（小张，男，26 岁）

在信任和抗争的同时，青少年也感受到了来自外界的压力。他们使用网络语言进行抗争的原因之一，是习惯性自我审查的结果。

"现在的微博有好多杠精、粉红，明星只能发发自拍和广告再积极转发人民日报，普通人 2333 哈哈哈哈看看萌宠和假情感投稿吐槽，对公共事件也就转发一下大家都在转的确认可以用的网络语言，否则会有人来撕你。有一次我发油价太高了，就有人来跟我撕，感觉是搜索"油价高"找到我微博的。我就删了，重新转发就说'我可以说脏话吗'，就没人搜得到了……发东西一定要自审三遍，保证态度端正。不然组织了半天语言有敏感词发不出去，不是很浪费感情，还不如用网络语言……这样查水表应该查不到我，

我都是以调侃搞笑的内容为主的,最多用一些'长者''搞个大新闻'。"(小巫,女,21岁)

与新闻从业者的自我审查压力来自政治控制和商业控制不同,青少年的审查压力来自两方面:一方面,直接使用抗争词语网站会屏蔽,无法达成抗争目的,而且担心"查水表";另一方面,怕有持不同意见的网民搜关键词搜到,发生冲突和矛盾。因此,他们在进行话语抗争时,会进行自我审查,本能地规避敏感词汇,而选择感情色彩较为模糊的网络语言。这里的"审查"是去道德化的中性词汇,又是选择、加工、编辑的把关过程。①

第五节 公共参与中的网络语言:一种软性抗争话语

话语(discourse),是与语境或"实际生活"相关的语言活动。"话语是构成我们社会生活的主要部分,甚至是核心部分。我们日常生活大部分是通过语言交际实现的,大部分生活实际上就是语言生活。"② 对话语的研究,除了对文体、文本结构、修辞的研究,更重要的是时刻将与其相关的社会、历史、文化环境纳入考虑,进行一种社会学、传播学意义上的研究。比如葛兰西的意识形态话语权理论、福柯的"话语即权力",都揭示了话语与知识、权力、意识形态、社会结构的复杂关系。

抗争行为作为一种集中反映社会矛盾冲突、利益博弈的行为,话语在其中是不可缺少的要素。抗争的话语形式与抗争的行为形式是互相伴

---

① 张志安:《新闻生产过程中的自我审查研究——以"毒奶粉"事件的报道为个案》,《新闻与传播研究》2013年第5期。
② 施旭:《话语分析的文化转向:试论建立当代中国话语研究范式的动因、目标和策略》,《浙江大学学报:人文社会科学版》2008年第1期。

第九章
话语抗争：公共参与与青少年网络语言传播

随的，即"抗争性话语形式库"，包括但不仅限于谩骂、呼号、演讲、标语、口号、横幅、谣言、意见书、公开信、帖子、博客、微博、歌曲、纪录片、视频等文字、声音和图像形式。在互联网环境下，更是产生了形式更加繁多具体的抗争文本类型。如长文、热帖、歌词，甚至一个标点符号、一个表情包，都能够表达抗争性。这其中，网络语言是使用频繁、形式独特、意味深远的一个代表。综合以上论述，本书认为青少年在公共参与中表达抗争时使用的网络语言，是一种软性抗争话语。

首先，网络语言作为软性抗争话语所针对的对象不局限在政治，而是包括社会生活所有领域中的不公现象、不良事件、不正风气。与有具体、明确对象的传统抗争行动相比，更多体现一种价值观层面上的作用。比如"apec 蓝"体现对空气污染治理效果有限的抗争；"朝阳群众"体现对娱乐圈吸毒、嫖娼风气的抗争；"为国护盘"体现对金融机制不够健全的抗争等。这其中的日常性、广泛性，带有一种"弱者武器"的意味。也因为如此，世界之大，互联网之大，几乎每时每刻都发生着这样的话语抗争。人们身处其中，时刻被网络语言环绕，并没有强烈的抗争感，而会有一种"只缘身在此山中"之感。

其次，使用网络语言进行话语抗争的过程中，表演、围观和惯性中贯穿着自嘲、隐喻与戏仿。青少年遵循风险最小化的原则，在抗争中进行"曲线救国"，通过对网络语言的编码和解码实现心照不宣的理解。因为多了许多中间过程和修辞的包装，与传统群体性运动和集体行动中的"非软性话语抗争"相比，网络语言显得柔软温和许多。在表达抗争的同时，无论抗争者还是抗争对象都不感到强烈的刺激，从而避免了直接对抗，这也是软性话语抗争行为本身底层性的一种体现。

最后，网络语言属于表达随意、集中程度较低、诉求分散的一类抗争话语。青少年的注意力基本上集中在对网络语言背后事件的就事论事，或不满、惊讶、愤怒的情绪表达。极少发展为线下的抗争行动，更不会触及社会刚性制度的根基，所以一般不会直接威胁到现存的秩序与制度。也就是说，这种抗争言行是"反应性的"（reactive）而非"进取性的"（proactive），他们的目标是具体的、局部改进性的，而非抽象的、整体颠覆性的。①

总之，作为一种抗争性话语，青少年在公共参与中使用的网络语言并不适宜被放在传统的集体行动、群体性运动或抗争政治的框架内进行研究。因为这些话语并不产生于已经成型的抗争行动，而是在青少年个体的表演、群体的围观、整体的惯性中逐渐形成、扩散和被"包装"的，具有底层性、弱者武器性质的一种日常软性抗争话语。它开始于话语，也往往止步于话语，话语的形成、编码、传播、解码，本身已经形成了抗争的整个过程，而不是像"传统"的社会运动和集体行动中，话语作为抗争的可调用工具或文化要素，或者作为一种延伸。从这个意义上来看，它是一种"自成一体"的话语抗争。青少年之所以愿意选择网络语言作为公共参与中的软性抗争话语，是中国社会文化环境和互联网语境在抗争文化和抗争语言选择中的反映。体现了传统社会文化与青少年消费文化相互博弈而导致的祛魅型解码，和青少年从"现实弱者"到"网络强者"的自我赋权。

一 "软性"的具体体现

社交网络时代，人们的公共参与范围扩大，形式增多，但这并未增强抗争的"坚硬"程度。相反，人们在网上热衷于关注、转发和分享热点议题和网上倡议，尽管转发者感觉良好，却不能真正带来社会变革的实际行动。所指对象包括网上签名请愿、加入网络社区组织但不做出实际贡献、复制粘贴社交网站状态、给相关话题点赞、转发等。与社会运动、集体行动等激烈的抗争行为相比，都具有比较温和、柔软的特征。这某种程度上反映了互联网对于公共参与作用的有限性，即参与上的便捷并不必然导致参与质量的提升，而只是增强了参与的"软性"。软性话语抗争中"软性"的含义，是一种与"硬性"的激进话语抗争

---

① 谢金林：《网络政治抗争类型学研究——以2008—2010年为例》，《社会科学》2012年第12期。

第九章
话语抗争：公共参与与青少年网络语言传播

相对的大众模式。网络语言大众文化产品的性质，决定了以其作为手段和策略的话语抗争不可能是硬性的。这种"软性"具体体现在以下方面。

首先，使用网络语言进行的话语抗争普遍具有娱乐和表演的属性，这符合青少年进行软性话语抗争时的表演行为。短暂的参与如果只是为了获得心理上的虚荣和满足，很容易流于一场自我感动的表演，而且这种表演带有自私性和虚幻性。青少年容易通过使用网络语言形成虚幻的权力感和社交形象，并不自知地沉浸其中。通过简单地敲击键盘搜索或传播关于公共参与的网络语言，他们能够获得真实的权力感与成就感，仿佛已经完整地参与了针对语言背后抗争对象的抗争行为。这其中青少年可能存在一种微妙的"性价比"心理：希望用最便捷和成本最低的公共参与形式，获得最大的抗争效果——更准确地说，个人呈现出来的抗争效果。

其次，使用网络语言进行的话语抗争普遍存在线上和线下的脱节。这种脱节一方面体现在线上的积极参与和对线下实践的冷漠。本研究发现，对网络语言了如指掌和熟练使用的青少年，更多是习惯性的网络热点追逐者，对公共事件的话语抗争往往可以和对娱乐八卦的讨论同时进行，无缝连接。随着网络语言更新换代，他们极少能够像线下抗争一样，集中、持续地对某一抗争对象穷追猛打。另一方面，这种脱节体现在网络中公共参与行为的效用被放大，实际上网络中的行为可能根本无法影响到实际相关部门的决策，转发、评论、点赞等行为只是制造出一种互联网能将想法有效转化为抗争行动的假象。在围观某一网络语言的事件后，青少年便感到完成了参与，不会再进行有效的抗争实践。

最后，使用网络语言进行的话语抗争普遍具有混合型的动机。曾有挪威学者总结出互联网时代青少年公共参与的心理特征：第一，是社会责任心，即希望通过非经济手段提高社会觉悟或支持公益事业的真实愿望；第二，是"一时冲动"，即为人文惨案所引起的一时的强烈情绪，但持续性和承诺性较差;第三,是获取信息,即希望通过算法获取自己所关注内容的最新动态;第四,是社交表现,即是虚拟用户塑造、表演良好社交身份的手段;第五,是"不赞白不赞",即认为付出零花费、极低的承诺或努力,却能帮助传达信息;第六,是习惯成自然,即不管用户是否真心喜欢这些项目,这种行为是一种 Facebook 文化,成了一种习惯。这些目的和动机,都能够在青少年在公共参与中使用网络语言时,表演、围观、惯性中的软性话语抗争中找到对应。虽然总的动机仍是进行抗争,但与传统话语抗争中明确、单一的抗争动机相比,混合了许多其他因素。就像在颗粒分明的沙砾中混入了水分、微生物等,就会形成质地较为柔软的泥土。

二 软性话语抗争的形成和影响

了解公共参与中的网络语言为何是一种软性抗争话语,以及"软性"的具体体现后,接下来的问题是,青少年为什么愿意选择网络语言作为公共参与中的软性抗争话语?话语模式能够体现出深层次的权利与价值诉求,这是中国社会文化环境和互联网语境在抗争文化和抗争话语选择中的反映。软性话语抗争是民间舆论场与官方舆论场的博弈结果,是一种青少年的表达要求与较为定型的社会结构互动而导致的祛魅型解码,反映了青少年从"现实弱者"到"网络强者"的自我赋权。

在我国,以互联网、社交网络和人际传播渠道为载体的民间舆论场,与以官方大众传播媒体、文件和会议为载体的主流官方媒体舆论场存在分裂和交错,网络语言成了双方话语权力博弈时,处于民间舆论场的青少年进行的一种策略选择,从而充当了一种挑战性、抵抗性的象征性权力。当公共利益遭遇权利压制或绑架,网络语言在青少年手中成为"一种游戏式的、赌博式的防守反击策略,也就是在主流话语已有的修辞图景中寻找破绽和漏洞,然后通过隐喻、双关等修辞方式证明其荒谬性与不合理性。"① 网络语言的迂回、含蓄、隐蔽、戏仿和狂欢等特征，形成了独特的公共参与表达方式和话语逻辑，使得青少年能够规避监管和降低风险，以轻政治、泛娱乐的话语方式进行抗争，一定程度上冲击甚至同化了舆论结构化、官僚化、高高在上的话语模式。

当下，互联网的发展使青少年的话语权、能动性、表达欲得到前所未有的释放。另一方面，较为定型的社会结构使得矛盾不断产生，使青少年遭遇身份危机和意义危机。这种危机会使他们感到郁闷、气愤或焦虑，但又没有足够的自信进行正面反抗。因此，青少年将本来严肃的公共参与话语进行狂欢式的、娱乐化的、置换解读语境的祛魅型解码，用他们独特的编码与解码方式讽刺、批判着社会中的不公，进行着对现实的解构。同时，通过软性的表演、围观与戏谑，青少年可以利用网络语言进一步缓解情绪，寻找精神认同，进而平复由于社会结构、社会制度中的不合理因素而产生的相对剥夺感和无力感，也起到一种"安全阀"的作用。

另外，青少年还常常表现出对线下公共参与实践的力不从心，认为自己缺乏资源，不被重视。他们与社会中公共参与能力较强，掌握主流话语权的群体相比，有一种"现实弱者"的身份认同。但同时，青少年又是对互联网——这一在现代社会具有重要地位的媒介了解和使用能力最强的社会群体。在此背景下，青少年将互联网作为一种提升自己权力的工具，将网络语言作为一种符号资本，通过使用互联网上流行的网络语言进行信息沟通，积极进行公共参与和进行话语互动，从而实现改变自己在公共参与中的不利处境或者增强权力，使自己成为"网络强者"。从本质上看，这是一种从语言角度进行的自我赋权行为。

对于青少年的软性话语抗争，应该从两方面看待。一方面，它具有一种批判含义，认为这些参与者是在通过所谓的话语抗争行为

---

① 刘涛：《网络造句：公共议题构造的社会动员与公共修辞艺术》，《江淮论坛》2012年第1期。

获得虚幻的自我满足。青少年使用网络语言进行软性话语抗争的行为，可能除了使当事者感觉良好之外，并没有什么实际效果，而且这些低成本的实践会取代而非补充更实质性的行动。而另一方面，这些线上的、微小的话语抗争，符合当前社会发展态势，也是"90后""00后"青少年生活方式的反映。同时，在戏谑和调侃中的网络语言也传播了有效信息，甚至使得公共参与中的话语抗争行为变得生活化、常规化了。

这种两面性，也一定程度上解释了青少年在中国社会语境和社会结构中进行公共参与时，使用网络语言进行软性话语抗争为何是不可回避、具有"性价比"和必然性的一条路径选择。

第十章　结语：生活方式视角下网络语言传播再解读

如前文所述，网络语言研究受到语言学、社会学、传播学等多学科的关注。语言学研究关注的是网络语言的语义、语用及其进化模式，社会学研究则更多关注网络语言与社会背景之间的关联，而传播学研究则多与两者交叉，关注到网络语言的生产过程及传播模式。由于网络语言不能脱离人们的社会生活而存在，研究网络语言时不仅要关注其语言属性，更要关注其社会属性。因此在探讨网络语言的同时，还需研究青少年这一创造与使用主体，以及青少年生活方式这一网络语言的应用情境。

生活方式是特定的历史阶段中以一定的风俗、习惯、制度、传统等为基础的生活形式和行为方式构成的网络体系[1]。在《哲学研究》中，维特根斯坦提出，"用语言来说话是某种行为举止的一部分，或某种生活方式的一部分"[2]。可见，网络语言作为语言生态体系的一部分，与生活方式有着密不可分的联系。因此青少年作为网络语言的接触主体在日常生活中如何创造与使用网络语言，网络语言如何呈现抑或改变青少年的生活方式，是本书也是未来需要进一步探讨的问题。

---

[1] 刘森林：《生活方式与语言意义：后期维特根斯坦哲学探讨》，《江西社会科学》2013年第11期。

[2] ［奥］路德维希·维特根斯坦：《哲学研究》，陈嘉映译，上海人民出版社2005年版，第18页。

我说故我在：
青少年网络语言生活方式研究

第一节 关注青少年：语言背后的互联网思维与技术化生存

由于青少年是网络语言创造与使用的主体，因此从主体视角进一步解读可对网络语言产生更为客观的认知。在主流话语体系中，青少年使用的网络语言一度被统一贴上低俗至少不怎么入流的标签，这实际上缺少对青少年亚文化抑或生活方式的理解。如今青少年的生活方式基本上实现了数字化，他们在日常生活中几乎天天主动或被动地接触和使用着网络语言。比起随意地贴标签，更需要我们去理解青少年在互联网时代的互联网思维与技术化生存。

1. 主动抑或被动：青少年网络语言的沉浸式传播

网络语言无处不在，无论是主动接触还是被动接触，青少年都经历着"第三媒介时代"的沉浸式传播体验。"第三媒介时代"是一个无边界的共享时代，也是一个高速信息自动化的时代，具有以人为中心的沉浸传播特征[①]。它还建构了一种具有社会属性的意义空间，重构着人们的生活方式。

社会背景是每一个身处其中的个体所不可脱离的空间，网络语言的流行其实是非主流的、次级阶层的文化向上浮动的一种表现形式，人们想要在这种暴动的时代中以暴动的网络语言为载体获得乌托邦式的满足。从社会层面上看，在集体焦虑这一时代病症下，网络语言与它所建构的文化或许在这一阶段成为人们的精神寄托，也就是一种信仰的补偿。从社会关系上来看，人际关系的陌生化也使网络语言成为人们的需求，网络语言利用其强话语的优势，使人际关系开始出现熟人化的趋向，这一趋向缓解了陌生环境中的种种危机。青少年通过日常生活中的网络语言获得认同、作为发泄的窗口、弥补信仰，又或者达到目的。可

---

① 李沁、熊澄宇：《沉浸传播与第三媒介时代》，《新闻与传播研究》2013年第2期。

见，无论是媒介环境还是社会环境，青少年都被浸润在其中，接触着网络语言。

维特根斯坦提出"我的语言的边界就是我的世界的边界"[①]，他认为语言与世界具有逻辑上的同构性，对语言的分析其实是达到对世界认识的一个重要方式。因此网络语言是社会的镜像，一方面当青少年将其欲望公之于众形成一种流行语的时候，那么流行语就不单纯是一种工具，它会脱离单纯的新鲜语言的范畴，从而成为一种生活方式甚至是价值观。另一方面当我们能从当下流行的网络语言看到社会现状的时候，网络语言已经成为一种社会语言，它从社会中产生又能够反映社会现象。此外，互联网技术下的沉浸传播更是促使青少年主动或被动接触网络语言的重要原因。网络语言传播是一种作为文化的传播，但这种文化是基于互联网时代的文化。因此从传播的角度来看，数字化的生存形态才是使得青少年接触和使用网络语言的重要因素。

在宏观上，互联网影响并改变了青少年的日常生活，无论从现实生活上还是在虚拟生活中都拓展了生活的空间。在中观层面，正因为互联网带来的网络交际使人们的交往更具能动性，人们在日常生活中才能进行多样化的社会生产。在个体的思维意识这一微观层面上，不难发现人们在互联网时代建构了互联网思维。这种思维嵌入在日常生活中，成为网络语言沉浸式传播的一个驱动力。

2. 技术的逻辑：青少年网络语言生活方式的驯化

一种新的语言形式的出现往往伴随着一种新的生活方式与新的社会价值观与社会关系的形成。在当下社会发展"技术的逻辑"现实背景并伴随"技术化生存"场景到来的情境下，青少年群体已不仅仅只是在简单地操作和使用技术，而是融入了技术并在技术之中生活。从这个意义上讲，技术对于青少年群体的关系和意义将会成为有关青少年网络

[①] ［奥］路德维希·维特根斯坦：《名理论》，张申府译，北京大学出版社1988年版，第71页。

我说故我在：
青少年网络语言生活方式研究

语言研究中绕不开的一项重要话题。①

近年来，伴随着 ICT（Information and Communication Technology）技术的迭代发展，互联通信技术日新月异，大到面向未来的移动互联通信技术、云计算与大数据产业、人工智能技术，小到智能手机、可穿戴智能设备、智能家电，再到网络外卖、网络征婚、共享单（汽）车等互联经济生活方式，再到人机围棋大战等科技新闻话题早已融入人们的日常生活。作为普通网民也不再停留于尝鲜猎奇似的利用互联设备进行交流沟通，而是借助高效且价格相对低廉的互联网接入服务与评价的信息处理终端设备，学习和操作信息处理技能来满足自己对于沟通交流的需求，以至于"信息化社会""赛博时空""超链接社会"这些曾经被寄予无限遐想的预言提前到来，而"数字化生存""信息人群"也成为描绘当下人们信息生活方式的最好注脚。曾是用来满足人们线上交流需求的网络语言借助其生发的技术基因背景，在丰富人们交流方式的同时也成了记录与展现社会文化潮流变迁的一部活字典。

目前，网络语言生发的机制与意义、表现的形式、操作使用的方法、使用的效果伴随着技术的进一步发展而有了新的变化。广义的网络语言，以一种编码方式，让作为驯服自然的机器（技术）语言与作为人类的自然语言间的界限不再泾渭分明，通过信息技能操作指令生发而成的机器语言嵌入到了自然语言当中并深刻地影响了语言的组成、意义与传播方式，而自然语言也在广泛地借助机器（技术）语言特有的编码结构、符号系统、表现形式与表达意义来进行社会经验的塑造与规范，可以说是一种自然语言与技术语言的互嵌过程。

我们要探讨的技术化特征的网络语言首先指的是一类通过机器（技术）语言与人类自然语言互嵌而生成的语言符号与表达形式，而机器（技术）语言与人类自然语言之间往往会通过借用、拼贴、共意的形式来进行融合与切换；其次是一类借助信息技术操作手段而生成的米姆符

---

① 张约翰：《技术的逻辑：青少年网络语言研究的路径转向及范式突破》，载巢乃鹏《中国网络传播研究》，南京大学出版社 2016 年版，第 63 页。

— 378 —

号（meme），包括了诸如图像、表情包、图像语句、网络文字、声视频文本等承载人们观念、价值、意义、行为的符号传递形式。我们也注意到，技术化特征的网络语言形式往往以某类信息技术设备终端的技术特征与使用特点密切相关，借助相应的技术软硬件平台，技术化特征的网络语言得以海量地生产、制造、传播、共享意义。

当下，在由信息通信技术推动而日益加快的全球化进程中，技术化特征的网络语言使用已成为青少年的一种日常生活方式，有必要从其生成、使用、传播的过程入手，探讨其对青少年生活方式的形塑过程以及青少年与技术之间的关系，并对处于全球化进程中的青少年群体、青少年文化与技术化特征网络语言之间的关系进行观察和解读，以期从现实的关照中获得有益的理论启示。

有学者提出"信息青年"的概念用以区分青年研究对象群体，他认为："信息青年"简而言之，可以理解为"知识青年"的信息化，也就是信息文明语境下从科技向人的群落转向[①]。"信息青年"所强调的是满足当下青年的信息需求，主要是指青年在信息文明语境下的信息存储、信息交互传递、信息开放共享等需要。这一概念展示了研究者将信息社会的特征和发展与青少年群体研究相结合的视角。而从网络语言的技术化表达到技术语言的网络化使用，从前沿媒介技术产品到青少年的日常消费生活方式，技术化语言与媒介技术产品的泛化使用催生了一群"技术青年"。跳出"信息青年"强调人对于信息主观需求的概念，我们把一类更加主动迎合技术发展取向并随之创造技术、使用技术、迷恋技术、用技术交流的青少年群体称之为"技术青年"。"技术青年"强调的是一种人与技术关系的新面向和一种新的社会经验。

这无疑是在追问西尔弗斯通关于"驯化"（domestication）概念的另一层隐喻。人驯化了媒介技术，那媒介技术究竟又如何影响了人？作为当下开源的、合作的、分享的数码经济的主要参与者之一，广泛活跃

---

① 王诚德：《从"知识青年"到"信息青年"》，《中国青年研究》2014年第9期。

的青少年用户群体和媒介技术的关系在于，一种暗含的、建立在自我紧迫的、急于被技术和技术话语"征服""驯化"的立场上来使用技术和由此产生的技术化网络语言。由此，"学习""关注""分享""陪伴""依赖""易学难换""技术拜物教""技术歧视""编程权"成了这一过程的诠释。

成长于新世纪的青少年是千禧一代，也是全球化的一代，技术化的网络语言只是一个技术全球化影响下的例子。而对于今天的青少年群体，在面对生活中前所未有的技术渗透与权威，面对技术的赋权与祛魅时所持有的矛盾立场，将一直会是他们文化角逐的热点和中心。

第二节　超越语言：从作为交流方式到作为生活方式的网络语言

网络语言伴随着计算机技术发展，作为一种新兴语言，起初用于网络交流。如今网络语言已经不仅仅在网络平台上使用，在现实生活中也常被使用。网络语言犹如一种语言的游戏被青少年广泛生产与传播，其背后其实代表的是青少年日常生活中不同的生活方式。

1. 作为交流方式的网络语言

网络语言起初多指计算机语言，也指代网络上使用的有特点的自然语言[1]。于根元在其《网络语言概说》中首次定义了网络语言："网络语言除了与电脑和描述网络有关的专业术语之外，还有网络经济、电子商务、网络广告、网络教育等有关的专业术语。"[2] 此后网络语言的定义不断变化，在不同的互联网阶段，网络语言有着不同的定义。纵观网络语言的定义，可以发现，目前有关网络语言的定义包括三个层面的含义，即：网络语言是网络交流语言，网络语言是一种社会方言，网络语言是一种创造性的语言。

---

[1] 吴传飞:《中国网络语言研究概观》,《湖南师范大学社会科学学报》2003年第6期。
[2] 于根元:《网络语言概说》,中国经济出版社2001年版,第8页。

第十章

结语：生活方式视角下网络语言传播再解读

网络语言是一种作为交流的语言，它的出现使得青少年的话语边界发生改变。这首先表现在网络语言对语法规则的挑战上，通过借鉴方言、外语或是创新的方式重新定义语言的规则，这促进了新型语言的生产但同时也可能会误导语言学习者。其次表情符号的出现是语言表现形式的一种延伸，并且弥补了文字交流上的不足。从传统语言角度来看，网络语言打破了原有的话语准则，对现代文明形成了扩张。在思考话语规则变迁的同时，我们需要重新思考这一变化的原因及其背后的逻辑。

网络语言的出现主要源于交流的需求，层出不穷的网络语言使人们的网络交流变得更为丰富、有趣。谐音语言、字母缩略语、表情符号都是语言表现形式的延伸，有效地弥补了文字交流上的不足。从网络语言发展历程来看，表情符号因快速发展的互联网而产生，是伴随着键盘输入需求而出现的交流工具。其后，因网络交流这一形式缺乏面对面的直观互动性，表情符号越来越呈现出多媒体的特征，用于弥补线上交流的缺陷。技术需求是表情符号出现的初始原因，之后当人们的生活沟通需求逐渐复杂化时，表情符号也不断多元化。其作用并不完全是为了完善线上交流，而是在一定程度上创造出某种想象的语境，构筑网民之间的谈话场，从而呈现出谈话者的情绪、态度，以及化解网民们失语的尴尬。可以说，从方便键盘交流的字母简写、弥补文字不足的表情符号到作为聊天工具的表情包，其实都是为了便于交流而生产的网络语言。

在方便交流之余，一些网络语言还呈现出明显的圈层化特征。例如亚文化圈内都有特定的网络语言，一方面这类小众语言能够满足圈内人追求个性化的需求，另一方面圈内人凸显个性的需求也在不断催生出相应的圈内小众语言。从圈层化网络语言的角度来看，并不是所有的圈层化语言只能用于圈内交流。随着圈际间的互动，部分网络语言实现了圈层之间的渗透，并从小众群体走向大众，成为大众生活中的日常交流用语。网络语言又被称为网络流行语，一些网民将网络语言的掌握程度看作是一种交流的资本，认为能够理解并使用当下流行的网络语言是时尚的表现，因此他们努力地追逐、创造最新的语言和符号来彰显身份。此外，一些网络语言含蓄、隐蔽，这就导致圈内外及代际时常出现冲突和误解。网络语言本身就属于一种高语境的语言，除字面意义之外背后还蕴含着丰富的信息，当交流双方对语言背景信息的了解不一致时，就无法达成传播的默契。因此，通过网络语言实现有效交流还需满足几个条件，如交流双方需同时了解网络语言的使用方式，在合适的语境下使用网络语言。

可见，当网络语言嵌入在日常交流之中时，网民们的话语模式也发生了改变，一定程度上重构了部分交流的规则、改变了交流的习惯、影响了交流的能力。网络语言的出现激活了网民文化创新的意识，但不可否认，随着网络乱象的不断出现，一些低俗、暴力的网络语言也污染了语言生态和网络环境，因此在方便日常交流、创新交流内容、丰富交流形式的同时，管理部门还需通过引导的方式净化网络语言环境、提升网民的网络文化素养。

2. 作为一种生活方式的网络语言

在互联网时代，文化多元性或将成为必然趋势。每个个体都有其爱好，在不经意之间，也许就会被人们贴上异文化的标签。传统意义上的摇滚乐、披头士、光头仔、嬉皮士等曾在历史上被人们称为垮掉的一代。当今的二次元世界、粉丝文化、恶搞文化等也一直存在并被批判着。从自我认同的层面来看，多元社会文化的流行有其存在的意义。网络语言作为当下多元社会文化的符号或代表，其中的意义并非仅仅是"风格化的抵抗"，同时还可能是一种对超越现实空间的追求。简单来说，青少年正是通过对网络语言的使用及多元社会文化的体验。

如前文所述，维特根斯坦曾经提出语言就像是一种生活方式。生活方式起源于心理学与社会学，早先由阿尔弗雷德·阿德勒（Alfred Adler）提出"生活方式个人认知在一定社会文化空间下所显现的外在形态"。[①] 可以看到这一定义更注重对于"形态"的抽象定义，此后生活

[①] ［奥］阿尔弗雷德·阿德勒：《生活的科学》，张晓晨译，生活·读书·新知三联书店2016年版，第1—20页。

第十章
结语：生活方式视角下网络语言传播再解读

方式被引入各个学科领域，其概念也逐渐具体化。生活方式包括人们的衣食住行、社会关系模式、消费模式、娱乐模式。它同时也反映的是一个人的态度、价值观或者世界观[①]。在哲学研究中，维特根斯坦认为语言游戏是语言与其交织在一起的所有活动构成的整体，语言游戏根植于生活方式之中。生活方式构成了语言游戏的来源和基础，而语言游戏反过来也构成了一种生活方式或者其子部分。由于网络语言是时刻推陈出新、不断变化的，因此它作为生活方式体系的构成部分，必然会影响着日常生活，因此它的动态性使人们日常生活被重新定义。

从最基本的衣食住行来看，我们可以看到相关网络语言，它们并非凭空产生，而是借由互联网技术发展所带来的技术载体而产生。技术对青少年生活方式的形塑已经渗透到青少年的日常生活中，特别是技术对青少年交往空间的生产、互联网虚拟与物理现实之间的切换、对身体与意识的征用与占有使得技术影响并形塑了包括青少年的思维习惯、语言使用、审美情趣、消费观念等人文属性特征与日常生活形态。技术的"在场"与"展现"，使得网络语言的意义生产，形成了一种有效的技术文化塑造与传播的过程。[②] 此时，网络语言始终是青少年与技术关系及意义的一种生活方式再现。这种关系也通过网络语言的使用与传播变得更加有意义。

其次从社会关系来看，网络语言通过社会关系实现流动的同时也建构了人们的社会关系。例如前文所提到的关于网络语言对话语策略、话语方式、话语内容的影响与重构，网络语言的传播逻辑形成一种游戏化的规则，这些都促进了新的日常交往与社会关系的生成。从前文实证调查来看，不难总结出社会生活层面上的网络语言多维嵌入途径。从社会生活层次来看，文化、经济、政治也是网络语言嵌入的常见领域，无论是语言边界的改变还是话语模式与思维结构的改变最终都是在社会生活

[①] 高丙中：《西方生活方式研究的理论发展叙略》，《社会学研究》1998年第3期。
[②] 张约翰：《技术的逻辑：青少年网络语言研究的路径转向及范式突破》，载巢乃鹏《中国网络传播研究》，南京大学出版社2016年版，第59页。

情境中发生,从而改变生活方式。

网络语言刷新生活方式的实质过程是网民、互联网、生活方式相互影响的过程。而网络嵌入了生活,才有了网络生活,从而产生了网络语言。人与人之间实现文化流动,才创造出新的语言,形成话语权的争夺。在这些过程中,生活方式作为网络语言实践的空间也在同时因时代发展而不断被改变。在某一时间和空间下,网络语言嵌入日常生活会产生阶段性的结果,无论从语言生态环境来看,还是从个人的思维认知来看,语言再生产作为一种结果不仅仅是语言本身的延伸,更是对人和生活的重构,最终指向新的生活方式。

第三节 回到网络文化:从文化圈层到景观社会的网络语言传播

每一种语言的背后都有历史的发展与文化的演变,青少年网络语言不应被放置于主流话语的对立面,而应从青少年网络与文化的视角下进行解读。青少年网络文化具有多层次、多角度特征,不同的网络文化衍生出多元化的网络语言,继而形成圈层内外的语言流转。可以说,网络景观是多样化的网络语言生产的重要原因。青少年则在沉浸式的文化氛围中习得了丰富的网络语言。

1. 文化圈层间的网络语言流转

趣缘关系将人们划分成一个个圈子。因此圈子通常就是指具有相同爱好、兴趣或者为了某个特定的目的而联系在一起的人群。从网络语言的来源类型来看,亚文化圈子的文化渗透或许是网络语言日常化的一个重要原因。其中动漫、粉丝、游戏三大文化圈的网络语言渗透,就是使一部分小众语言随着圈际之间的交往嵌入到主流文化之中。

比如,一些已经在日常生活中流行的网络语言来源于ACG文化。这一文化源于日本,并且多在青年和青少年之间流行。由于动漫或动画中的人物具有二维空间的属性,因此动漫世界又被称为二次元。而网络

第十章

结语：生活方式视角下网络语言传播再解读

语言走进日常生活正是打破"次元墙"的一个过程。打破次元墙的路径则是圈内人与圈外人的交往。而圈内人形成的话语场会逐渐渗透到其所处的其他群体中，网络语言则会因为群体与群体的交叉而流转。

还有大量的网络语言来源于粉丝圈，也就是迷群体，粉丝文化似乎成为圈内人展示"信仰"的场所。粉丝圈群体往往因为同一个偶像而保持观点的高度一致性。粉丝群体也有自己的文化，每一个粉丝群体都围绕其偶像展开。在日常生活中，基于某一偶像而连接的粉丝们实际上又分布在各个空间，具有不同的社会分工，因此他们的粉丝语言能够在各种传播分支下进入社会生活。总体来看，传播"信仰"是粉丝圈内语言走出圈外的一个重要原因。走出圈外即进入公众视野。于是，网络语言首先通过迷群体的线下交往得以流动，其次通过迷群体的网络造势得以传播，此外还通过群体间的相互博弈而逐渐相互渗透。

如今，在网络社区大规模兴起的同时，也为青少年提供了趣缘圈的交往空间。更进一步看，趣缘群体是一种以身份认同为基础的亚文化体系，并形成"圈子化"的文化传播机制。而每个圈子都有其独特的圈子语言，如游戏圈、动漫圈、粉丝圈等。因此，伴随着共同性及趣缘关系的"圈子"是网络语言产生及传播的重要途径。一方面圈子内部生产话语、传播话语、改造话语。另一方面圈子与圈子之间也在日常生活中形成互动关系，并且基于人群的互嵌，实现文化的融合，形成人际关系和文化结构的重新整合。

2. 景观社会中的网络语言幻象

德波（Guy Debord）提出："景观并非一个图像集合，而是人与人之间的一种社会关系，通过图像的中介而建立的关系。"在德波看来，景观是一种建构起来的幻象，以各种不同的影像为其外部显现形式。因而，景观与读图时代的到来有密切关系，景观就是通过图像建构起来的虚拟景象。"从整体上理解景观，它不仅是占统治地位的生产方式的结果，也是其目的。景观不是附加于现实世界的无关紧要的装饰或补充，它是现实社会非现实的核心。在其全部特有的形式——新闻、宣传、广告、娱乐表演中，景观成为主导性的生活模式。"①

实际上，个体在网络景观社会的生活方式已经几乎影视化了。网络青年通过制作影视化的作品来建构自己的生活方式。在抖音、快手、微博、微信等社交平台上已是常态。在网络媒介技术不断发展与普及之下，个体通过图片、文字、视频等多元方式得到了更多层次、多角度的展现。在这种社交景观中，青少年通过积极营造出想给他人所展现的理想形象，上演着有网络前台表演。这就使青少年有关自我生活的每个细节几乎都已经被异化成景观的形式，网络语言就是这一景观社会之下的产物。网络语言具有文化附加值，通过这种文化符号，人们可以在宏观社会中形成某种消费景观世界，最终这样的消费景观世界部分被嵌入在主流生活中。可以说，网络语言以日常生活为依托空间，以狂欢为传播姿态，在生产者、使用者和传播者的主动借势与被动生产中创造新的语义，并使新的语义嵌入原本的语言体系之中。

网络语言在传播过程中就已经与社会发生关联，因此也总是随着社会的变迁而变化。然而，随着网络景观的不断出现，网络乱象也层出不穷。低俗、暴力等不健康的网络景观催生出相应的网络语言，这很大程度上污染了网络文化环境以及网络语言生态。因此网络语言是社会的一面镜子，受到社会发展、社会心理等多方面的影响，从而使不同的网络语言反映不同的事物或问题。网络语言的流行一方面成为不可忽视的流行文化景观，另一方面也体现了社会存在的问题。同时网络语言也在一定程度上反映了互联网技术的发展。网络语言不仅仅是一个语言问题，还是新媒体时代下的文化现象。

第四节　理解网络语言：不容忽视的时代标签与集体叙事

在二十多年的时代变迁中，我国的互联网技术发生了巨大的变化，

---

① ［法］居伊·德波：《景观社会》，张新木译，南京大学出版社2017年版，第174页。

第十章

结语：生活方式视角下网络语言传播再解读

人们的生活方式也发生了翻天覆地的变化。互联网技术嵌入到人们的生活方式中，建构出一种数字生活空间，重构了人们原有的生活形态。基于生活方式的变化，网络语言也不断更迭，并成为时代的标签。

1. 数字生活空间的互联网建构

互联网普及至今经历了四个重要的阶段，第一阶段是互联网的发端，互联网主要作为信息传输技术而存在，这一阶段改变了社会生活中日常通信技术，通过互联网进行交流是当时少数人的休闲方式。在第二阶段，互联网开始成为社会交往的工具，博客等论坛拓展了交流的空间，网络发言、网民互动越来越频繁。在第三阶段，互联网真正成为社会生活的延伸，互联网不再仅仅与计算机产生联系，它还与手机、平板电脑结合，因此上网成为人们日常生活最基本的需求。在第四阶段，个人互联网应用发展成为主要内容，在手机与互联网的合力下，互联网发展从量变达到了质变，APP作为日常生活的工具被嵌入在生活的各个领域中，打造出了互联网统一体[1]。

自互联网问世以来，互联网的概念就一次次地被重新定义，其意义在技术和社会的变革中不断迭代。在《第二媒介时代》中，马克·波斯特（Mark Poster）提出，传播的互动是第二媒介时代的重要特征[2]，此后互联网彻底实现了人们接受与传播信息的同步。当互联网全球化、网络技术平台日益更新，人们生活在真实与虚拟这两个相互渗透的世界中，并且利用互联网实现娱乐、消费、交往等。

在互联网发展早期，人们对其认知还停留在新兴媒介上，认为互联网是一种创新的媒介，相比于传统媒体，它具有更大的传播范围、更强的互动性。如今，更多的学者开始使用空间理论解释互联网。换言之，互联网不再是一种"媒介"，而是一种"空间"。有学者在讨论数字时

---

[1] CNNIC：《中国互联网络发展状况统计报告》第1—39次，http://www.cnnic.net.cn/，2019年12月15日。

[2] [美]马克·波斯特：《第二媒介时代》，范静哗译，南京大学出版社2000年版，第45页。

代的营销时提出"数字生活空间"这一概念,这是一种依托数字技术,对人们日常生活中的各种信息传播和交流活动进行虚拟的呈现、还原和放大①。互联网之所以不被认为是媒体,而被定义为数字生活空间,其根本原因是这种传播形式并不是媒体传播形式。互联网在本质上不同于媒体,而是超越了媒体。

列斐伏尔(Henri Lefebvre)在《空间的生产》中提出了"空间是社会的产物",他指出"空间不是某种特定的产品,而是一种关系"。互联网所带来的"数字生活空间"并不是一种简单的空间产品,其中蕴含了复杂的社会关系。有学者据此提出,数字媒介所创造的虚拟空间不仅仅是现实空间的再现,虚拟和现实两种空间的连接和互嵌生成了一种全新的"空间"。这种空间通过对虚拟和想象的再现获得了"可见"的媒介性,从而表征了人与人、个体与社会的社会性关联②。

目前来看,互联网已经具备了"媒介"和"社会"双重属性。人们通过互联网进行宣传、获取信息,也通过多样化的网络平台进行生活。另一方面,互联网所生产的价值远不止于此,它还建构了一种具有社会属性的意义空间,重构着人们的生活方式。而且随着人们日常生活的不断网络化,互联网拓展了人们的日常生活空间,改变了日常生活的结构。布迪厄在《社会空间与象征力》中赋予空间一词以学术意义。他的空间论述建立在"社会空间"这一概念上并与其理论支撑的资本、惯习等紧密联系③。由此不难理解,互联网所建构的空间并非简单的扩大,而是结构上的重组,并且形成了一种新的生活方式,其中规则、习惯、话语等都有所改变。

在互联网嵌入日常生活的过程中,也从结构层面整合并交叉了日常生活本身,使日常生活的空间不断延伸。这一延伸的空间也为网络语言

---

① 陈刚、沈虹、马澈、孙美玲:《沉浸传播:第三媒介时代的传播范式》,清华大学出版社2018年版,第8—10页。
② 李耘耕:《从列斐伏尔到位置媒介的兴起:一种空间媒介观的理论谱系》,《国际新闻界》2019年第11期。
③ 高宣扬:《布迪厄的社会理论》,同济大学出版社2004年版,第136—140页。

第十章
结语：生活方式视角下网络语言传播再解读

的流动提供了契机。而语言不能离开社会文化而存在，所谓文化就是社会遗传下来的习惯和信仰的总和，由它可以决定我们的生活组织。因此网络语言背后是一种文化符号，或者说网络语言本身就是一种文化现象。网络语言之本身就是社会文化的标志，它跟当代人的日常生活结合在一起，以至于这种流行的文化已经成了人们的生活方式。

2. 网络技术嵌入日常生活的集体叙事

在上20世纪末和21世纪初期，互联网刚刚开始走进普通家庭，网络技术尚处于普及阶段。在当时的情境下，网络语言就像一种时尚和潮流文化，能够理解并且会使用网络语言的群体被认为是时尚的先锋或社会的精英。此后社交网络时代实现了网民的日常互动，网络因其"匿名发言"的特征而成为众人狂欢的阵地。在互联网发展的历程中，网络以润物细无声的方式嵌入了人们的日常生活中。人们已经从以往安排固定时间上QQ、上论坛，到现在安排固定时间逃离网络。也可能每天会使用百度一百次，因为它就是现代人的词典；每天打开微博五十次，因为不想错过任何信息。定期写日志，因为不知道与谁诉说。这些可能都是互联网带来的日常生活。如今，在移动自媒体的时代，人们的生活被手机应用软件安排。互联网与日常生活的多种元素结合，因此产生了"互联网+"生活，"互联网+"使日常生活不再过度区分线上和线下两种空间。

语言本身就是一种文化表征。在时间的历程中，每一次的变革都会引发新的时尚，在不同的实践空间里，语言会注入新的内容。不少人使用网络语言，其实是追赶时尚的表现。这种必然性还表现为新词的不断爆发，一旦爆发便成为时尚和潮流的表征。作为具备现代性的流行文化，网络语言具有周期性，是一种超越语言的特殊符号。它还兼具了流行文化的趋同和标异的特征。网络语言出现之初，网民们蜂拥而至地追赶，并运用到日常聊天中。当流行语已经脱离小众实现大众化时，这部分网络语言开始被称为"普遍现象"而非"流行文化"。新的文化表征体系就会重新出现，旧有的文化很快就会在生活中淡化，成为生活方式

— 389 —

的一部分。

　　网络语言起源于技术化的语言，并一直被网络技术影响着。早期表现出明显的技术化趋向，即网络语言具有键盘化输入特征以及互联网技术特征，如首字母简写、表情符号、包含技术名词的句式。其后则表现出丰富性及多样化的特征，但同时技术化的网络语言没有消逝，而是随着技术的发展而不断充实，如智能手机之后表情符号由标点符号的简单组合衍生为更具画面感的表情符号。与此同时，网络语言的表现形式已经不再仅仅被技术操纵，而是同时被刻上了时代的烙印。

　　互联网技术总是在一次又一次的浪潮中刷新人们的生活方式。在这里，互联网并不只是媒介，更是一种生活综合体，它与社会共同演变。托夫勒（Alvin Toffler）在"第三次浪潮"中深刻反思了人们的生活被技术化以后所带来的种种生活方式、核心家庭、政治权利、人类文明等问题①。而网络语言只是在这一电子信息技术浪潮中的微观世界。网络语言因技术衍生而来，它又影响着人们的生活和文明，但透过这一微观世界，我们将会看到一个信息时代的整体图景。

　　我们必须承认的是，每个时代都有这个时代的语言特色，当我们进入互联网时代的时候，就注定语言必须有承载新势力的重任，这个时代的语言自然会烙上"网络"的印记，事实上可以积极地认为当网络作为一种新时代产物所带来的语言发展，就更能够促进我国语言文化的发展，有效地推进语言生态环境的发展与变化，并维持语言生态的动态平衡。

　　当前，我们应当从辩证的角度看到网络语言，分析清楚网络语言产生与发展的来龙去脉，厘清其中的传播机理作用。同时也要从青少年自身的视角出发，了解他们眼中的网络语言以及他们自己的生活方式。关注青少年亚文化，紧跟互联网发展，这样才能够处理好网络语言与青少年语言生活方式之间的关系，以及解释好网络语言与其他环境因素如何

---

① ［美］阿尔文·托夫勒，《第三次浪潮》，黄明坚译，中信出版社2006年版，第4页。

第十章

结语：生活方式视角下网络语言传播再解读

共同建构良好的青少年生活方式问题，对网络语言环境的引导以及青少年生活方式健康塑造的战略指导具有重要的社会意义。

此时，需要我们明白且肯定的是：不管处于哪个时代，不同文化层次、经济地位、年龄结构的群体在多元化的社会背景下，对于文化理解和追求的多样性以及社会心态的差异性日益明显，每一个不同的群体都有其各自的经济、文化以及价值诉求。现在的年轻人在把互联网当作获取信息的平台的同时，也将网络空间当作一个展示个性和抒发情感的平台。

网络语言生产与传播的集体性和广泛性更多的是一种娱乐或情感宣泄，是以追求群体区隔而形成的年轻人彼此之间的传播默契，是年轻人与文化、社会融合后的时代产物。无论主动还是被动，网络中的语言戏剧经过年轻人的创作和传播后更加趣味十足、层次丰富、不断出新，现实中的年轻人却依然要为生活和学业而持续奋斗，年轻人的世界因为网络的存在而变成一个具有前台、后台的舞台剧，前台线上的行为不等于后台线下行为的延伸，二者甚至可能是截然相反的，这正是我们借由网络语言得以窥视到的当代年轻人日常生活的集体表象。

世界还是那个世界，年轻人还是自古以来的年轻人。变的是社交渠道和平台、表达工具和形式，不变的依然是每一代年轻人们对伙伴的追逐、对认同的渴望、对情感抒发的真实需求。人类的悲欢并不相通，但当我们回顾自己的年少岁月时，似乎这一代年轻人的诸多行为都似曾相识，我们便也能够给予他们更多的理解与宽容。

发现和理解了这一点，也许就是本书的学术价值之所在。

参考文献

一　中文著作

蔡骐:《大众传播时代的青少年亚文化》,岳麓书社2011年版。

仓理新等:《流行语折射的网络文化》,旅游教育出版社2012年版。

陈向明:《质的研究方法与社会科学研究》,教育科学出版社2000年版。

单波:《跨文化传播的问题与可能性》,武汉大学出版社2010年版。

费孝通:《乡土中国》,北京三联书店1985年版。

费孝通:《乡土中国》,上海人民出版社2006年版。

费孝通:《乡土中国 生育制度》,北京大学出版社1998年版。

高宣扬:《流行文化社会学》,中国人民大学出版社2006年版。

郭景:《情感社会学:理论·历史·现实》,上海三联书店出版社2008年版。

胡疆锋:《伯明翰学派青年亚文化理论研究》,中国社会科学出版社2012年版。

胡泳:《众声喧哗:网络时代的个人表达与公共讨论》,广西师范大学出版社2008年版。

黄平年:《迈向和谐——当代中国人生活方式的反思与重构》,天津科学技术出版社2004年版。

吉益民:《网络变异语言现象的认知研究》,南京师范大学出版社2012年版。

李斌:《网络参政》,中国社会科学出版社 2009 年版。

李庆真:《生活在网络化时代的我们——网络化时代青年文化发展趋势研究》,浙江大学出版社 2014 年版。

李亦园:《人类的视野》,上海文艺出版社 1996 年版。

李永刚:《我们的防火墙:网络时代的表达与监管》,广西师范大学出版社 2009 年版。

刘永谋:《福柯的主体解构之旅:从知识考古到"人之死"》,江苏人民出版社 2009 年版。

吕巧平:《媒介化生存:中国青年媒体素质研究》,中国传媒大学出版社 2007 年版。

马中红、陈霖主编:《网络那些词儿》,清华大学出版社 2014 年版。

闵庆飞、王彦博:《社会化媒体的影响与应用》,科学出版社 2013 年版。

司马云杰:《文化社会学》,山东人民出版社 1986 年版。

孙海宁、王洪平:《管理要懂心理学》,北京理工大学出版社 2009 年版。

陶东风、胡疆锋:《亚文化读本》,北京大学出版社 2011 年版。

王家奇:《网络成瘾:关系与驱动》,中国水利出版社 2014 年版。

王永智、韩怀礼:《大学生思想道德修养》,西北大学出版社 2004 年版。

吴风:《艺术符号美学》,北京广播学院出版社 2002 年版。

徐宪江:《中国式人脉圈》,中国工人出版社 2011 年版。

杨国斌:《中国网民在行动》,广西师范大学出版社 2012 年版。

应星:《气与抗争政治》,社会科学文献出版社 2011 年版。

于根元:《网络语言概说》,中国经济出版社 2001 年版。

于建嵘:《抗争性政治:中国政治社会学基本问题》,人民出版社 2010 年版。

於红梅:《家居营造:上海都市中产的自我表达实践》,复旦大学出版社 2015 年版。

赵鼎新：《社会与政治运动讲义》，社会科学文献出版社2006年版。

赵宪章：《西方形式美学》，上海人民出版社1996年版。

郑满宁：《共振与极化：社交网络的动员机制》，人民日报出版社2016年版。

郑雯：《媒介化抗争：变迁、机理与挑战》，华夏出版社2015年版。

钟瑛、牛静：《网络传播法制与伦理》，武汉大学出版社2006年版。

周宪：《文化现代性与美学问题》，中国人民大学出版社2005年版。

朱立元：《现代西方美学史》，上海文艺出版社1993年版。

［美］埃弗雷特·M.罗杰斯：《创新的扩散》，辛欣译，郑颖译校，中央编译出版社2002年版。

［美］爱德华·霍尔：《超越文化》，何道宽译，北京大学出版社2010年版。

［美］保罗·莱文森：《莱文森精粹》，何道宽编译，中国人民大学出版社2007年版。

［美］保罗·莱文森：《新新媒介》，何道宽译，上海复旦大学出版社2014年版。

［美］布莱恩·阿瑟：《技术的本质：技术是什么？它是如何进化的》，曹东溟、王健译，浙江人民出版社2014年版。

［英］戴维·哈维：《后现代的状况——对文化变迁之缘起的探究》，阎佳译，商务印书馆2003年版。

［美］戴维斯沃茨：《文化与权力：布尔迪厄的社会学》，陶东风译，上海译文出版社2006年版。

［美］杜威：《经验与自然》，傅统先译，江苏教育出版社2005年版。

［德］斐迪南·滕尼斯：《共同体与社会》，林荣远译，北京大学出版社2010年版。

［德］甘特·绍伊博尔德：《海德格尔分析新时代的技术》，宋祖良译，中国社会科学出版社1993年版。

［加］戈夫曼：《日常生活中的自我呈现》，冯钢译，北京大学出版社2008年版。

［美］克莱·舍基：《未来是湿的：无组织的组织力量》，中国人民大出版社2009年版。

［美］克利福德·G.克里斯琴斯：《技术哲学与国家形象建构》杨悦译，载单波、刘欣雅主编《国家形象与跨文化传播》，社会科学文献出版社2017年版。

［美］李·雷尼、［美］巴里·威尔曼：《超越孤独：移动互联时代的生存之道》，杨伯淑、高崇等译，中国传媒大学出版社2015年版。

［英］理查德·道金斯：《自私的基因》，卢允中、张岱云、陈复加、罗小舟译，中信出版社2012年版。

［法］列维·布留尔：《原始思维》，丁由译，商务印书馆2017年版。

［英］罗杰·西尔弗斯通：《电视与日常生活》，陶庆梅译，江苏人民出版社2004年版。

［法］罗兰·巴特：《流行体系：符号学与服饰符码》，敖军译，上海人民出版社2000年版。

［美］马克·波斯特：《第二媒介时代》，范静晔译，南京大学出版社2000年版。

［加］马歇尔·麦克卢汉：《理解媒介（增订评注本）》，何道宽译，南京：译林出版社2011年版。

［加］马歇尔·麦克卢汉：《理解媒介：论人的延伸》，何道宽译，商务印书馆2000年版。

［美］玛格丽特·米德：《文化与承诺——一项有关代沟问题的研究》，周晓虹、周怡译，河北人民出版社1987年版。

［美］尼尔·波兹曼：《娱乐至死》，何道宽译，广西师范大学出版社2011年版。

［美］尼葛洛庞帝：《数字化生存》，胡泳、范海燕译，海南出版社1996年版。

［美］尼古拉斯·卡尔：《浅薄：你是互联网的奴隶还是主宰者》，刘纯毅译，中信出版集团 2015 年版。

［英］诺曼·费尔克拉夫：《话语与社会变迁》，殷晓蓉译，华夏出版社 2003 年版。

［加］欧文·戈夫曼：《日常生活中的自我呈现》，冯钢译，北京大学出版社 2008 年版。

［爱尔兰］Paul Adams：《小圈子·大社交：利用圈子引爆流行》，王志慧译，人民邮电出版社 2013 年版。

［德］齐奥尔格·西美尔：《时尚的哲学》，费勇译，文化艺术出版社 2001 年版。

［英］齐格蒙特·鲍曼等：《流动的现代性》，欧阳景根译，上海三联书店 2002 年版。

［美］乔纳森·特纳、［美］简·斯戴兹：《情感社会学》，孙俊才、文军译，上海人民出版社 2007 年版。

［日］三浦展：《下流社会》，陆求实、戴铮译，文汇出版社 2007 年版。

［美］斯蒂文·小约翰：《传播理论》，中国社会科学出版社 1999 年版。

［德］卫礼贤：《金华养生秘旨与分析心理学》，荣格·通山译，东方出版社 1993 年版。

［英］西尔弗斯通：《电视与日常生活》，陶庆梅译，江苏人民出版社 2004 年版。［奥地利］西格蒙德·弗洛伊德：《诙谐及其与无意识的关系》，国际文化出版社 2001 年版。

［美］约翰·费斯克：《理解大众文化》，王晓珏、宋伟杰译，中央编译出版社 2006 年版。

［美］约翰·费斯克等：《关键概念：传播与文化研究辞典》，李彬译注，新华出版社 2004 年版。

［美］约翰·盖格农：《性社会学》，内蒙古大学出版社 2009 年版。

［美］约书亚·梅罗维茨：《消失的地域：电子媒介对社会行为的影响》，肖志军译，清华大学出版社 2002 年版。

［美］詹姆斯·J.斯科特：《弱者的武器》，郑广怀、张敏、何江穗译，译林出版社 2011 年版。

［美］詹姆斯·凯瑞：《作为文化的传播》，华夏出版社 2005 年版。

二　中文期刊

《热词》，《中国社会保障》2016 年第 9 期。

《锐话题》，《课堂内外（高中版）》2016 年第 12 期。

敖成兵：《新媒体视域下的青年"污文化"现象解读》，《山西青年职业学院学报》2018 年第 3 期。

白佩君：《论塔尔寺的神圣空间及圣迹文化圈构建》，《青海社会科学》2016 年第 5 期。

毕天云：《布迪厄的"场域—惯习"论》，《学术探索》2004 年第 1 期。

蔡骐：《SNS 网络社区中的亚文化传播——以豆瓣网为例进行分析》，《当代传播》2011 年第 1 期。

蔡骐：《网络时代趣缘文化传播的兴起》，《中国社会科学报》2011 年 11 月 13 日第 7 版。

蔡骐：《网络虚拟社区中的趣缘文化传播》，《新闻与传播研究》2014 年第 9 期。

蔡晓梅、刘晨、曾国军：《社交媒体对广州饮食文化空间的建构与重塑》，《人文地理》2013 年第 6 期。

蔡之国、余梦阳、穆雪峰：《围观式政治参与：对话的新形式》，《网络传播》2014 年第 7 期。

曹博林：《社交媒体：概念、发展历程、特征与未来——兼谈当下对社交媒体认识的模糊之处》，《湖南广播电视大学学报》2011 年第 3 期。

曹进、靳琰：《网络强势语言模因传播力的学理阐释》，《国际新闻界》2016 年第 2 期。

曹进：《符号学视域下的汉语网络语言传播研究》，《现代传播》2009年第6期。

曹进：《网络语言传播的"模仿"与"复制"》，中国传媒大学第二届全国新闻学与传播学博士生学术研讨会论文集，北京，2008年4月。

曾润喜、杨琳瑜：《"依网抗争"：社会转型期的互联网与抗争政治——基于"唐慧事件"的研究》，《电子政务》2013年第4期。

陈保亚：《论意义的两个来源和语言哲学的任务：从语言游戏规则和安慰的还原说起》，《北京大学学报（哲学社会科学版）》2006年第1期。

陈菲：《网络时代的"语言暴动"》，2016年1月17日，http：//cul.qq.com/a/20160117/013642.htm。

陈刚：《公共门户、个人入口与个人数字生活空间》，《广告大观（综合版）》2011年第10期。

陈功：《保罗·莱文森的媒介演进线路图谱》，《当代传播》2012年第2期。

陈华文：《论民俗文化圈》，《广西民族大学学报（哲学社会科学版）》2001年第6期。

陈慧、许丹阳、杨智辉：《大学生神经质与智能手机成瘾：序列中介效应分析》，《中国临床心理学杂志》2017年第5期。

陈慧、许丹阳、杨智辉：《大学生神经质与智能手机成瘾：序列中介效应分析》，《中国临床心理学杂志》2017年第5期。

陈静静：《网络语言的互联网群体传播本质及互动》，《当代传播（汉文版）》2017年第4期。

陈力丹：《自我传播与自我传播的前提》，《东南传播》2015年第8期。

陈琳琳：《网络粗俗语研究》，《信阳农业高等专科学校学报》2009年第4期。

陈霖：《新媒介空间与青年亚文化传播》，《江苏社会科学》2016年第4期。

陈民镇：《评〈早期中国——中国文化圈的形成与发展〉》，《中国史研究动态》2017 年第 6 期。

陈然：《自嘲何尝不是一种智慧》，《学苑教育》2017 年第 5 期。

陈田、陈志红：《浅析电视节目娱乐化现象》，《商情》2012 年第 24 期。

陈万怀：《网络流行语的社会传播意义和功用解析》，《新闻界》2013 年第 17 期。

陈文敏：《数字交往中的"污名感"：网络秽语的体认传播论》，《吉首大学学报（社会科学版）》2017 年第 1 期。

陈文敏：《网络秽语的污名化传播及其伦理困境》，《南京社会科学》2016 年第 6 期。

陈新葵、张积家等：《语言在情绪理论中的作用：从基本情绪观到心理建构观中的概念行为模型》，《西北师范大学学报（社会科学版）》2017 年第 3 期。

陈旭光、宋奇勋：《"佛系"话语的记忆建构与意义实践》，《中国青年社会科学》2019 年第 1 期。

陈一愚：《论网络语言的泛娱乐与轻政治倾向 ——基于受众视角的媒介文化研究》，《新闻知识》2016 年第 4 期。

陈岳芬、李立：《话语的建构与意义的争夺——宜黄拆迁事件话语分析》，《新闻大学》2012 年第 1 期。

成伯清：《情感的社会学意义》，《山东社会科学》2013 年第 3 期。

但海剑、石义彬：《后现代语境下的网络语言研究》，《湖北大学学报（哲学社会科学版）》2009 年第 5 期。

邸焕双、王玉英：《网络语言信息传播的条件及对人际交往的影响》，《情报科学》2014 年第 7 期。

丁未：《新媒体与赋权：一种实践性的社会研究》，《国际新闻界》2009 年第 10 期。

杜丹：《网络涂鸦中的身体重塑与"怪诞"狂欢》，《青年研究》2015 年第 5 期。

杜友君、杜恺：《20 年：从 Web 到 APP，从开放到圈子——我国网络社交工具展历程简析》，《现代传播》2014 年第 10 期。

范梦：《人类文化圈简论》，《山东师大学报（社会科学版）》1998 年第 2 期。

范松仁：《青少年网络交际话语的伦理要求》，《经济与社会发展》2008 年第 7 期。

方伟、聂晨：《国内外青少年网络参与研究述评与展望》，《中国青年政治学院学报》2015 年第 1 期。

房玲：《印象管理综述》，《社会心理科学》2005 年第 3 期。

风笑天、孙龙：《虚拟社会化与青年的角色认同危机——对 21 世纪青年工作和青年研究的挑战》，《青年研究》1999 年第 12 期。

冯凡彦：《论舍勒价值情感现象学中的情感理性》，《兰州学刊》2009 年第 3 期。

傅福英，卢松琳：《论网络语言的进化及特色——以模因论为视角》，《南昌大学学报（人文社会科学版）》2010 年第 4 期。

高媛：《基于模因论的网络语言》，《湖北经济学院学报》2008 年第 5 期。

龚世学：《论中原文化圈的圈层体系、文化属性及地位》，《语文学刊》2012 年第 12 期。

顾璇、金盛华：《青少年网络自我展示及其特点——基于虚拟人种志的初步研究》，中国心理学会·第十五届全国心理学学术会议论文摘要集，广州，2012 年 1 月。

郭亮：《解读"网络流行语"中的青少年网络舆论表达——"网络流行语"对青少年语言、思维习惯的影响研究综述》，《文化学刊》2016 年第 7 期。

郭祺佳：《高校青年网络政治参与研究》，《中外企业家》2011 年第 22 期。

郭文革：《教育的"技术"发展史》，《北京大学教育评论》2011 年第 3 期。

郭小安、杨绍婷：《网络民族主义运动中的米姆式传播与共意动员》，《国际新闻界》2016 年第 11 期。

郭晓晖：《技术现象学视野中的人性结构——斯蒂格勒技术哲学思想述评》，《自然辩证法研》2009 年第 7 期。

韩红星、赵恒煜：《基于裂变式传播的新媒体噪音初探——以微博为例》，《现代传播》（中国传媒大学学报）2012 年第 7 期。

韩林合：《维特根斯坦论"语言游戏"和"生活形式"》，《北京大学学报》（哲学社会科学版）1996 年第 1 期。

何洪峰：《从符号系统的角度看"网络语言"》，《江汉大学学报：人文科学版》2003 年第 1 期。

胡海：《"流动"与"关系"——"网络社会"权力场域分析的新起点》，《现代传播》（中国传媒大学学报）2016 年第 10 期。

胡疆锋、陆道夫：《抵抗、风格、收编——英国伯明翰学派亚文化理论关键词解读》，《南京社会科学》2006 年第 4 期。

胡疆锋：《从"世代模式"到"结构模式"——论伯明翰学派青年亚文化研究》，《中国青年研究》2008 年第 2 期。

胡钰、吴倬：《互联网对青年价值观的负面影响》，《青年研究》2001 年第 3 期。

黄德良：《论无意识在精神结构中的意义》，《青海社会科学》1990 年第 6 期。

黄杰：《互联网使用、抗争表演与消费者维权行动的新图景——基于"斗牛行动"的个案分析》，《公共行政评论》2015 年第 4 期。

黄少华：《青少年网民的网络交往结构》，《兰州大学学报》（社会科学版）2009 年第 1 期。

黄盈盈、潘绥铭、王东：《定型调查："求同法、求异法"与"求全法"的不同性质》，《中国人民大学学报》2008 年第 4 期。

蒋建国、李颖：《网络涂鸦表情包：审丑狂欢抑或娱乐的大麻》，《探索与争鸣》2017年第1期。

蒋正和：《女生节悬挂污标语成因分析——一起情境定义错位的偶发事件》，《韩山师范学院学报》2016年第5期。

劲松、麒珂：《网络语言是什么语言》，《语文建设》2000年第11期。

李晨璐、赵旭东：《群体性事件中的原始抵抗——以浙东海村环境抗争事件为例》，《社会》2012年第5期。

李春玲：《全球化下的"90后"大学生：数字化生存与文化、物质消费》，《青年研究》2014年第6期。

李宏伟：《技术审美取向的时代变迁》，《科学技术哲学研究》2007年第2期。

李明洁：《流行语：民间表述与社会记忆——2008—2011年网络流行语的价值分析》，《探索与争鸣》2013年第12期。

李娜、胡泳：《社交媒体的中国道路：现状、特色与未来》，《新闻爱好者》2014年第12期。

李世亮：《网络社区中的"小世界网络"现象研究》，《传媒观察》2011年第2期。

李铁范、张秋杭：《网络语言的负面影响与规范原则》，《当代修辞学》2006年第2期。

李蔚然：《网络语言交际对语言交际原则的运用和偏离》，《吉林大学社会科学学报》2004年第2期。

李旭平：《语域理论模式下的网络交际和网络语言》，《外语电化教学》2005年第5期。

李艳杰、许远理、薛冬霞：《论情绪研究的三种取向》，《湖南人文科技学院学报》2011年第3期。

李耘耕：《从规训到流动：数字媒介网络的权力实践模式转变》，《学术研究》2018年第3期。

廉如鉴：《"差序格局"概念中三个有待澄清的疑问》，《开放时代》2010年第7期。

寥寥：《"污合之众"从何而来？》，《中国青年》2016年第20期。

林品：《从网络亚文化到共用能指——"屌丝"文化批判》，《文艺研究》2013年第10期。

刘国建：《网络社会的特性及哲学思考》，《学术研究》2002年第2期。

刘国强、袁光锋：《论网络流行语的生产机制——以"躲猫猫"事件为例》，《现代传播（中国传媒大学学报）》2009年第5期。

刘汉波：《表情包文化：权力转换下的身体述情和身份建构》，《云南社会科学》2017年第1期。

刘金、曾绪：《模因论视觉下网络语言的变异现象分析》，《西南科技大学学报（哲学社会科学版）》2009年第2期。

刘珂、佐斌：《网络人际关系与现实人际关系一体论》，《云南师范大学学报（哲学社会科学版）》2014年第02期。

刘晴、王伊欢：《网络女性污语的社会性别伦理分析》，《伦理学研究》2018年第2期。

刘森林：《生活方式与语言意义：后期维特根斯坦语言哲学探讨》，《江西社会科学》2013年第11期。

刘涛：《网络造句：公共议题构造的社会动员与公共修辞艺术》，《江淮论坛》2012年第1期。

刘天明：《论网络语言和网络人际传播》，《长白学刊》2008年第2期。

刘天明：《网络人际传播的主体研究》，《社会科学战线》2009年第12期。

刘伟、段博：《从网络语言的流行看网络媒体的议程设置》，《东南传播》2008年第11期。

刘雅静：《"葛优躺"背后的退缩型主体——"丧文化"解读及其对策》，《中国青年研究》2018年第4期。

刘泱、李奕雅、李璐：《污文化：被污名化的传播形态——基于我国大学生网络传播行为的分析》，《今传媒》2018年第10期。

刘雨花：《公众记忆中网络新闻的遗忘》，《声屏世界》2016年第10期。

刘郁：《青少年网络语言使用的社会心理学探析》，《贵州社会科学》2009年第6期。

刘运来：《网络趣缘群体中的老子文化传播研究》，《西部广播电视》2017年第7期。

刘运来：《网络趣缘文化视域下电影评论的迭代及其新生态构建》，《当代电视》2017年第7期。

刘长城：《网络时代青少年社会化模式的转变》，《青年探索》2007年第5期。

刘中起、风笑天：《虚拟社会化与青少年角色认同实践研究》，《黑龙江社会科学》2004年第2期。

刘中望：《媒介新技术：互联网与当代生活方式》，《湘潭大学学报（哲学社会科学版）》2010年第1期。

柳海涛：《解析集体意向》，《自然辩证法研究》2012年第8期。

卢家银、段莉：《互联网对中国青年政治态度的影响研究》，《中国青年研究》2015年第3期。

卢鹏、韩昀：《伯明翰学派青年亚文化研究范式转换及权力的运作方式》，《青年探索》2015年第2期。

卢毅刚：《链接、开放与聚合——互联网时代人际关系建构的关键词》，《新闻研究导刊》2016年第17期。

陆健泽：《网络传播时代的恶搞文化解读——一个符号学的分析》，《新闻界》2016年第2期。

陆士桢、王蕾：《青年网络政治参与影响因素研究——基于定量研究的过程分析》，《中国青年政治学院学报》2013年第6期。

陆士桢、郑玲、王丽英：《对当代青年网络政治参与的理论分析》，《中国青年研究》2012年第7期。

陆玉林：《青年文化研究方法的谱系分析》，《中国青年政治学院学报》2014年第8期。

路双：《浅析网络趣缘群体的特征——以百度贴吧爆料贴为例》，《新闻世界》2015年第3期。

罗威：《刍议趣缘文化的兴起对电影产生的影响》，《艺术科技》2015年第7期。

罗自文：《网络趣缘群体的基本特征与传播模式研究——基于6个典型网络趣缘群体的实证分析》，《新闻与传播研究》2013年第4期。

罗自文：《网络趣缘群体中传播效果的价值专项：传播过程刍论》，《现代传播》2014年第8期。

麻国庆：《全球化：文化的生产与文化认同——族群、地方社会与跨国文化圈》，《北京大学学报》（哲学社会科学版）2000年第7期。

马广军：《群体传播视角下的网络语言现象研究》，《现代视听》2018年第9期。

马中红：《从亚文化到后亚文化—西方青年亚文化研究理论范式的流变》，《中国社会科学报》2010年第1期。

马中红：《青年亚文化：文化关系网中的一条鱼》，《青年探索》2016年第1期。

马中红：《商业逻辑与青年亚文化》，《青年研究》2010年第2期。

马中红：《文化资本：青年话语权获取的路径分析》，《中国青年政治学院学报》2016年第3期。

马中红：《在破坏中建构："小时代"的亚文化语言》，《文化纵横》2013年第5期。

茅丽娜：《从传统人际传播角度观瞻CMC人际传播》，《国际新闻界》2000年第3期。

梅智涵、卢家楣：《情绪一致性效应在课堂导入中的实证研究》，心理学与创新能力提升——第十六届全国心理学学术会议论文集，南京，2013年11月。

苗伟山、隋岩：《2015 年中国网络事件研究概述》，《国际新闻界》2016 年第 1 期。

倪邦文：《中国网络青年意见领袖的构成、特征及作用》，《中国青年研究》2011 年第 9 期。

倪东辉、程淑琴：《网络粉丝文化研究》，《蚌埠学院学报》2013 年第 1 期。

倪钢、孙殿玲：《论技术审美价值的形成》，《渤海大学学报》（哲学社会科学版）2006 年第 2 期。

聂静虹、王博：《多元框架整合：传统媒体都市集体行动报道方式探究——以番禺垃圾焚烧事件为例》，《新闻大学》2012 年第 5 期。

聂磊：《网络时代的虚拟社区及其成员参与模型》，《现代传播》2012 年第 8 期。

潘忠党：《"玩转我的 iPhone，搞掂我的世界！"——探讨新传媒技术应用中的"中介化"和"驯化"》，《苏州大学学报》（哲学社会科学版）2014 年第 4 期。

彭兰：《从"大众门户"到"个人门户"——网络传播模式的关键变革》，《国际新闻界》2012 年第 10 期。

彭兰：《个性化与社会化：Web2.0 时代信息消费的双重旋律》，《国际新闻界》2008 年第 3 期。

彭兰：《网络传播与社会人群的分化》，《上海师范大学学报》（哲学社会科学版）2011 年第 2 期。

彭柳、张梦丽：《微博"污文化"对大学生性开放度的影响实证研究——以广州市五所高校为例》，《新媒体研究》2018 年第 4 期。

彭梦盈：《网络综艺"污力全开"的成因及影响》，《东南传播》2017 年第 3 期。

彭榕：《现实的冷漠与网络的激情——青少年现实世界与网络世界政治参与的对比分析》，《中国青年研究》2011 年第 7 期。

彭文超：《青少年网络语言倭化问题与应对》，《教育科学研究》2016年第9期。

澎湃新闻、Jarod问吧：《"我是数字游民Jarod，如何一边工作一边周游世界，问我吧！"》，2018年3月19日，https：//www.thepaper.cn/asktopic_detail_10011325。

濮波：《欧文·戈夫曼的拟剧或表演社会化理论透视》，《剧作家》2016年第2期。

钱爱琴、方萍：《日源性词汇在汉语中流行原因之探析》，《佳木斯职业学院学报》2018年第1期。

钱晓宇：《文言与白话之争的当代反思——以五四白话文运动为中心探讨语言革新的复杂性》，《江西社会科学》2007年第5期。

秦洪亮：《"污"文化：欲望阀门下行中的身体谐谑》，《北京社会科学》2018年第5期。

秦兰珺：《论青年亚文化与互联网生产方式的互动》，《文艺理论与批评》2018年第4期。

邱杰：《网络文化对青少年社会化的负面影响及对策》，《淮南工业学院学报（社会科学版）》2002年第4期。

曲慧、喻国明：《受众世代的裂变：未来受众的生成与建构》，《福建师范大学学报（哲学社会科学版）》2019年第4期。

冉飞、杨明刚：《传播学视野下的网络用语分析》，《新闻世界》2012年第7期。

桑子文：《好来"污"在中国》，《中国青年》2016年第20期。

闪雄：《网络语言破坏汉语的纯洁》，《语文建设》2000年第10期。

邵莉、季金华：《权威关系的社会价值与合法性——对恩格斯、帕森斯和科尔曼之权威理论的解读》，《南京社会科学》2002年第3期。

施芸卿、罗滁：《"90后"大学生的数字化生存》，《青年研究》2014年第6期。

石国亮：《从网络语言看青年文化的反哺功能》，《中国青年研究》2009年第 7 期。

石义彬、吴世文、谭文若：《新媒体事件研究：话语运动与传播赋权——基于"我爸是李刚"事件的个案考察》，《中国媒体发展研究报告》2011 年。

史浩然：《微博意见领袖的社会影响力探析——以新浪微博为例》，《视听》2015 年第 5 期。

史青：《正式组织中"圈子"的属性及成因》，《天府新论》2010 年第 2 期。

舒也：《布莱希特与西方戏剧传统》，《湖北大学学报》（哲学社会科学版）2009 年第 2 期。

双爽：《互联网时代的语言"狂欢"——"网络秽语"的实证调查分析》，《传媒观察》2015 年第 3 期。

宋若涛：《基于口碑传播构建的 SNS 广告竞争力分析》，《当代传播》2011 年第 3 期。

宋少鹏、管田欣、史雅楠等：《身份认同与校园节日：高校女生节的讨论》，《妇女研究论丛》2016 年第 2 期。

苏涛、彭兰：《技术载动社会：中国互联网接入二十年》，《南京邮电大学学报》（社会科学版）2014 年第 3 期。

隋岩、周琼：《互联网群体传播时代的网络语言与准社会交往》，《社会科学战线》2016 年第 11 期。

孙丽燕：《虚拟社区中青少年网民网际互动的动机与规范》，《郑州航空工业管理学院学报》（社会科学版）2004 年第 4 期。

孙文峥：《被注视的时尚：当代青少年与网络语言的互动和互构》，《新闻界》2018 年第 6 期。

谭芳芳：《近二十年来汉语詈词詈语研究综述》，《盐城工学院学报》（社会科学版）2009 年第 3 期。

谭璐、何晓燕：《自媒体时代网络"污"文化传播中的青年受众需要分析》，《新闻研究导刊》2017年第6期。

汤燕、张新玲：《媒介融合背景下网络新闻语言失范问题研究》，《出版广角》2018年第2期。

汪堂家：《技术语言的泛化与技术的伦理定向》，《江海学刊》2004年第3期。

王斌：《"身体化的网络流行语：何为与为何——一个青年亚文化的社会学解读"》，《中国青年研究》2014年第3期。

王冰雪：《调侃·狂欢·抵抗——网络空间中民众化转向的另类表达与实践》，《新闻大学》2014年第5期。

王诚德：《从"知识青年"到"信息青年"》，《中国青年研究》2014年第9期。

王焕斌：《"网络社会"：内涵及其特征探析》，《江西社会科学》2003年第2期。

王佳鹏：《在狂欢感受与僵化结构之间——从网络流行语看网络青年的社会境遇与社会心态》，《中国青年研究》2016年第4期。

王淋：《浅议相同文化圈对汉语学习的影响——以日本为例进行分析》，《教育现代化》2017年第9期。

王鹏、侯钧生：《情感社会学：研究的现状与趋势》，《社会》2005年第4期。

王品芝等：《84.9%受访者觉得"污"文化会对青少年带来不良影响》，《中国青年报》2016年8月12日第7版。

王萍：《民间小戏：农民共同体文化圈之戏剧——以明清甘陕乡村民间小戏为主要讨论对象》，《戏剧》（《中央戏剧学院学报》）2017年第10期。

王卿、朱蓉等：《社交媒体平台中"污文化"对广州大学生性观念的影响探究》，《新闻研究导刊》2018年第6期。

王小青、徐川、刘晓:《论大学生网络意见领袖的理论依据、特征及管理机制》,《南京工程学院学报(社会科学版)》2013年第4期。

王晓升:《论语言的表达困境》,《社会科学研究》1994年第3期。

王妍:《"从符号学角度探究网络语言的特征"》,《湖北工业大学学报》2010年第6期。

王炎龙、夏赛楠:《网络语言强势模因的传播变异研究——基于2012—2016年度网络用语的分析》,《新闻界》2017年第8期。

王炎龙:《网络语言的传播范式》,《新闻界》2008年第5期。

王亦高:《试论语言与文化的互动关系——以"萨丕尔—沃尔夫假说"视角下的中英文时空观为例》,《国际新闻界》2009年第5期。

王钰:《浅析互联网"污文化"的传播及对策》,《传播研究》2016年第6期。

王铮:《多维视野下的网络趣缘群体研究——近十年来国内学术界对网络趣缘群体研究的文献分析》,《中国校外教育》2015年第12期。

卫甜甜:《浅谈趣缘群体对青少年的影响及引导措施》,《浙江青年专修学院学报》2011年第3期。

吴燕琼:《网络语言变异的模因解读》,《广东外语外贸大学学报》2009年第3期。

伍师瑶:《网络综艺"污文化"的反思——以〈奇葩说〉为例》,《媒介与文化研究》2018年第11期。

奚冬梅、隋学深:《网络热点事件的民间话语模式构建》,《青年研究》2014年第4期。

鲜垚:《"小社交"时代下社交媒体圈子化成因探析》,《新闻研究导刊》2016年第3期。

肖汉:《青年可污,浓淡适度》,《中国青年》2016年第20期。

肖伟胜、王书林:《论网络语言的青年亚文化特性》,《青年研究》2008年第6期。

肖伟胜：《作为青年亚文化现象的网络语言》，《社会科学研究》2008年第6期。

萧隆：《常让人"污"言以对的污染物》，《中国青年》2016第20期。

萧子扬、常进锋、孙健：《从"废柴"到"葛优躺"：社会心理学视野下的网络青年"丧文化"研究》，《青少年学刊》2017年第3期。

谢建晚：《陆定一的新闻定义及其他》，《采写编》2004年第3期。

谢玉进：《论网络趣缘关系》，《重庆社会科学》2007年第3期。

谢玉进：《网络趣缘群体与青少年发展》，《中国青年研究》2006年第7期。

星桥、王雅芳：《找回失落的人文精神——从"科学文化圈"和"人文文化圈"谈起》，《医古文知识》2002年第5期。

徐鹤、郑欣：《关系泛化与差序传播：青少年网络语言使用及其人际交往研究》，《中国青年研究》2018年第8期。

徐俊：《网络对青少年人格发展的影响及干预措施》，《培训与研究（湖北教育学院学报）》2002年第5期。

徐俊：《脏话的"基因突变"》，《中国研究生》2013年第6期。

许向东：《网络传播对我国青少年社会化的影响及应对策略》，《国际新闻界》2007年第7期。

薛亚青：《青少年使用移动媒体的行为分析：自我表达与技术赋权——基于初中生的访谈研究》，《青少年学刊》2016年第4期。

阎云翔：《差序格局与中国文化的等级观》，《社会学研究》2006年第4期。

燕道成、奂森元：《大数据时代青少年网络政治参与的新特点》，《学理论》2015年第31期。

杨国斌、张菁：《网络空间的抗争》，《复旦政治学评论》2012年第1期。

杨雨丹：《新闻惯习的产生与生产——惯习视角下的新闻生产》，《国际新闻界》2009年第11期。

叶玉露：《社交媒体网络直播综艺节目的现状及发展策略》，《河南社会科学》2016年第11期。

殷国明、李江：《批评：对文化圈层间隔的穿越》，《社会科学》2009年第7期。

尹连根：《框架之争：作为公共领域的微博空间——以深圳5.26飙车案为例》，《武汉大学学报（人文科学版）》2014年第2期。

尹小隐：《关于"污"的小历史》，《中国青年》2016年第20期。

于风：《丧文化传播中新媒体的角色分析》，《新闻研究导刊》2016年第23期。

喻国明、马慧：《关系赋权：社会资本配置的新范式——网络重构社会连接之下的社会治理逻辑变革》，《编辑之友》2016年第9期。

袁跃兴：《"污文化"须去"污"》，《中国艺术报》2016年8月22日第2版。

翟学伟：《再论"差序格局"的贡献、局限与理论遗产》，《中国社会科学》2009年第3期。

张佰明：《裂变传播模式推动微视频发展》，《中国传媒科技》2012年第5期。

张佰明：《嵌套性：网络微博发展的根本逻辑》，《国际新闻界》2010年第6期。

张佰明：《人的整体性延伸的传播形态—节点传播》，《现代传播》2014年第5期。

张斌、袁孟琪、黎志华等：《大学生人格特质与手机成瘾的关系：情绪体验的中介作用》，《中国临床心理学杂志》2017年第6期。

张大明、华琼：《古人创造委婉词语的方法》，《中医药文化》1990年第3期。

张继焦：《人类学民族学研究范式的转变：从"差序格局"到"社会结构转型"》，《西北师范大学学报（社会科学版）》2016年第3期。

张佳颖：《探讨文化圈层现象形成原因的自然环境因素》，《北京工业职业技术学院学报》2017年第7期。

张杰：《"陌生人"视角下社会化媒体与网络社会"不确定性"研究》，《国际新闻界》2012年第1期。

张俊慧：《趣缘群体发展条件及其社会影响》，《新闻世界》2015年第3期。

张康之：《"熟人"与"陌生人"的人际关系比较》，《江苏行政学院学报》2008年第2期。

张宁：《消解作为抵抗："表情包大战"的青年亚文化解析》，《现代传播》2016年第9期。

张淑华：《试论网络围观的舆论监督功能及其发生机制》，《现代传播（中国传媒大学学报）》2012年第9期。

张涛甫：《传播的"裂变"与"聚变"》，《青年记者》2015年第13期。

张涛甫：《跨文化传播中的"文化反哺"——兼论"韩流"现象》，《当代传播》2016年第3期。

张笑容、魏敏媛：《网络污文化：污艺不精者，以为画面唯美。你秒懂？你是老司机》，2016年12月9日，https：//www.huxiu.com/article/173925.html。

张艳斌：《青年网络表情包的文化逻辑及其规制》，《思想理论教育》2018年第1期。

张志安：《新闻生产过程中的自我审查研究——以"毒奶粉"事件的报道为个案》，《新闻与传播研究》2013年第5期。

章芹弟、戴琳琳：《网络综艺"污"走红的背后：需求与满足——以〈奇葩说〉为例》，《电视指南》2017年第19期。

长余：《青眼：流行语与流行病》，《人民日报》，2016年11月1日，http：//opinion.people.com.cn/n1/2016/1101/c1003-28823097.html。

赵呈晨、郑欣：《共享式传播：青年同辈群体中网络语言流动研究》，《山西大学学报（哲学社会科学版）》2018年第4期。

赵高辉：《圈子、想象与语境消解：微博人际传播探析》，《新闻记者》2013 年第 5 期。

赵华伦：《论网络语言的修辞现象》，《语言文字应用》2005 年第 1 期。

赵立兵、杨宝：《传播学视域下的"圈子"——基于"差序格局"理论的思考》，《重庆文理学院学报（社会科学版）》2013 年第 4 期。

赵爽英、尧望：《表情·情绪·情节：网络表情符号的发展与演变》，《新闻界》2013 年第 20 期。

赵涛：《污文化，就这样登堂入室了吗？》，《中国青年》2016 年第 20 期。

赵雪雁：《社会资本测量研究》，《中国人口、资源与环境》2012 年第 7 期。

赵胤伶、曾绪：《高语境文化与低语境文化中的交际差异比较》，《西南科技大学学报：哲学社会科学版》2009 年第 2 期。

赵宇翔：《数字悟性：基于数字原住民和数字移民的概念初探》，《中国图书馆学报》2014 年第 11 期。

郑满宁：《"戏谑化"：社会化媒体中草根话语方式的嬗变研究》，《中国人民大学学报》2013 年第 5 期。

郑满宁：《网络表情包的流行与话语空间的转向》，《编辑之友》2016 年第 8 期。

郑雯、黄荣贵、桂勇：《中国抗争行动的"文化框架"——基于拆迁抗争案例的类型学分析（2003—2012）》，《新闻与传播研究》2015 年第 2 期。

郑欣、朱沁怡：《"人以圈居"：青少年网络语言的圈层化传播研究》，《新闻界》2019 年第 7 期。

郑远汉：《关于"网络语言"》，《华中科技大学学报（社会科学版）》2002 年第 3 期。

智黑 inHeater：《11 年前的今天，iPhone 第一代发布了……一文看完 iPhone 进化史》，2018 年 1 月 10 日，http：//m. sohu. com/a/215749636_451545/。

中国互联网络信息中心：《第 41 次〈中国互联网络发展状况统计报告〉》，2018 年 3 月 5 日，http：//www. cnnic. cn/hlwfzyj/hlwxzbg/hlwtjbg/201803/t20180305_70249. htm。

中国互联网络信息中心：《第 44 次中国互联网络发展现状统计报告》，2019 年 8 月 30 日，http：//www. cac. gov. cn/2019－08/30/c_1124938750. htm。

中国互联网信息中心：《中国互联网络发展状况统计报告（2019 年 2 月）》，2019 年 2 月 28 日，http：//www. cnnic. net. cn/gywm/xwzx/rdxw/20172017_7056/201902/t20190228_70643. htm。

中国青少年研究中心、苏州大学新媒介与青年文化研究中心"青少年网络流行文化研究"课题组：《新媒介空间中的青少年文化新特征——"青少年网络流行文化研究"调研报告》，《中国青年研究》2016 年第 7 期。

钟声扬、徐迪：《行动主义 3.0 还是懒汉行动主义：关于网络行动主义的文献评述》，《情报杂志》2016 年第 9 期。

周彬：《网络流行语多学科研究述评及研究展望》，《合肥工业大学学报（社会科学版）》2018 年第 3 期。

周洁：《东亚文化圈中的宋画拾零》，《中国艺术》2017 年第 4 期。

周军杰、左美云：《线上线下互动、群体分化与知识共享的关系研究——基于虚拟社区的实证分析》，《中国管理科学》2012 年第 6 期。

周逵、苗伟山：《竞争性的图像行动主义：中国网络民族主义的一种视觉传播视角》，《国际新闻界》2016 年第 11 期。

周霖：《"葛优躺"的社会心理学》，《东西南北》2016 年第 20 期。

周培树：《从语言模因论看网络热词"葛优躺"及背后的"丧文化"》，《当代教育实践与教学研究》2017 年第 1 期。

周卫红：《论网络语言的后现代文化内涵》，《晋阳学刊》2006年第5期。

周晓虹：《冲突与认同：全球化背景下的代际关系》，《社会》2008年第2期。

周旭阳：《社会语言学视野中的网络语言》，《内蒙古民族大学学报（社会科学版）》2006年第6期。

周裕琼、齐发鹏：《策略性框架与框架化机制：乌坎事件中抗争性话语的建构与传播》，《新闻与传播研究》2014年第8期。

周掌柜：《刘强东和马云的另类战争》，2019年4月15日，https://36kr.com/p/5194934/。

朱江丽：《新媒体推动公民参与社会治理：现状、问题与对策》，《中国行政管理》2017年第6期。

朱耘：《从游戏走出的超级IP：寻找文化圈层的价值认同》，《商学院》2017年第4期。

祝克懿：《论隐语及其下位类型》，《汉语学习》2003年第8期。

左海霞、姚喜明：《修辞视角下的网络语言》，《外语电化教学》2006年第1期。

三　学位论文

陈共德：《互联网精神交往形态分析》，博士学位论文，中国社会科学院研究生院，2002年。

陈京军：《青少年学生数字化语言经验对字词认知的影响》，博士学位论文，华中师范大学，2015年。

陈英会：《网络公共事件中的网民话语参政研究》，硕士学位论文，重庆大学，2014年。

范芳旭：《趣缘群体中的群体认同——以"读库"读者群体为例》，硕士学位论文，华中科技大学，2010年。

范剑文：《虚拟社区社会分层研究》，博士学位论文，上海大学，2010年。

冯晶：《情感社会化机制的研究——以武汉T医院护士的情绪劳动为研究对象》，硕士学位论文，华中师范大学，2015年。

符潇雅：《微博传播语境下的网络语言：权力赋予与权威消解——以新浪微博为例》，硕士学位论文，广西大学，2014年。

韩永丽：《国内社交媒体营销现状及发展趋势研究》，硕士学位论文，开封河南大学，2014年。

杭羽：《民间话语抗争：解读新媒体事件的一种视角》，硕士学位论文，苏州大学，2015年。

黄晓芸：《社交媒体使用对年轻人阅读行为及态度的影响研究》，硕士学位论文，上海外国语大学，2014年。

李铁锤：《网络热词传播现象研究》，华中科技大学，2012年。

刘央：《"淘宝体"中"亲"的研究》，硕士学位论文，河北师范大学，2013年。

苗凤祥：《趣缘群体的社会互动研究——以户外运动爱好者群体为例》，硕士学位论文，浙江师范大学，2011年。

庞胜楠：《电视媒体与社交媒体互动研究——以微博为例》，硕士学位论文，山东师范大学，2013年。

漆祥毅：《网络语言：公共话语实践与话语博弈》，硕士学位论文，广西大学，2013年。

齐金花：《网络语言及其对青少年的影响》，硕士学位论文，苏州大学，2008年。

钱语眉：《网络语言的传播——从模因论的角度》，硕士学位论文，西北师范大学，2008年。

屈杰：《网络人际交往对青少年社会化的影响》，硕士学位论文，西北大学，2010年。

屈勇：《去角色互动：赛博空间中陌生人互动的研究》，博士学位论文，南京大学，2011年。

沈广和：《扁平化：当代中国政府过度分化的有效整合》，博士学位论文，南京农业大学，2011年。

唐李洋：《基于社交媒体大数据的Twitter营销策略研究》，硕士学位论文，合肥工业大学，2015年。

王君玲：《网络表达研究》，博士学位论文，武汉大学，2009年。

王俊杰：《网络骂詈语研究》，硕士学位论文，青海师范大学，2010年。

王炜：《海德格尔的技术观》，硕士学位论文，山东师范大学，2011年。

吴猛：《福柯话语理论探要》，博士学位论文，复旦大学，2004年。

徐静：《认同·权力·资本：青少年网络游戏中的情感研究》，博士学位论文，浙江大学，2015年。

徐静：《中学生网络交往及对其交往伦理影响十年对比研究（2006—2015）》，硕士学位论文，南京师范大学，2016年。

徐靓：《微观赋权：网络游戏玩家的文化消费与文化生产——〈剑侠情缘网络版叁〉玩家群体个案研究》，硕士学位论文，南京大学，2015年。

杨紫萱：《青年亚文化视角下的B站"鬼畜"视频研究》，硕士学位论文，云南大学，2016年。

于鹏亮：《中国网络流行语二十年流变史研究》，博士学位论文，上海交通大学，2014年。

章雯：《城市社会结构变迁中的趣缘群体研究——日常生活的视角》，硕士学位论文，华东师范大学，2006年。

郑燕：《人是媒介的尺度——保罗·莱文森媒介思想研究》，博士学位论文，山东大学，2014年。

祝胜军：《圈内人际传播特征及对社会发展影响的研究》，硕士学位论文，江西师范大学，2007年。

四 英文著作

Crystal D. , *Language and the Internet*, 2nd edition, Cambridge: Cambridge University Press, 2006.

LiAnne Yu, *Consumption in China: How China's New Consumer Ideology is Shaping the Nation*, Cambridge: Polity Press, 2014.

Macionis Gerber and John Linda, *Sociology 7th Canadian Ed. Toronto*, Ontario: Pearson Canada Inc, 2010.

Tagliamonte S. A. , *Teen Talk: the Language of Adolescents*, Cambridge: Cambridge University Press, 2016.

Vincent J. and Fortunati L. , *Electronic Emotion: the Mediation of Emotion via Information and Communication Technologies*, New York: Peter Lang, 2009.

William Shakespeare, *Mr. William Shakespeare's Comedies, Histories & Tragedies: Published According to the True Original Copies*, London: Isaac Jaggard, and Ed[ward] Blount, 1623.

Willis and Paul, *Common Culture: Symbolic Work at Play in the Everyday Cultures of the Young*, Philadelphia: Open University Press, 1990.

五 英文论文

Brodzinsky D. M. , Barnet K. & Aiello J. R. , "Sex of Subject and Gender Identity as Factors in Humor Appreciation", *Sex Roles*, 1981.

Christensen H. S. , "Political Activities on The Internet: Slacktivism or Political Participation by Other Means?" *First Monday*, Vol. 16, No. 2, 2011.

Coser R. L. , "Laughter among Colleagues", *Psychiatry Interpersonal & Biological Processes*, Vol. 23, No. 1, 1960.

Derks D. , Fischer A. H. B. , Arjan E. R. , "The Role of Emotion in Computer-mediated Communication: A Review", *Computers in Human Behavior*, *Vol.* 24, 2008.

Fischer C., "Toward a Subculture Theory of Urbanism", *American Journal of Sociology*, 1975.

Gelder Ken (ed), "The Subcultures Reader (2nd Edition)", *London and New York: Routledge*, 2005.

Gendron M., Roberson D. & Barrett L. F., "Cultural Variation in Emotion Perception is Real: a Response to Sauter, Eisner, Ekman, and Scott (2015)", *Psychol Sci*, Vol. 26, No. 3, 2015.

Hemmasi M., Graf A. L. & Russ G. S., "Gender-related Jokes in the Workplace: Sexual Humor or Sexual Harassment?" Vol. 24, No. 2, 1994.

Howard Rheingold, *"The Virtual Community. Homestanding on the Electronic Frontier"*, New York: Addison-Wesley, 1993.

Low Setha M., "Towards an Anthropological Theory of Space and Place", *Semiotica*, 2009.

Manstead A. S. R., Lea M., Goh J., Facing the future: Emotion Communication and the Presence of Others in the Age of Video-mediated Communication, In Kappas, A., Kramer, N. C. (Ed.), *Face-to-Face Communication over the Internet: Emotions in a Web of Culture, Language and Technology*, Cambridge University Press, 2011.

Manuel Castells, "A Sociology of Power: My Intellectual Journey", *Annual Review of Sociology*, Vol. 42, 2016.

Mitchell C. A., "The Sexual Perspective in the Appreciation and Interpretation of Jokes", *Western Folklore*, Vol. 36, No. 4, 1977.

MJ Neitz, "Humor, Hierarchy, and the Changing Status of Women", *Psychiatry*, Vol. 43, No. 3, 1980.

Prensky M., "Digital Natives, Digital Immigrants Part 1", *On the Horizon*,

Vol. 9, No. 5, 2001.

Ryan K. M. & Kanjorski J., "The Enjoyment of Sexist Humor, Rape Attitudes, and Relationship Aggression in College Students", *Sex Roles*, Vol. 38, No. 9 – 10, 1998.

Sapacz M., Rockman G., Clark J., "Are We Addicted to Our Cell Phones?" *Computers in Human Behavior*, 2016.

Sauter D. A., Eisner F., Ekman P. & Scott S. K., "Cross – cultural Recognition of Basic Emotionsthrough Nonverbal Emotional Vocalizations", *Proc Natl Acad Sci USA*, Vol. 107, No. 6, 2010.

Scott J., "*Social Network Analysis (2nd Ed.)*", Chongqing: Chongqing University Press, 2007.

Shifman L., "An Anatomy of a Youtube Meme", *New Media & Society*, Vol. 14, No. 2, 2012.

Terranova T., "Free labor: Producing Culture for the Digital Economy", *Social Text*, Vol. 18, No. 2, 2000.

Young R. D., Frye M., "Some are Laughing; Some are Not: Why?" *Psychological Reports*, Vol. 18, No. 3, 1966.

访谈对象一览表

序号	化名	性别	年龄	身份	基本描述
1	小泽	男	18岁	在读高一学生	从小就有互联网及新电子产品相伴，热爱游戏、直播。
2	点点	女	15岁	在读初三学生	从小在电视、互联网、动漫、游戏的陪伴下长大，尤其喜欢动漫，在网络语言的掌握上有一定优越感。为了避免与父母的冲突。
3	楚楚	女	15岁	在读初三学生	掌握丰富的网络语言，理解父母的网络语言使用偏好。
4	小S	男	16岁	在读高一学生	家教严格，上网机会有限，属于班级里的流行语落伍者，多从同学处获得新的、流行的信息。
5	小T	女	16岁	在读高一学生	热爱动漫，热爱腐文化，属于班级的"时尚先锋"。
6	小J	男	16岁	在读高一学生	热爱游戏。
7	小雪	女	17岁	在读职业高中学生	时尚达人，不定期更新表情包。
8	小玲	女	17岁	在读职业高中学生	手机里保存了丰富的表情包，喜欢与同学和朋友斗图。

访谈对象一览表

续表

序号	化名	性别	年龄	身份	基本描述
9	波波	男	20 岁	在读大二学生	通过游戏和直播结交了一群朋友，常常无意识地使用游戏语言。
10	默默	女	20 岁	在读大二学生	热爱动漫、时常参加 cosplay 活动、喜欢化妆、摄影。
11	橙子	男	20 岁	在读大二学生	默默的好朋友，课余时间担任 cosplay 活动的摄影师。
12	小 z	女	18 岁	在读高三学生	喜欢动漫等二次元文化，与班上的好闺蜜同为 B 站的爱好者。
13	严严	女	19 岁	在读职业大学兽医专业学生	喜欢萌宠，喜欢动漫等二次元文化。
14	小宇	男	17 岁	在读高三学生	热爱篮球、玩游戏，性格调皮，是老师眼中不好好学习的"坏孩子"。
15	菲菲	女	25 岁	事业单位文职人员	对童年时的 QQ 和火星文印象深刻。对当今的网络语言使用的"潜规则"有一定理解。
16	Lucky	女	26 岁	企业职员	高中开始上网，是一位网络移民。
17	大 Z	女	25 岁	未知	对父母一代的网络语言使用较为敏感，曾经纠正过父母的网络语言使用。
18	凯凯	女	26 岁	地产公司工作人员	喜欢在网络上发泄和吐槽，对不同身份的人使用不同网络语言。

续表

序号	化名	性别	年龄	身份	基本描述
19	小鱼	女	25岁	私营企业职员	网络剧爱好者，关注多领域的网络流行语。
20	小林	男	24岁	在读研一学生	痴迷微博，热爱民谣，社交网络活跃分子，认为不少网络语言都是一种套路。
21	小汤	男	24岁	IT公司工作人员	喜欢动漫，是一名二次元宅男。
22	恬恬	女	22岁	未知	从小开始上网，并热爱动漫，在网上结交了一群同好。大学以后成为校园动漫社的成员，结交了线下的动漫同好。
23	旭旭	女	22岁	小学老师	追星族，对偶像的一举一动保持高涨的热情，并因此结识了圈内的其他朋友。
24	童童	女	22岁	在读海外留学生	性格开朗，其母亲是60后群体中的"二次元"，乐于接受新鲜事物。
25	小顾	女	20岁	在读职业大学学生	受条件限制，大学以后才开始频繁使用网络，在社团中逐渐熟悉并使用网络语言，减少了与同龄人之间的差距。
26	小年	女	19岁	大学生	热爱摄影，大学时代才真正接触互联网，对网络语言较为敏感，主动接受新的网络语言。
27	小菁	女	21岁	实习生	性格幽默，认为自己的生活被手机所控制，离不开手机和APP。
28	小袁	女	25岁	机关单位工作人员	工作氛围紧张，自称有"两面人格"。曾因一条朋友圈中使用的网络语言与领导之间产生误会。

访谈对象一览表

续表

序号	化名	性别	年龄	身份	基本描述
29	小虎	男	31岁	培训老师	手机依赖者，时常关注学生群中的"表情包"，多数流行的信息及流行语都源于学生。
30	苏苏	女	27岁	机关单位工作人员	表面上内向、沉闷，实际上，内心热爱接受新鲜事物。
31	轩哥	男	32岁	科研机构工作人员	熟悉网络，对小北的网络使用有一定影响。
32	燕子	女	27岁	代课老师	从小是"别人家的孩子"，在流行语方面反应迟钝，常从学生和舍友处学到一些流行语。
33	火球	男	28岁	企业职员	网络上的活跃分子，曾经的愤青。
34	小北	女	27岁	公司职员	较晚进入互联网，如今关注并热爱时尚。
35	小颖	女	25岁	未知	八卦大神、毒舌、热爱吐槽。
36	小木	男	23岁	在读研究生	曾经的二次元少年，热衷于围观网络热点事件，性格幽默、喜欢编写段子。
37	红女士	女	40岁	小泽的妈妈，机关单位工作人员	对一些网络语言无法接受。
38	张阿姨	女	50岁	童童妈妈，机关单位工作人员	热爱新鲜事物，对流行语充满好奇。
39	夏老师	女	49岁	严严妈妈，小学语文老师	受女儿影响了解不少网络语言和时尚资讯，但对小学生的语文教学十分担忧。
40	李先生	男	58岁	退休人员	熟悉网络，喜欢与年轻人交朋友，热爱摄影。

续表

序号	化名	性别	年龄	身份	基本描述
41	陈陈	女	14岁	在读初二学生	爱看言情小说，从小升初那年暑假开始创作作品，非常熟悉二次元文化。
42	Peter	男	15岁	在读初三学生	爱好中国古典文学，日本剑道，平时爱玩团队射击电子游戏。
43	Katie	女	15岁	在读初三学生	"斗图小能手"，经常在群里被班上同学要求多发表情包。
44	茜茜	女	16岁	在读高一学生	喜欢观摩腾讯视频游戏解说，会有意识地学习里面主播的说话方式。
45	荟	女	17岁	在读高二学生	非常爱看A站和B站，并经常发弹幕。
46	瑞瑞	女	16岁	在读高一学生	旻老师推荐学生，在上课发言中会经常说出网络语言和老师对话交流。
47	一凡	女	17岁	在读高二学生	班级宣传委，喜欢在黑板报设计上使用网络语言或者临摹绘画流行表情包图像。
48	心月	女	17岁	在读中专生	喜欢网络综艺节目。
49	晓朗	男	19岁	在读大二学生	自营一个微信公众号，喜欢画"有点呆萌"的漫画作为文章配图。
50	亮亮	女	19岁	在读大二学生	在院系的微信公众号做稿件编辑，同时在校合唱团担任美声唱法主唱。

访谈对象一览表

续表

序号	化名	性别	年龄	身份	基本描述
51	KAKA	女	20岁	在读大二学生	所在留学生社群网络资讯达人，B站"鬼畜区"忠实爱好者。
52	小郝	男	20岁	在读大二学生	同学眼中的网络语言"时尚达人"，会和父母在吃饭的时候一起看综艺节目并交流讨论。
53	申如	男	22岁	在读大四学生	熟知流行的网络语言，但更喜欢阅读屈原的诗作。
54	小Z	女	21岁	在读大三学生	在时尚杂志实习和广告公司新媒体均做过实习编辑，新浪微博关注了很多段子手。
55	罗罗	女	22岁	在读大四学生	每天都会看爱奇艺的节目，喜欢里面"小编"快速跳跃的语言风格，从中学习到很多表达。
56	李老师	女	27岁	在读研究生	初中英语老师。
57	旻老师	女	28岁	在读研究生	高中语文老师。
58	小敏	女	22岁	在读大四学生	目前常驻Photoshop技术宅圈。
59	Sophie	女	22岁	法国留学生	目前常驻Facebook等社交媒体圈。
60	阿文	男	23岁	在读研一学生	目前常驻游戏圈。资深游戏爱好者，从线上逐渐发展为线下。
61	Tiffany	女	24岁	法国留学生	目前常驻粉丝圈，特别是韩圈。
62	Megan	女	25岁	在读博士生	目前常驻其专业所在圈。接触社交媒体较早，如MSN。
63	王萌萌	女	25岁	大学毕业工作一年	曾经常驻二次元圈，沉迷弹幕。目前有脱粉的趋势。

续表

序号	化名	性别	年龄	身份	基本描述
64	小叶	女	20岁	在读大二学生	目前常驻饭圈,喜爱在贴吧发帖。
65	小六	女	20岁	在读大二学生	目前常驻二次元圈。
66	Cassie	女	21岁	在读大三学生	目前常驻粉丝圈,称自己常年混迹于贴吧。
67	小钟	男	22岁	在读研一学生	小钟,男,22岁,在读研一学生,目前常驻二次元圈,热衷于Cosplay。
68	小昊	男	24岁	大学毕业工作一年	小昊,男,24岁,工作一年,目前从事设计师工作。
69	逃跑太郎	男	25岁	自由工作者	爱好摄影,微博网红。
70	Anne	女	22岁	在读大四学生	目前常驻于二次元圈,热爱弹幕,"圈际"交流障碍明显。
71	小雨	女	23岁	占卜爱好者	目前常驻于占卜圈。
72	小鱼	女	23岁	占卜爱好者	目前常驻于占卜圈,和小雨是朋友。
73	小江	男	16岁	在读初三学生	爱好动漫、Rap。
74	楚楚	女	16岁	在读初三学生	爱好粉丝圈,热衷于"演绎"圈。常驻于贴吧,喜欢发帖、创作演绎作品。
75	小天	女	22岁	自由工作者	爱好创作。
76	熊猫	女	20岁	在读大一学生	目前常驻于游戏圈,偏爱恋爱养成游戏。

访谈对象一览表

续表

序号	化名	性别	年龄	身份	基本描述
77	小崽	男	25岁	在读研三学生	目前创立"小崽子表情包收发室",是一位技术宅。
78	豆豆	女	20岁	海外留学	目前常驻于抖音圈,外号"抖音小公主",爱好录制抖音小视频并广泛分享传播。
79	薇薇	女	18岁	在读高二学生	目前常驻于游戏圈。
80	小孙	男	20岁	在读大二学生	目前常驻于游戏圈,兼职做职业"开黑"。
81	文文	女	20岁	在读大二学生	目前常驻于动漫二次元圈,爱逛漫展和购买漫画。
82	Hiro	女	23岁	纹身师	常驻于二次元圈。
83	大川	男	22岁	纹身师 Hiro的朋友兼同事	目前常驻于二次元圈、游戏圈,把文身(绘画)的天赋与自己的二次元爱好结合在一起,喜爱给顾客推荐二次元图案的刺青。
84	乔乔	女	18岁	在读高二学生	目前常驻于游戏圈,爱画画创作和购买游戏周边。
85	阿紫	女	20岁	在读大二学生	目前常驻于动漫二次元圈,喜欢研究表情包,认为表情包能代替一切语言。
86	鬼鬼	女	23岁	前几年常驻于饭圈,喜欢韩国组合。	目前常驻于动漫圈、游戏圈,喜欢在贴吧灌水、喜爱在一个团队(群体里)做leader的角色。

续表

序号	化名	性别	年龄	身份	基本描述
87	Fay	男	23岁	兼职"咖啡师"	目前常驻于游戏圈，爱好"吃鸡"游戏。
88	清越	女	13岁	在读初中生	语C圈的相声爱好者，混迹德云社群组，喜欢cos张××等相声演员。
89	望羲	女	18岁	在读大一学生	入绘圈多年，偶有产出的"咸鱼一条"。新入汉服坑，尝试自己手绘汉服。
90	崔久	男	16岁	在读高二学生	爱好制作热门动漫手办，在QQ空间展示销售。
91	周乾元	男	24岁	程序员	不属于任何圈子，在网络中游荡，随好奇心加入有兴趣的社群，如跑团、粉圈、帝吧、语C等，了解规则和玩法后随即离开。
92	傅梁	女	16岁	在读高二学生	文字爱好者，偏爱西方玄幻小说，喜欢自己编织异次元世界和其中的角色，希望成为小说家。
93	Crit	男	18岁	在读大一学生	名校学霸，注重算法的游戏高手。曾与对手玩家有一段网恋，向往虚拟世界中精神交往。
94	点点	女	14岁	在读初三学生	流行文化与网络语言达人，朋友圈里的小灵通，无师自通的"污师"，同时是绘圈大佬，乐乎账号有许多粉丝。
95	显安	女	24岁	销售员	霹雳布袋戏爱好者，沉迷角色扮演与虚拟恋爱。

访谈对象一览表

续表

序号	化名	性别	年龄	身份	基本描述
96	慧敏	女	19岁	在读艺术类大一	喜爱汉服及与其相关的历史、设计、裁剪、诗词等一切文化元素,汉服日常化的倡导与实践者。某城市汉服社社长,某汉服网络社区管理员。
97	季邪	女	25岁	银行职员	喜爱武侠小说,热爱武侠类角色扮演,是某江湖向语C群的缔造者与维护者。拥有多个语C教学的群组,致力于纯粹语C的推广。
98	寒寒	女	20岁	在读大二学生	喜欢搜集球鞋与帆布包,并在藏品上手绘。收集各式袜子,轻微恋物癖、洁癖。希望能通过细小的不普通的物件确定自己的特色与价值。
99	灿灿	女	21岁	编剧	推理小说与推理游戏爱好者,线上推理与发言类桌游达人。对不同的亚文化群体都很包容。
100	烟卷	女	18岁	在读大一学生	三国历史爱好者,曾进入语C圈,后因看不上玩家不守基本历史逻辑而永久脱离。与画手合作推出动漫JOJO周边图文绘本并在网络上销售。
101	宝哥	男	18岁	在读大一学生	游戏菜鸟但为了交往会经常玩游戏,热衷做各种兼职,以打工的方式融入社会,自认为是个社会人,喜欢张罗事并协调各方力量尽力完成。

续表

序号	化名	性别	年龄	身份	基本描述
102	明明	女	19岁	在读大一学生	美食与购物体验的分享者,喜欢利用软件发现物美价廉的美食与商品在朋友圈内宣传。认真填写生活类APP的评语以至于被店家邀请免费试吃,兼职做了美食博主。
103	静静	女	19岁	淘宝客服	热爱美妆,关注多个美妆博主,喜欢根据博主的推荐买化妆品和美食。自认为是个精致的猪猪女孩,希望被美食与美好围绕。对自己的工作不满,但改变意愿不强,生活比较满足。
104	may	女	23岁	在读研一学生	兴趣广泛的随缘者。有自己的偶像,但是不氪金不打榜的边缘粉丝。
105	阿洁	女	19岁	在读艺术大一	WK粉丝,同时喜欢其他几个明星。熟悉娱乐圈和粉圈所有规则,参与见面会、接机等。知悉造星规则且心甘情愿成为链条上的一环,认为追星有理是个人的自由并能获得情感满足,以成为明星经纪人为志业。
106	小迪	女	14岁	在读初三学生	上网被限制的乖乖女孩,很少有机会直接接受网络文化。在同学影响下开始对粉圈、游戏圈、古风圈、欧美圈等感到好奇并为自己的"单纯"感到自卑。想入圈不知从何入手,于是从离生活最近的笔墨圈开始。
107	小雨	男	19岁	外卖员	某省老乡群群主,在群里颇有威信,经常与群中女孩聊土味情话。喜爱快手、抖音等短视频,欣赏其中的时尚元素,并在生活中模仿里面的穿着与行为。

访谈对象一览表

续表

序号	化名	性别	年龄	身份	基本描述
108	ZZ	女	18岁	在读大一学生	美妆女孩，不化妆不出门，能快速跟上流行文化，具有较好的时尚感受力。酒吧玩家，认可性解放，交友软件的深度使用者。
109	LULU	女	18岁	在读大一学生	与同学合开摄影工作室，兼任模特与摄影师。有语言天赋，美剧爱好者，网络字幕组成员。
110	阿宇	男	19岁	在读大二学生	段子手，喜欢在朋友圈发段子等别人的评论。对时事新闻有自己的见解，爱好思辨，对网络语言有抵触情绪与怀疑态度。
111	书岩	男	14岁	在读初三学生	乖乖牌，内向害羞的男孩子。发现身边的同学都在说着自己听不懂的话，想对网络语言多一些了解，于是求助自己的朋友，却在朋友面前颠覆了博学多才的小才子的形象。
112	雪晴	女	16岁	在读高二学生	学校不能带手机，每周末回家成为她看新闻的时机，开学与同学一起分享看到的八卦是一件乐事，宽松的教育环境让她能充分的接触信息，也成为同学中的信息达人，有了更多威信。
113	Sandy	女	20岁	在读大二学生	戏曲爱好者，认为自己有一颗少年老成的心，很难与同龄人交流爱好，日常追角儿观看戏曲表演，B站戏曲类up主。

续表

序号	化名	性别	年龄	身份	基本描述
114	Kato	男	18岁	在读大一学生	日漫爱好者，因为喜欢动漫选择了日语专业，计划去日本留学接触更多日本文化。喜爱绘画，偶尔客串Cosplay，给女友做Cos出片的经纪人。
115	典典	男	17岁	在读高三学生	美术生，考入版画专业。喜爱足球、骑行、生物，对世界充满好奇心，关注奇闻逸事的公众号，以冷知识为乐。
116	虫虫	男	20岁	在读工科大三学生	爱看推理书的理科生，《三联生活周刊》等人文杂志爱好者。韩国组合粉丝，不会韩语却会唱他们所有的歌，更愿意围观粉丝们进行日常撕，做一个吃瓜粉丝。
117	漫漫	女	19岁	在读日语专业大学生	古典文学爱好者，排斥网络语言对纯净语言的改写与破坏。
118	小西	女	20岁	在读金融专业大二学生	颜控，爱网购，喜欢奢侈品的富二代。宠物圈达人，使用宠物表情包，在群里开心被称为"××妈妈"，××是狗的名字。
119	H	男	20岁	在读大三学生	古风圈的手绘达人，喜爱滑板等极限运动，新入坑狼人杀桌游，对新鲜的事物充满好奇。
120	CC	男	18岁	自由职业	做过手机销售的他吐槽老板让他把头像改成手机和在朋友圈发新品广告的事情。有许多污的表情包，不敢发给女孩子，怕挨打。

访谈对象一览表

续表

序号	化名	性别	年龄	身份	基本描述
121	小A	男	22岁	在读大四学生	喜欢摄影和知乎的文艺青年，平时会在乐乎发表作品。微博是他融入摄影圈、与大佬交流的主要阵地。认为摄影领域的术语不多，对二次元的语言表示完全不懂。
122	江川	女	20岁	在读大三学生	从小就以动漫为心灵慰藉，长到后成了半职业coser，爱情观受到二次元的影响。
123	J沙	女	20岁	在读烹饪专业大一学生	爱玩游戏的宅女，喜欢吃喝玩乐。从中学就沉迷游戏，在游戏中认识了许多朋友，好奇却没有胆子和网友见面。熟悉腐圈术语。
124	菊花	女	20岁	在读金融专业大三学生	追星追剧是日常，但她也关心时事，较为理性。是cp粉，且是贴吧小吧主，管理日常吧务，却不被双方唯粉所接受。
125	李苗苗	男	20岁	在读国贸专业大二学生	动漫周边狂热消费者，深度游戏玩家。最得意的事情是成为大神可以带妹上分，很多朋友都是因为游戏认识的，去别的城市还有过见面。
126	陈斯基	男	18岁	在读大一学生	文学领域的大咖，曾在《三联生活周刊》发稿。目前带领团队在运营一个文学类的微信公众号，有了一套做网络推广和网络文学创作的心得。

续表

序号	化名	性别	年龄	身份	基本描述
127	LYX	男	18岁	在读大一学生	网游中的"行话"用得飞起,是个在游戏中获得乐趣和成就感的男生。是游戏战队中是当时无愧的老大,对作战技能和团队配合进行指挥。
128	怡宝	女	15岁	在读国际班初三学生	频繁发朋友圈,边玩边学。
129	颖哥	女	18岁	游泳队特长生	自小独自在北京参加游泳训练、并蝉联三届广东省大学生游泳赛冠军的早熟网瘾女孩儿。
130	迪迪	女	19岁	在读会计系大二学生	初中时曾自杀未遂的非主流网瘾少女。
131	峰仔	男	19岁	在读大二学生	沉迷LOL网络直播的虎扑直男。
132	饭大米	女	21岁	在读大三学生	敏感细腻易哭但线上频繁找朋友倾诉的社交达人。
133	露露	女	21岁	在读大三学生	一边异国读书一边利用网络兼职创业的坚强姑娘。
134	小豆	男	21岁	在读会计系大三学生	在社交平台频繁更新,但总是遮遮掩掩、话里有话的独特男孩。
135	雪宝	女	22岁	在读政治学大四学生	在社交平台不发消息则已,一发消息惊人的学业上进型敏感女孩。
136	万能	女	22岁	创业者	依赖网络游戏社交但极力回避熟人的佛系女孩。
137	康总	男	23岁	创业者	利用网络创业的退役军人。

续表

序号	化名	性别	年龄	身份	基本描述
138	二哥	男	24岁	某区国资委工作者	大学时互联网旅游创业、后在互联网公司工作了一年后跳槽的上进青年。
139	Sophie.C	女	16岁	在读高一学生	被家长控制手机使用但总是偷偷摸摸上网玩微博的高中生（微博内容极端消极，但真人嘻嘻哈哈且对未来有着清晰规划）。
140	恬恬	女	19岁	在读化学系大二学生	每天至少10条又苦又累又丧动态的朋友圈刷屏达人（北京大学化学系）。
141	雁子	女	22岁	在读新闻学专业大四学生	每天致力于在朋友圈分享各种帮助朋友解决情感问题的热心姑娘。
142	伍伍	女	21岁	大学毕业生（现已入职华为公司）	准备法国留学失败后丧了一段时间，但迅速转站求职的独立女孩。
143	小虫	女	18岁	在读艺术类大一学生	清华附中毕业但自从高考与清华大学美术学院失之交臂后便开始以丧治丧的忧郁型设计系高才生（开始在同济的大学生活后，频繁斩获工业设计类大小奖）。
144	肖神	男	19岁	外交选拔人才	幼年因父亲工作原因在日本长大、自初中始便利用互联网独立赚取零花钱的北京男孩儿（现已顺利通过外交人才选拔考试，并赴日联培）。

续表

序号	化名	性别	年龄	身份	基本描述
145	金叶子	女	19岁	在读会计系大二学生	对网络略感陌生但又渴望通过朋友圈获得认可的时尚姑娘。
146	然然	女	24岁	在读工业工程专业大三学生	刻苦学习低调沉默偶尔会在网络平台分享学习压力的姑娘。
147	二雪	女	17岁	在读高二学生	微信朋友圈非常活跃爱发美颜自拍的国际班学生。
148	代代	女	20岁	海归留学生	微信平台秀晒炫、微博平台却日常丧的坚强姑娘。
149	达达	男	23岁	达斡尔族员工	网络使用不熟练、但会在线上和朋友分享心情的达斡尔族男子汉。
150	王小伯	男	19岁	在读工科类大一学生	微信、QQ空间和微博三个迥异画风的理性男生（个人微博上全是负面情绪，并拒绝任何好友微博互关）。
151	兰月月	女	23岁	在读理科类大四学生	喜欢交朋友加微信的热情外向女生。
152	若恒	女	16岁	在读初三学生	养成游戏的忠实用户。
153	漪茉	女	20岁	在读大三学生	喜欢分享个人观点的批判型姑娘。
154	晓弟	男	19岁	IT工作者（现团队小组长）	提前两年上学且又提前两年毕业、独自在北京打拼的互联网工作者。
155	吉吉	女	23岁	教育行业工作者（现上市IT教育公司部门主管）	自小崇拜教师团队并为之奋斗的拼命三娘。
156	乐仔	女	23岁	在读大四学生	负能量满满每天至少在微博发布两条吐槽动态的学霸。

访谈对象一览表

续表

序号	化名	性别	年龄	身份	基本描述
157	心木	女	15岁	在读国际班初二学生	吃喝玩乐、学生干部任职、网红打卡兼顾的国际班学生。
158	可可	女	15岁	在读国际班初二学生	照顾弟弟妹妹、吃喝玩乐、网红打卡兼顾的国际班学生。
159	奥妙	女	19岁	在读大四学生	具有新闻理想、日更四条以上朋友圈的分组可见功能熟练使用者。
160	号子	女	19岁	在读大一学生	微信与ins两种迥然不同状态的学霸。
161	老潘	女	22岁	在读大三学生	治愈系日剧和致郁系日剧爱好者与分享者。
162	西西	女	22岁	在读大三学生	生活压力山大但丰富多彩的朋友圈长文日更达人。
163	婆婆	男	24岁	在读工科类直博生	微博坚持打卡"祝我顺利毕业"一千余天的上海交大直博生。
164	黛黛	女	23岁	在读大四学生	书香门第出身的微信分组后情感分享小达人。
165	帅青	男	21岁	毕业生（正在准备考研）	准备二次考研、和考友线上互相鼓励的"佛系"学生。
166	尚尚	女	22岁	考研学生	奋战两年后考研成功、与考友友谊从线上发展到线下的乖巧女生。
167	粉条小吴	女	23岁	摄影工作者	把沮丧也能写得非常文艺的摄影工作室创业者。

— 439 —

续表

序号	化名	性别	年龄	身份	基本描述
168	忠哥	男	24岁	壮族毕业生	自带佛系气质、擅长自我治愈的洒脱学生。
169	炫仔	女	23岁	毕业生（正在准备考研）	热爱拳击、用拳击治愈自己、并热衷朋友圈分享的俄语系酷女孩。
170	小艾	女	13岁	在读初一学生	是喜欢运动的小姑娘，在学校轮换座位的时候通过与"后三排"的同学认识接触到污语言。
171	小玉	女	13岁	在读初一学生	本来是特别吵闹、爱玩的长头发小姑娘，后来剪了"假小子"发型，整个衣着风格与话语风格都有变化。
172	点点	女	13岁	在读初二学生	是兴趣非常广泛的女孩子，比如二次元、游戏等。在大人面前是乖孩子，但在打游戏生气的时候会说脏话。
173	小耀	男	15岁	在读初三学生	在西藏读初中，家中除了父母外还有一个大他10岁的姐姐，平时会和姐姐一起打手游，把污的东西拿给姐姐看。
174	旺旺	男	15岁	在读初三学生	是卫生副班长、班级群管理员，老师眼里的好学生。极少情况下会讲脏话，不太懂污是什么意思，但从同学嘴里听到过。
175	小敬	男	16岁	在读高一学生	自诩为"暖男"+高级，偶尔会讲段子逗朋友开心，表面上不是"老司机"，但在同学嘴里却说其污得很，交叉印证了两面性。

访谈对象一览表

续表

序号	化名	性别	年龄	身份	基本描述
176	小磊	男	16岁	在读高一学生	跟不熟的人聊天非常内向腼腆,通过很多途径知道污语言,有一些污的表情包。
177	班长	男	16岁	在读高一学生	少数民族,是班里的段子大王,会在课间里给同学们讲段子,在班级群里发污段子。
178	小镕	男	16岁	在读高一学生	科技挂+运动系男生,兴趣广泛,有自己的手机可以自由使用。
179	Mr. Lin	男	16岁	在读高一学生	是学校里的游泳健将,代表学校比赛,同时也是二次元爱好者,有很多同一圈子的朋友。
180	阿臻	女	16岁	在读高一学生	班里的运动健将,田径运动员,短头发,性格很爽快。
181	苏苏	女	16岁	在读高一学生	副班长,跟男生的关系很好,班长曾给她讲污段子,她不太懂又追问,后来懂了闹了个大红脸。
182	小月	女	16岁	在读高一学生	班里的体育健将,长着长头发,看起来很文静,容易脸红,在高一军训的时候听同宿舍人讲二次元番。
183	小培	男	17岁	在读高二学生	手机使用较多,跟朋友聊天比较多,虽然懂污的意思但不愿意多聊。
184	彬彬	男	18岁	在读高三学生	"叛逆少年",经常逃课,代打游戏赚钱买手机,女性网友众多,奔现数次。

续表

序号	化名	性别	年龄	身份	基本描述
185	小华	男	20岁	在读大三学生	虽然比同级的朋友年纪小，但是是朋友圈子里的"老司机"、污段子的主要分享者与创造者。
186	小仰	男	20岁	在读大二学生	朋友圈中"男神"一样的角色，说话爱逗乐、搞笑，人缘比较好。常逛戒赌吧，经常看直播。
187	小翔	男	20岁	在读大三学生	是父母眼中的乖孩子，直男但是喜欢开玩笑。
188	小杰	女	20岁	在读大三学生	表面看起来很文静，但私下里被朋友称为"女司机"，是很喜欢搞笑的女生。
189	蕊蕊	女	20岁	在读大三学生	是很"潮"的一个小姑娘，看起来很二次元或"萌"，但被朋友称为"太黄太厚"。
190	雅洁	女	20岁	在读大三学生	师范学生，看起来是文静的复古女神，跟不熟的人交往比较腼腆，跟朋友一起玩会放得开一些。
191	周周	女	20岁	在读大二学生	作曲系学生，艺术气息浓厚，女权先锋，主张女性独立，自己的身体自己做主，"开车"技术极高。
192	文文	女	21岁	在读大三学生	家庭教育与个人观念均较为保守，不喜欢别人在她面前讲"污"这类内容。
193	乐乐	男	21岁	在读大四学生	喜欢游戏、桌游，具有独特的风格标识。

访谈对象一览表

续表

序号	化名	性别	年龄	身份	基本描述
194	Jack	男	21岁	在读大四学生	电子系，小学与中学辗转两地求学，是大学寝室中比较容易懂"梗"的人。
195	小乾	男	22岁	在读大四学生	"老司机"，喜欢与男性朋友面对面开车，在直播与微博中发掘大量"梗"。
196	英俊	男	22岁	在读大四学生	很小的时候接触小黄书，手机存了很多"污"图，但因被侄女看到删除。
197	小宝	女	22岁	在读研一学生	兴趣广泛，喜欢写作，曾因"关系不到位"的学长开车而发火，跟舍友聊比较污。
198	阿茂	男	23岁	本科毕业（已工作一年）	喜欢夜店与酒吧，待人彬彬有礼，小时候因为母亲是老师，家教比较严格。
199	小汪	男	23岁	在读研一学生	学霸，爱打游戏、爱玩桌游，而且技术比较好，会因打游戏别人拖后腿的时候大骂。
200	阿哲	男	23岁	在读研二学生	社会学学生，运动达人，对一些次文化具有包容力与理解力。
201	小天	男	23岁	在读研一学生	医学生，和周围的朋友开车百无禁忌，说"泌尿的女生格外污"，爱讲知识密集型的段子。
202	小力	男	23岁	在读研一学生	母胎 solo，但污力滔滔。在与朋友交往的过程中随手抛梗，且技术含量很高。
203	十七	女	22岁	心理学研究所在读	近期在做两性相关实验，在与好朋友交谈中会比较放得开。

续表

序号	化名	性别	年龄	身份	基本描述
204	毛毛	女	23岁	在读研一学生	性格比较大大咧咧、飒爽，跟很多男生是好哥们儿，开得起玩笑也开得起车。
205	浩然	男	23岁	本科毕业（在游戏行业工作）	有与朋友聊天"开车"与网恋奔现的经历。
206	小政	男	24岁	在读研一学生	有超多表情包。极为重视形象管理，尤其注意在女朋友面前的形象，对"污"传播情境有较为深刻的考量。
207	冰冰	女	23岁	在读研一学生	上小学的时间比较晚，所以在同级中年龄算大一些的，会与很亲密的朋友"开车"，但都是不经意的瞬间。
208	美美	女	23岁	在读研二学生	音乐发烧友，在陌生人面前很酷，但在亲密的人面前又很搞笑、很随和。
209	小雨	女	24岁	在读研二学生	虽然自己不说"污语言"，但在网络及与朋友聊天的过程中会被动触达。
210	小熙	男	24岁	在读研二学生	父亲是科技爱好者，因而家里很早就有电脑了，是较早接触电脑、互联网的那批人，在陌生人面前很正经，有些话永远都不会跟陌生人说。
211	阿杰	男	24岁	在读研二学生	不太懂网络流行语，但有些话一说他就知道是什么意思。

续表

序号	化名	性别	年龄	身份	基本描述
212	琪琪	女	24岁	在读研二学生	自己撰写小说掘得第一桶金,在现实中有点厌恶自己谈那样的恋爱。
213	小霞	女	24岁	在读研二学生	很开朗,人缘比较好,喜欢看抖音、快手。
214	古丽	女	24岁	在读研二学生	根据不同的对象呈现出不同的面向,爱伪装的"老司机",但很会把握该说与不该说的时机,万物皆可污。
215	小陈	男	24岁	在读研二学生	外面很腼腆,但会在特殊情境中使用污语言,比如与室友在寝室里。
216	小瑞	女	24岁	在读研三学生	二次元重度爱好者,偶尔会想出"古灵精怪"的污点。
217	小明	男	24岁	在读研三学生	人缘很好,朋友主要集中在学校与互联网单位,思维活泛。
218	王伟	男	22岁	在读工科专业学生	志向是成为互联网行业从业者。
219	木子	女	22岁	在读中文专业学生	古风爱好者,微博话题主持人。
220	sinvy	女	25岁	金融行业从业者	微博的最初一批使用者之一。
221	小刘	男	22岁	在读新闻专业学生	宅男,二次元爱好者。
222	小帅	男	17岁	艺考生	参加多个网综录制。

续表

序号	化名	性别	年龄	身份	基本描述
223	小汤	女	16岁	在读高中生	自称"网瘾少女"。
224	星月	女	19岁	在读艺术专业学生	校园风云人物。
225	小田	男	24岁	电视记者	"现充"的代表,只看朋友圈。
226	小山药	女	21岁	gap year中	cosplay爱好者。
227	小胡	男	20岁	在读理工专业学生	喜欢对时事发表评论。
228	小郑	男	23岁	在读政管专业研究生	曾参与线下抗议活动。
229	小彤	女	19岁	在读生物专业学生	唱吧小红人。
230	小凤	女	25岁	在读文科专业研究生	曾参与爆吧。
231	叮叮	女	22岁	在读文科专业大学生	申请出国留学中。
232	小张	男	26岁	党报记者	喜欢在网易新闻评论。
233	小杨	女	24岁	在读传播专业研究生	写手。
234	小瑞	女	24岁	在读传播专业研究生	喜欢在网上"吃瓜"。
235	小吕	女	20岁	在读文科专业大学生	自己总结"热搜"。
236	小徐	女	18岁	在读商科专业大学生	追星女孩。
237	大禹	男	18岁	在读商科专业大学生	知乎达人。
238	水星	女	25岁	某电商市场部员工	参加多次"双11"运营。
239	小浩	男	19岁	彩票站员工	"临时工"。

访谈对象一览表

续表

序号	化名	性别	年龄	身份	基本描述
240	小巫	女	21岁	在读生物专业大学生	母亲在国外居住。
241	悦舒	女	16岁	在读高一学生	自己曾经短暂地使用过智能手机，后因为学习成绩下降被母亲收回，QQ和游戏也只能在周末、放假时使用。能用上手机的时候就喜欢和同学一起玩网络游戏。和同学间会发让大人看不懂的网络语言。
242	浩晨	男	14岁	在读初三学生	家里有电脑、自己有智能手机、但喜欢用平板电脑玩游戏、看视频，喜欢玩的游戏比较多，基本上都要付费，喜欢在B站上看游戏攻略，发视频弹幕。
243	KI	男	27岁	墙绘工作者	熟练使用ADOBE三件套，经常在网上设计论坛中搜集各种绘画素材，有时也发布自己的素材，有自己的从业圈子，经常在微信、微博中向客户展示自己的作品。
244	程程	女	25岁	国企财务工作者	文艺小清新型，喜欢逛豆瓣、逛知乎，爱看电影、不爱追剧，喜欢旅游、摄影和美食。不怎么用网络语言，喜欢文学语言。
245	奥山	男	17岁	在读高二学生	父母都是艺术学院老师，自小学习绘画，立志考"四大美院"，平时喜欢摄影，有一台徕卡M6，网络上喜欢逛摄影论坛，讨论摄影技术。

续表

序号	化名	性别	年龄	身份	基本描述
246	佳福	男	19岁	在读大一学生	摄影、视频制作爱好者，B站up主，编辑制作过一些关于电视剧和明星的恶搞视频，也制作过一些有趣搞笑的表情包。不发文字，喜欢斗图。
247	越寒	男	20岁	在读大二学生	数码爱好者，目前想要一台无人机。喜欢逛校园网络和论坛，经常发帖，认为校园网络技术建设太过落后，唯一吸引他的就是里面讨论的内容和话题。
248	楠楠	女	21岁	在读大三学生	喜欢时尚彩妆和穿衣搭配，喜欢玩快手、刷抖音，抖音号拥有8千多粉丝，在周边人看来是个小网红。视频内容主要是自己的美颜彩妆、穿衣搭配、旅游出行、美食美景。对手机拍照功能有高要求，较挑剔。
249	苏成	男	26岁	摄影记者	报社图片摄影记者，以摄影为生，平时跑会议新闻多，但自己关注社会纪实摄影，为给报社的器材采购提供建议，需要经常学习器材知识。熟悉摄影行话。
250	晚喆	男	14岁	在读初三学生	喜欢看也看过很多网络玄幻小说，都是在家里用电脑偷偷看，曾因看网络小说耽误了学习。也买过不少纸质的小说，现在已经退坑了。暂时没有什么爱好，要专心提高学习成绩。

访谈对象一览表

续表

序号	化名	性别	年龄	身份	基本描述
251	任童	男	19岁	在读大二学生	工科男，计算机编程学习者，熟悉C++语言，JAVA语言，也喜欢流行数码产品，认为人工智能是能够改变人类生活方式的技术趋势。但自己却不愿意做码农。整天面对编程语言。
252	小曼	男	15岁	在读高一学生	机友，拆解过安卓手机，自己会刷机，目的是让自己那台看起来性能不太好的手机能玩上最新的手机游戏。
253	嘉嘉	男	24岁	手机卖家	从事通信行业，有渠道拿到热卖脱销手机，不过价格也不便宜。懂手机软硬件，也经常帮客户安装软件，调试机器。
254	凯成	男	23岁	创业者	大学毕业入股学校旁边一家小型手机维修店，在店里做负责人，多维修老师、学生的手机、电脑和U盘。面对的都是硬件产品的技术术语。
255	安安	男	24岁	手游公司程序员	数码产品爱好者，果粉。负责游戏数据库的搭建与维护，觉得学校里学的知识和工作中的差距有点大，现在的任务是要多学习技术，有能力了再考虑换工作。由于工作关系平时玩手游多些，需要体验不同的游戏。游戏中各种术语、缩写用得多。

续表

序号	化名	性别	年龄	身份	基本描述
256	琬琬	女	21岁	在读大三学生	体育生、健身达人，关注多个健身博主和up主。需要经常锻炼，常在线观看运动健身视频，玩快手会晒出自己的运动健身和身材的照片，不发视频，觉得视频拍不好自己。除了买东西和社交软件，不怎么用网络语言。
257	盼盼	女	18岁	在读高三学生	忙于高考。以前喜欢追剧，但没有自己的视频账号，都是用大人的。喜欢的东西就在网上挑选，不过也用的大人的手机，选完了父母会付款。喜欢某种小说，但觉得周边喜欢的人不多，难开口交流，这些爱好现在都放下了。
258	胖冬	男	24岁	广告业从业者	影视剧爱好者。收藏近8TB高清影视剧，很多来自于网络下载，圈子分享。关注影视剧压制技术，有一些较好的硬件设备，自己也会压制，但不会在网络上传播。经常面对各种文件格式和数据。
259	晓掌	男	16岁	在读高二学生	文静的文科男生，喜欢玩乐高，但价格太贵，因为学习和家教的关系，有点脱离互联网世界，沉浸在自己的乐高和魔方世界中。没有自己的手机，要用就用父母的，平时看书较多。

访谈对象一览表

续表

序号	化名	性别	年龄	身份	基本描述
260	玛菊	女	23岁	大学毕业刚参加工作	在考会计证，还想换工作。平时追剧，尤喜欢韩剧、港剧。刷微博较多，关注美妆和影视剧。喜欢睡在床上用手机追剧，引起视力下降。和不熟悉的人用网络语言交流，和长辈用正经话交流。
261	啊七	男	25岁	影视公司摄影	平时主拍婚庆，也拍些小企业和政府的宣传片。自己购买了一些二手设备，想挣钱换新设备，觉得用手机拍摄也可以，只是客户觉得不专业。平时关注摄影器材和摄影技术，目前在学编剧剧本。网络语言使用程度一般。
262	悠悠	女	21岁	在读大三学生	新闻专业在读。喜欢玩直播，主要是想找一找播音员的感觉，也练练普通话。直播内容主要是外景、旅游和美食，包括自己学校的日常生活。通过直播认识了不少朋友，也看到别人的生活。
263	梅梅	女	20岁	在读大二学生	微博控，饭圈女孩，迷妹。某明星亲友团。常用饭圈语言交流。熟悉微博的使用功能，经常晒自己的美妆美颜照。
264	坦克	男	21岁	在读大三学生	考研党。忙于学习的学霸。认为借助于数码设备，整个人类的知识发展变快了。自己手上有电子书、平板、录音笔，笔记本电脑都是自己的学习生产力工具。爱好是玩网络游戏放松自己，对所玩游戏角色有深刻理解。

续表

序号	化名	性别	年龄	身份	基本描述
265	佳佳	女	23岁	国企HR	上班族、白领。对手机有重度依赖，也是APP重度使用者，手机里有50余款APP，自己也用不过来，打算近期删掉一些。手机离开身边片刻就觉得焦虑。
266	娜娜	女	21岁	在读大三学生	APP重度使用者，求助于手机多过于求助身边人。喜欢手绘漫画，未来尝试把画作扫描进电脑进行创作。
267	留心	男	21岁	在读大二学生	网络达人，从游戏到社交APP均熟悉使用。熟悉行话。喜欢看无脑综艺节目。
268	冉冉	男	21岁	在读大二学生	艺术生，视觉传达设计专业。用设计软件较多，喜爱色彩，认为色彩是一种很美的语言。自己是PS高手，擅长于平面设计。经常浏览设计论坛交流。
269	翼尚	男	23岁	在读大三学生	物流专业。喜欢日本动漫。喜欢自行车运动，会自己组装调试自行车，会使用联网社交功能的码表和车友一起分析数据，切磋技术。
270	祥福	男	26岁	大学新入职教师	喜欢数码产品，是耳机发烧友，有一对金耳朵，专听各种声音，不惜买下万元的HIFI耳机。很多耳机知识来自于网络。

续表

序号	化名	性别	年龄	身份	基本描述
271	星星	女	26岁	医生	一直用苹果产品，喜欢苹果的产品设计，觉得更符合女性消费者使用。不承认自己是果粉，但会关注其最新产品。工作忙，网络社交使用较少。会用手机学习专业知识。
272	蓝宝	女	25岁	幼儿教师	工作忙，网络社交使用少，假期时会追剧。相信数码产品能让生活变得更美好，购买产品时相信广告宣传。

后 记

当我敲下"后记"这两个字时，本来想给它起个名字叫"告别青春"。其实对于眼看就要迈进知命之年的"70后"来说，早已告别了青春，也早已不再有资格谈论青年。所以准确一点说，这篇后记的名字应该叫"告别青年研究"。

在个人的学术简历中，我一般会这样介绍自己的研究兴趣和方向：传播社会学、乡村传播、青年研究等。有同事曾经开玩笑地问我："你既做传统的三农传播研究，又做现代的青年文化研究，这一土一洋的，会不会有一种精神分裂的感觉？"记得我当时的回答是："我做乡村传播研究，脚踩大地、扎根田野，心里会很踏实；之所以又做青年研究，是因为我想跟上年轻人的步伐，不想过早地被社会淘汰。"其实当时内心还有一个没说出口的原因就是"我还年轻，我有得天独厚的优势研究我们青年人自己"。

回想起人生发表的第一篇学术论文就是有关青年的研究。至今还记得论文的题目叫"现代广告与青年消费文化"，发表在1999年的《青年研究》杂志上。同年起开始关注青少年流行文化，并发表论文"流行语：双重视野下的语言现象研究"，该论文从社会语言学和社会心理学的视角入手，结合一项大学校园流行语的实证调查，对青年流行语这一独特的语言现象进行了初步的研究，认为青年流行语一方面反映了当前社会生活和社会思想的变迁，另一方面也体现了青年本身特定的生存方式与社会心态。

除了关注青年消费文化、青年流行语，后来还对电视选秀时代青少年偶像崇拜与迷文化进行过研究。出版了学术专著《平民偶像崇拜：电视选秀节目的传播社会学研究》（中国传媒大学出版社2008年版），是国内较早对平民偶像粉丝进行研究的学术成果。在该书中写道：在大众娱乐选秀活动中，尽管参与的是大众，但是卷入程度较深的仍然是社会最有活力的年轻人群体——青少年粉丝，他们处于向成年人过渡的特殊阶段，经历着认知他人和社会，找寻自我定位的社会化历程。在这一过程中，他们乐于接受新鲜事物、追求时尚。因此，青年流行文化向来都是走在流行文化和大众文化前沿的。而充满活力和商机的青年流行文化，也不断地为大众文化的发展和创新提供着灵感。青年流行文化与大众文化的互动，在一定程度上反映出现代社会中青年群体对成年人社会的反哺。青年流行文化带动流行文化的发展，其大众化的发展趋势也在一定程度上有利于青年向成年人过渡。对此，我们需要认识、需要宽容、需要接受。三个"需要"道出了我当时对于青年流行文化的基本态度。

自2008年起，由于主持社科基金项目"电视节目低俗化及其对策研究"课题，就继续以青少年为研究对象，开始致力于青少年与传媒低俗化的研究。先后发表《语境变迁与祛魅解读：青少年视角下的电视节目低俗化》《电视节目低俗化与污名化：一种文化研究的视角》等系列论文。并于2013年出版学术著作《批评与倾听：电视节目低俗化研究》，该书尝试从传播社会学及文化研究的视角探讨电视节目低俗化的诸多争议，重审"低俗"之义、之过、之治，并重新发掘电视传播场域中青少年受众的主体性。区别于一般论著探讨低俗化的传统批判性视角，该书的实证研究填补了媒介低俗化研究忽视当事人这一重要主体及视角的空白，创见性地提出媒介解构力与媒介免疫力的概念，认为低俗化的审视需要"当事人"视角的解读，尤其是要考虑青少年亚文化存在的抵抗空间。如此青年研究观抑或基于当事人的解读视角，一脉相承到了后来的网络语言研究中。

最早对于网络语言的关注，缘于自己一次"无知"的尴尬。记得

我说故我在：
青少年网络语言生活方式研究

大概是在2011年暑假快要结束时，我的女研究生给我发了一条短信："亲，今晚有空见面吗？"收到短信的我，看到如此"肉麻"的字眼，半天都不知道该如何回复。隔了一段时间，直到在网络上随处可见"亲，给好评哦"，才明白过来这是一种当时才流行起来"淘宝体"，最初见于淘宝网卖家对买家的亲切的称呼，为了营造亲切、愉悦且套近乎的氛围。原来是自己想多了！后来一想起此事就汗颜不已。也因此开始关注起自己这个年龄的"中青年"所不熟悉的网络流行语。

一段时间后，自以为已经比较了解年轻人的语言风格后，我在当年还比较盛行的新浪微博上发了一条微博，文案配的是"45度角仰望天空"。没想到发出没多久，就被学生在下面评论为："老师现在还在仰望天空，有点out啦！"这才意识到原来网络语言也有它的保鲜期和流行热度，怪就怪我学迟了、用晚了。又一次被暴击后，不得不承认自己不经意间已经滑入中年了。当时想用"晕""汗""切"等网络语言来形容我此刻的心情，又怕年轻人再笑话我老土。

有了上述两次经历后，不服输（lao）的我，前所未有地对各种火星文、缩略词、淘宝体、凡客体、黑话乃至网络游戏、ACG文化等有了关注和兴趣，也尝试着去了解、学习和模仿。有段时间，每当一个新的网络热词出现，就赶紧去打听、去搜索、去使用，生怕自己落伍。但也不得不承认，跟着年轻人后面追网络流行语，总有点力不从心的"赶脚"。由于网络语言本身具有不断迭代的特征，加上充斥于青少年日常生活的网络语言更具情景变通性与个体差异性，令圈外人、年纪略大的人大呼"跟不上"的网络语言也越来越多了。

在校园生活中，他们一边在自习室真情实感地"肝死线"，一边在票圈转发锦鲤求好运。在职场生活中，他们一边喊着用佛系摸鱼、躺平任嘲来抵制内卷，一边认清家里没矿的事实努力追逐进大厂获得996福报的资历，并用"没有困难的工作，只有勇敢的打工人"来自我安慰。在业余生活中，网上冲浪缓解了青少年的压力，扩宽了他们的生活。不管是满足娱乐信息需求的追番产粮吃安利、开黑农药和吃鸡，还是满足

后 记

社会参与需求的吃瓜八卦围观帝、投票拉群拼夕夕，或者是满足情感陪伴需求直播连麦处对象、追星舔颜嗑 CP 都是青少年获得自我满足与社会连接的方式。

即便他们看起来沉迷其中，但仍然存在着个体自主性与协商的必要。对于喜欢的对象，他们会积极安利，也会随时跳车，up 主明示暗示的一键三连也不能弥补恰烂钱的内容缺陷，粉圈周密全面的 PUA 也难以操控路人粉的理智评价。自由且自主的当代后浪，只要跑得够快，塌房和悲伤就追不上他们。同样，随着青少年网络语言生产与更新加速，群体内由语言构成的流动边界，为青少年营造自主的交流空间，也加剧了对圈外人、"老人们"的语言壁垒，使跟不上的网络语言越来越难以被跟上。

当今社会，网络语言不仅是青少年交流交际的语言内容，还是精准描述与表达其行为、情感与态度的语言工具。也许，有人会说这就是"懂的人才懂、不懂的人不会懂"的网络亚文化。

提起网络亚文化，很多人最初知道网络亚文化是因为饭圈、cosplay 等，知道有些人会因为明星在网上互撕谩骂、应援打榜、造谣攻击，知道 cos 圈中的人总是奇装异服、还有些人借 cos 之名在色性边缘打擦边球吸引关注，知道一些学生会沉迷于让人看不懂的洛丽塔、汉服和 JK 制服的挑选，网络亚文化也因此沾染上了非理性、低龄化、猎奇无底线的意涵，以至于需要纠偏治理、祛邪扶正。

然而真正的网络亚文化是什么？它可能确实存在以上问题，但也可以让人跨越地域、跨越阶层的认识很多很棒的朋友。他们可以在共同的目标下一起远征，在远征中互相鼓励，甚至可以在脱离革命的队伍后依然保持联系成为从线上走到线下的伙伴。这是个复杂而有意思的社群，媒体报道的只是这群人中最能成为"新闻"的那部分，他们中更多的人其实和生活中的你我一样，有着自己的小圈子，但并不总是以网络亚文化作为生活的核心。

如果你试图了解网络亚文化，会发现他们就像盲盒，包含了未知、

> **我说故我在：**
> 青少年网络语言生活方式研究

惊喜或失望，在这个过程中最重要的或许是你拆开盲盒的勇气。盲盒中装的或许正是这个时代的青年人肆意喷薄的青春年华。

"我说故我在"。他们熟知每一个茧房的取向并互相指路，自由切换万千形态的不同圈层的"黑话"，畅通无阻地与千千万万人彼此感动和共鸣；他说故他在，他们在蓝天白云下茧房转换、暗语嗨聊的随心中，也在有意识或无意识地将各自独特的生活经历和观点挟裹进一个又一个互联的群体，在既定的框架内将其变为自己想要的样子。他们深知自己的渺小与孤单，但他们更深知星星燎原之火的磅礴力量与至臻真理，且越纯洁越是一种强大。所以他们姑且选条路出发，以自己的无价生活为起点，去尽情品味这世界的辽阔与美好。

作为过来人，作为旁观者，作为批评家，我们总说他们"95后"、"00后"是丧的一代，我们总说他们是幼稚、颓废、躺平的一代。但其实，我们或许忘了，他们才十几、二十几岁，你我的年少岁月里也不全是轰轰烈烈和岁月静好漫长。你我也曾丧过，也曾哭过，也曾疯狂过，也曾无力过，也曾呐喊过，也曾失落过，也曾遗憾过，尚为少年郎青年郎的他们也会犯你我都会犯的错，他们也会像你我一样为一些事受些折磨。现在的他们只是还没想明白这世间的一万五千种可能，何处才是他们的归处。比如他们想不明白，明明要坚信人之初性本善，但是为什么这句话在无时无刻都被动摇着；他们想不明白，明明人生漫长，但是为什么旅人要纷纷带着匆匆的行色来来往往；他们想不明白，明明怀揣真诚热爱的每一个人都很了不起，但是为什么社会却看起来像一座评价体系单一的金字塔，令涉世未深的他们不解和害怕。

虽然有太多太多没有想明白，但是至少他们在想，他们在思考，他们在寻觅，他们在不断的自我改变与被改变。他们在想，如何才能用自己的微小的纯粹创造无价的力量，如何才能与世间千千万万的"我"互联，用他们自己的迥异的形式和语言，在生活中传达出他们想要的爱、光明与希望。从此这世间千千万万的我共为一体互相取暖，你知道我在，我也知道你在，我们彼此倾诉，彼此鼓励，彼此为彼此撇去害怕

后　记

和独自一人时的凄凉，从此坚信不疑，在残酷之上仍然有大于它的那些爱、光明与希望。这是万物互联的时代赐予他们的不同于已逐渐老去的你我他的独特礼物，是我们所无法理解也早已远离的青春时光。

我们或许无法感同身受，但也请不要轻易苛责这群可爱的、富有创造力的、在努力尝试的少年人青年人；我们或许可以在当年明月下唱不出自己的青春赞歌，但也请不要在今时晴空下义正词严地唱响晚辈们的青春挽歌。这在我们看来与众不同的一切一切，都已完全属于鲜活的、骄傲的、热血的、坚定的他们。

人生就是人生，每个人都曾有过背着行囊向着前方踽踽独行的青春过往。未完成时的他们与曾经的我们是如此相似却又如此不同，恰恰是如此相似又不同的代代青年层层迭出，才共同织就了这漫天闪耀的人类群星，并在人世间数百万个闲暇的小时流逝中，默默等待在某一时刻于刹那间星光璀璨，光辉散射。

当我努力地敲出上面一段段已经与自己年龄不大相符的文字后，才发现自己真的一天天变老了、变 out 了。二十年前的自己，初为"青椒"，自诩三十不到的自己正值青春年华的尾巴，还曾理直气壮地说自己是青年，因为了解青年所以适合研究青年。二十年过去了，自己早已成为别人青春的看客。有时也想对他们说三道四、指手画脚一番，但却发现与他们的距离越来越远，甚至都不在一个次元。越来越听不懂他们在说什么，也不明白他们在玩什么。其实他们也不在乎别人是否懂和明白他们。就这样，我越来越不敢说自己还懂现在的青年，也没勇气说我要继续研究青年，是时候与"青年研究"说再见了。

再见归再见，作为我的青年研究的最后一项成果，历时五年的研究，在此必须要感谢我的挚爱团队：赵呈晨、孙文峥、董丹丹、徐鹤、朱沁怡、孟丽媛、孙天梦、潘培、张约翰、赵茹、郭欣荣、王钶媖、吴斯、宋双等，他们大多是一帮小我将近 20 岁的"90 后"。在参与此项课题研究时，也正值他们的青春年少。书中提及的每一句网络语言，就是他们日常生活中的口头禅。艰辛而又有趣的研究过程，是他们一直带着我飞，带着我一起撞破次元壁；也正是他们的耐心辅导不至于让我很落伍，是他们的文化反哺才让我一直没有掉队太多。也正是他们的"不离不弃"，让我一个中年人的青春和青年研究得以延续。没有他们的智慧与付出，就不可能有这本书的顺利完成。这本书的每一页、每一行都留下了他们优美的文字和动人的青春。这是我们一起合作谱写的一代人的青春记忆。

最后要感谢国家社科基金重点项目和南京大学新闻传播学院对本项研究开展与成果出版的资助。也要感谢为本书的顺利出版付出辛勤劳动的责任编辑王莎莎女士。

学术研究大多孤独无趣，幸运的是我有一双女儿的陪伴。都说"女儿是爸爸的小情人、妈妈的小棉袄"，那双层的温暖足以暖化任何冰冷抑或枯燥的学术生活。谨以此书献给带给我无尽欢乐与无穷动力的郑好、郑亦好小朋友。愿姐妹俩一起快乐成长！

郑　欣

2021 年 12 月 6 日